图例：
- 曹操军进军路线
- 孙权军进军路线
- 刘备军进军路线
- 曹操军撤退路线
- 刘备军撤退路线

关中

河水

潼关 ×   函谷关 ×   洛

崤山

长安

汉中

益州

成都

夷陵

江水

襄阳

长坂

江陵

公安

邺城：今河北省临漳县西；曹操的大本营；建安十三年正月，曹操在邺城西挖玄武池操练水军。

江夏：今湖北省武汉市境内；长江中游的军事重镇；建安十三年春，孙权第三次征伐江夏太守黄祖。

襄阳：今湖北省襄阳市；荆州首府，荆北重镇；建安十三年夏，刘琦在诸葛亮建议下离开襄阳；八月，荆州牧刘表病亡；九月，刘琮投降曹操，刘备过襄阳南撤。

许都：今河南省许昌市东；汉献帝的临时都城，曹操的昌兴之地；建安十三年正月，曹操奏免赵温司徒一职；六月，曹操废三公，自任丞相；八月，杀孔融。

关中：今陕西中部地区；秦汉京畿之地；建安十三年中，关中军阀马腾离开长安到朝廷任职。

长坂：今湖北省荆门市境内的百里长冈；襄阳与江陵的连接点；建安十三年九月，刘备在此因不愿抛弃追随者而遭遇惨败，随后在此与鲁肃会面。

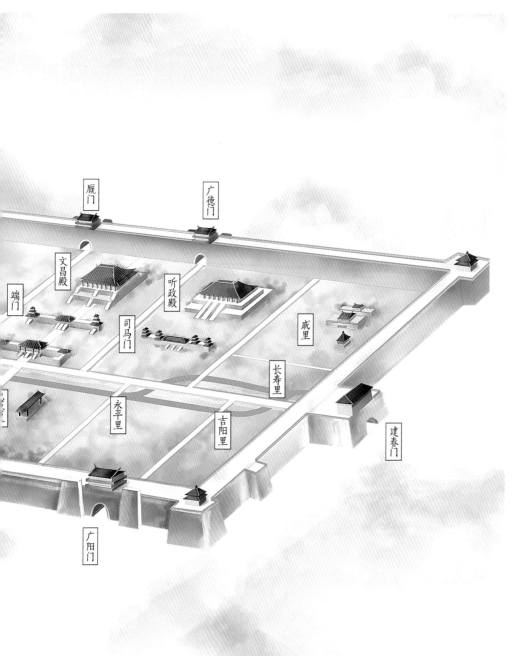

厩门　广德门
文昌殿　听政殿
端门　司马门　咸里
　　　　　　长寿里
永平里　吉阳里　建春门
广阳门

邺城复原图

这座城中只需要一座宫城，没必要如前汉的长安城那般，宫城占了全城的三分之二；
这座城要有对称的中轴线，主要道路要正对城门，以方便人员、货物进出；
这座城城墙四周要有角楼，以利于军事防卫；
……

此时，曹操也许并不知道，正是他开创了城市中轴对称布局的先河，首创了城市干道与皇宫丁字交会的新格局。此后，邺城不仅将成为曹魏、后赵、冉魏、前燕、东魏、北齐六朝的都城，而且会成为中国二世纪至六世纪长安等都城建设的典范，甚至对明清北京城的规划都有很大影响。

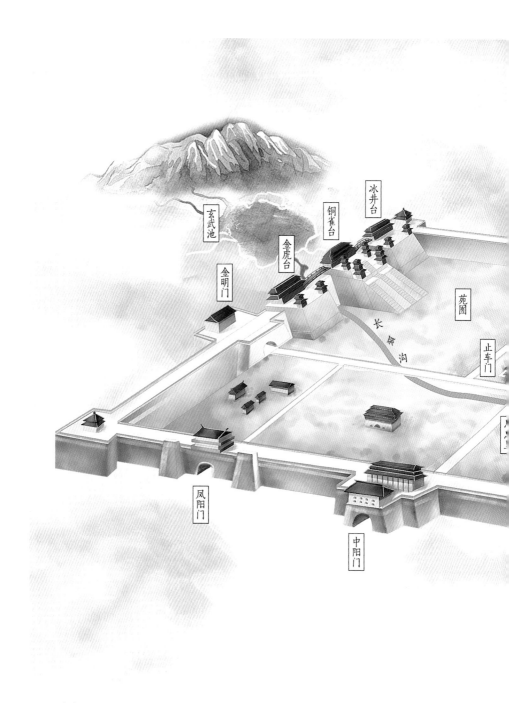

种种迹象表明，开挖玄武池只是曹操庞大造城计划的其中一环。在曹操的规划中，他要建的是一座史无前例的新城。

曹操清楚地知道，这座城必须要改变秦咸阳城、汉长安城在空间布局上的杂乱无章，必须要改变之前都城之中处处是宫城的"君贵民轻"格局，必须要改变限制商业活动的"面朝后市"格局。

这座城应尽可能方正，不能如前汉长安城和后汉洛阳那般分散且不规则；

这座城要有明确的功能分区，宫室官署、里坊街市各安其所；

这座城要兼具军事、商业、园林等多种功能，既利防卫，又利商贸，还利居住；

太行山

玄武池

邺城

漳 水

水

河

阳

谯县

许都

颍 水

水

淮

水

建业

合肥

濡须口

江

吴郡

水

江夏

云梦泽

赤壁

柴桑

建安十三年形势图

桑：今江西省九江市；荆州与江东的交界处；建安十三年九、十月间，孙权在此会见诸葛亮，并在与周瑜、
肃等人研商后，下定了抗曹的决心。
壁：今湖北省赤壁市西北；利于水战和火攻之地；建安十三年十二月，孙刘联军在此大败曹军。
陵：今湖北省荆州市；荆州的地理中心；赤壁之战后，周瑜夺取该地，一年后孙权将其借给刘备。
肥：今安徽省合肥市；江淮重镇；赤壁之战前后，孙权对其进行围攻，随后双方在此多次较量。
业：今江苏省南京市；东南形胜之地；赤壁之战后，孙权将治所移至离此不远的京口，两年后建都于此。
州：今四川、重庆全境及云南、贵州部分地区；天府之国；建安十三年秋，益州牧刘璋派张松赴荆州谒见
操，回来后张松劝其绝交曹操、通好刘备。

建安十三年

锋云 著

后汉三国的
历史大转折与大变局

化学工业出版社
·北京·

图书在版编目(CIP)数据

建安十三年：后汉三国的历史大转折与大变局/锋

云著.—北京：化学工业出版社，2021.10（2022.3重印）

ISBN 978-7-122-39660-0

Ⅰ.①建… Ⅱ.①锋… Ⅲ.①中国历史–研究–东汉

时代 Ⅳ.①K234.207

中国版本图书馆CIP数据核字（2021）第152952号

责任编辑：王冬军　张　盼　　　　　装帧设计：水玉银文化
责任校对：边　涛

出版发行：化学工业出版社（北京市东城区青年湖南街13号　邮政编码100011）
印　　装：凯德印刷（天津）有限公司
710mm×1000mm 1/16　印张 26$\frac{1}{4}$　彩插 1　字数 361千字　2022年3月北京第1版第2次印刷

购书咨询：010-64518888　　售后服务：010-64518899
网　　址：http://www.cip.com.cn
凡购买本书，如有缺损质量问题，本社销售中心负责调换。

定　价：98.00元　　　　　　　　　　　　　　版权所有　违者必究

楔子：改变历史的两粒种子 //001

第一章　邺城

曹魏可能是袁魏，北战原本是南征。

第二章　江夏

一直旗开得胜，又为何总难搞定？

第三章　襄阳

表面风轻云淡，内里为何风卷云涌？

第四章　许都

事业昌基于此，却又为何汗流浃背？

第五章　关中

一直在帮忙，为何总被认为在添乱？

第六章　长坂

至暗的低谷，为何成了光辉的起点？

第七章　柴桑

你不齿的苟且，实是我负责的坚守。

第八章　赤壁

你认为的偶遇，实是我刻意的等待。

第九章　江陵

辛辛苦苦争来，为何又随随便便借走？

第十章　合肥

曾经默默无闻，却为何忽然举足轻重？

第十一章　建业

虎踞龙盘阻江流，建功立业起仲谋。

第十二章　益州

一个小小的轻慢，如何铸成大大的错误？

第十三章　邺都

一次远方的苟且，如何成就眼前的诗意？

楔子　改变历史的两粒种子

建安十三年，农历鼠年，公元 208 年，公历和农历都是闰年。

这一年，因为长江边上的一场大战和一次大疫，成了人所共知的历史转折点。

这一年年初，曹操业已统一北方，坐拥天下十三州部中的九个；孙权虽已执掌江东八年，手中有的还只是半个扬州；而寄寓荆州七年的刘备，甚至根本没有用武之地。

短短一年……

大势逆转，格局大变！

这一年之前，中国历史主要表现为东西对抗，这一年之后，则变成了南北较量；

这一年之前，是四百年的治世太平，这一年之后，则是四百年的乱世纷纭；

这一年之前，曹操一统在望，这一年之后，曹、刘、孙则各据一方；

这一年之前，建安这个年号已经用了十二年，这一年之后，这个年号还要再用十二年。

上面这些，略通历史者都能看得到，而看不到的往往才是关键。

比如：

这一年，五十四岁的曹操在成为大汉丞相的同时，也把三十岁的司马懿召入了丞相府；

这一年，四十八岁的刘备与二十八岁的诸葛亮如鱼水般交融，也如水火般难融；

　　这一年，周瑜在赤壁之战后逆流而上直取江陵，而孙权却顺流而下围攻合肥；

　　这一年，曹操痛失最心爱的儿子曹冲，而司马懿却喜得长子司马师。

　　诸如此类，还有很多……

　　不管怎么样，一切到来之前，历史却出奇地平常与平静。

　　与以往一开春就搞出一些大动作不同，这年正月，北征归来的大汉司空曹操只干了两件不起眼的小事。

　　一件事，是在邺城西面挖了一个叫作玄武池的人工湖，然后在这里操练水军；另一件事，是以赵温违规举荐自己的儿子曹丕为借口，奏免了这位朝廷元老的司徒一职。

　　相较于建安七年（公元202年）正月为了沟通汴水和淮水而修治睢阳渠，建安九年（公元204年）正月为了运输军粮而让淇水改道进入白沟，挖个人工湖实在算不上什么大工程。

　　相较于建安五年（公元200年）正月诛杀密谋叛乱的车骑将军董承等人，以及建安十二年（公元207年）二月一次性"奏封大功臣二十余人，皆为列侯"，免掉一个官员的职务也不算什么。

　　再者，如果与建安元年（公元196年）正月进军豫州、建安二年（公元197年）正月讨伐张绣、建安三年（公元198年）三月再伐张绣、建安七年（公元202年）正月进军官渡、建安八年（公元203年）二月进攻黎阳、建安九年（公元204年）二月进攻邺城、建安十年（公元205年）正月进攻南皮、建安十一年（公元206年）进攻高干这些重大军事行动相比，建安十三年正月发生的这两件事似乎就更不算什么了。

　　可是，别看这两件事本身动静不大，只要再稍稍往远处望一望、往深处想一想，就不难发现这两件小事背后其实隐藏着大企图。

挖池子、练水军，很明显是计划要对远处的南方动武，北方打仗什么时候用过水军？事实上，到了这一年的七月，曹操果真开始南征荆州的刘表了。

找借口、免赵温，虽然看起来是个孤立事件，但联系到这年夏天，曹操废除三公官制，重新设置丞相和御史大夫并且自己就任丞相这一系列事件，罢免赵温背后的政治动机就一目了然了。

两件小事，一件预示着军事上的新征程，一件揭示出政治上的新进取，它们都是曹操在建安十三年这个春天播下的收获全年乃至未来更长时间的种子。

种子种下了，但种子的颗粒是否饱满，最终结出的果实是否丰硕，却需要进一步观察。

这里，先来分析一下这两粒种子的成色。

关于挖池练军，《三国志》与《资治通鉴》有着完全相同的记载："作玄武池以肄舟师"。从方向上看，曹操的这一做法并无问题，既然已经基本完成了对北方的统一，征服南方自然是顺理成章的事情，而征服南方就免不了要在江河上作战，训练水军便是题中应有之义。

不过，在训练水军的方式方法上，曹操的做法却值得商榷。

首先，训练水军的方式有很多种，为什么一定要"作玄武池"？既然要去南方打水仗，为什么不去更靠近汉水和长江的地方训练水军呢？

再说了，就算要在北方训练水军也有的是地儿，比如说位于邺城东南方向约三百里的黄泽，那可是一个现成的、比玄武池大数倍的湖泊；再比如说位于邺城正南方向的黄河，那可是至少能让数百艘战船逶迤游弋的地方；剩下的还有邺城正北的大陆泽和黄河南岸的大野泽；等等。挖池练兵这种螺蛳壳里做道场的方式，能真正模拟出南方的战争环境吗？能让士兵们伸展开手脚吗？

又说了，就算挖池练军能起到强化军力、锻炼队伍的目的，那为什么偏偏要在邺城挖，而不是在天子所在的许都，或者朝廷的旧都洛阳？

关于罢免赵温，曹操的理由是"温辟臣子弟，选举故不以实"，就是说，司徒赵温征辟曹丕为僚属并不是依据真才实学，而是因为曹丕是自己的儿子。

据《后汉书·李固传》记载，东汉的确有过近侍大臣子弟不得被辟举的诏令："诏书所以禁侍中尚书中臣子弟不得为吏察孝廉者，以其秉威权，容请托故也。"不过，一直以来，这一诏令并未得到严格的执行。

同时，曹操当时担任的是司空、冀州牧，严格来讲，并不是天子身边侍中尚书那样的"中臣"。如果三公九卿的子弟都在禁止之列的话，当初曹操在熹平三年（公元174年）被举荐为孝廉时，他的父亲曹嵩正在朝中担任大司农、大鸿胪等九卿职务，不久后还当上了三公之一的太尉，这样说来，曹操能够得到举荐却恰恰是沾了"选举不实"的光了。

再说了，曹丕就真的没有才学，赵温就真的不实事求是吗？当时二十二岁的曹丕虽然不敢说才华四溢，至少也是初露峥嵘了。

如此看来，曹操对赵温的罢免似乎有点小题大做，甚至是借题发挥了。

建安十三年，两粒小种子，两个大期待，布局不可谓不深，胃口不可谓不大。然而，一粒种子华而不实，另一粒种子实而不纯，它们能结出累累的硕果吗？

同时，两粒种子本身似乎也存在一定的互斥性，一个要在对外军事上缔造新的辉煌，另一个要在对内政治上攀登新的高峰，真的能在一年内让院里院外都开花结果、芬芳四溢，最终盆满钵满吗？

另外，曹操在播种，他的对手难道就无所事事吗？"榻上策""隆中对"又何尝不是鲁肃和诸葛亮在孙权和刘备心中播下的种子？

"草木渐知春，萌芽处处新"，建安十三年，随着一粒粒种子的萌发，从邺城到许都、从关东到关中、从中原到荆州、从江东到益州，在时空的变幻中，一场改变天下格局和历史走向的大剧正在迅速铺展开来……

第一章

邺城

曹魏可能是袁魏，
北战原本是南征。

翻看中国历史，挖水池、练水军这件事，曹操不是第一人，也不是最后一人。

比曹操更早的是汉武帝。西汉元狩四年（公元前 119 年），汉武帝为了攻打南越国和昆明国，在长安城西的沣水、潏水之间，模拟西南地区的滇池开凿了一个"周围四十里，广三百二十顷"的人工湖"以习水战"，并取名昆明池。

与此类似，五代末年到北宋初年（公元 957 年至公元 982 年），当时的后周政权以及后来取代后周的北宋政权，也在都城开封的西面接力开凿出了一个叫"金明池"的人工湖，其目的同样是"内习水战"，以征伐长江边的南唐。

当然，说到这里还不能落下位于北京城西的昆明湖。乾隆十五年（公元 1750 年），因景仰汉武帝在长安开凿昆明池操演水军的事迹，乾隆皇帝下令将颐和园内的西湖赐名为昆明湖，用以操练水军。一百多年后，垂帘听政的慈禧太后还专门成立了昆明湖水操学堂，甚至还动用了数万两海军军费来建设它。

既然雄才大略的汉武帝开了头，并且后世追慕者络绎不绝，看来曹操在城西挖池子这件事，十有八九也是在效仿汉武帝了。

然而，无论是"昆明"还是"金明"，不管是"池"还是"湖"，这些人工水面除了军事训练之外，剩下的后续功能就是休闲娱乐了。后来昆明池变成了汉武帝泛舟游玩的好去处，金明池变成了"中有台榭以阅水嬉"的皇家娱乐场所，而昆明湖及其所在的颐和园更是成了帝后的后花园。那么，修凿了玄武池的曹操是否也会在训练水军之余悠然地荡起双桨呢？

另外，汉武帝是帝王，长安是帝都，而此时的曹操还只是大汉朝廷的司空兼冀州牧，此时的邺城也只是冀州首府，此时去对标汉武帝，曹操又怀了何种心思呢？

如果说挖池子练水军已经有些怪异了，那么更让人疑惑的事情还在后面：远征乌桓（亦作乌丸）回来后，停不下来的曹操竟然打破近三十年来一年数征的惯例，在长达半年的时间里没有展开任何军事行动！这又是怎么回事，莫非"驴友"变"宅男"了？

快手缓步

回顾近二十年的军旅生涯，曹操克敌制胜的一大法宝就是：快！即以令对手措手不及的速度，实现令人意想不到的战役效果。

以官渡之战为例。战前，曹操北面有强敌袁绍的重压，南面有荆州刘表和张绣的威胁，西面有关中马腾和韩遂的虎视，东面有徐州刘备的复叛，可谓四面受敌，顾此失彼。为此，曹操先是亲自进军黎阳，同时命令臧霸等人进入青州，让于禁屯驻于黄河上游，又分兵把守官渡，早早地为与袁绍的决战设下了黄河与官渡这一前一后两道防线。

随后，曹操迅速回到许都，眼睛紧盯着关中、荆州和徐州。在收降了张绣、孤立了刘表、稳住了关中之后，曹操看准袁绍"性迟而多疑，来必不速"、刘备"新起，众心未附，急击之必败"的弱点，以令人难以置信的速度挥师向东，令刘备望风而逃。整个战役，开始于建安五年（公元200年）正月，结束于建安五年正月，前后一二十天的工夫，轻松避免了两线作战的风险，时间的算盘打得相当精准。

建安五年二月，击溃徐州刘备的曹操，迅速奔向黄河岸边，通过白马之战斩杀了袁军大将颜良、延津之战斩杀了袁军大将文丑，进而将袁军带入了预设的决战地点官渡。随后，在双方僵持了两个多月之后，曹操不仅通过奇袭乌巢一把火烧了袁军的粮草辎重，而且迅速回防大本营，彻底击碎了袁绍翻盘的迷梦。所有这一切，都在于"快"。

官渡之战如此，北征乌桓同样如此。建安十二年（公元207年），针对雨水连绵、行军迟缓的情况，曹操接受郭嘉"兵贵神速"的建议，留下粮草辎重，率领轻兵星夜兼程，出卢龙塞奇袭乌桓老巢柳城，不但斩杀了乌桓首领蹋顿，而且收降了其二十余万人众。

不仅曹操，他手下的众将也是一个比一个快，就拿心腹大将夏侯渊来说，打仗时"赴急疾，常出敌之不意"，甚至能够以"三日五百，六日一千"的速度进行长途奔袭、连续作战。

在那个快鱼吃慢鱼的竞争时代，曹操享受着战争带来的"快感"，也用速度解决了两个问题：其一是战场主动权问题，通过"说曹操，曹操到"的速度，使敌人猝不及防，实现闪击；其二是人力成本问题，通过快速机动，人马就像货币一样流动起来，一分钱不能掰成两半花，但一个兵却可以当成两个兵用，人力资源的价值得到了最大限度的发挥。

因为快，奔波在外似乎成了一种常态。从初平元年（公元190年）开始，除了彷徨等待、寻找方向的初平二年（公元191年）春夏，"半年一征"几乎是曹操的铁律。

讨董卓、击黑山、打匈奴、破黄巾、败袁术、侵陶谦、伐张绣、攻刘表、擒吕布、征刘备、御袁绍、杀袁谭、灭高干、袭乌桓，长期以来，曹操不是在打仗就是在打仗的路上。

曹操在建安十三年之前的军事活动

年份	军事活动	
	上半年	下半年
初平元年（公元 190 年）	汴水之战，败于董卓部将徐荣	扬州募兵；屯兵河内
初平二年（公元 191 年）	不详	引兵入东郡，攻破白绕
初平三年（公元 192 年）	击破黑山眭固、匈奴於扶罗；进入兖州，迎击黄巾军	追击黄巾军于济北
初平四年（公元 193 年）	匡亭之战，击败袁术	率军进攻陶谦
兴平元年（公元 194 年）	第二次进攻陶谦	濮阳之战，败于吕布
兴平二年（公元 195 年）	定陶、巨野、东缗等地三次击败吕布	攻占雍丘，收复兖州
建安元年（公元 196 年）	击败汝南、颍川黄巾军	迎汉献帝到许县，击败杨奉
建安二年（公元 197 年）	进攻张绣，张绣先降后叛	进攻袁术；第二次进攻张绣
建安三年（公元 198 年）	第三次进攻张绣	进攻吕布，取得徐州
建安四年（公元 199 年）	进攻眭固	进军黎阳；返回许都
建安五年（公元 200 年）	东征刘备；白马之战；延津之战	官渡之战，击败袁绍
建安六年（公元 201 年）	仓亭之战，再败袁绍	南征刘备
建安七年（公元 202 年）	驻军谯县；进军官渡	黎阳之战，数败袁谭、袁尚；派钟繇包围并迫降南匈奴
建安八年（公元 203 年）	攻破黎阳；进军邺城；还军许县	进攻刘表，驻军西平；结盟袁谭，北上黎阳
建安九年（公元 204 年）	包围邺城	击败袁尚；攻取邺城；东攻袁谭
建安十年（公元 205 年）	攻杀袁谭，取得冀州	攻破赵犊；派兵进攻高干
建安十一年（公元 206 年）	击败高干，取得并州	东征管承
建安十二年（公元 207 年）	北征乌桓	大破乌桓

可是，当时光之轮走到建安十三年（公元 208 年），曹操征伐的脚步却一下子停了下来。从正月到六月，曹操没有任何军事动作，见诸史书勉强算是军事行为的唯一记载就是那句"作玄武池以肄舟师"了。对此，史学家可以解释为曹操在为南征做准备。可是，如果真要做准备，真是在认真做准备，为什么还要大费周章地挖池子呢？如果真要挖池凿渠的话，难道不应该到南方前线去挖凿吗？

实际上，曹操之前为了军事目的的确挖凿了不少沟渠。建安九年（公元 204 年），曹操北渡黄河、征伐袁尚时，曾经"遏淇水入白沟"，目的是疏通向北的运粮水道。建安十一年（公元 206 年），曹操为了征讨乌桓，专门开凿了两条渠，一条"自呼沲入泒水"，取名"平虏渠"；另一条"从沟河口凿入潞河"，取名"泉州渠"。可是，玄武池却不一样，它并不具备运送军粮的功能和价值，用它来操练水军又显得华而不实。那么，曹操开凿玄武池到底意欲何为？

众所周知，曹操是一个相当节俭也相当务实的人。据载，建安年间，曹操为了节省粮食，颁布了禁酒令。因为禁酒，曹操甚至得罪了以"坐上宾常满，樽中酒不空"为追求的名士孔融，为此二人还专门论战了一番。曹操不仅要求部下节俭，自己也率先垂范，据后来成为魏国侍中的卫觊描述，曹操日常"食不过一肉，衣不用锦绣，茵蓐不缘饰，器物无丹漆"，一句话，怎么简单怎么来，怎么实用怎么来。曹操的这种节俭，一方面源于个人性格，一方面源于现实条件，在生存竞争的丛林中，怎么敢好大喜功、铺张浪费？"奢淫肆欲，征敛无度"的袁术一开始也是跨州连郡，好不威风，但到头来怎么样，临死的时候连想喝碗蜂蜜水都成了一种奢望。

如此看来，开凿玄武池，曹操必然还有更加实用主义的考虑，那究竟是什么呢？答案就是两个字：建设。

种种迹象表明，开挖玄武池只是曹操庞大造城计划的其中一环。在曹操的规划中，他要建的是一座史无前例的新城。

此时，曹操清楚地知道，邺城必须要改变秦咸阳城、汉长安城在空间布局上的杂乱无章，必须要改变之前都城之中处处是宫城的"君贵民轻"格局，必须要改变限制商业活动的"面朝后市"格局。

这座城应尽可能方正，不能如前汉长安城和后汉洛阳城那般分散且不规则；

这座城要有明确的功能分区，宫室官署、里坊街市各安其所；

这座城要兼具军事、商业、园林等多种功能，既利防卫，又利商贸，还利居住；

这座城中只需要一座宫城，没必要如前汉的长安城那般，宫城占了全城的三分之二；

这座城要有对称的中轴线，主要道路要正对城门，以方便人员、货物进出；

这座城城墙四周要有角楼，以利于军事防卫。

此时，曹操也许并不知道，正是他开创了城市中轴对称布局的先河，首创了城市干道与皇宫丁字交会的新格局。此后，邺城不仅将成为曹魏、后赵、冉魏、前燕、东魏、北齐六朝的都城，而且会成为中国二世纪至六世纪长安等都城建设的典范，甚至对明清北京城的规划都有很大影响。

了解了曹操关于邺城的宏伟规划后，再来看邺城旁边的玄武池，求解上面的各种疑问似乎就容易多了。

在太行山东麓和河北平原西部的交界地带，发源于太行山的漳水和洹水冲击出了一块更小的平原，邺城就坐落于此。

邺城缘山而建，也缘山而危。初平四年（公元 193 年），利用袁绍离开邺城的空当，黑山军于毒部借助西山到邺城居高临下、一马平川的优势，与魏郡叛军一起占领了邺城。建安九年（公元 204 年），听说袁尚循西山而来救援被曹军包围的邺城，曹操的手下还是颇有些担心的。

邺城因水而兴，也因水而困。建安九年，曹操就是在围城挖沟堑、决漳水淹城之后才攻入邺城的。

总之，一句话：有山有水是好事，但也是一件麻烦事。

占据邺城后，曹操围绕兴山水之利、除山水之弊费了不少心思，而挖凿玄武池就是这一番思量的成果之一。那么，玄武池又能兴何利、除何弊呢？

首先，一旦挖了玄武池，无形中就相当于在流经邺城的漳水上建了一座疏解上游来水的水库，不管是自然洪灾还是人为决灌，玄武池都能予以化解。

其次，开挖玄武池也相当于在西山与邺城之间建了一个隔离带，敌人再也不能藏在西山出其不意地攻击邺城了。

再次，开挖玄武池，相当于在城边建了一个水军基地，不仅有利于防范来自漳水、洹水等的水上袭击，同时也将构筑起一个水陆结合的城防体系。

最后，开挖玄武池所取出来的土，还可以作为城市建设的原材料。虽然不知道此时的曹操是否已经为那座即将建设的高台想好了"铜雀台"这一名称，但用挖出来的土来建设高台的这一想法，估计早已纳入了曹操的整体规划之中，甚至不排除这种可能：曹操先有建设高台的想法，然后才动了挖池取土的脑筋。如果真这样的话，这座高台此时八成已经完成规划设计并选址动工了。

如此看来，除了利用玄武池操练水军之外，曹操开挖玄武池还考虑了水量调节和军事防御等多种功能，不可谓不谋深虑远。

不过，接下来又有问题了：曹操为什么对邺城如此上心？怎么没见曹操对许都、洛阳、鄄城等其他任何一座城想得如此周到？

地利人和

曹操第一次进军邺城，是在建安八年（公元 203 年）四月。对此，《三国志·魏书·武帝纪》作了如下记载："夏四月，进军邺。五月还许，留贾信屯黎阳。"就是说，曹操在四月份进军到了邺城，五月份回到了许都，留下一名叫贾信的将领屯驻在了邺城南面、黄河北岸的黎阳。

这段描述，简省到了不能再简省的程度，因此也留下了不少疑问：曹操进军邺城后，有没有发动进攻？进攻的结果如何？为什么迅即回师？

上面三个疑问，最容易回答的是第一个。试想，既然都已经兵临城下了，能不打吗？甭管真打假打，仗还是要打的，不然大老远的岂不是白跑了？再说了，当时曹军是"连战数克"的状态，总不可能一到邺城就自己认怂了吧？

相对容易回答的是第三个。据《三国志·魏书·郭嘉传》记载，针对节节胜利的大好形势以及将领们"乘胜遂攻"的昂扬心气，郭嘉对曹操说了这样一段话："袁绍对他的两个儿子都很喜爱，结果到最后也没有确定谁为继承人。加上又有郭图、逢纪分别做他们的谋臣，必定会挑起他们之间的斗争，令其离心离德。我们进攻得急迫，他们就会相互支持；我们进攻得舒缓，他们就会产生争斗。既然这样，我们不如做出向南进攻刘表的样子，等他们之间的关系发生变化后，再进攻他们。"

《三国志·魏书·武帝纪》后面的记载，呼应了《郭嘉传》中的判断和建议："八月，公征刘表，军西平。公之去邺而南也，谭、尚争冀州。"就是说，曹操真做出了征伐刘表的姿态，而袁谭、袁尚兄弟也真变成了彼此相争的鹬蚌。

如此看来，前面提出的第二个问题就不需要回答了，无论曹操攻邺是成是败都不重要了，重要的是通过撤军来引起袁家哥俩儿的内斗，而撤军的最后理由就是攻城失败。

如果史书上的记载只有上述这些，那么一切都搞明白了：夏四月，曹操乘胜进军到了邺城，原本打算攻下邺城的曹军在郭嘉的建议下，佯装攻城失败，于是回师许都。

可是，曹军真能就这样戛然而止吗？曹操真的就这样知进知退、进退自如吗？曹操五月份回到许都后的两道教令似乎露出了马脚。

第一道教令发布在五月二十五日。在这篇被后世称为《败军令》的教令中，曹操首先引述了古代《司马法》中"将军死绥"，即"将军败退就要处死"的说法，接着又举出了战国时赵括的母亲在长平之战前请求赵王不要让她日后因儿子战败而受连累的例子，进而得出结论：古代为将者如果在外打了败仗，连家人都要跟着受惩罚。

随后，曹操回顾了自己自从领兵以来，对将领只奖赏有功而并从未惩罚有罪的做法，认为这并不符合国家的法度。

最后，曹操宣布："诸将出征，败军者抵罪，失利者免官爵。"就是说，以后将领出征，军队被打垮的要抵罪，作战失利的要免除官职和爵位。

第一道教令发布没几天，曹操又发布了第二道教令。

与第一道教令中明确提出的制度性问责相比，这篇被后世称为《论吏士行能令》的教令更像是在讲道理，而所要讲的道理也很明确："明君不官无功之臣，不赏不战之士；治平尚德行，有事赏功能。"就是说，和平时期看品行，战争时期看能力，现在看的就是功绩和能力。

在曹操的众多教令中，这种专门针对将领和吏士并且措辞严厉的教令极为罕见，"两连发"更是绝无仅有。节节胜利、进军邺城、回师许都、训诫将领，如此就需要重新审视邺城之下那些事的前因后果了。试想，邺城是什么地方？那可是袁绍苦心经营了十多年的大本营，如果一举拿下邺城，袁氏兄弟还有多少抵抗的资本？还用得着佯装南征以诱发他们内斗吗？

所有这一切只有一个解释：邺城，曹操是真打了，结果却被打败了。受挫之下，善于脑筋急转弯的郭嘉出了个欲擒故纵的新主意，既给曹操找了个台阶，也为曹军规划了新的策略。

事情搞明白了，邺城的地位和价值也就搞清楚了：作为冀州的首府和袁氏的大本营，邺城绝不是一个曹操想得就能得的城池。

此后的事实进一步印证了这一点。建安九年（公元204年）二月，利用袁尚进攻袁谭、邺城相对空虚这一有利时机，曹操再次展开了对邺城的进攻。

这一次，曹操展开了全方位的立体攻势，既堆土山又挖地道，既亲自扫清外围敌人又放水淹没守城敌军。即使这样，守城的审配还是坚守了半年之久。最后，要不是审配的侄子审荣半夜打开城东门引曹军入城，何时拿下邺城及能不能拿下邺城，还真不好说。

如果说，曹操通过两次攻邺认识到了邺城的价值的话，那么在进入邺城后，他重新认识的就不只是邺城，而是整个冀州了。

入城后不久的一天，曹操高兴地对身边的别驾从事说："昨天我核查冀州的户籍，竟然有三十多万人，所以它依然还能称得上是大州啊！"一个州三十万人，在治平之世也就相当于一个郡的人口规模，但在"白骨露于野，千里无鸡鸣""万姓以死亡""生民百遗一"的乱世，经过袁氏这样一番折腾，仍能留下这么多详细登记的户籍人口，的确很不容易了，换作谁都要喜上眉梢了。

盘点完邺城内的资产，曹操来到了袁绍的墓前。

面对这个自己儿时的玩伴、昔日的盟友以及后来的死敌，曹操感慨万千，泪涕横流，情不自禁地回忆起了过往的点点滴滴：少年时，一起夜闯民宅抢人家的新媳妇；青年时，一起在洛阳奔走解救那些被宦官迫害的士人；壮年时，一起关东起兵讨伐专权的董卓，南北联手合力击败袁术的挑衅……

在这些历历如昨的回忆中，曹操尤其想到了一段十四五年前的聊天。

那时，关东的一些州牧、刺史以及郡守们刚刚组成了关东联军，大家正在如火如荼地谋划着如何消灭把持朝廷、残暴肆虐的董卓，但身为联军盟主的袁绍，却与曹操谈到了另一个话题。

当时，袁绍和曹操或许正骑在马上眺望远方，或许正坐在榻上把酒言欢，抑或正立于帐中共商军事，总之气氛相当融洽。

首先，袁绍挑起了话题："若事不辑，则方面何所可据？"假如咱们讨伐董卓不成，你准备依托哪里进行据守和发展？

"足下意以为何如?"曹操并未直接作答,而是反问袁绍的打算。

"吾南据河,北阻燕、代,兼戎狄之众,南向以争天下,庶可以济乎?"我准备在黄河之北的冀州一带建立根据地,南面据守黄河,北面凭借燕山山脉,逐步兼并收拢戎、狄等少数民族力量,然后向南争夺天下,这样估计离成功就不远了吧!袁绍一股脑抛出了自己的全盘计划。

"吾任天下之智力,以道御之,无所不可。"意思是说,我将任用天下有智慧和能力的人,以道义相号召,无论在哪里都能成功。就这样,曹操提出了与袁绍的"地利论"不同的"人和论"。

据载,曹操聊完自己的观点后,还不忘评价一下袁绍的规划:"汤、武之王,岂同土哉?若以险固为资,则不能应机而变化也。"就是说,商汤王、周武王改朝换代难道是凭借着同一块土地吗?仅仅依靠地理上的险固,恐怕不能待时而动、应机而变吧!

一个看重地利,一个注重人和,孰优孰劣,到现在终于见了高下。可是,如今的曹操却开始重新审视起当年彼此的规划来。

自己的"人和论"固然抓根本利长远,但袁绍的"地利论"难道就没有可取之处了吗?

据《尚书·禹贡》记载,大禹将天下分成了九个州时,冀州被排在了九州之首。《史记·夏本纪》说:"禹行自冀州始",就是说大禹治水这一功业是从冀州开始的。《春秋谷梁传》说:"冀州者,天下之中州,自唐虞及夏殷皆都焉,则冀州是天子之常居。"就是说,冀州是天下的中心,也是天子的常住地。此后,冀州作为九州之首和天下中土的地位被不断强化,《楚辞》《淮南子》《汉书》等典籍对之均有记载。

《禹贡》中冀州下辖范围涵盖了整个黄河以北地区,到了汉代才从冀州分出了幽州和并州,现在冀州下辖的郡国数量虽说从28个减少到了9个,管辖范围缩小到与春秋时的晋国面积大致相当,但冀州仍不失为国之中土和"天下之重资"。

事实上，正是在二人聊天之后，袁绍一路北上，不仅用计从韩馥手中取得了冀州，而且用近十年时间占据了黄河以北的冀、幽、青、并四州之地，居高临下地觊觎着黄河之南的中原地带。可以说，袁绍蓝图的实现率是百分之百，并且也由此成为群雄之中第一个摆脱了生存压力、能够影响历史走向的诸侯豪强。

如此看来，如果后来统一北方的不是曹操而是袁绍，那么北方政权的国号很可能还是"魏"，因为邺城所在的魏郡原本就是袁绍的大本营。只不过，这个"魏"将不是"曹魏"而是"袁魏"罢了。

吃不着葡萄时，你可以说它酸，可把葡萄含到了嘴里时，曹操还会说它酸吗，还能理直气壮地说出那句"若以险固为资，则不能应机而变化也"的轻蔑之语吗？

鸠占鹊巢

"鸠占鹊巢"这一成语，出自《诗经·召南·鹊巢》中的"维鹊有巢，维鸠居之"。意思是说，鸤鸠因为不会做窠，所以常常强占喜鹊的窠，本指女子出嫁后定居于夫家，后用来比喻强占别人的住处。

如果说邺城原本是袁绍经营了多年的巢穴的话，那如今已经被曹操当作老巢来使用了。

据曹丕日后在《典论·内诫》中回忆，建安九年（公元204年）曹军刚刚攻陷邺城，十八岁的他就进入了袁绍的府邸，当时他"亲涉其庭，登其堂，游其阁，寝其房"，感受着"栋宇未堕，陛除自若"的规整与舒适。

曹丕对袁家的庭、堂、阁、房都进行了细致描述，但他却或有意或无意地漏写了这次游览的最大收获。

据《三国志·魏书·甄后传》记载，"及冀州平，文帝纳后于邺"，就是说，平定冀州后，曹丕在邺城纳了一名甄氏女子为妇。对于这样言简意赅的一段话，裴松之通过注引《魏略》的方式，留下了当时的具体情形。

曹丕进入袁府时，袁绍的妻子刘夫人和她的二儿媳也就是袁熙的妻子甄氏，正跪坐在厅堂上，等候发落。看到曹丕闯入，惊恐的甄氏不自觉地把头伏到了自己婆婆的膝盖上，而袁妻则不住地叩头。原本，甄氏的头在袁妻的膝盖上，袁妻又俯身求饶，这样一来甄氏的脸蛋就彻底被埋住了。

也许曹丕从甄氏的身姿中感觉这是个美人，也许曹丕生性就对年轻女子感兴趣，总之，曹丕此时礼貌地说了一句："刘夫人怎能这样呢？快让您儿媳妇抬起头来吧！"

这是两句毫无关联的话，原本只说前一句话就足够了，可曹丕却偏偏画蛇添足地加了那么一句，而这多加的一句往往才是真正的重点。

身为袁绍的妻子，刘夫人自然也是经多见广的人，看到甄氏依旧羞怯地深埋着头，索性自己用手把儿媳妇的脸蛋捧了起来。这一捧不要紧，曹丕只看了一眼，目光就再也移不开了。

面对这个"颜色非凡"的美人儿，曹丕不由地"称叹之"。随后不久，这事就传到了曹操耳朵里。知道了儿子的这一心思后，曹操很快就为他迎娶了甄氏。

这样，甄氏就从袁绍次子袁熙之妻，变成了曹操次子曹丕之妻。如此看来，当初曹丕在袁府"寝其房"时，想必不是孤枕。

当然，关于曹丕纳甄氏这件事也有另一种传说。说是曹操之前也早就想占有甄氏，因此在入城前还专门下了任何人不得先入袁府的禁令，可偏偏自己的儿子抢了先，结果曹操只能顺水推舟地成全他了。

没错，曹操喜欢将别人妻妾据为己有不假，张绣投降后他霸占了张绣的婶婶、张济之妻这件事情，就明确无误地记载在《三国志》中。而在裴松之为《三国志》所作的注中，更是两处记载了曹操自纳吕布部将秦宜禄之妻这件事儿。据说，为此还弄得之前"乞纳宜禄妻"的关羽，"心不自安"。

可是，要说曹操与儿子抢女人，可能性却微乎其微。一则不仅正史上无载，就算一些不那么靠谱的史籍上也没有明确记载；二则与接管袁家后院的女色相比，袁家前院以及院外的那些东西恐怕更吸引曹操。

建安九年（公元204年）九月，刚刚攻陷邺城的曹操，马上以朝廷的名义给自己安了一个新头衔：冀州牧。

在此之前，冀州牧一职由曹操的心腹董昭担任，鉴于冀州实际掌握在袁绍手中并且袁绍一直自称冀州牧，因此董昭这个冀州牧只能算是遥领。这一任命也更像是给董昭的一种政治待遇，算是对他此前贡献的一种认可——无论在迎立汉献帝还是在平定河内郡的过程中，董昭的表现都可圈可点。此外，因为董昭是从袁绍身边辗转来到曹操这里的，当初让董昭担任冀州牧，也有政治上的考虑，这既是对袁绍的一种羞辱，也是招降纳叛的一种宣示。

如今，冀州已经实实在在地掌握在了自己手中，曹操怎么可能还让一个心腹谋士占据如此高位？不过，由于司空曹操同时还兼领豫州牧和兖州牧，再加上这次的冀州牧，真是有点多吃多占了。于是，曹操让出了自己担任了十二年的兖州牧。

一个是自己赖以起家的兖州，一个是袁绍赖以起家的冀州，两相比较，曹操毫不犹豫地选择了冀州，这并不是曹操生性喜新厌旧，而是因为冀州着实让人爱不释手。

既然当上了冀州牧，曹操就要在冀州搞点事情。

曹操的第一个大想法是扩州。按照《尚书·禹贡》中所描述的范围，作为九州之首的冀州应该囊括了整个黄河以北的广大地区，如今冀州只是河北四州之一，虽说地位最重，但面积却大不如前。既然这样，为什么不把冀州的管辖范围恢复到大禹时期设定的疆域呢？如此，冀州虎踞北方、俯视天下的气象不就出来了吗？

然而，曹操的这个想法却遭到了谋士荀彧的反对。

　　为什么？因为牵一发而动全身，如果调整了冀州的范围，必然会把其他州的地盘划入在内；而一旦有了重新划分地盘的先例，其他人就会认为自己的地盘也有被重新调整的可能；这样，原本各方将领就人人自危，由此人心就更不稳了，也就没有人再想归顺了。所以，还是暂时不调整为好，等四海平定之后，再议不迟。几句话说得曹操口服心服，暂时搁置了扩大冀州的事情。

　　地是死的，人是活的。虽然既有版图不能轻易调整，但土地上的人口却可以大规模迁移，于是，在把自己的统治中心逐步向邺城转移的同时，曹操启动了第二个大想法：迁移人口。

　　桃李不言，下自成蹊。观察到主公的这一动向后，老家位于兖州山阳郡乘氏县（今山东菏泽城区）的都亭侯李典，就向曹操提出了自己的请求：希望能把居住在乘氏的李氏宗族及其部曲一共三千多家全部迁到魏郡。

　　听到李典的请求，曹操笑着说："你是想效仿耿纯吗？"

　　曹操话虽然不长，但一下子让李典的搬家申请具有了历史高度。下面，先简略介绍一下耿纯的事迹。

　　作为辅佐汉光武帝刘秀建立东汉帝国的云台二十八将之一，耿纯出身于巨鹿大族耿氏家族，父亲耿艾就曾经担任新莽朝廷的济平尹（相当于东汉时曹操早年担任过的济南相）。耿纯早年就学于长安，被授予纳言士的官职。可是，绿林赤眉起义之后，耿纯放着眼前新莽朝的厚禄和更始帝给的高官不要，一心一意跟定了当时还只是更始帝手下行大司马事的刘秀。自己跟随还不算，他还拉上了耿䜣、耿宿、耿植等几个堂兄弟乃至整个耿氏宗族，加起来一共二千多人。

　　创业初期，刘秀走到哪里，耿纯就带着宗族和部曲跟到哪里，宗族中那些年老体弱的甚至一路上都带着棺木。据载，为了防止族人和宾客中有人恋故土、开小差，耿纯甚至把老家的房屋全烧了，以"绝其反顾之望"。

　　这一次，对于李典举家迁移的申请，曹操自然是颇感欣喜。二百年前，耿纯带着的是二千多人，而如今李典带来的却是三千多家一万三千多人，这规模、这决心那是相当大。你说曹操能不高兴吗？

实际上，曹操的话音刚落，李典就表态了："我这个人驽钝怯弱，功劳微小，而爵位宠信却十分优厚，实在应该带着整个宗族来报效您；加上现在战争并未停息，应当充实邺城周边，以便治御四方，我并不是效仿耿纯，而是出于现实的考虑。"前半句话聊主观愿望，后半句话谈客观需要，话虽不长，但相当到位。

曹操夸得到位，李典答得也到位。但仅限于口头表扬，恐怕还难以产生显著的激励和示范效应。于是，赞赏之余，曹操又将李典从捕虏将军提升为破虏将军。要知道，这次晋升距离李典获封都亭侯、升任捕虏将军只有几个月的时间。

有了李典的示范，效仿者一个接一个。

建安十年（公元205年），曹操在南皮打败了袁谭，负责青州和徐州军政事务的臧霸带着手下众将专门赶来向主公表示祝贺。宴会之上，臧霸提出了一个请求：恳请主公让自己的子弟和众将的父兄家属都迁到邺城来。

听完臧霸的请求，曹操说了这样一段话："诸位的忠心何必要如此来表现呢？从前萧何派遣子弟入京侍奉，汉高祖没有拒绝；耿纯烧掉房舍载着棺材追随，光武帝也没有阻拦。现在，我又怎么好改变前人的做法呢！"

先客气一下，再夸上一夸，最后欣然同意，看得出，曹操的确是在鼓励大家都来邺城。

看到远道的李典和臧霸如此争先恐后，邻近的并州刺史梁习自然也不甘落后。为了充实邺城的人口，同时也为了消除并州的潜在隐患，梁习把并州豪族、官吏、士兵的家属分期分批地迁往邺城，前前后后一共送去了好几万人。于是，邺城以及它所在魏郡的人口，就这样你几千、我几万地多了起来，没几年工夫就变成了整个北方人口最稠密、经济最繁盛的中心城市。

不过，有取就有舍，有得就有失。除了顺水推舟地成全了儿子，堂而皇之地成就了自己，大张旗鼓地增加了人口，鸠占鹊巢的曹操也不是一点东西都没给袁家留下。事实上，在攻占邺城不久，曹操不仅祭奠了袁绍，而且"慰劳绍妻，还其家人宝物，赐杂缯絮"，还让公家负责袁家人粮食、衣物等生活用品的供应，照顾得可谓周到。

当然，曹操把到手的东西又返还回去，并不是因为他怜惜袁家、甘心给予，而是因为他想通过这样的小表示来收获河北的大人心。据说，袁绍亡故时，冀州百姓如同失去亲人般悲痛欲绝，市井闾巷洒满眼泪。

如今，曹操虽然取得了冀州的土地，要取得士心、民心还要毫不松懈地展开一系列工作。

建安八年（公元 203 年）七月，在征伐的间隙，曹操发布了《修学令》。在此令中，曹操对国家动乱以来"后生者不见仁义礼让"的社会风气甚为痛心，为此不仅"令郡国各修文学"，而且定下"县满五百户者置校官"的制度，推动正规的学校教育逐渐恢复。

建安九年（公元 204 年）九月，攻下袁绍大本营邺城，夺取了整个冀州的曹操，先后发布了《蠲河北租赋令》和《抑兼并令》。

《蠲河北租赋令》明确"河北罹袁氏之难，其令无出今年租赋"。就是说，黄河以北地区长期遭受袁绍带来的灾难，这一地区今年就不用缴纳田租赋税了。

《抑兼并令》针对袁绍统治时期"豪强擅恣""下民贫弱"的情况，明确了田租和户调的征收标准，即"其收田租亩四升，户出绢二匹、绵二斤而已，他不得擅兴发"，并且专门强调"郡国守相明检察之"，千万不能出现"强民有所隐藏，而弱民兼赋"的情况。

建安十年（公元 205 年）正月，基本将袁氏势力逐出河北的曹操下达了《赦袁氏同恶令》，明确"其与袁氏同恶者，与之更始"，就是说，那些以前与袁氏一起干坏事的人，现在都有改过自新、重新做人的机会。同时，为了规范社会秩序，曹操还下令老百姓不得泄私愤、报私仇，严禁厚葬，违令者一律绳之以法。

同年九月，曹操又颁布了《整齐风俗令》。令中，曹操列举了四种"阿党比周""以黑为白，欺天罔君"的行为，并表达了自己"欲整齐风俗，四者不除，吾以为羞"的决心。

建安十一年（公元206年）十月，曹操基本夺取了整个河北地区后，发出了《求言令》。

令中，曹操首先提出了"治世御众，建立辅弼，诚在面从"的观点，让众人千万不要对自己唯命是从，而应该坚持问题导向，大胆进言。

为此，曹操还专门命令"自今以后，诸掾、属、治中、别驾，常以月旦各言其失"，通过大家每月初一提交报告的方式从机制上保证言路的畅通。

最后，曹操还专门强调"吾将览焉"，就是说，报告我会亲自看的，你们可别应付差事！

同样是在建安十一年，曹操为了恢复和发展生产，开始"广置屯田"，将原本只在许都周围进行的屯田制度在更广范围内推广开来。为此，他专门让司空掾属国渊主持这项工作，而国渊则"屡陈损益，相土处民，计民置吏，明功课之法"，把这件事做得有声有色。

据载，在曹操正式出道之前，曾经专门拜访过善于识人评人的名流许劭，请许劭给自己一两句评语。

结果，好说歹说，许劭送了他一句话："子治世之能臣，乱世之奸雄。"意思是说，你在治平之世会成为一个能臣，在纷乱之世会成为一个奸雄。

如今，整个北方已经由乱趋治，曹操的能臣潜质也的确到了发挥的时候了。

燕赵之士

要做"治世之能臣"，就需要"任天下之智力"。因此，除了从外地迁入人口，曹操也特别注重从冀幽大地上去发掘人才。

冀州名士崔琰原本是袁绍手下的骑都尉，但严格自律、直言敢谏的他却很不讨袁绍喜欢。袁绍的手下为了充实物资、壮大军力而偷坟掘墓时，崔琰劝谏袁绍"掩骼埋胔"，以显示仁德之心；袁绍练兵备战、挥师南下时，崔琰认为"天子在许，民望助顺"，劝袁绍"守境述职"，不要主动出击。袁绍去世后，袁谭和袁尚都想得到崔琰的支持，结果崔琰却以生病相推辞，搞得被袁尚关进大牢，差点丢了性命。

曹操入主冀州后，崔琰被任命为州别驾从事，帮助曹操处理冀州政务。实际上，曹操那句"昨案户籍，可得三十万众，故为大州也"，就是对崔琰说的。

可是，崔琰听到这句话的反应却颇让曹操下不来台：

"如今天下分崩、九州割裂，袁氏兄弟大动干戈，冀州百姓尸横遍野。这会儿没听说您实行仁政，了解风俗，救民水火，反倒是审看户籍，计算甲兵，把这些作为头等大事，这难道是州里的男女老少所期望于您的吗？！"

这几句话，崔琰说得理直气壮，大义凛然，在场的宾客幕僚们却个个吓得面如土色，趴在地上谁也不敢说话。袁绍当权时你怼袁绍，曹操主政后你怼曹操，你头上到底长了几个脑袋呀！你这个冀州城门口的标杆人物可以不在乎，可我们这些城边的"池鱼"可吃不消！

然而，令人没想到的是，虽然被怼得下不来台，曹操却并没有因此恼怒，反而郑重地向崔琰表示了歉意。之后，曹操颁布《蠲河北租赋令》《抑兼并令》《整齐风俗令》《求言令》，恐怕与崔琰的这次谏言不无关系。

如果说，崔琰因为耿直被曹操赏识，那么袁谭手下的别驾王修，则是因为义气而被曹操重用的。

早年，北海人王修以勇于打黑除恶、善于救人急难而闻名。孔融担任北海相时，曾经任命王修为主簿兼代理高密县令。当时，面对高密大族孙氏包庇抢劫犯而官员们不敢进入孙家抓人的局面，王修一句"敢有不攻者，与同罪"，硬生生逼得孙氏乖乖交出了罪犯。

后来，王修又出任功曹。针对胶东人公沙卢凭借宗族势力强大自建营垒、不接受官府征调的行为，王修仅带着几名骑兵就冲入了公沙卢家中，公沙氏族人眼睁睁看着王修斩杀了公沙卢兄弟，竟没有一个人敢还击。

疾恶如仇的同时，王修还有一副古道热肠。每当听说孔融有难时，王修总是星夜前往救援。有一次，郡中有人发动叛乱，面对蜂起的叛贼，孔融对左右说："能冒难来，唯王修耳！"结果，这句话刚说完，王修就赶到了。其实，王修不仅对孔融有侠肝，对新上司袁谭也有义胆。在袁谭与袁尚的争斗中，袁谭曾经被袁尚打得很惨，结果幸亏王修带着官吏和民众及时赶到，袁谭才躲过了覆灭的命运。事后，袁谭高兴地说："成吾军者，王别驾也。"

不过，对王修最具挑战性的考验还是在袁谭死后。当时，正承担运粮任务的王修听说袁谭在南皮被曹军围攻的消息后，带着手下人马就踏上了救援之路。结果，王修还没赶到，袁谭已经被斩杀了，听到这一消息，王修大哭："无君焉归？"没有了主子，我又该何去何从呢？

虽然嘴上说自己不知道去哪儿，可王修还是跑到了曹操那里。

不过，王修想做的不是投入曹操麾下，而是要为袁谭收尸。面对王修的请求，曹操始终"默然不应"，看不出半点要应允的迹象。

这下王修有些着急了，一句狠话脱口而出："受袁氏厚恩，若得收敛谭尸，然后就戮，无所恨。"听说过以命抵命的，还没听说过以命抵尸的，看来王修的确是一个重情重义的人。

其实，曹操之所以不表态，就是想观察一下王修的诚意，经过这么一番考验，曹操算是把王修记在心上了。

接下来，曹操不仅让王修为袁谭收尸送葬，而且还让他继续负责督运军粮。进入南皮后，曹操派人检查王修家中的财物。结果，除了不到十斛谷物和几百卷书籍，王修家中别无长物。

为此，曹操不由得感叹："士不妄有名。"看来，王修的名声还真不是随便来的。于是，曹操先是征辟王修成为自己的司空掾，同时代理司金中郎将协助自己管理财税，后来又升迁他为魏郡太守。

要知道，魏郡可是邺城的所在地，是曹操统治的腹心地带，把这样一个重地交给一个晚近才投靠过来的幕僚，这可不是一般的放心。同时，让这样一位道德标杆执掌魏郡，对稳固曹操在冀州乃至整个原袁氏控制区域的统治，都将产生无法估量的促进作用。

实际上，王修到任后，"抑强扶弱，明赏罚，百姓称之"，也的确没有辜负曹操的信任。

如果说，曹操任用崔琰、王修看重的是他们的"德"的话，那曹操接纳陈琳看重的则是他的"才"。

建安四年（公元 199 年）秋，袁绍以一篇气势如虹的檄文向曹操正式宣战。

这份后世名为《为袁绍檄豫州文》的檄文，从"明主图危以制变，忠臣虑难以立权"讲起，一开始就以忠臣的姿态把当时定位成一个非常的时代，而袁绍自己则是这个非常时代的非常之人，"是以有非常之人，然后有非常之事；有非常之事，然后立非常之功。夫非常者，固非常人所拟也"。随后，檄文列举秦末赵高乱政、汉初吕后专权的历史教训来影射曹操，以汉初周勃、刘章铲除吕氏的历史功业来为自己张目。

有了这段精彩的开头，檄文随即直奔主题——揭批曹操。

首先，揭老底。先把曹操的祖父曹腾作为宦官的劣迹拎出来晾晾，再把曹操父亲曹嵩委身宦官、买官上位的丑事拿出来晒晒，进而把曹操定位为"赘阉遗丑"，本性就是个"好乱乐祸"之徒。

其次，批人品。檄文揭批曹操之余，大谈袁绍对曹操的一系列恩义与庇护。讨伐董卓时，袁绍"与操参谘策略，授以禅帅，谓其鹰犬之才，爪牙可任"，完全把曹操看成自己的参谋和助手；曹操西征受挫时，袁绍"复分兵命锐，修完补辑，表行东郡太守、兖州刺史"，真心把曹操当作自己的盟友和帮手；曹操为吕布所迫时，袁绍"援旌擐甲，席卷起征，金鼓响震，布众破沮"，全力对曹操伸出自己的热心援手。一句话：袁绍大仁大义，一直把曹操当兄弟看；曹操忘恩负义，从没把袁绍当大哥待。

最后，批恶行。檄文把曹操的一大堆罪恶行径公之于众，包括在兖州时诛杀边让，执政后排挤杨彪、赵彦，征战中亲自盗掘梁孝王墓，进而得出结论："历观古今书籍所载，贪残虐烈，无道之臣，于操为甚！"

揭批完曹操的"豺狼野心，潜包祸谋"，檄文又极力渲染袁绍的丰功伟绩和强大军力，消灭曹操就像火烧飞蛾、海水灭火般轻而易举。

随后，檄文更以"此乃忠臣肝脑涂地之秋，烈士立功之会"，号召天下人共讨曹贼。当然，檄文最后还不忘挖曹操的墙脚，宣布能够摘下曹操头颅的封五千户侯，赏钱五千万，对于投诚者则既往不咎。

一篇旁征博引、咄咄逼人的檄文，终于让袁绍出了心中的一口恶气，但却没有气到曹操。

相反，酷爱文辞的曹操反而用欣赏的眼光琢磨起其中的文句来。以汉武帝求贤诏中的"非常之人""非常之事""非常之功"起始，令檄文气势如虹；从揭老底开始，让自己在世人面前无地自容；而揭批自己的同时不忘处处抬高袁绍，确是一种鲜明对比，着实令人印象深刻。

如此好文，出自谁人之手？如此奇人，何时能为我所用？

一番了解之后，曹操终于挖出了这篇檄文背后的作者，此人不是别人，正是才华横溢的陈琳。

早在天下大乱之前，陈琳就是大将军何进身边的主簿，当何进在袁绍的劝说下准备召集董卓等四方猛将来京城诛杀宦官的时候，陈琳就曾经劝谏何进：现在"龙骧虎步"的您，如"掩目捕雀"一般看不到自己手中的巨大权力，却"授人以柄"地要去借助外力，这样只能引来祸患。

后来一如陈琳所料，宦官杀死了何进，袁绍诛杀了宦官，董卓赶走了袁绍，而陈琳则跟着袁绍来到了冀州，成了袁绍身边的一名写手。

天下乱掉了、不成了，但陈琳当初的那些说辞却变成了一堆成语。那时，曹操还是京城中的典军校尉，想必也与陈琳相熟，至少知道彼此。

攻陷邺城后，曹操俘获了那个让他爱恨交加的陈琳。想起那篇檄文，曹操气就不打一处来："汝前为本初作檄，但罪状孤可也；何乃辱及祖耶？"是呀，骂人也要有底线，骂骂当事人也就罢了，为什么还要骂人家祖宗八辈？

此时此刻，无法狡辩的陈琳只说了一句话：

"箭在弦上，不得不发耳。"

然而，就是这一句话却救了他。

陈琳的这句话大概有两层意思：其一，情形所迫，在袁绍手下，不卖力不行；其二，情感所至，行文到此，手就停不住了。是呀，当时的形势的确是一触即发，不得不骂。作为局中人，此中情形，曹操深有同感；同为捉刀高手（实际上，"捉刀"一词就源于曹操），此间情感，曹操感同身受。短短的一句话让曹操也动了情。

为此，曹操不仅赦免了陈琳，还把他留在了身边，专门为自己草拟军国书檄，有时曹操竟不能为之增减一字。

据载，曹操后来还从陈琳身上开发出了一个意想不到的价值。每当曹操偏头疼的老毛病又犯，一看到陈琳呈上的新作，便会立刻跃床而起，精神焕发，史称"檄愈头风"。看来，治病的不只是良药，还有美文。

如果说崔琰、王修、陈琳三人是曹操从袁绍那里接收下来的资产的话，那田豫、刘放和牵招三个则是自觉主动地投奔到曹操身边来的。

渔阳人田豫原本是幽州诸侯公孙瓒的手下，与刘备也交情颇深。在公孙瓒去世后，田豫成了渔阳太守鲜于辅身边的长史。看到曹操即将统一北方的大趋势后，田豫不失时机地对鲜于辅说："终能定天下者，必曹氏也。宜速归命，无后祸期。"于是，在田豫的劝说下，鲜于辅举郡归附曹操。为此，曹操不仅厚赏了鲜于辅，而且发现了田豫这样一个人才。后来，田豫无论从事地方治理，还是随军出谋划策，都有不俗表现。

与田豫类似，涿郡人刘放原本是涿郡太守王松的幕僚。在得知曹操攻克冀州的消息后，刘放便劝王松向曹操"投身委命，厚自接纳"。恰在此时，正在南皮攻打袁谭的曹操也来信招降王松，于是，王松决定顺势献出地盘归附曹操。

为了表示诚意，王松还专门让刘放为自己写了一封回信。看到那封"其文甚丽"的复信，又得知刘放劝说王松归附的事情后，曹操便留意上了刘放。不久，刘放随王松一起去面见曹操。结果一见面，曹操就对刘放说："后汉初年，班彪凭借劝说窦融归附光武帝而建立了河西之功，今天你的行为与他是多么相似啊！"就这样，刘放成了曹操身边的参司空军事。

与田豫、刘放不同，安平郡人牵招投奔曹操时并没有带来任何地盘。作为袁绍身边的督军从事，牵招在袁绍去世后又成了袁尚的人。建安九年（公元 204 年），袁尚回救邺城失败而逃往幽州时，牵招正在并州的上党郡督运军粮。在得知袁尚失败的消息后，无法与主公会合的牵招便自作主张跑到了并州刺史高干那里，试图说服高干将袁尚迎接到并州，双方联合，见机而动。可是，高干不仅没有接受牵招的建议，暗地里还准备干掉他。走投无路之下，牵招向东投奔了曹操，成了曹操身边的冀州从事。

尽管牵招投奔曹操时的贡献比不上田豫和刘放，但他之后的作为却令人侧目。建安十年（公元 205 年），正当曹操准备攻打袁谭时，却传来了乌桓峭王计划出兵援助袁谭的消息。鉴于牵招在担任袁绍的督军从事时，曾经统领过乌桓的骑兵冲锋队，与乌桓颇有交集，于是曹操派牵招来到了乌桓峭王的根据地柳城。

一到柳城，牵招就发现五千乌桓骑兵正整装待发，即将被派往袁谭那里；

更麻烦的是，此时辽东太守公孙康的使节韩忠也把单于印玺和绶带送到了乌桓，袁谭、乌桓、辽东，三方势力即将形成联盟。

好在此时的峭王还在犹豫，试图通过公开辩论的方式论出个明暗高下的前途。

辩论中，牵招虽然一直以曹操的正统和强大作为武器，但无论是峭王还是韩忠都颇不以为然，毕竟乌桓和辽东都天高皇帝远，感受不到曹操马鞭的厉害，如此纠缠下去，只会对自己越来越不利。

难分难晓之中，只见牵招猛然走到了韩忠面前，抓住他的头就往地上撞，拔出刀就要结果了他。这下子，峭王害怕了，鞋也顾不得穿就来抱住牵招，恳求他放过韩忠，而在场的人，无论乌桓将领还是辽东使者，个个都惊慌失色，大气也不敢喘一下。

眼看预期效果实现，接下来就是牵招的控场时间了。随后，他条分缕析地为峭王陈说"成败之效，祸福所归"，说得峭王心悦诚服，立刻送走了韩忠，遣散了骑兵。

后来，牵招又被曹操任命为军谋掾，随军征讨乌桓。大军到达柳城后，牵招又被任命为护乌桓校尉，成了管理乌桓人的军事长官。

提到远征乌桓，就不得不提到另一个为曹操做出重大贡献的人物。

建安十一年（公元206年），曹操在平定了冀、幽、青、并四州之后，将进攻目标指向了塞外的乌桓。经过一系列准备，大军推进到了山海交接的无终县（治所即今河北玉田县）。再往前，有两个方向：一个是向东，沿海岸线前进。但当时正值雨季，道路低洼泥泞，加之乌桓重兵把守，走这条路，"兵贵神速""掩其不意"的战术效果都无法实现。另一个是向北，翻山越岭前进。但事实上向北只有山，没有路，别说可供大军通行的道路，就是羊肠小道也看不见一条。就算部队逢山开路、披荆斩棘，也将同样失去"兵贵神速""掩其不意"的效果。一时之间，曹操陷入困顿，军心浮动。

进退维谷之时，曹操寻访到了一位义士兼隐士：田畴。作为无终人的田畴，原本是幽州牧刘虞的心腹幕僚，刘虞被害后，他拒绝投靠公孙瓒，率领宗族及追随者数百人进入无终山中开山辟地、躬耕避世，数年间聚集了五千多户人口，在乱世中创造了一个"世外桃源"。

有时候，之所以没有路，是因为没有找对人。找对了人，也就找到了路。生于无终县，隐于无终山，田畴对无终了如指掌。这时，田畴不仅告诉曹操群山之中有一条二百多年前留下的小路，而且还献出了"道出卢龙"之计。

卢龙塞是燕山山脉东段的隘口，汉朝击溃匈奴后，此处成为汉族防御少数民族的重要边塞，也是汉匈双方的必争之地。

田畴的计策是来一场横穿燕山山脉的冒险之旅。具体路线就是：从现在北京东面的天津蓟州区，向北五百余里到达河北迁安喜峰口，从喜峰口向东北五百余里穿过承德一带的群山抵达现在的辽宁省朝阳市，也就是当时的乌桓老巢柳城。在笔者看来，这个直线距离超过一千里的奇袭计划，从地理难度上看，可以与魏延穿子午谷奇袭长安、邓艾偷渡阴平奇袭成都一起，并称后汉三国时期的三大奇袭计划。

虽然冒险，但这正合曹操的胃口。不仅如此，曹操在此基础上还有了发挥，加上了一条"明修栈道，暗度陈仓"之计。他不仅大张旗鼓地撤退，还让人在大小路旁都立上木桩，写上"方今暑夏，道路不通，且俟秋冬，乃复进军"，明确告诉乌桓，我先走了，秋冬天再来，后会有期。

当秋天到来时，曹操真的来了，不过不是在海边，而是在山边。八月，曹操越过层峦叠嶂的燕山山脉，一直杀到了乌桓的老巢柳城。站在白狼山上，曹操俯视着这片大汉王朝之前未曾征服的土地以及这片土地上军容不整的乌桓兵将，虽然劳师袭远、人困马乏，虽然人数甚少、辎重未到，曹操依然自信地发起了攻击。

结果，一如预期，曹军大破乌桓。

说完田畴，就不得不提一个叫邢颙的人。实际上，田畴之所以能够接受曹操的征召，离不开好友邢颙的启发。

看到曹操业已平定了冀州，北方形势由此发生了重大变化，邢颙对田畴说："黄巾起来二十余年，海内鼎沸，百姓流离。今闻曹公法令严。民厌乱矣，乱极则平。请以身先。"就是说，如今已经乱得差不多了，该迎来平定安稳的时候了，让我先替您去看看形势吧。

于是，邢颙就回到了乡里；再于是，田畴也脱离了与世无争的隐居生活。有鉴于邢颙的审时度势，曹操任命他为冀州从事。

实际上，曹操不仅善于吸纳人才，还十分注重发掘人才。崔琰有个堂弟叫崔林，曹操平定冀州后，任命崔林为邬县县长。结果崔林因为没有车马，竟然徒步去上任，一时之间被传为佳话。后来，曹操向并州刺史张陟询问并州县级长官中谁的品德和政绩最好，张陟毫不犹豫地报出了崔林的名字。于是，崔林被提拔为冀州主簿，后来又改任别驾。

如此，问题就来了：曹操为什么对冀幽之地的人才如此重视？

正如荀彧在官渡之战前所总结的，袁绍的阵营中，田丰"刚而犯上"，审配"忠烈慷慨，有不可之节"，崔琰"少朴讷"。总之，都是刚性子、直肠子。

曾经这些人让曹操很挠头。一则这些人给袁绍提的意见建议都很有杀伤力，一旦被采纳，后果不堪设想；二则这帮人并不认什么天子和强权，只认对自己有情有义的那位主公，即使主公败了甚至亡了，他们依旧忠心耿耿，曹操"奉天子以令不臣"的政治大旗在这些人那里似乎失去了效力。

不过，一旦曹操把冀州作为自己的大本营来经营，这些燕赵侠士们就让曹操爱不释手了。

撇开爱提意见这条不说——因为曹操本就喜欢别人提意见，为了让大家多提意见建议，他甚至还专门颁布了《求言令》，单看忠心耿耿这一条，就足以让曹操欣喜不已了。

前面说过了王修对袁谭的忠心，下面再来看看田畴的义举。

初平四年（公元 193 年），公孙瓒攻杀了幽州牧刘虞。当时，田畴刚刚从朝廷返回幽州，听说刘虞被害的消息后，他并没有把朝廷的文书交给公孙瓒，而是来到了刘虞的坟前。

田畴的这一做法，一下子激怒了公孙瓒，他很快就被公孙瓒抓了起来。面对公孙瓒的威逼利诱，田畴大义凛然地说："燕赵之士将皆蹈东海而死耳，岂忍有从将军者乎！"

这一句，愣是把公孙瓒给镇住了，不仅认为他的对答够有骨气（壮其对），而且亲自为他松绑并予以释放。

没错，这些人是有点迂腐和刚烈，但曹操要的就是这份愚忠和耿直。曹操为什么要把邺城定为大本营？不就是想跳脱许都固有的藩篱，营造一片新天地吗？如今收了这帮不跟天子走、只念恩主情的燕赵之士，还愁大业不成吗？

南辕北辙

"南辕北辙"这个成语出现在《战国策》中，讲的是一个人心里想着往南走而车子却向北行。在战国，它只是一个寓言故事；但在三国，它却是一个真实行为。

在官渡之战后的七年时间里，曹操心里惦记的始终是南方的刘表和他治理下的荆州，以及他屋檐下的刘备。然而，曹军的车马兵锋指向的，却始终是北方。

建安六年（公元 201 年）春，也就是曹操在官渡打败袁绍的下一年，考虑到自身在军事实力和粮食供应方面还远不足以扫除坐拥冀、幽、青、并四州的袁绍，加之袁绍刚刚遭受重大挫败，也不太可能构成新的重大威胁，因此，曹操打算插空先去进攻南方的刘表。俗话说，瘦死的骆驼比马大，解决袁绍并不容易。

可是，一听主公这一别开生面的想法，荀彧就进行了阻拦："现在袁绍刚刚吃了一场败仗，军心涣散，士气低落，我们应该乘他尚未摆脱困境之际，一鼓作气，一扫而平！如今如果离开兖州、豫州，远征长江和汉水，万一袁绍收拾残部趁虚从背后突袭，那您的基业就将付诸流水了。"

没错，袁绍卷土重来的可能性是不大，但那是因为咱们大军压境，可一旦咱们奔往南方，那就不是可能不可能的问题了。

听了荀彧这番话，曹操旋即打消了南下的念头。四月初夏，曹操率军沿黄河行进，主动进攻袁绍驻扎在仓亭的军队，再次摧折了袁军的士气。第二年夏天，在羞愧和愤恨中，袁绍发病呕血而死。

曹操第二次打算南下是在建安八年（公元203年）。这一年八月，原本齐心协力的袁谭、袁尚两兄弟陷入了激烈的内斗，处于劣势中的袁谭派手下辛毗向曹操求援。

当时，曹操的大军驻扎在豫州南部的西平，正在积极为讨伐刘表做着准备，既然南征箭在弦上，因此将领们大多认为倒不如一方面放心大胆地去进攻刘表，一方面坐收二袁相争的渔翁之利，没有必要掉头再去北征。

然而，谋士荀攸此时却提出了不同意见。

首先，荀攸排除了刘表背后袭击的可能："天下正值多事之秋，而刘表却坐收江汉之间，毫无对外军事行动，由此可见，他根本没有吞并四方的志向。"

随后，荀攸强调了袁谭、袁尚的长期威胁："现在袁氏兄弟占据四个州的地盘，统率兵马数十万，袁绍向来以施政宽厚而得民心，假如他的两个儿子能够和睦相处，共同守护已成就的基业，那么天下的祸难恐怕一时半会儿还很难平息。"

紧接着，荀攸指出了一举消灭袁氏的机遇所在："可是如今他们兄弟却彼此憎恶，到了水火不容、势不两立的地步，一旦一个人吞并了另一个人，那么力量就会集中起来，那时我们就不好办了。"

最后，荀攸提出了建议："这样看来，不如趁他们窝里斗的机会动手去解决他们，如此天下就平定了。机不可失，时不再来，我们一定要把这个机会抓在手里！"

对于荀攸的这番分析，曹操只有一个字："善！"

"善"是秦汉时期的一个口头语和常用词汇，变成现在语言就是"太对了！""好极了！"。虽说"善"在史书上很常见，但具体到曹操个人身上，他却并不常常挂在嘴上，翻遍史书，能让曹操说出这个字的事儿总共不过十来件。

按理说，有了曹操这个"善"字，曹军的行动方向就应该确定无疑了。但没过几天，曹操却变了主意，准备重新把"先平荆州"作为优先选项，准备等袁谭、袁尚自相残杀、两败俱伤后，再出手解决冀州和青州问题。鉴于事情关系重大，曹操并未将自己的这一决定告诉从青州大老远跑来搬救兵的辛毗。

然而，在随后的一次酒宴上，细心的辛毗却从曹操微妙的表情中读出了曹操的心思。于是，辛毗立即找到了曹操的心腹谋士郭嘉，请他劝说曹操。

面对辛毗的请托，郭嘉并未直接劝谏主公，而是创造了一个辛毗与曹操当面交流的机会。于是，辛、曹二人有了如下一段聊天。

首先是曹操发问："袁谭的求援是可信的吗？袁尚一定能被攻克吗？"

很显然，曹操既不敢高估袁谭的诚信，也不敢低估袁尚的实力，这两点中的任意一点都足以打消他北上的念头。

"明公您不必问袁谭是可信还是有诈，只应看当前整个形势的发展变化。"辛毗一句话，把曹操的视野从具体的战术判断拉高到了战略决策的层面。

随后，辛毗对战略形势的变化进行了系统阐述。

首先，看袁谭、袁尚兄弟的动机和处境："二袁本是亲兄弟却互相攻伐，并不觉得别人能够利用他们之间的隔膜，而是认为凭自己的力量足以平定天下。如今袁谭转而向明公求救，他的处境和可信程度可想而知。换个角度看，袁尚看到袁谭处境困难却又不能消灭他，这说明袁尚也已经智穷力竭了。"一且从大处着眼，所谓的"可信"与"可克"的问题立刻就可以做出判断了。

当然，仅仅解决曹操的疑问恐怕还不够，关键还是要让曹操彻底看透变化了的河北形势："现在袁氏对外作战失败，对内诛杀谋臣，加之兄弟恶斗，政权实际上已经一分为二；连年征战搞得将士的甲胄都生了虮子，再加上旱灾蝗灾，如今到处都是饥荒；灾荒从天而降，地上人祸不断，老百姓就算再笨也知道袁氏的统治就要土崩瓦解了。"一句话，如今的河北早已不是袁绍时的河北了，已经到了瓜熟蒂落收果子的时候了。

分析完总体形势，还要具体问题具体分析，为此有必要把袁尚再拿出来解剖一番："兵法上讲，就算有坚石砌成的城墙、沸水形成的护城河以及百万雄兵组成的军队，只要没有粮食，一切都是白费。如果您现在去进攻邺城，袁尚不回兵救援就守不住老巢，而一旦回兵救援就会引来袁谭的追击。以明公您的威势，对付这样一个困穷之敌、疲敝之寇，就如同疾风扫落叶那样容易。"

讲到这里，就该用比较法来做说服工作了："如今上天把袁尚这个大苹果交给了明公，但明公不仅不伸手接住，反而要到荆州摘桃子，这不是费力不讨好吗？再说了，目前荆州既富足又安定，政权内部也没有裂痕，哪有什么可乘之机？"一句话，一定要顺势而为，千万别没事找事。

作完对比，辛毗又把话题拉回到河北："当初，商朝攻灭夏朝的重要功臣仲虺曾经说过，敌人有内乱就攻取它，敌人有衰亡就侵侮它。现在二袁不图远略而图内斗，可以算得上'乱'；现在他们居无储备，行无干粮，可以算得上'亡'。看到河北百姓这种朝不虑夕、性命堪忧的状况，您怎能不立即去安抚，反而要等到以后呢？"

单听上面最后一句话，似乎辛毗关心的是百姓民生，可话锋一转，他又回到了曹操的立场上："您总想等以后，可如果以后赶上好年景，袁氏兄弟又醒悟到自己危亡的处境，一旦他们痛改前非，施行德政，恐怕您就失去用兵的机会了。"言下之意，不变的是荆州刘表，变化的是河北气象和二袁气度，不变的啥时候解决都行，变化的一定要把握机会。

条分缕析地讲完上面这些，辛毗从利害的角度进行了总结："如今，利用袁谭求救的机会顺理成章地前去安抚那里的百姓，绝对可以获取最大的利益。况且，环顾您四周的敌人，没有比占据河北的袁氏更强大的了；河北平定了，明公的军力就会更加强盛，进而足以震慑天下。"

"四方之寇，莫大于河北"，说的不正是自己一直担心的吗？所谓的"可信"与"可克"这两个心中的"扣"，要解决的不就是袁氏这个大"寇"吗？

"河北平，则六军盛而天下震"，说的不正是自己一直所希望的吗？取得河北意味着将河南、河北连成了一片，意味着整个中原地带都进了自己的口袋，剩下那些边边角角还是问题吗？

听到此处，曹操真要重新掂量一下南北的轻重缓急了；想到这里，曹操真要重新审视一下眼前这位辛毗的才识立场了。辛毗是袁谭派来的不假，辛毗要完成搬救兵的任务也没错，但辛毗建议把袁尚、袁谭放在一起，让自己一锅全端的条分缕析却着实出乎意料，有了这样一个熟悉袁氏情况的人为自己出谋划策，还有什么可担忧的呢？

于是，曹操郑重地再次吐出了那个字："善！"

随之，曹操大军迅速北上，不仅打败了袁尚，占领了邺城，而且攻陷了南皮，斩杀了袁谭。

曹操第三次有心解决荆州问题是在建安十二年（公元 207 年）。这一年，曹操已然全数解决了冀州的袁尚、青州的袁谭、幽州的袁熙、并州的高干，侥幸保住性命的袁尚、袁熙兄弟仓皇逃到了燕山以北的乌桓，北方似乎已经不存在什么威胁了。此时，部下们都认为应该及时转换频道，将军事重心适时南移，大家说："如今袁尚只不过是一个逃亡的罪犯，乌桓人也贪得无厌不念旧情，怎么会心甘情愿地为袁尚所用？现在如果大军深入塞外，刘备必定会说服刘表去袭击许都，万一发生变化，大事就后悔不及了。"

应该说，将领们的担心并非空穴来风。早在建安七年（公元202年），刘备就趁曹操第一次北征之机，进军到叶县，并且在那里的博望坡打了曹军一个埋伏。而为了有效御敌，曹操专门安排夏侯惇、于禁、李典等得力干将盯防荆州。

实际上，南征此时已经进了曹操的议程。据载，在第二次北征取得决定性胜利之后，曹操就安排张辽"复别击荆州"，取得了"定江夏诸县"的战果。并且，"别击"之后，曹操并没有让张辽回到许都或者邺城，而是"还屯临颍"，在荆州边上驻扎了下来。从这一军事部署来看，曹操很可能是准备进一步发动对荆州更大规模的进攻，而在劝说曹操不要北征的将领中，张辽也是其中之一。

既然将领们说的不无道理，并且曹操也露出了南下的苗头，如此看来，这次的车辙是真正要指向南方了。

然而，在郭嘉一番话之后，一切又发生了变化。

一上来，郭嘉就把一蹴而就、一劳永逸的巨大收益摆在了曹操面前："曹公您虽然威震天下，但乌桓人倚仗天高地远，并不感到忌惮，也一定不会预先防备。如果我们乘其不备，突然发起攻击，必然能一战将其击垮。"

紧接着，郭嘉又详细分析了大军南征后可能引发的连锁反应："况且，袁绍素来注意施恩于这一地区的百姓和蛮夷，而袁尚、袁熙兄弟目前还活在这个世上。现在冀、幽、青、并四州的百姓只是因为畏惧我们的威势而依附我们，我们的恩德他们还没有感受到。如果我们离开这里而进行南征，袁尚很可能会借机利用乌桓的力量，招募一批死党，那时乌桓人一出兵，四州的老百姓和蛮夷人一旦起而响应，乌桓单于蹋顿就会蠢蠢欲动，生出更多非分的打算，这种情况下，青州、冀州恐怕就不在您的控制之下了。"一句话，无论主要敌人还是次要对手，无论内部社情民意还是外部军事威胁，危机依然存在，风险并未降低，袁氏、乌桓、匈奴、民众，四股力量一旦拧成一股绳，足以绞杀曹操千辛万苦取得的成果。

说完北方的收益和风险，郭嘉又把目光转向了南方："刘表只不过是一个坐谈客罢了，他自己也知道自己的才干不能够驾驭刘备。重用刘备害怕自己控制不住，轻用刘备又害怕其不能为己所用，估计他只能这样时轻时重、既轻又重地等待观望。因此，就算我们倾巢而出，您也不用因刘表而担忧。"

没错，历次作战的经验告诉曹操，无论外部环境如何变化，刘表始终如缩头乌龟般待在自己的荆州，从不敢越雷池半步。于是，张辽和他的部队又被召到了北方。

八月，曹操带领先锋部队来到了距离乌桓老巢不远的白狼山，这时竟然遭遇到了大量敌军。当时，曹军的人马辎重都在后面，前方身着铠甲者很少，一时间"左右皆惧"。

按理说，此时应该避敌锋芒，等大军到来再战。然而，张辽却"气甚奋"，极力劝说曹操趁着敌人阵形不整之际立刻发动进攻。

在张辽的鼓舞下，曹操亲手把自己的大旗授给了他。随之，张辽率军出击，"大破之"。

这一仗，曹军不仅斩杀了乌桓单于蹋顿，俘获了降者二十余万，逼得袁尚、袁熙以及乌桓单于苏仆延等人带领数千轻骑逃往辽东，而且使得辽东的公孙康主动献上了袁尚、袁熙的人头。至此，来自袁氏的威胁完全消除，北方地区基本实现统一。

诗和远方

完成对乌桓的征伐和对辽东的威慑之后，剩下的就是班师回邺城了。鉴于北上时翻山越岭的艰辛，此次南下返程曹操选择了沿海而行。

一路上，曹操不仅登临了秦始皇和汉武帝都曾到过的碣石山，赋予这段平常的归途以不平常的政治意义，而且他还通过一组乐府诗，在文学史上留下了比北征乌桓在军事史上更为辉煌的成就。

长期以来，曹操基本处于两种状态：要么在马背上厮杀，要么在骑马赶去厮杀的路上。对于爱好吟诗作赋的曹操来说，在马背上厮杀时必须全神贯注，在骑马赶去厮杀时却是难得的好时光。

于是，许多流传后世的名篇就在马背上诞生：讨伐董卓时，曹操留下了"白骨露于野，千里无鸡鸣"的《蒿里行》；征讨高干时，曹操留下了"北上太行山，艰哉何巍巍"的《苦寒行》。可以说，曹操是一个典型的马背诗人。

这一次，在古道、西风、瘦马之中，曹操怎能不一展豪情，放声吟唱？于是，一组史诗般的《步出夏门行》磅礴而出。

组诗的起首是一段被称作"艳"的引子。

云行雨步，超越九江之皋。

临观异同，心意怀犹豫，不知当复何从？

经过至我碣石，心惆怅我东海。

"艳"中，曹操回顾了自己从南征转向北伐的心路历程。首先，曹操化用《易·乾》中的"云行雨施，天下平也"一句，提到自己一度动过首先征伐荆州（超越九江之皋），将恩泽惠及荆州民众（云行雨步）的念头。可是，等到真正决策的时候（临观异同），曹操又犹豫起来（心意怀犹豫），不知道该听从何种意见了（不知当复何从）。直到经过渤海之滨的碣石山（经过至我碣石），曹操的心情依然是惆怅的（心惆怅我东海）。看来，曹操是一个心里想什么就说什么的爽快人，对自己心中的怅惘毫不掩饰。

当然，毫不掩饰的最大原因是因为无须掩饰。如今，胡虏已摧，关山无阻，还有什么可怅惘的事情吗？恐怕只有心中的诗和有待征服的远方了。

兴致所至，曹操登临了海边的碣石山。站在这座秦皇汉武都曾专程登临并刻石记功的仙山之上，眺望烟波浩渺的大海和耸立其中的山岛，细瞧岛上苍翠丛生的树木和繁盛丰茂的百草，感受着萧瑟的秋风和汹涌的波涛，不禁令他心潮澎湃。

当眼中之景和胸中之情交融在一起，一种奇异的感觉油然浮现：水天相接处，日月仿佛在海中运行，银河也仿佛从中升起。于是，一首被后世称为《观沧海》的名篇诞生了：

> 东临碣石，以观沧海。
>
> 水何澹澹，山岛竦峙。
>
> 树木丛生，百草丰茂。
>
> 秋风萧瑟，洪波涌起。
>
> 日月之行，若出其中；
>
> 星汉灿烂，若出其里。
>
> 幸甚至哉，歌以咏志。

这首诗表面上是写景，实际上是抒情；看起来是写沧海，实际上是写自己。换句话说，沧海就是曹操，曹操就是沧海。沧海有吞吐日月、包容星汉的胸怀，而苍茫大地又谁主沉浮？曹操的这种气魄可谓纵贯千年。

观沧海后，大军继续前行。

伴随曹军南下的脚步，天时物候也迈入了初冬。随着天气转凉，曹操起伏的心潮也渐趋平静，徘徊的北风、肃杀的天气、厚密的寒霜、晨鸣的鹃鸟、南飞的鸿雁、隐匿的猛禽、冬眠的熊罴，这些都成了曹操眼中的新景观；闲置的农具、收获的庄稼、整洁的旅店，这些都成了曹操心中的新关切。

飞禽走兽、农人商贾，一切都如此祥和安宁、各得其所，这难道不是为政者的理想图景吗？于是，一首《冬十月》挥笔而就：

> 孟冬十月，北风徘徊，
>
> 天气肃清，繁霜霏霏。
>
> 鹍鸡晨鸣，鸿雁南飞，
>
> 鸷鸟潜藏，熊罴窟栖。
>
> 钱镈停置，农收积场。
>
> 逆旅整设，以通贾商。
>
> 幸甚至哉！歌以咏志。

随着天气进入隆冬，大军也进入了冀州境内。此时，久居河南的曹操才真正意识到黄河南北在气候上的显著差异：冰封的河流、难行的船只、僵硬的土地、枯密的蔓草，冀州大地一片凋敝凄凉的景象。除此之外，还有在袁氏统治下穷困潦倒的有识之士和随意犯法的勇侠之人，这难免让人叹息怨恨、悲伤忧愁。于是，一首《土不同》即景而作：

> 乡土不同，河朔隆冬。
>
> 流澌浮漂，舟船行难。
>
> 锥不入地，蘴藾深奥。
>
> 水竭不流，冰坚可蹈。
>
> 士隐者贫，勇侠轻非。
>
> 心常叹怨，戚戚多悲。
>
> 幸甚至哉！歌以咏志。

一路走来，曹操在秋风送爽中看到了沧海的辽阔与博大，在北风徘徊中看到了万物的宁静与恬淡，在水竭不流中看到了冀州的衰败与萧条……时光流转之中，移步换景之间，曹操对人生有了更为深入的思考。随之，一首《龟虽寿》应运而生：

> 神龟虽寿，犹有竟时。
>
> 腾蛇乘雾，终为土灰。
>
> 老骥伏枥，志在千里；
>
> 烈士暮年，壮心不已。
>
> 盈缩之期，不但在天；
>
> 养怡之福，可得永年。
>
> 幸甚至哉！歌以咏志。

《庄子·秋水篇》说："吾闻楚有神龟，死已三千岁矣。"《韩非子·难势篇》说："飞龙乘云，腾蛇游雾，云罢雾霁，而龙蛇与同矣！"神龟虽然很长寿，但也有死亡的时候；腾蛇虽然能高飞，但终究也会归于尘土。人生难道不也如此吗？

从建安五年（公元 200 年）到建安十二年（公元 207 年），曹操用七年时间实现了千里蹈敌、北方一统的皇皇功业，无论是名重天下的老袁，还是如狼似虎的小袁，要么灰飞烟灭，要么身首异处，只有自己笑到了最后。

然而，辉煌的背后，是岁月的流逝甚至是生命的凋谢。从壮年到暮年，曹操带领手下将士付出了人生黄金般的岁月；从年过而立到接近不惑，郭嘉用自己的青春、智谋乃至生命铸就了事业的辉煌。

看着自己的"奇佐"郭嘉在返程途中病故，想想自己匆匆逝去的流金岁月，曹操心头不免泛起一丝暮霭沉沉之感。可是，只要抬头望向远方辽阔的楚天，低头想想脚下壮美的江山，还有什么时间去消沉感伤？剩下的只能是志在千里和壮心不已了！

《龟虽寿》中，曹操的心境可以说一波三折，从"犹有竟时"的感叹，到"志在千里"的自励，再到"可得永年"的期许。对于曹操的这种心境，百年之后的东晋权臣王敦有着经典诠释：据说，每当酒后，重权在握的大将军王敦都会一边用如意敲打着唾壶，一边吟诵曹操的那句"老骥伏枥，志在千里；烈士暮年，壮心不已。"时间久了，壶口尽缺。

从辽东南下返程的这段时间，是曹操人生中难得的闲暇时光，这种闲暇是一段梳理总结，更是一次积蓄酝酿。

诗意之后，远方的一场巅峰对决必将如期而至。

第二章

江夏

一直旗开得胜，
又为何总难搞定？

建安十三年春，曹操还在邺城边的玄武池操练水军，孙权的水军已经在长江边发起了对江夏的攻击。

事前，孙权充分估计到了这场仗的艰巨性，为此，他除了委任周瑜为前部大都督，还指定偏将军董袭、破贼都尉凌统、平北都尉吕蒙担任前部先锋，组成宛如"三叉戟"的进攻阵型。

此时，江夏太守黄祖也拿出了自己的看家本领。原本用来进攻的两艘蒙冲巨舰如今横在了长江与汉水的交汇处，并且每艘舰都被一条条粗壮的棕绳系着，这些棕绳的下面都捆着沉入江底的巨石，巨石与棕绳牢牢地把巨舰固定在江口，硬生生形成了一道水上长城。巨舰之上，上千名兵士用弓弩轮流向外射击，一时之间箭如雨下，妥妥地把东吴水军挡在了外面。

实际上，这已经不是孙吴第一次发起对江夏的攻击了。就在半年以前的建安十二年（公元 207 年），孙权还亲自率军西征黄祖。对于这次征讨，史书中只有一句话："虏其人民而还"，就是说，孙权俘获了江夏郡的不少老百姓，然后回到了自己的大本营吴郡。

兴师动众地发起进攻，最终却只搞回些劳动力，这恐怕并不是孙权要实现的全部预期成果，而之所以如此草率，最大的可能是因为"权母吴氏病笃"。

老母亲已经病危，总要回去见上最后一面吧。

如果说上一次进攻因为母亲病笃而回军的话，那孙权这次发动攻击似乎也并不是一个很好的时间点。母亲刚刚病故，孙吴仍处于国丧期，此时动武明显与"国丧不举兵"的古训相悖。此外，按照老臣张昭的说法，此时"吴下业业"，孙吴内部要解决的矛盾困难和要防范的风险隐患也不少，显然不适合出兵。

然而，孙权却打破禁忌、冲破阻力，铁了心要铲除黄祖这只拦路虎，那么，是什么让孙权如此急不可耐？又是谁让孙权下定了如此决心？

前尘往事

除了上面提到的那两次进攻之外，孙吴方面还发动过两次对于江夏的攻击。

稍近的一次，是建安八年（公元 203 年）。这一年十月，孙权亲率征虏中郎将吕范、荡寇中郎将程普、破贼校尉凌操以及别部司马黄盖、韩当、周泰、吕蒙等一干将领，同时督促中护军周瑜、别部司马徐盛，水陆并进，向黄祖发起了进攻。

此次征伐进展得相当顺利，一开始就取得了"破其舟军"的战果。随着敌方水军的溃退，接下来便转入了陆战，吴军一路向前，很快就推进到了黄祖的大本营夏口城下。不过，以上胜果的取得也并非没有代价。进入夏口后，"轻侠有胆气"的凌操，作为攻城的先头部队，三下五除二就打败了黄祖的前锋。随即凌操"独舟轻进"，一个人驾着快船就往前冲。结果，"中流矢死"。

如果说凌操的殒命算是个人意外的话，那接下来发生的却是整个东吴的意外。就在吴军展开攻城战的当口，后方却发生了"山寇复动"的情况，会稽、吴郡、豫章、丹阳、庐陵等多个郡县都爆发了山越暴动，一时间形势急转直下。

权衡之下，孙权选择了回军平乱。路过豫章郡时，孙权命令吕范平定鄱阳县，程普讨伐乐安县，太史慈兼任海昏县令，韩当、周泰、吕蒙等人分别出任一些复杂棘手地方的行政长官，这样一番忙活，直到建安十二年（公元207年）才再次把打黄祖提上日程。

说完了孙权两次征黄祖的概况，再来聊聊孙策征黄祖的详情。

相较于孙权建安八年和建安十二年两次虎头蛇尾的征伐，孙策在建安四年（公元199年）对黄祖的打击要明快漂亮得多。

这一年冬天，孙策发动了对袁术旧部、庐江太守刘勋的进攻。情急之下，刘勋"告急于刘表，求救于黄祖"。接到求援，黄祖积极响应，迅速让长子黄射率领五千水军前往支援。结果，一场仗打下来，孙策的战利品中不仅有刘勋的两千名降卒，还有黄射留下的千余艘战船。

经此一役，原本尚未建立水军的孙策，顺势组建了一只颇具规模的水军。同时，这次战役也是孙策与荆州军队的第一次接触，没想到刘表、黄祖训练了多年的军队竟然如此不堪一击。兴奋之余，孙策"遂前进夏口攻黄祖"，一下子把战火烧到了荆州的东大门江夏郡。

对于孙策的进攻，刘表并不敢小觑，立刻让侄子刘虎和猛将韩晞带着五千长矛兵来为黄祖当前锋。结果，"策与战，大破之"。

与击溃刘勋和黄射相比，这是一次更令孙策兴奋的胜利。鉴于之前孙策曾经接到过朝廷下达的"与司空曹公、卫将军董承、益州牧刘璋等并力讨袁术、刘表"的诏令，该诏令俨然把他这个会稽太守、讨逆将军放在了与朝廷重臣、地方州牧同等重要的位置，为的就是让他去讨伐袁术和刘表。如今，攻破袁术旧部之后，自己又大破刘表部将，怎能不向朝廷报捷？于是，孙策专门向朝廷上奏了一份表章，生动详细且不乏夸饰地记述了战役的全过程。

首先，孙策不吝笔墨地交代了此次战役的时间、地点和参战人员："臣讨黄祖，以十二月八日到祖所屯沙羡县。刘表遣将助祖，并来趣臣。臣以十一日平旦部所领江夏太守行建威中郎将周瑜、领桂阳太守行征虏中郎将吕范、领零陵太守行荡寇中郎将程普、行奉业校尉孙权、行先登校尉韩当、行武锋校尉黄盖等同时俱进。"就时间和地点而言，孙策是十二月八日兵临黄祖的大本营沙羡城下的，经过一番准备，于十一日天刚蒙蒙亮的时候发起了攻击。就参战人员而言，敌方人员包括黄祖及其长子黄射一干人等，还有刘表派来的刘虎和韩晞，孙策一方则包括周瑜、吕范、程普、孙权、韩当、黄盖等骨干将领。

有意思的是，不知什么时候，孙策还给自己的手下们提前戴了荆州下辖郡郡守的官帽：周瑜领江夏太守，吕范领桂阳太守，程普领零陵太守，似乎荆州早就成了自己的囊中之物。当然，这些官称能够出现在奏章中，想必也是得到朝廷认可了的，估计是曹操当时为了鼓励孙策"力讨袁术、刘表"而开出的空头支票。可是，孙策却拿了鸡毛当令箭，这次真要为周瑜兑现江夏太守来了。

随后，孙策在奏章中描述了自己和手下将士们的具体表现。先说自己："身跨马枥陈，手击急鼓，以齐战势。"一句话，自己不仅骑着战马来到最前线，而且亲自擂起战鼓，督促整个战事的进展。再说将士："吏士奋激，踊跃百倍，心精意果，各竞用命。"一句话，在自己的激励下，手下将士群情激昂，踊跃争先，坚决果断，奋不顾身地投入了战斗。

接下来，孙策浓墨重彩地描述了战斗的情况。先是"越渡重堑，迅疾若飞"，一上来就飞一般突破了敌人的数道防线；紧接着，"火放上风，兵激烟下，弓弩并发，流矢雨集，日加辰时，祖乃溃烂"，就是说，吴军在上风的地方放起了火，之后随着兵戈相向、烟熏火燎、箭矢如雨，清晨还没过，黄祖的军队就土崩瓦解了。

再接下来，奏章更加详细地描述了战役的结果。"锋刃所截，炎火所焚，前无生寇，惟祖逃走"，就是说，黄祖的人马大多丧生于兵刃和烈火之下，只有黄祖本人侥幸夺路而逃。说完敌人的惨状，就该说自己的硕果了："获其妻息男女七人，斩虎、韩晞已下二万余级，其赴水溺者一万余口，船六千余艘，财物山积。"黄祖的妻儿老小共计七人成了俘虏，刘虎、韩晞及其以下的两万名士卒成了刀下鬼，溺水淹死的还有一万多人，缴获的船只有六千多艘，获得的财物更是堆积如山。

最后还有一段自夸的话，这里就不引述了，大致的意思是黄祖现在已经灰头土脸、"扫地无余"了，而刘表则形单影只、"成鬼行尸"了。

应该说，这场战役的胜利对于孙吴集团来说，意义不仅重大，而且深远。

说它重大，是因为通过这场战役，孙吴不仅形成了完整的水军建制，而且控制了夏口以下的长江水域，已经完全具备了抗衡荆州水军、护卫江东安全的实力，由此，长江基本上变成了江东的"护城河"。闻知这一消息，连曹操都忍不住说了句"猘儿难与争锋也"，这条"小疯狗"还真是难对付！

说它深远，是因为通过这场战役，孙吴不仅树立了信心，锻炼了队伍，而且找到了许多克敌制胜的方法。这场战役的参战人员并不会想到，九年之后，他们将在同一时段、同一地域，运用相同的战术策略，取得一场影响历史走向和天下格局的重大战役的胜利。

国策家仇

从建安四年到建安十三年，从孙策到孙权，孙吴一共发动了四次对于江夏的攻击，摆出了一副"不破楼兰终不还"的架势。

为什么要如此？

因为，这其中饱含着孙家的仇与恨。

一切还要从孙策和孙权的父亲孙坚说起。

在汉末群雄之中，孙坚绝对算得上是个表现亮眼的异类。与袁绍、曹操、刘虞这些或名门望族、或达官显贵、或汉室宗亲的豪族名士不同，吴郡富春人孙坚是个从基层一步步走上来的武将，打击海贼有他、平定黄巾有他、征讨凉州还有他，到了关东联军一起讨伐董卓时，原本偏处荆州一隅的长沙太守孙坚则一路北上，杀了荆州刺史王睿、斩了南阳太守张咨、硬生生挤进了关东群雄的队列。

　　仅仅忝列关东群雄还不算，孙坚还是仅有的两个坚定的灭董派之一。当群雄都在洛阳东面一个叫酸枣的地方"置酒高会，不图进取"的时候，曹操和孙坚这两个同为三十六岁的少壮派，却先后踏上了独自消灭董卓的征途。结果，荥阳城下的一场汴水之战，曹操不仅"士卒死伤甚多"，而且自己也"为流矢所中"，好不容易才捡回条性命。反观孙坚，情形则大为不同。虽然孙坚也一度"大为卓军所攻"，狼狈得"与数十骑溃围而出"，甚至被逼得让亲信部将换上自己常戴的红头巾来掩护自己脱身，但之后孙坚再次聚拢了部队，一场阳人之战不但"大破卓军"，而且斩杀了董卓的骁将华雄，反逼得董卓派出李傕、郭汜等将领前来联姻讲和了。

　　面对利诱，孙坚不仅丝毫不为所动，而且痛斥董卓的倒行逆施，甚至说出了"今不夷汝三族，县（悬）示四海，则吾死不瞑目"的狠话。这句话在留下成语"死不瞑目"的同时，更吓得董卓不仅嘱咐诸将见到孙坚都要多加小心，甚至烧毁了洛阳，缩入了关中，完全是一副惹不起躲得起的怂样。

　　不过，在畏惧孙坚的同时，董卓也对孙坚的前途命运进行了预测："但无故从诸袁儿，终亦死耳！"就是说，孙坚无缘由地死心塌地跟着袁绍、袁术这帮小家伙干，早晚得死于非命。

　　董卓说得没错，一根筋似的孙坚的确很听袁术的调遣，初平三年（公元192年）四月，袁术让孙坚去讨伐荆州，结果孙坚二话不说就兵锋南指。这次，孙坚遇到的对手是荆州刺史刘表手下的大将黄祖，按照事前的部署，黄祖在汉水以北的樊城和邓县之间迎战孙坚，结果，孙坚不仅击溃了黄祖，而且渡过汉水，乘胜包围了荆州的治所襄阳。

　　面对围困，刘表派出城去调集援军的依旧是黄祖。结果，刚吃败仗的黄祖在城外又与孙坚展开了大战，双方胜负可想而知。走投无路之下，黄祖逃入了襄阳城南的岘山，紧随其后，孙坚也单枪匹马杀入了山中。嗖……啪！

林中的冷箭射来，孙坚应声落马，当即殒命。

孙坚的意外死亡，使孙家蒸蒸日上的事业顷刻中止，直至兴平二年（公元195年）十二月孙坚的长子孙策挥师渡江、占据江东，孙家才再次崛起。父亲三十七岁死于非命，家族三年多卧薪尝胆，这一切的根源都在黄祖身上，不铲除这个祸患，孙家能算报仇雪耻了吗？

不过，除了家仇，孙家矢志剿灭黄祖还有更深层次的原因。当年，孙策为了重振家业，广泛结交名士豪强，一时间"江、淮间人咸向之"。这其中对孙策帮助最大的，就数广陵名士张纮了。

早年，张纮曾游学于京都洛阳，在太学中深入而系统地学习了《易经》《尚书》《礼记》《左传》等经典，后来张纮回到家乡广陵，不仅拒绝了州郡的举荐，而且回绝了大将军何进、太尉朱儁、司空荀爽等人的数次征辟，一直隐居于乡里。闻知张纮的名声后，孙策多次不辞辛苦地从居住地江都来到广陵，专程向张纮咨询请教。一来二往，彼此开始袒露心扉。

在一番"天下扰攘"的形势分析和父亲"功业未遂"的唏嘘感叹之后，孙策向张纮谈起了自己的小目标："策虽暗稚，窃有微志，欲从袁扬州求先君余兵，就舅氏于丹杨，收合流散，东据吴会，报仇雪耻，为朝廷外藩。君以为何如？"就是说，我孙策虽然愚钝幼稚，但内心还是藏着点小志向的，我准备先从袁术手里把父亲留下来的人马要回来，再去丹杨郡与舅舅吴景会合，收合旧部、招兵买马，然后东渡长江占领吴郡和会稽，一则为父亲报仇雪耻，二则成为朝廷的外藩，你觉得怎么样？

应该说，孙策的计划是相当靠谱的，先盘活存量资源再拓展增量资源，既要为父报仇又要为君分忧，每个想法都可望可及，每个步骤都务实可行。同时，与他的父亲相同，孙策在不经意的言谈中也创造了一个成语：报仇雪耻。

可是，在张纮看来，孙策的目光还是短浅了些，随后他的一番话，立刻将孙策的小目标调整成了大规划："今君绍先侯之轨，有骁武之名，若投丹杨，收兵吴会，则荆、扬可一，仇敌可报。据长江，奋威德，诛除群秽，匡辅汉室，功业侔于桓、文，岂徒外藩而已哉？"就是说，如今你继承先君的遗志，又有骁武的名声，一旦去丹杨招兵买马，要干的事业可不止占有吴郡、会稽这样简单，而是要一统荆州和扬州，这样才可算得上真正报了仇。到那时，你依托长江，奋威明德，诛奸除贼，匡扶汉室，那么功业就可以与齐桓公、晋文公并驾齐驱，哪里只是单纯成为朝廷外藩那么简单？

很显然，不管是私人恩怨还是军事抱负，张纮都进行了升级放大。从报仇雪耻的角度看，仅仅占有吴会能算报仇吗？直接肇事者黄祖你除掉了吗？间接指使者刘表和袁术你灭掉了吗？不把他们干掉能算报仇雪耻吗？相应地，从军事地盘来看，只把目光盯在江东这个连半个扬州都不到的小地方也是不行的，必须拿下刘表治下的荆州和袁术治下的扬州，还必须把目标设定在占领整个长江流域上，这样才算得上真正的成功。

有了张纮的这番指点，孙策的视野和格局立刻变得不同了，而清除盘踞在江夏的黄祖也就不仅仅是报私仇这一简单目的了，江夏不仅是仇家黄祖的老巢，还是荆州的东大门，要实现"荆、扬可一"的目标，必须首先除掉这只拦路虎。为此，孙策在基本消除了来自袁术和曹操的江北威胁之后，逐步将目光移向了江西的黄祖和刘表，进而展开了对江夏的攻击。

可以想见，假以时日，孙策彻底消灭黄祖甚至掀翻刘表都是大概率能实现的事情。然而，建安五年（公元200年），孙策却在一次打猎途中成了几名刺客的"猎物"。壮志未酬的孙策，仓促之中把权力交到了弟弟孙权手中。

正如孙策临终前所说，论"决机于两陈（阵）之间，与天下争衡"，孙权似乎略逊一筹，但若论"举贤任能，各尽其心"，孙权却比他的兄长更有办法。因此，孙权接掌江东没几年，就通过"待张昭以师傅之礼，而周瑜、程普、吕范等为将率（帅），招延俊秀，聘求名士，鲁肃、诸葛瑾等始为宾客"等措施，使孙吴集团从最初"未有君臣之固"的松散状态变成了"人不思乱""士风劲勇"的团结局面。

在孙权招延的这群俊秀之中，在战略上贡献最大的要数鲁肃了。

作为江北临淮郡人，鲁肃原本并没打算投奔江东孙氏，可他的好友周瑜却一直鼓动他留在江东。既然动员好友鲁肃留下，那就要为好友施展才华创造条件，于是，周瑜不仅在孙权面前大力举荐鲁肃，而且为鲁肃安排了一次与孙权会面的机会。

一开始，孙权在一个公开场合会见了鲁肃，结果"与语甚悦之"，简直有种相见甚晚的感觉。于是，"众宾罢退"之后，孙权不仅单独把鲁肃召了回来，而且专门把二人的坐塌合到了一起，共同把酒言欢、畅聊天下。

话题首先由孙权提出："今汉室倾危，四方云扰，孤承父兄余业，思有桓文之功。君既惠顾，何以佐之？"就是说，如今大汉朝廷岌岌可危，四面八方风云激荡，我继承父亲和兄长创下的基业，有心建立如齐桓公、晋文公匡扶周王室那样的功业。承蒙您看得起我，有没有什么好办法来帮助我？

一上来，孙权就把自己的事业定位为"桓文之功"，似乎是受到了张纮"功业侔于桓、文"的影响。

然而，鲁肃一句话就断了孙权成就春秋霸业的念想："昔高帝区区欲尊事义帝而不获者，以项羽为害也。今之曹操，犹昔项羽，将军何由得为桓文乎？"当年汉高祖刘邦想尊奉义帝楚怀王，之所以没有如愿，就是因为项羽的阻挠破坏。现在的曹操就是当年的项羽，将军您怎么可能成为齐桓公、晋文公呢？

鲁肃说得没错，齐桓公、晋文公成就霸业的前提是手握天子，如今天子已经落入曹操手里，要称霸也是曹操的事情，孙权连成就霸业的基础条件都不具备，岂不是痴人说梦？可是，春秋霸业的梦断了，孙权总不能再退回"为朝廷外藩"那条最初的小路上去吧，如果那样的话，岂不等同于混吃等死、坐吃山空？

对此，孙权倒不必担心。实际上，鲁肃之所以断了孙权的霸业梦，是因为自己已经为他筑好了另一个更大的梦想："肃窃料之，汉室不可复兴，曹操不可卒除。为将军计，惟有鼎足江东，以观天下之衅。"在我私下看来，大汉朝廷是不可能再复兴了，而曹操也不是一下子能除掉的。从将军的角度考虑，只有占据江东与之抗衡，并根据天下形势的变化相机行事，才是必由之路。

以江东抗衡朝廷，以自己对抗曹操，这是吃了熊心豹子胆吗？要知道，江东充其量也只算半个扬州，而曹操已经豫州、兖州、徐州、司隶州在手，冀州、青州、幽州、并州收入囊中也是早晚的事儿，这岂不是螳臂当车吗？

也许是看到了孙权脸上的惊异表情，也许看都不用看孙权那张脸，鲁肃徐徐地说出了自己的理由："规模如此，亦自无嫌。何者？北方诚多务也。因其多务，剿除黄祖，进伐刘表，竟长江所极，据而有之，然后建号帝王以图天下，此高帝之业也。"做这样的规划，您也不必怀疑自己的力量，为什么这样讲？因为北方要安定下来需要解决的事情太多了。而我们可以借着北方无暇南顾的时机，先消灭黄祖，再进攻刘表，进而将整个长江流域据为己有，然后建号称帝，进而图谋天下，建立像汉高祖那样的丰功伟业。

鲁肃不阐释"鼎足江东"的理由倒还好，这一阐释更是把孙权给惊着了：怎么"建号帝王"和"高帝之业"都冒出来了？不过，细细琢磨，鲁肃的"帝业梦"倒也不是虚无缥缈的梦幻泡影。

北方事务繁杂的确是事实，曹操虽然在官渡之战中取得了对袁绍的决定性胜利，但瘦死的骆驼比马大，要想把黄河以北的冀、幽、青、并四州完全吞下去也是需要时间的；此外，占据关中的马腾、韩遂也只是表面臣服，不解决他们，恐怕曹操也不敢放心南顾。还有，朝廷内部的权力稳固、北方经济和人口的恢复、新占领区域的治理，凡此种种也会花去曹操不少时间和精力。利用"北方多务"这一时间窗口来"剿除黄祖，进伐刘表，竟长江所极"，理论上是绝对可行的。

如此看来，鲁肃不仅为孙权种下了一棵叫作"建号帝王"的参天大树，同时也规划了这棵大树的生长路径，而茁壮成长的第一步就是"剿除黄祖"。

听了鲁肃这番宏阔之论，孙权只是淡淡地回了一句："今尽力一方，冀以辅汉耳，此言非所及也。"我现在能做的只是尽力保住这一方疆土，希望能够辅助朝廷，您所说的并不是我能达到的。

话虽如此，但在接下来的发展中，孙权却改变了孙策之前以争夺江北的扬州为主、打击江西的荆州为辅的战略方针，除了内部清除异己、清剿山越之外，把对外用兵的重点转到了"剿除黄祖，进伐刘表"上。于是，我们看到了建安八年、建安十二年、建安十三年的三次西征。

临门一脚

这边孙权把"剿除黄祖，进伐刘表"作为自己"建号帝王"的起手式，那边的黄祖和刘表也没闲着。

早在孙策占据江东以后，刘表就在江西设置了两个屏障，一个是驻扎在沙羡的黄祖，用以应对来自长江下游的攻击；另一个是驻扎在长沙东面攸县的侄子刘磐，用以应对来自东面豫章郡的威胁。

如今，眼见孙权逐步将矛头对准自己，刘表更是采取了一系列因应措施。为了加强防御，刘表专门在襄阳东面增设了一个章陵郡，任命黄祖的儿子黄射为郡守，但黄射只是官阶提升并不真正就职，他真正要做的是领兵驻扎在沙羡与攸县之间，与黄祖、刘磐构筑一条针对江东的完整防线。在强化防线的同时，刘表还令黄祖等人主动袭扰，以使孙权内忧外困，疲于奔命。

据《三国志·吴书·徐盛传》记载，在徐盛以别部司马的身份防守柴桑之时，黄射就曾率领数千人发起攻击，当时驻守柴桑的吴军只有二百多人，形势岌岌可危。不过，好在徐盛既勇猛又有胆气，不仅通过顽强据守杀伤了黄射千余人，而且"开门出战"，"大破之"，愣是打得黄射从此之后"绝迹不复为寇"。

然而防守有效并不意味着进攻有果，进攻有果也不意味着目标达成。前两次进攻，孙权虽然都取得了胜利，但都没有达到预期目的。建安八年那次，虽然"破其舟军"，但"惟城未克"；建安十二年那次，更是仅仅"虏其人民而还"。两次兴师动众的出征，别说"进伐刘表"了，就连"剿除黄祖"都差得远。一时之间，胜利的孙吴集团陷入了彷徨和犹豫之中。

非常时刻，一个非常人物出现了。

此人名叫甘宁，他不是来自别处，恰恰来自黄祖的阵营。据说，当初在对战中造成"独舟轻进"的凌统"中流矢死"的，就是这个甘宁。

甘宁的到来，让江东君臣看到了希望的曙光，他不仅得到了周瑜、吕蒙的共同推荐，而且得到了孙权的厚待，孙权对他就像对待多年的老臣一样热络。

孙权对甘宁的礼遇之所以如此"加异"，很大程度上是因为他是个非同寻常的人物。

甘宁的非常，首先体现在他的举动上。甘宁，字兴霸，他原本不是荆州人，而是巴郡临江（今重庆忠县）人，早年的他是地方上的一名游侠，带着一帮轻薄少年过着打家劫舍的豪强生活。据载，甘宁很喜欢作秀，他不仅让每名手下身佩铃铛，并且让他们头插鸟羽、披服锦绣，如此走到哪里都有声有色，先声夺人，耀眼夺目。同时，甘宁日常出入也都炫赫非常——步行则车骑并列，水行则轻舟成行，停留时，常用锦绣维系舟船，离开时，又把锦绣割断抛弃。有了这些非常举动，他便得了一个"锦帆贼"的绰号。

甘宁的非常，其次体现在他的性格上。别看甘宁平时总是摆出一副满不在乎的样子，但实际上却十分计较别人对自己的态度。临江城中无论遇到什么身份地位的人，上至郡县官长，下至黎民百姓，只要盛情接待，他便倾心相交甚至为之赴汤蹈火；如果礼节不隆，款待不盛，他便放纵手下抢掠对方资财，故意制造麻烦，让人不爽。时间久了，地方官吏摸清了他的脾气秉性，敬畏之余，也把一些盗抢事件交给他清查，这既算是一种重视，也算是一种约束。

　　甘宁的非常，进而体现在他的经历上。二十多岁时，甘宁突然厌倦了那种劫掠式的浪子生活，开始发愤读起诸子百家来。此后，为了有一番作为，他竟然率领八百壮士顺江而下，一口气投奔到了长江中游的刘表那里。后来，甘宁发现刘表根本不是一个干大事的人，于是便带着人马打算向东投奔江东孙氏，没想到，途经夏口时，被黄祖连人带马给扣留收编了。留就留吧，如果能够得到重用，或许甘宁真就为黄祖卖命了。没想到，黄祖不仅不重用，就连甘宁拼死断后、射杀凌操这样的功劳也毫无表示。左思右想，甘宁还是想办法来到了江东。

　　甘宁的非常，最后体现在他的价值上。甘宁生长于长江上游，在刘表和黄祖那里又待了多年，可以说对长江中上游的人文地理、风土人情了如指掌，要实现鲁肃所说的"剿除黄祖，进伐刘表，竟长江所极，据而有之"，此人简直是天上掉下来的人物。因而，对于这样一个弃锦绣、抛旧主却价值非常的"锦帆贼"，孙权自然重视非常，礼遇非常。

　　既然受到了非常礼遇，甘宁自然要发挥非常作用。不久，甘宁就向孙权提出了西征黄祖、进伐刘表的建议。

　　首先，甘宁概述了西征的重要性："今汉祚日微，曹操弥骄，终为篡盗。南荆之地，山陵形便，江川流通，诚是国之西势也。"可以说，曹操做大做强已经势所必然、无法阻挡，而上游的荆州与下游的江东相互倚势、互为唇齿，要对付曹操，就必须取得荆州这个东吴的西方屏障。

　　其次，甘宁讲述了西征的急迫性："宁已观刘表，虑既不远。儿子又劣，非能承业传基者也。至尊当早规之，不可后操。"以刘表父子的眼光才智，荆州肯定不会再是老刘家的了，咱们不早动手，曹操就抢先了。

　　再次，甘宁陈述了消灭黄祖的多方面优势。一是黄祖老迈昏庸，钱粮匮乏，军心不稳，"祖今年老，昏耄已甚，财谷并乏，左右欺弄，务于货利，侵求吏士，吏士心怨"。二是黄祖军备废弛，农业荒怠，不堪一击，"舟船战具，顿废不修，怠于耕农，军无法伍。至尊今往，其破可必"。

最后，甘宁阐述了击破黄祖的深远意义，"一破祖军，鼓行而西，西据楚关，大势弥广，即可渐规巴、蜀"。击破黄祖只是一个光辉的起点，此后一路向西，拥有的将不仅是荆楚之地，还有巴蜀之国。

听完甘宁的这番陈述，孙权内心"深纳之"。可还没等孙权表态，一旁的张昭却站出来大唱反调："吴下业业，若军果行，恐必致乱。"就是说，当下我们家里的事还忙不过来呢，如果大军外出，保不齐会生出乱子。

张昭说得没错，眼下曹操的北方的确"多务"，但孙权的吴下也同样"业业"，山越匪患此起彼伏，州郡的豪强望族也难言安稳，以自身"安危去就为意"的"宾旅寄寓之士"也不能百分百说"有君臣之固"，大军一旦西征，胜而未果不说，后院真出了乱子，就得不偿失了。

面对张昭唱衰西征的悲观论调，甘宁随即进行了有理有力的反击："国家以萧何之任付君，君居守而忧乱，奚以希慕古人乎？"就是说，主公像刘邦委托萧何那样把留镇后方的重任托付给你，就是让你守好大后方，你现在却担心后方出乱子，你拿什么向古人看齐？言外之意，你可别拿后方说事，那本就是你该负责的事！

听到二人这番唇枪舌战，孙权做出了最后的裁断。只见，孙权举起酒杯对甘宁说："兴霸，今年行讨，如此酒矣，决以付卿。"既然你谈到了后方的权责问题，那咱们也来谈谈前线的权责，这次讨伐就如同我手中的这杯酒，全交给你了！

建安十三年（公元208年）春，虽然没过国丧之期，孙权却大举兴兵，以必胜的决心发起了对黄祖的征伐。

据载，出征前，孙权特意准备了两个方匣子，一个准备盛黄祖的人头，另一个准备放黄祖手下都督苏飞的人头。可是，就在出征前的壮行酒宴上，甘宁却突然下跪叩头，为苏飞向孙权求情。史书中用"血涕交流"来形容当时的情形，"涕"就是"泪"，比较好理解。可是，血泪交流就需要琢磨一番了，据笔者猜测，甘宁可能是叩破了头，血和泪交织在了一起。如此看来，甘宁是真心想救苏飞。

甘宁之所以如此，源自苏飞对自己的恩情。当初，甘宁委身于黄祖门下时，苏飞曾经数次向黄祖举荐甘宁，可即使这样，甘宁依旧没有得到重用。看到甘宁始终郁郁不得志，苏飞不仅劝他另寻出路，而且说服黄祖让甘宁到夏口东北方向的邾县（今湖北黄冈西北）做了县长，以此为甘宁出走创造机会。于是，这才有了后来甘宁纠集部众跨江投吴的故事。如今，苏飞可能有难，甘宁怎能不出手相助。

看到甘宁如此仁义，孙权也不禁为之动容。不过，感动归感动，孙权还有一点顾虑："今为君致之，若走去何？"如果听你的，放过苏飞，他逃跑了怎么办？

这时，甘宁再次展现了他的大仁大义，他不仅保证苏飞不会逃跑，甚至说出了以命相抵的话："若尔，宁头当代入函。"如果苏飞跑了，我的头替他装入匣子里！

不久，战役打响了。正如本章开头所说，在生死关头，黄祖把蒙冲巨舰这些老家底都拿出来构筑起了防御工事，而孙权则不仅让周瑜督率前军，而且摆出了三前锋的大杀招。事实证明，这一招果然好使，三员猛将各个争先、各显神通，直杀得敌人节节败退。

只见凌统和董袭各自率领着一百名精勇组成的敢死队，每个人穿着双层的铠甲，乘着战船、迎着飞矢就冲入了两艘蒙冲巨舰之间。在激烈的肉搏中，董袭亲手砍断了那些固定蒙冲巨舰的缆绳，顷刻间原本锁在江口的水上长城被水流冲开了一道大口子，敌人的防线彻底垮了。

董袭断缆有功，凌统则突进有成。只见他与几十名壮士划着一条战船就冲到了距离大军几十里的地方，不仅斩杀了敌将张硕，俘获了其部属和船只，而且迅速赶回去向孙权报告战况，接着又给整个大军当起了引导。

凌统突进有成，吕蒙则攻坚有力。当时，黄祖命令都督陈就率领主力迎战，担任前锋的吕蒙不仅亲手杀死了陈就，而且乘胜攻到了黄祖镇守的沙羡城下，愣是吓得黄祖弃城逃跑，结果被吴军的一名骑士砍掉了脑袋。

大战结束，孙权不仅论功行赏，而且一一点评。在次日举行的庆功宴上，孙权当着众人，举起酒杯对董袭说："今日之会，断绁之功也。"另外一个场合，孙权评价吕蒙："事之克，由陈就先获也。"为此，吕蒙升任横野中郎将，赐钱千万。相对于对董袭、吕蒙的高度评价，凌统因为事前曾经在醉酒后杀了一名同僚，属于戴罪之身，孙权对其就不方便再夸奖和赏赐了。不过，凌统也并非一无所获，战后他从原本的破贼都尉变成了承烈都尉。这一官号是孙权专门为凌统添置的，所谓"承烈"，就是要他继承父亲凌操的功烈，将父亲的英名发扬光大。

当然，除了以上这些旧将，受到嘉勉的还有入伙不久的甘宁。实际上，出征前，孙权在把酒杯交给甘宁之后，还说了这样一句话："卿但当勉建方略，令必克祖，则卿之功也，何嫌张长史之言乎。"就是说，你尽管谋划进军方略，只要打败了黄祖，你就是大功一件，何必因为张昭的话而生气呢？

如今，大功告成，甘宁在战役中虽然没有打前锋、当主力，但甘宁的情报信息和谋划之功是实实在在的。因此，除了根据甘宁的请求赦免了苏飞之外，孙权还专门授予甘宁领兵权，让他驻扎在夏口附近的当口，担任"进伐刘表"的急先锋。

由于夏口地处江北，对于东吴来说属于易攻难守之地，因此孙权并没有屯兵固守。不过鉴于曹操已经在玄武池操练水军，曹军南下计日可待，孙权除了让甘宁这个"江夏通"驻军前沿，自己也在距离荆州不远的柴桑待了下来。在这里，虽不能如鲁肃所说"观天下之衅"，但至少可以观荆州之变。

第三章

襄阳

表面风轻云淡，
内里为何风卷云涌？

北方，曹操已在大练水军；东方，孙权也已大打出手；而此时的荆州首府襄阳，却依旧云淡风轻，沉静如水。

建安十三年春夏之交的一天，襄阳城中的一处大宅院中，两名士大夫模样的男子谈笑着共同登上了一座高楼。初夏、大宅、高处，此时、此地、此境，想必二人是登高望远甚至把酒临风来了。没错，按照主人家的说法，他的确是邀请这位贵客来赏景的。

可是，二人刚一登楼，画风就陡然发生了变化：上楼后，主人先是命下面人撤去了上下楼的木梯，随后对客人深施一礼，恳切地说道："今日上不至天，下不至地，言出子口，而入吾耳，可以言未？"今天，这里就咱俩儿，上不接天，下不连地，话从您的口中讲出来，直接入到我的耳朵里，不可能有第三个人听到，您现在可以对我讲了吧？

很显然，这是主人家精心设好的一个圈套。这个圈套不仅留下了一个叫作"上楼去梯"的成语，而且被后世纳入三十六计之一，成了引人上当的经典计谋。那么，高明设套的这个人是谁呢？而傻傻入套的那个人又是谁呢？

设套的这位，是荆州牧刘表的长子刘琦；而入套的这位，则是左将军刘备身边的首席智囊诸葛亮。

这就有些奇怪了，按说，高明的应该是诸葛亮，可他却为何傻傻地入了刘琦的套呢？

同时，透过刘琦的话语可以判断，这已经不是刘琦第一次向诸葛亮求教了，要不是被逼到了跼天蹐地的地步，估计他也不会琢磨出这样一个别有天地的对话场景来。那么，刘琦到底遇到了怎样的困境呢？

此外，这一切又与襄阳乃至整个荆州的命运有着什么样的关系呢？平静如水的襄阳到底又涌动着什么样的暗流呢？

荆襄大族

所谓事出有因，要探究刘琦的窘境，还要从他的父亲刘表和十八年前的荆州说起。

初平元年（公元 190 年），随着中原风云激荡，荆州也开始风起云涌。打着反对董卓的旗号，长沙太守孙坚，一路北上，先是杀了荆州刺史王睿，接着又杀了南阳太守张咨。同样打着反对董卓的旗号，从朝廷中出走的后将军袁术，一路南下，先人一步夺去了荆州乃至整个九州最富足的大郡：南阳。随后，袁术与孙坚在南阳会面，风起云飞般一起登上了逐鹿中原的舞台，而此时的荆州却风流云散般乱成了一锅粥，以宗族和乡里关系为纽带结成的“宗贼”集团成了荆州的一个个“土皇帝”，把这里搞得比中原还乱。就是在这种情势下，即将迈入知命之年的刘表，从朝廷那里得到了荆州刺史的任命。

在那个风云际会的时代，与其他风举云摇的诸侯豪强相比，刘表可以说是起了个大早，赶了个晚集。作为汉景帝的后代，“身长八尺余，姿貌温伟”的刘表不仅出身不凡、相貌出众，而且很早就跻身于名士之列。当时，无论朝廷还是民间，都十分注重清议和风评，而无论是标榜才智容貌的“八俊”，还是标榜志向旨趣的“八友”，乃至标榜德行担当的“八顾”，年轻的刘表都榜上有名，可谓是天下士人的标杆。

入圈上榜固然是好事，但卷入政治斗争就麻烦了。延熹九年（公元166年），把持朝政的宦官集团将李膺等一批朝廷官员外加一帮太学生和名士，诬蔑为"诽讪朝廷，疑乱风俗"的党人，不仅将他们加以逮捕、流放，并且在政治上予以禁锢，下令其终身不得做官。这一被称为"党锢之祸"的政治事件从延熙九年一直延续到了中平元年（公元184年），受到牵连者更是成百上千。而刘表，就是这千百中的一个。党锢开始后，二十五岁的刘表选择了逃亡，并且一逃就是十八年。就这样，在本该大展宏图的黄金年龄，刘表却成了政治上的边缘人。

黄巾起义爆发后，感到压力和孤立的朝廷，想起了那帮正直的党人。于是，党锢迅速解除，忠良的党人有了一个再次报效朝廷的机会。此时的刘表也被大将军何进征召为掾属，入朝担任了北军中候。北军中候虽然只是一个秩六百石的低阶官员，但承担的却是监察屯骑、越骑、步兵、长水、射声等北军五营校尉等一干比两千石高官的重任，对刘表这样一个沉寂多年的宗室加名士来说，也算是一种信任和重用了。

当然，比起之后董卓对刘表荆州刺史的任命，北军中候似乎就不算什么了。也许是看中了刘表宗室加名士的身份，觉得他既不会抛弃血缘，打着汉室的旗号反汉室，也不会抛弃名节，凭着名士的身份去反名教；更也许，是看到没有人愿意去趟荆州那摊浑水。总之，董卓把一个纸上的荆州交到了刘表手中。

如果不是你死我活的朝廷政争，恐怕刘表不会陷入令他流落江湖的困顿；如果不是席卷天下的黄巾起义，恐怕刘表不会走出党锢的藩篱；如果不是搅动荆州的孙坚、袁术，恐怕刘表也不会走出禁锢的京城。经过多年的起起落落，刘表深深明白了因人成事、因势利导的重要。于是，一接到那一纸任命，刘表就晓行夜宿、马不停蹄，一个人一匹马来到了荆州的宜城。

原本，宜城只是荆州南郡治下的一座小城，可刘表为什么放着荆州首府江陵这样的大城不去，偏偏要去宜城这个小地方呢？不久后的会面给出了答案。

在宜城，刘表与一对叫蒯良和蒯越的兄弟以及一个叫蔡瑁的人进行了会晤，并且通过晤谈，共同定下了平定荆州的计策。具体来说，就是先由蒯越派手下人威逼利诱、软硬兼施地诓骗各地宗贼领袖前来宜城赴宴，然后将这些地头蛇一网打尽，一扫而光。

这一谋划，看似简单，实则颇有难度。真正的难点就在于，这些宗贼领袖凭什么就要买刘表的账？凭什么蒯越只要派几个手下就能够令他们俯首帖耳？

实际上，向刘表提出这一建议的正是蒯越本人。原本，蒯越的哥哥蒯良是建议刘表先采取"仁义之道"这一怀柔策略来稳定局势的。可是，蒯越一句"治平者先仁义，治乱者先权谋"，立刻改变了整个政策方向，治世才讲仁义，乱世又有什么仁义可言？随之，蒯越献上了诱杀宗贼豪帅的计策。

听了蒯良、蒯越两兄弟截然相反的观点，刘表只说了一句话："子柔之言，雍季之论也。异度之计，臼犯之谋也。"

一个是"雍季之论"，另一个是"臼犯之谋"，这是什么意思？刘表到底采纳谁的意见？

这里，刘表拿春秋时期晋楚争霸的例子与此时的荆州局势作了一个类比。据《左传》记载，在晋国与楚国展开城濮之战前夕，针对敌众我寡的战争形势，晋文公曾征询大臣的建议。大臣臼犯建议运用"诈术"取胜，雍季则认为使诈是"竭泽而渔"，虽可能赢在当下却会输了长远。结果，晋文公采用"退避三舍"的诈术取得了城濮之战的胜利，进而奠定了晋国的霸主地位。然而，在论功行赏时，晋文公却把雍季排在了臼犯的前面。面对众人的不解，晋文公解释说："雍季之言，百世之利也；臼犯之言，一时之务也。焉有以一时之务先百世之利者乎？"就是说，臼犯的话可以解一时之急，而雍季的话则能够得百世之利，因此雍季要排在前面。

此时，刘表把蒯良（字子柔）的建议比喻成"雍季之论"，把蒯越（字异度）的建议比喻成"臼犯之谋"，既肯定了蒯越，但也没有否定蒯良，可谓以古喻今，左右逢源。

至于到底采纳谁的意见嘛，刘表在这番类比中实际上也给出了答案：虽然蒯良的"仁义之道"是兴百世之利的"雍季之论"，蒯良的权谋之术则是解一时之务的"臼犯之谋"，但没有一时哪来百世，既然晋文公采纳了"臼犯之谋"，我刘表自然也要采用权谋之术了。

实际上，无论是蒯良认为可以用"仁义之道"怀柔荆襄，还是蒯越自信可以用权谋之术止乱制暴，乃至刘表以古喻今两不得罪，一个重要的基础和前提，都是蒯氏家族在荆州的地位和影响。

与刘邦依靠萧何、樊哙等基层官吏和底层豪杰起家不同，刘秀建立的后汉王朝是依靠豪族的支持起家的；同样与刘邦建国后通过大杀功臣来巩固政权不同，刘秀是通过与豪族分享权力成果来稳固政权的。就这样，经过一百多年的发展，不仅在朝廷的权力中枢出现了诸如袁绍家族、杨彪家族这样四世三公的大豪门，在帝国的许多州郡也出现了一众小豪族，蒯家就是其中之一。

作为秦末汉初著名的策辩之士蒯通的后代，襄阳蒯家历经数代，逐渐成为南郡乃至整个荆州的望族，族中更是人才济济。"深中足智，魁杰有雄姿"的蒯越，几年前曾被大将军何进征辟为东曹掾，协助何进从事官吏的选拔任用工作。后来，面对外戚与宦官之间水火不容的矛盾斗争，蒯越向何进提出了将宦官一网打尽、一扫而光的建议。结果，何进虽怦然心动但却举棋不定，最终在袁绍的建议下采取了借刀杀人这一招：诏令董卓进京。看到这种情形，蒯越知道何进离失败的日子不远了，于是便向何进提出了外放为汝阳令的请求。不过，蒯越从何进手里拿到那张任命书后，有没有前往汝阳赴任却不得而知。能够知道的是，不久后，在天下扰攘、风起云涌之时，蒯越已经回到了家乡襄阳，并且豢养了一大批门客、勇士。当然，蒯家可不止蒯越这一个人物，他的哥哥蒯良以及同族兄弟蒯祺也都是在当地颇有影响的人物。有了家族的支撑和门客的归附，蒯越敢于大包大揽，也在情理之中。

不过，蒯越自信可以诓骗到各地宗贼，除了自家的影响力之外，还因为襄阳一带的另一豪族——蔡家——如今也与自己站到了一起。

"汉末，诸蔡最盛"，这一点不仅被后世史家载入史书，并且当时在荆襄八郡更是人所共知。据载，蔡家不仅是襄阳一带的头号地主，城外庄园别墅多达五十余处，而且通过联姻的方式在政治上取得了相当的地位和影响力。蔡氏家族的族长叫蔡讽，他的姐姐就嫁给了曾在朝中担任太尉的名臣张温，而他的大女儿则嫁给了"沔南名士"黄承彦。此时，与刘表共商大计的蔡瑁，正是蔡讽的儿子。

有了蔡、蒯两大家族的支持，刘表的腰板自然硬气了不少，而此后的事实证明，蒯越的建议的确多快好省。

一声招呼，几十个宗贼首领就聚到了宜城，看来还是瓮中捉鳖省时省力。当然，这其中也有不"入瓮"的，江夏的宗贼领袖张虎和陈生就没有来赴宴。他们不仅不来，还据守宜城北面的襄阳城试图进行抵抗。

看到这种情况，蒯越倒也毫不含糊，既然手下人叫不来张虎、陈生，蒯越就亲自出马，同时还叫上了同为襄阳望族成员的庞季。这下子，张虎、陈生没别的念想了，只好乖乖投降。一旦群龙无首，剩下的事情就都好解决了，没多久，"江南遂悉平"。

所谓投桃报李，既然蔡、蒯两家帮刘表拿下了荆州，刘表自然也不能亏待了这两家人。于是，一在荆州站住脚跟，刘表就毫不犹豫地把自己的治所定在了襄阳。

实际上，蒯越在向刘表提出诛杀诸宗贼领袖的建议时，就告诉刘表"兵集众附，南据江陵，北守襄阳，荆州八郡可传檄而定"，言下之意，整个荆州只有两个重点，一个是南面的江陵，另一个是北面的襄阳。的确，从地理位置上看，江陵地扼长江，襄阳锁钥汉江，都是襟江带湖的战略要地，刘表无论把治所放在哪一处都是恰当的。不过，江陵因为地处整个荆州的地理中心，之前又原本是荆州治所，相形之下似乎更合适一些。

可是，刘表之所以果断地把治所放在襄阳，考虑的恐怕不仅仅是地利，更大程度上还有人和。毕竟，蒯氏家族在襄阳，蔡氏家族也在襄阳，此外，庞季背后的庞氏家族等，基本也都在襄阳。治荆州于襄阳，一方面可以向荆襄大族表示回馈，另一方面也是为了荆州的长治久安。

除了在治所选择上亲近荆襄大族，刘表在政治军事上也高度依赖他们。帮助刘表取得荆州后，蒯越因功而被拜为章陵太守、封樊亭侯，而蔡瑁则先后担任江夏、南郡、章陵等郡的太守。后来，刘表被朝廷封为镇南将军，蔡瑁则被任命为军师。除此之外，蒯良还被刘表任命为主簿，庞季也得到了任用。

除了军国大事依赖大族，刘表在自己和儿子的婚姻问题上，也把荆襄大族当作首选。刘表的原配夫人陈氏，出身于颍川豪门陈氏家族，可刚到荆州不久，陈氏就去世了。于是，刘表就面临着续弦的问题。对此，刘表没有过多犹豫，很快就迎娶了蔡讽的二女儿，也就是蔡瑁的姐姐，这里姑且称之为蔡氏。不仅如此，刘表还为自己的次子刘琮迎娶了蔡氏的侄女。这样看来，刘琮不仅可以称呼蔡氏为母亲，还可以称呼蔡氏为姑姑，这关系搞得真是火热。

毫无疑问，通过与蔡家的联姻，刘表与荆襄第一豪门结成了牢不可破的联盟。在这一联盟中，双方的家族成员几乎都是受益者——除了刘表的长子刘琦。

作为家中的长子，刘琦不仅具有天然的继承权优势，而且因为长相酷似刘表而被"甚爱之"。可以想见，如无意外，刘琦将毫无悬念地成为刘表的继承人、未来荆州的执掌者。然而，不怕一万就怕万一，所有的万一就发生在刘琮娶了蔡家的女人之后。因为这门婚事，刘琮与蔡氏的关系无疑深过刘琦与蔡氏的关系，于是，蔡氏开始"爱琮而恶琦"，并且每天逮着机会就对刘表表达她对刘琦的诋毁和对刘琮的赞誉。时间久了，刘表对两个儿子的看法也渐渐发生了变化。这还不算，蔡氏的弟弟蔡瑁、刘表的外甥张允——这两位手握兵权的家族成员也逐渐站到了刘琮一方。这下，刘琦害怕了。于是，惶恐、彷徨、无助的刘琦找到了诸葛亮。

观天下变

如果说，刘表通过联姻笼络了大族蔡氏、促进了荆州和谐的话，那同样是因为联姻，他也疏离了长子刘琦，造成了家族分裂。

不过，挑战还远不止于此。在未来何去何从这一事关荆州前途命运的重大问题上，荆州内部面临着更大的撕裂。

应该说，在那个"白骨露于野，千里无鸡鸣"的悲惨时代，刘表是个称得上卓越的领导者。由于"招诱有方，咸怀兼洽"，荆州在刘表的治理下，呈现出了一幅"万里肃清，大小咸悦而服之"的清平景象。不仅内部悦服，荆州的祥和也吸引了北方的大批士人和百姓，据不完全统计，"关西、兖、豫学士归者盖有千数"，而关中地区"人民流入荆州者十余万家"。对于这些外来者，刘表均"安慰赈赡，皆得资全"，安置得服服帖帖。

有了内部的和谐和人口的流入，名士出身的刘表开始实施自己的儒家理想。他"起立学校，博求儒术"，延请宋忠、司马徽等大儒开坛讲学，请綦母闿等经学家编撰《五经章句》。同时，文化典籍的搜集整理也如火如荼地展开，一时间"古典毕集，充满州闾"。经过这样一番发展，荆州竟然崛起为全国的文化中心，甚至诞生了一个被后世称为"荆州学派"的儒学派别。

内部治理可圈可点的同时，安全防御也卓有成效。军事上，刘表构建了一个自己坐镇襄阳、文聘驻守北大门汉川、黄祖守卫东大门江夏、外来依附势力盯防中原的完整防御体系。同时，为了增强机动性，骑兵大幅扩充，水军也组建起来，蒙冲斗舰，数以千计。

在接下来的时间里，刘表的这一军事体系经受住了来自内外部的多次考验。初平二年（公元 191 年），刘表在襄阳城下挡住了孙坚的进攻，部下黄祖在岘山将孙坚射杀。建安元年（公元 196 年），凉州军余部、骠骑将军张济率军攻打荆州治下的穰城（今河南邓州市），结果中飞矢而死，其侄张绣率军归附刘表。建安二年（公元 197 年），面对曹操的南征，刘表与张绣合力将其击溃。建安三年（公元 198 年），面对曹操对张绣的再次征伐，刘表及时施以援手，再次击退曹操。同样是建安三年，针对长沙、零陵、桂阳等荆州南部地区的反叛，刘表全力围剿，最终平抚叛乱、收复三郡。

难能可贵的是，虽然在军事上干掉了对手，但事后刘表仍努力展现出"仁义之道"。孙坚被射杀后，面对部属桓阶不忘孙坚曾经的旧恩，前往奔丧的请求，刘表慨然答应。张济战死后，面对部下的祝贺，刘表不喜反忧："张济因穷途末路而来，我作为主人却如此无礼，这岂是我的本意，我只接受吊唁而不接受祝贺。"

政治上政通人和，军事上固若金汤，在处理外部关系上，刘表同样显得游刃有余。入主荆州后，对待李傕、郭汜控制的朝廷，刘表持续遣使进贡，维持君臣名分；对待逐鹿关东的群雄，刘表远交袁绍、近御袁术，稳稳地立足于江汉之间。凭着这种两不得罪的手法，刘表不仅从朝廷那里取得了镇南将军、荆州牧、封成武侯、假节等一系列政治权力，而且硬生生将袁术挤出了南阳，赶到了淮南。

从效果上看，刘表的策略是务实而成功的。既然关中的李傕、郭汜拥有政治优势，关东的袁绍拥有军事实力，双方虽然表面对立但实际上却远隔关山，互不牵扯，那么为什么不左右逢源，两边渔利呢？就这样，刘表灵活而惬意地享受着自己的外交红利。

然而，当时光走到建安元年（公元 196 年），改变悄悄地发生了。这一年，天子先是从关中的长安回到了关东的洛阳，随后又被曹操迎奉到了许县。如此，天子这一政治共主和袁绍这一军事盟主就扎堆到了关东，刘表原本运用自如的两手就遇到了挑战。

看到刘表既对天子"遣使贡献"，又"北与袁绍相结"，刘表手下的治中邓义提出了质疑：既然拥戴天子那就彻底拥戴天子，怎么能既拥戴天子又结盟袁绍呢？

面对质疑，刘表明确地说出了自己的策略原则："内不失贡职，外不背盟主，此天下之达义也。治中独何怪乎？"对天子我保持进贡的职分，对盟主我保持合作的关系，这是天下公认的道理，治中你怎么就嗔怪起来了？也许，刘表还有一句话没说：这五六年来，荆州的外部稳定是怎么来的？难道不是受益于这左右逢源的两手吗？这么长时间，你都没提出质疑，怎么天子一跑到许县，你就开始质疑了呢？

天子当然还是那个天子，盟主当然也是那个盟主，但关中与关东能一样吗？李傕、郭汜与曹操能一样吗？挟天子和奉天子能一样吗？然而，邓义却并没有再发表意见。不久，他就以身体有疾为由辞职回家了，之后再也没有回到刘表身边。

邓义不说话了，可之后形势的发展却让另一些人又站了出来。

建安五年（公元 200 年），曹操和袁绍在官渡相持不下。此时，面对袁绍"遣人求助"，刘表表面上态度积极、满口应允，实际上却按兵不动；同时，他也没有站在曹操一边，而是摆出了一副坐山观虎斗的架势，"欲保江汉间，观天下变"。

看到刘表如此首鼠两端，手下的从事中郎韩嵩、别驾刘先共同提出了建议。

一上来，二人先指出了刘表对于曹袁双方的价值所在："豪杰并争，两雄相持，天下之重，在于将军"，曹操、袁绍这两强对决，你倒向哪边，哪边就占据上风。

紧接着，二人列出了刘表身处其中的可能选项："将军若欲有为，起乘其弊可也；若不然，固将择所从。"你要真想干点事，那就趁着二人鹬蚌相争，渔翁得利也罢，趁火打劫也好，总之要借机崛起；如果你没有乱世争雄的心，那还是倒向一边比较好。

说完上面这些，韩嵩、刘先就开始你一言我一语地怂恿刘表选边站队了，什么"拥十万之众，安坐而观望"的犹豫心态，什么"见贤而不能助，请和而不得"的两难困境，总之，刘表想保持中立、维持现状是不可能了。

既然这样，那又该选哪一边、站谁的队呢？答案就是：曹操！

论个人素质，曹操无疑更"明哲"；论人心归附，现在"天下贤俊皆归之"；预测对决结果，曹操"必举袁绍"。总之，刘表"不若举州以附曹公"。这样，于刘表、于后代，都是"万全之策"。

按说，如果刘表是个方向明确、信念坚定的人，他自可以搬出之前对邓义说过的那番"天下之达义"来回复韩嵩、刘先。然而，这次刘表却"狐疑"了。从邓义到韩嵩、刘先，怎么一直有人劝自己？并且，邓义是荆州章陵人、韩嵩是荆州义阳人、刘先是荆州零陵人，这些人怎么还都是荆州本地人？更麻烦的是，大将蒯越也向刘表表达了同样的意思！要知道，蒯越可是自己在京城时就熟悉的知交，还是用权谋之术帮助自己收服了荆州的智囊，他怎么也开始胳膊肘朝外拐了？

架不住一堆本土派的劝谏，刘表决定派韩嵩前去面见曹操，一探虚实。你们不是认为曹操"明哲"吗？那就帮我看看曹操明在何处、哲在哪里吧。

可是，韩嵩听到委派，却没有立即领命，而是说了这样一段话："夫事君为君，君臣名定，以死守之"，跟着你就一定为你着想，既然咱们有了君臣的名分，我就一定以死捍卫。

如果说，韩嵩上面这句话说得义正辞严的话，那么下面这句话就堪称慷慨激昂了："今策名委质，唯将军所命，虽赴汤蹈火，死无辞也。"今天你既然委派了我这项任务，我一定唯命是从，就算赴汤蹈火也在所不辞。

前一句"以死守之"，后一句"死无辞也"，韩嵩绝对能被刘表看作死心塌地的死党了。可是，话锋一转，韩嵩聊到了曹操："以嵩观之，曹公至明，必济天下。"在我韩嵩看来，以曹操的明哲，一定能够匡济天下。

　　怎么回事？不是我的死党吗？怎么又夸起曹操来了？这还不算，韩嵩又谈起了老调调："将军能上顺天子，下归曹公，必享百世之利，楚国实受其祐，使嵩可也。"你要是能顺从天子，归依曹操，一定能够百世获益，荆州也因此得到庇佑，这样让我韩嵩出使当然没问题。

　　闻听此言，刘表不由地心头一惊：我要是不归顺呢，莫非你就不出使了？你刚刚可还说"虽赴汤蹈火，死无辞"呀！

　　紧接着，韩嵩给出了答案："设计未定，嵩使京师，天子假嵩一官，则天子之臣，而将军之故吏耳。"你要是还没想明白，那么我出使京师，一旦天子给了我一官半职，那我就是天子的新臣、将军的故吏了！

　　当了天子的臣属又会如何？"在君为君，则嵩守天子之命，义不得复为将军死也。"跟着谁就为了谁，到那时我就恪守天子的命令，道义上不会再为将军赴死了。

　　呃！怎么说变就变了？

　　"唯将军重思，无负嵩。"你可想好了，千万别辜负我！

　　呃！呃？明明是你想辜负我，怎么成了我辜负你了？

　　这下，刘表感到事情的严重了：派韩嵩出使，回来肯定是说曹操的好；不派韩嵩出使，待在荆州肯定是继续说曹操的好。怎么办？既然已经下令让韩嵩出使了，那就让他去吧。说不定，实地勘察之后，他会转变立场呢！于是，韩嵩踏上了北上出使之旅。

　　毫无意外，韩嵩进京后，不仅被拜为朝廷侍中，而且还被授予零陵太守，侍中是个虚衔，零陵太守却是荆州治下的一个实职，朝廷请客，买单的却是刘表，你说气不气人？更可气的是，韩嵩一回来，就大为称颂朝廷和曹操的恩德，搞得整个荆州都对曹操控制的朝廷身不能至，心向往之。

　　这下，刘表不干了，大怒的他不仅口口声声要杀掉韩嵩，而且对跟随韩嵩出使的人员严刑拷问，一定要找出韩嵩吃里扒外的证据来。

　　一番折腾之后，刘表不仅没有发现韩嵩里通曹操的任何蛛丝马迹，反而将自己"虽外貌儒雅，而心多疑忌"的性格缺陷一览无余地展示在了荆州士人面前。

就这样，在韩嵩一句句"将军负嵩，嵩不负将军"的呼喊下，刘表只得将他一关了之。

隐遁远离

建安元年（公元 196 年），在曹操决定迎奉天子之前，谋士荀彧曾经帮他从三个方面分析了"奉天子"可能产生的正效应，即：从民望、服雄杰、致英俊。以上三者的目标指向分别是百姓、诸侯和士人，但就荆州而言，曹操"奉天子"的最大成果就是"致英俊"。

随着天子移驾中原腹地许县，不仅蒯越、韩嵩、邓义这些刘表身边的出仕者，相应地产生了"举州以附曹公"的想法，那些无职无权的出世者，特别是为了避乱而从中原来到荆州的英俊们，更是看穿了刘表，开始用行动来表明态度了。

一些英俊在识破刘表"虽外貌儒雅，而心多疑忌"的本质后，主动远离了襄阳，比如：和洽、杜袭、繁钦、裴潜。

汝南人和洽，最初拒绝了同乡袁绍"遣使迎汝南士大夫"去冀州的机会，因为他认为冀州是危险的"四战之地"，而"荆州刘表无他远志，爱人乐土"。然而，当他带着亲戚故旧一起南下去依附刘表时，尽管刘表"以上客待之"，但他却发现刘表是个"不可黯近"的"昏世之主"，时间久了会有危险。于是，和洽又举家往南迁到了武陵郡。

颍川人杜袭，因为避乱来到了荆州，被刘表"待以宾礼"。不过，当杜袭看到同乡繁钦多次在刘表面前展示才华时，却劝说繁钦要像潜龙一样隐藏自己，千万不要把刘表当成可以委身的"拨乱之主"。同时，杜袭还威胁道："子若见能不已，非吾徒也。吾其与子绝矣！"就是说，你如果再一味表现自己，那就不是我的朋友了，我就要和你绝交。听了这话，繁钦毅然地说："请敬受命。"我一定听你的。于是，杜袭、繁钦再加上同为颍川人的赵俨，一起躲到了长沙，过起了"通财同计，合为一家"的集体生活。

与杜袭类似的还有河东人裴潜。避乱荆州后，虽然刘表"待以宾礼"，但裴潜却私下里对好友王粲和司马芝说："刘牧非霸王之才，乃欲西伯自处，其败无日矣。"就是说，刘表并没有开创霸业的才干，但却以周文王自居，他离败亡没多少日子了。于是，裴潜也跑到了长沙。

与一些英俊因对刘表失望而主动南迁不同，南郡人刘廙则在哥哥被杀后北上投了曹操。刘廙的哥哥刘望之是个"有名于世"的俊杰，因此被刘表征召为了从事。可此后没多久，刘望之却因为忠言直谏与刘表产生了矛盾，弃官回到了乡里。按说官都不做了，人也回来了，与刘表的纠葛就此也就打住了。可是，刘廙联想到哥哥两个朋友之前因为被人诬陷而被刘表杀害的教训，劝哥哥外出避祸。

然而，刘望之并没有听从弟弟的劝告，不久就被刘表杀害了。哥哥死了，刘廙也怕了，于是便逃到了朝廷控制的扬州，归附了曹操。

与刘廙的被迫和辗转不同，荀攸和赵俨等人则在"奉天子"的旗帜下，径直来到了曹操身边。

出身颍川望族的荀攸，早在外戚何进当政时期就被作为"海内名士"征召入朝，后来还曾组织过对董卓的刺杀，事情泄露后，他的同党因为恐惧而自杀，而被关入大牢的荀攸却"言语饮食自若"。后来，原本是要去益州担任蜀郡太守的他，因为道路断绝而滞留在了荆州，但刘表对这等人物却一直视而不见，结果，曹操把天子迎到许县后，一封书信便把荀攸召入了朝。

颍川郡阳翟人赵俨，因为避乱来到了荆州，看到曹操迎奉天子的举动后，他对与自己一同避难的好友繁钦说："曹镇东应期命世，必能匡济华夏，吾知归矣。"就是说，镇东将军曹操顺应天命，有治世的才干，一定能够匡济天下，我知道我的归向了。于是，建安二年（公元 197 年），二十七岁的赵俨叫上繁钦，率领家族老幼投奔了曹操。

相较于那些或南迁或北上的英俊，还有一部分人虽然还留在刘表身边，但却早已心猿意马了，其中一个典型的例子就是王粲。

初秋时节的荆襄大地，一派欣欣向荣的景象，放眼望去，满目金黄之中的麦城，却显得越发巍峨而孤寂。此时，一位客居荆州的青年拾级而上，踏上了高耸的麦城城楼。

面对"华实蔽野，黍稷盈畴"的丰收景象，青年不仅毫无欣喜之色，反而心怀抑郁，忧思连连。青年时而"凭轩槛以遥望兮，向北风而开襟"，时而"悲旧乡之壅隔兮，涕横坠而弗禁"；即使走下高楼，他仍然"气交愤于胸臆"；就算半夜躺下，他还是"怅盘桓以反侧"。一句话，青年很失意，异乡的繁华和寥落都与他无关，也许只有回到中原旧乡才能给他带来快意。

青年失意的原因很简单：相比于在中原得到的礼遇，他在刘表治下的荆州并不得志。"惟日月之逾迈兮，俟河清其未极"，看着时光白白流走，任凭天下纷乱浑浊，自己却无所事事，你说郁闷不郁闷？

这位青年不是别人，正是日后被称为"建安七子"之一，甚至被后世文学评论家刘勰赞誉为"七子之冠冕"的王粲。

王粲，字仲宣，山阳郡高平县（今山东微山县）人。王粲的曾祖父王龚在汉顺帝时担任太尉，祖父王畅在汉灵帝时担任司空，父亲王谦曾在大将军何进的府中担任长史。出身名门望族的他自幼就才华横溢，甚至得到了名士蔡邕的青睐。

有一次，蔡邕听说王粲前来求见，甚至来不及穿好靴子就慌忙出来迎接（倒屣迎之）。王粲进屋后，在座的宾客看到进来的竟然是一个身材矮小、相貌平平的少年，都十分惊讶。而蔡邕却以赞赏的口吻向大家介绍说：“这位是王畅先生的孙子王粲，他有奇异非凡的才华，我自愧弗如。我家里收藏的书籍文章，全都应当给他。”这件事，留下了一段佳话以及两个成语：迎君倒屣、书籍相与。

蔡邕的判断没错，十七岁时，王粲就少年得志，被朝廷任命为黄门侍郎。然而，随着长安城倾山倒海般的变乱，他没有赴任，而是背井离乡来到了荆州，成为刘表座上的幕宾。不过，号称爱民养士的刘表对这位身材瘦弱、其貌不扬还有些不拘小节的小年轻并不怎么看重，除了请他代为起草一些檄文和书信之外，似乎并没有给他太多展现学识和才华的机会。

本已天涯羁旅，又加怀才不遇，客居荆州的王粲唯一能够排解苦闷的方式就是吟诗作赋了。于是，我们看到了上面的那首《登楼赋》。

在《登楼赋》中，王粲认为荆州“虽信美而非吾土兮，曾何足以少留？”而在另一篇《七哀诗》的起首，王粲更是直抒胸臆：“荆蛮非我乡，何为久滞淫？方舟溯大江，日暮愁我心。”看来，荆州再好也只是荆蛮，故乡才是我留恋的地方。

如果说王粲的不满还只能写在纸上、半遮半掩的话，那长沙人桓阶的行为简直就是明火执仗了。

桓阶是在孙坚担任长沙太守时被举荐为孝廉的，因此桓阶对孙坚始终心存感激。初平三年（公元192年），孙坚在岘山意外身亡时，原本在朝廷担任尚书郎的桓阶恰好因父亲去世回家乡奔丧。听说孙坚战死的消息后，桓阶冒着危险去见刘表，请求为孙坚发丧。鉴于桓阶的义举，刘表答应了桓阶的请求，将孙坚的尸体交给了桓阶。

为孙坚办完丧事后，桓阶回到了家乡长沙，始终寂寂无闻，直到建安五年（公元200年）。这一年，看到曹操和袁绍在官渡相持，而刘表选择与袁绍遥相呼应，桓阶便来到长沙太守张羡跟前，鼓动张羡在刘表的后院放把火。

"举事而不本于义，未有不败者也"，举大事而不从道义出发，哪有不失败的道理？这是桓阶的立论基础。那么，谁又是那个不本于义的人呢？自然是与朝廷作对的袁绍。袁绍不本于义，那帮助袁绍的人呢？自然也是"取祸之道"、自寻死路了。这个人又是谁呢？当然是刘表了。

既然袁绍不义，刘表取祸，那张羡又如何才能"立功明义，全福远祸"呢？那自然就要投靠"仗义而起"的曹操。于是，经过桓阶一番劝说，张羡不仅带着长沙和旁边的三个郡造起了刘表的反，而且派遣使者去面见曹操，使得曹操"大悦"。后来，张羡病死，长沙陷落，桓阶也藏匿了起来。

有别于王粲的直抒胸臆和桓阶的明目张胆，南阳人韩暨选择了隐忍。最初，韩暨为了躲避袁术的任命，躲入了南阳郡山都县的山中，可没在山中待多久，刘表又要礼辟他。于是，韩暨又一路往南跑到了长江南岸的孱陵县。到达孱陵后，韩暨知道他不能再跑了，因为无论走到哪里他都受到了当地人的尊敬和爱戴，这已经让刘表"深恨之"了，如果再这样走下去，就不只是"消费"刘表的民意资源了，简直是在"消费"自己的性命了。于是，韩暨接受了礼辟，做了刘表手下的宜城县县长。

有人选择隐忍，还有人选择隐居。这其中的典型，就是庞德公。

庞德公，字尚长，襄阳人。虽然出身于襄阳大族庞氏，并且还是庞家的长者，但性情恬淡的他，却与妻子居住在襄阳城郊的岘山之南，耕田犁地之余，以读书、弹琴为乐，一辈子也没进过城，更没去过官署。

鉴于庞德公的背景和名声，刘表不仅多次派人延请庞德公出山辅佐，而且在手下被拒后，亲自来到了庞德公跟前。

一见面，刘表就尖锐地提出了一个"小我"与"大我"的命题："夫保全一身，孰若保全天下乎？"就是说，保全自己一个人，怎么比得上保全天下呢？言外之意，庞德公有逃避社会责任之嫌。

　　对此，庞德公微笑作答："鸿鹄巢于高林之上，暮而得所栖；鼋鼍（中国神话传说中的巨鳖和猪婆龙）穴于深渊之下，夕而得所宿。夫趣舍行止，亦人之巢穴也，且各得其栖宿而已，天下非所保也。"就是说，鸟居于林，龟居于渊，每个人也都有自己的巢穴，万事万物各安其所，天下有什么需要保全的。操那么多心，不是和自己过不去吗？

　　听到这里，刘表仍不死心，随手指着正在耕田耘地的庞德公妻儿说："先生苦居畎亩，而不肯官禄，后世何以遗子孙乎？"就是说，您苦哈哈地待在田地里，而不愿做官得禄，今后拿什么留给子孙？

　　对此，庞德公的回答更是干脆："世人皆遗之以危，今独遗之以安，虽所遗不同，未为无所遗也。"意思是说，别人留下的是危险，我留下的是安全，只是留下的东西不同罢了，怎么能说什么都没留下呢？

　　这是一场儒家入世思想与道家出世思想的交锋，谁也说服不了谁。于是，刘表叹息而去。刘表走后，庞德公也索性卷起铺盖，带着妻儿跑到了云深不知处的鹿门山（今湖北襄阳东南 15 公里处），从此一去不返。

　　庞德公不愿与刘表有交集，但这并不代表他没有人情交往。实际上，庞德公与隐居襄阳一带的名士往来十分密切，经常一起欢聚畅叙。有一天，司马徽前来拜访，恰逢庞德公渡过沔水去祭扫先人的墓地。司马徽就像回到自己家一样，毫不客气地登堂入室，还招呼庞德公的妻子儿女赶快做饭，并且说："徐庶给我说，待会儿有客人要来与我和庞德公谈事。"听到这里，庞德公一家上下二话不说，都忙活起来。等到庞德公回到家，二人更是像一家人一样亲密无间，竟然分不清谁是主人，谁是客人了。

　　日子久了，以年长的庞德公为核心便形成了一个"朋友圈"，小他十岁的司马徽尊称他为"庞公"，后辈诸葛亮每次到他家都要独自拜见于床下，侄子庞统自然也是其中的骨干。晚辈们对庞德公有尊称，庞德公对他们也有雅称，司马徽因如镜子般善于识人鉴人，被称为"水镜"；诸葛亮因如潜龙般隐居于卧龙岗，被称为"伏龙"；而同样为崭露头角的庞统，则被称为"凤雏"。

这是一个超然而隐秘的"朋友圈"，他们虽然超脱现实，远离刘表，但却能够影响荆州，改变未来。

髀里肉生

与大多数寄居在荆州的英俊相同，寄寓者刘备同样对刘表"安坐而观望"的龟缩行为深表不满。但与大多数寄居者希望刘表"举州以附曹公"不同，雄杰刘备的愿望却是刘表能够举州以抗曹操。

事实上，刘备是在官渡之战后，从袁绍阵营投寄于刘表的篱墙下的。此时，刘表至少已经通过关押韩嵩，表明了自己短期内不会"举州以附曹公"的态度，而很可能正是看到这一点，刘备才派遣麋竺、孙乾与刘表接洽，最终南下荆州的。而对于刘备的寄寓，刘表也表现出了相当大的热情，不仅"以上宾礼待之"，而且"益其兵，使屯新野"，把防守荆州北大门的重任交给了刘备。

应该说，在雄豪并起的汉末，刘备绝对算得上是个响当当的人物。

虽然少年失怙，只能与母亲一起以"贩履织席为业"，但作为中山靖王刘胜之后，刘备身上披着与刘表同样的汉室宗亲外衣。

虽然青年跌宕，仅县尉、县丞、县令这类低级官吏就当过四五个，但刘备却在不满而立之年就成为郡守级的官员，三十四岁时更是出人意料地被拥戴为徐州牧。

虽然中年反复，先是被吕布夺去了徐州，后是被迫归附曹操，接着又投入袁绍阵营，但凭着早年营救孔融于北海、义援陶谦于徐州的壮举，刘备还是赢得了"弘雅有信义"（袁绍语）的美名。

刘备讲弘雅，刘表也不是没有雅量。当初，对手孙坚在岘山阵亡，面对部下桓阶为孙坚奔丧的请求，刘表慨然应允；后来，对手张济在穰城战死，面对部下的道贺，刘表不喜反忧，坚持认为不能拿别人的痛苦当快乐。凡此种种，哪里逊色于刘备？哪里称不上雅量？

实际上，刘表不仅具有雅量，甚至"雅量"这个词就源自他。传说，刘表喜好饮酒，曾经专门让人制作了三种喝酒用的爵，最大的叫伯雅，第二叫仲雅，最小的叫季雅，这三种爵分别可以容纳七升、六升、五升酒。能够饮下"三雅"中任何一雅而不醉的人，就是有"雅量"。就这样，"三雅"成为了酒器的代名词，而"雅量"则用来形容人有气度和容人之量。

既然有雅量，自然要收留刘备，更何况这种收留还有利于荆州的防卫。长期以来，刘表之所以能够使荆州岿然不动，一大法宝就是借力打力。为了对付中原的曹操，刘表接纳了张绣，让他驻守在荆州北部的宛城，结果，张绣抵住了曹操的多次侵犯。为了对付益州的刘璋，刘表手下的荆州别驾刘阖积极策反益州将领沈弥、娄发、甘宁，最后沈弥等人虽然因起事失败而逃入荆州，但刘表却只赚不赔。这一次，刘表依旧如法炮制。

之后的事实证明，这一次刘表依旧是赚的。建安七年（公元202年），刘备趁着曹操忙于对付袁尚的空当，率军北至叶县，摆出一副寻衅滋事、报仇雪耻的架势。然而，一听说曹操派出夏侯惇、李典这两名大将来对付自己，刘备立刻一把火烧了营寨，一路向南撤退。看到刘备如此怂样，夏侯惇迅速领兵追击，结果在一个叫博望坡的狭窄地方，曹军"为伏兵所破"。

对刘备的投资有了回报，但刘表却高兴不起来，因为"荆州豪杰归先主者日益多"，刘备这个外来客把自己这个主人的风头都给抢走了。于是，刘表开始"疑其心"，开始"阴御之"。刘表的阴御措施之一，就是把刘备的常驻地从靠近豫州的新野，改到了与襄阳一水之隔的樊城。在新野，刘备多少能有些自主性；但到了樊城，刘备真真正正成了仰人鼻息、寄人篱下了，一举一动都在刘表的窥视之下，并且刘表还三天两头请他去襄阳赴宴。对此，刘备心中也不乏忐忑，老祖宗刘邦经历过鸿门宴，自己因曹操约饭也掉过筷子，所谓"宴无好宴，局无好局"，真不知道哪天会遇到些什么意外。

你还别说，据《魏晋世语》记载，刘备还真遇到过一次险情。在一次宴会中，蒯越和蔡瑁这两个刘表的左右手就"欲因会取备"，准备借机取了刘备的性命。结果，刘备察觉到了蒯、蔡二人的企图，假装如厕，悄悄地逃了出去。

对于上面这段记载，东晋史学家孙盛颇不以为然，认为刘备本来就寄人篱下，如果真遇到这种情况，必定会抱着"置之死地而后生"的心态而起兵，"岂敢晏然终表之世而无衅故乎"？要知道，这可不仅仅是受窝囊气的问题，而是性命攸关的大事件。由此，孙盛得出结论，"此皆世俗妄说，非事实也"。

对于孙盛的观点，笔者是认同的。对于如鸿门宴一般的蓄意谋杀，不仅刘备一方不可能忍受，刘表一方也不可能实施，要知道，当初不甚在乎名声的曹操尚且害怕"除一人之患，以沮四海之望"，而不敢对刘备下手，如今颇为注意形象和影响的刘表怎么可能起杀心？

其实，刘备当时的确对自己的身体很焦虑，不过这种焦虑，不是担心自己身上会少了哪块肉，而是担心身上已经多出来的那些肉。

一次，刘备又与刘表推杯换盏、大快朵颐。席间刘备内急，于是，他来到了茅厕之中。方便之后，刘备一低头，猛然看到了自己大腿上的赘肉。顷刻之间，泪流满面，唏嘘不已。

回到座位上，刘表或许是发现了刘备脸上未干的泪痕，或许是发觉了刘备神态的异样，便问起其中的缘由来。面对询问，刘备的情绪再一次宣泄而出："吾常身不离鞍，髀肉皆消。今不复骑，髀里肉生。日月若驰，老将至矣，而功业不建，是以悲耳。"

过去鞍马征战时，我大腿上根本没工夫长肉，现如今不再经常骑马了，结果大腿上的肉全冒出来了。日月如白驹般飞驰轮转，老年不知不觉就将到来，可是功业却并没有建立，您说能不让人悲伤吗？

刘备很明白，刘表无心杀他，可这无所事事的岁月却宛如一把钝刀，在一天一天地割着他。这句髀肉之叹，既是一种真情的流露，也可以说是对刘表的一种哀怨：老兄，你就再给我一次"健身减肥"的机会吧！建安十二年

（公元 207 年），当刘备听说曹操北征乌桓的消息后，便立即向刘表提出了袭击许都的建议。

当时，刘备年近五十，对于寄人篱下的他来说，有些紧迫感完全可以理解，此时不搏何时搏？可是，对于年长他十九岁，早已坐拥荆楚、年近七旬的刘表来说，为了少长点肉而奔赴未知的远方，却着实没有必要。如果真觉得有必要，十多年前刘表就上马启程了。可以想见，刘表又一次浇灭了刘备健身减肥的希望。

几个月后，听说曹操已经从塞外班师，刘表主动找来了刘备。带着懊悔加抱歉的口吻，刘表说道："不用君言，故为失此大会。"那时，我没听你的，结果，失去了这样一个大机会。

这次，刘备没有任何的不满和抱怨，而是宽慰刘表说："今天下分裂，日寻干戈，事会之来，岂有终极乎？若能应之于后者，则此未足为恨也。"就是说，现在天下分裂，每天都会起干戈，事情的变化和机遇的出现，怎么会有尽头呢？如果能把握住之后的机会，这次也没什么可遗憾的。

这下就奇怪了，都"失此大会"了，不出意外，曹军下一个目标就是荆州了，刘备怎么反而不着急了呢？

说来也简单，因为此时的刘备早已对远方的"大会"不抱任何希望了，而真正的"大会"说不定就在脚下的荆州。

隆中三分

发现了自己大腿上的赘肉之后，刘备就开始想办法对抗飞驰的日月和将至的老年了。既然无法纵马奔向远方，那就骑马到襄阳近郊走走吧。没过多久，刘备就奔向了城西三十里的隆中。结果，刘备的隆中之行并不是一次，而是三次。

第一次，无果。

第二次，无果。

第三次，终于见到了那位想见的人——诸葛亮。

一个草庐中，面对眼前这位小自己二十岁的年轻人，刘备先开腔了："汉室倾颓，奸臣窃命，主上蒙尘。孤不度德量力，欲信大义于天下，而智术浅短，遂用猖蹶，至于今日。然志犹未已，君谓计将安出？"

刘备的话不算长，只有三句，但内容却十分丰富。

第一句，说天下。从天下形势来看，汉室朝廷每况愈下，奸臣贼子专权窃国，汉家天子蒙尘受罪，总之，已经到了最危急的时刻。

第二句，说自己。先说初心使命——就算我无德无能，也要为天下伸张大义；再说短板弱项——我的硬伤就是智慧太浅薄、谋略太短视；最后说处境——结果搞得屡遭挫折，至今没有起色。

应该说，刘备的这句话是相当客观的。从幽州到青州，从青州到徐州，从徐州到豫州，从豫州到冀州，从冀州再到豫州，从豫州最后来到荆州，一路走来，刘备缺的不是志向，也不是勇武，更不是经验，之所以屡战屡败，屡仆屡起，归根到底缺的就是"智术"。如此看来，荆州的寄寓生活，让刘备增加的不只是身上的赘肉，还有脑中的反思。

第三句，说需求。如今，即使饱尝艰辛，我的志向依旧没有放弃和改变，你觉得我应该怎么办呢？

很明显，与最后一句相比，前两句都是铺垫，都是在告诉面前这位年轻人，不仅时势需要你，我更需要你，并且，我是你值得辅佐的那个人。

既然刘备已经跑了三趟，如今把话说都到这个份儿上了，诸葛亮自然也没有理由再虚与委蛇、拐弯抹角了。接下来，诸葛亮用一句"自董卓已来，豪杰并起，跨州连郡者不可胜数"开头，连描述带评论，对天下的豪杰以及他们手中的地盘进行了全面分析。

先说曹操："曹操比于袁绍，则名微而众寡，然操遂能克绍，以弱为强者，非惟天时，抑亦人谋也。今操已拥百万之众，挟天子而令诸侯，此诚不可与争锋。"言下之意，曹操既拥有"挟天子而令诸侯"的政治优势，又拥有"以弱为强"的智力资源，因此短时间内是没办法与他硬碰硬的。

再说孙权："孙权据有江东，已历三世，国险而民附，贤能为之用，此可以为援而不可图也。"就是说，孙权既有地理优势，又有家族积淀，再加之上下同心，因此只能想办法联合，不能动吞并的心思。

说完曹操和孙权，按说诸葛亮该继续点评刘表、刘璋、马腾、韩遂等其他豪杰了。可是，接下来诸葛亮却把重点从"人"转到了"地"上。

先说荆州："荆州北据汉、沔，利尽南海，东连吴会，西通巴、蜀，此用武之国，而其主不能守，此殆天所以资将军，将军岂有意乎？"一句话，荆州是个四通八达的好地方，可它的主人却没本事保住它，这简直就是老天爷专门留给你的呀！

再说益州："益州险塞，沃野千里，天府之土，高祖因之以成帝业。刘璋暗弱，张鲁在北，民殷国富而不知存恤，智能之士思得明君。"一句话，益州是个休养生息的好地方，刘璋内忧外患、不善治理，那里现也在等着明君呢！

诸葛亮用四句话点评了四个人和四块地盘，但表述方式及其所要传达的意思却明显不同。

对于曹操，只说其人不说他占有的北方数州，因为说了也白说，哪个州你也惦记不着。

对于孙权，既说其人还要说其地，不仅要说他本人，而且要说他的家族，不仅要说他的"民"，还要说"民"中的精英——贤能之士；不仅要说其地，而且还要点出地的险峻。所有这一切，都是要告诉刘备，别看孙权年纪轻，别看江东地盘小，咱们一样惹不起；不过，惹不得咱们却用得着。

说到刘表和刘璋，具体表述方式就完全不一样了。表述的主语从"人"转向了"地"，一切看似无关紧要，实际上却传递了一个至关重要的信息：二刘无关紧要，而二州才至关重要。不过，即使二刘，诸葛亮也是区别对待的：

对刘璋是直呼其名，而对刘表则称之为"其主"。为什么要这样？因为，无论对刘备来说，还是对诸葛亮来说，刘表都或多或少对他们有收留之恩，身在人家的地盘上，多少要为尊者讳。

说完了别人的优劣，诸葛亮开始分析刘备了："将军既帝室之胄，信义著于四海，总揽英雄，思贤如渴。"别看只是一句话，诸葛亮却一下子说出了刘备的四个优点：身份上讲，你是皇家后代；名声上讲，你以信义著称；气质上讲，你有招揽英雄的领袖魅力；姿态上讲，你一直保持渴求贤才的态度。

有了这四大优点，又拿它们来做什么呢？随之，刘备最关心的"计将安出"的"计"也喷薄而出："若跨有荆、益，保其岩阻，西和诸戎，南抚夷越，外结好孙权，内修政理；天下有变，则命一上将将荆州之军以向宛、洛，将军身率益州之众出于秦川，百姓孰敢不箪食壶浆以迎将军者乎？诚如是，则霸业可成，汉室可兴矣。"

为了更好理解诸葛亮的这番话，这里不妨略作分解。

战略基础："跨有荆、益，保其岩阻"；

战略方针："西和诸戎，南抚夷越，外结好孙权，内修政理"；

战略条件："天下有变"；

战略部署："一上将将荆州之军以向宛、洛，将军身率益州之众出于秦川"；

战略目标："霸业可成，汉室可兴"。

看得出，这是一个颇为复杂也相当系统的战略计划。即使进一步简化，这个大计划也不是一句话能够描述清楚的：首先，要夺取荆州和益州；其次，要与孙权结盟，两小打一大；最后，要荆州、益州两路并进，消灭曹操，复兴汉室。这一切，对于一般的落魄者来说，似乎遥亘千里，可是，对于"志犹未已"的刘备来说，一切似乎都遥遥在望。

听完这些，刘备情不自禁地说出了一个字："善！"太好了！

自比管乐

是的，太好了！经过草庐之中的一番畅聊，刘备心中的大难题至少有解决方向了。

然而，盘亘在刘备和诸葛亮之间的一些基础性问题没有解决：要知道，当时刘备已经是年近五旬、名扬四海的英雄了，而诸葛亮则是个不满而立、未出茅庐的小年轻，原本素不相识的两人为什么会迅速走到一起？诸葛亮的价值究竟何在？刘备这样一个老资格为什么独独去找诸葛亮这个小年轻求计问策？诸葛亮这个小年轻又为什么独独看中了刘备这个老英雄？

二十年后的建兴五年（公元 227 年），已经身为蜀汉丞相的诸葛亮这样来形容那时的自己："臣本布衣，躬耕于南阳，苟全性命于乱世，不求闻达于诸侯"。果真是这样吗？

刘备三顾茅庐发生在建安十二年（公元 207 年），那时二十七岁的诸葛亮的确居住在南阳的乡间，不管频次和时长具体是多少，"躬耕"这样的农事诸葛亮想必是干过的，那时的他没有任何职务，相较于州郡官吏，说自己是"布衣"也没毛病。诸葛亮原本是兖州琅琊阳都（今山东沂南县）人，早年为了躲避中原战乱，他与哥哥、姐姐、弟弟一起跟随叔父诸葛玄来到了荆州。叔父去世后他隐居于隆中，也算是"苟全性命于乱世"。

不过，要是由此就认为诸葛亮是一个纯粹的务农布衣的话，那也与事实不符。实际上，诸葛亮出身于世代官宦的琅琊诸葛氏家族，他的先祖诸葛丰在前汉元帝时做过司隶校尉，他的父亲诸葛珪在后汉末年做过泰山郡丞，而他的叔父诸葛玄则被袁术任命为豫章太守。

不仅出身不俗，从社会关系上看，诸葛亮也不像一个布衣。他的叔父诸葛玄与刘表交情颇深，因此才在去世前将诸葛亮兄弟托付给了刘表。诸葛亮的大姐嫁给了蒯氏家族的蒯祺，他的二姐嫁给了荆州另一豪族庞氏家族的庞山民，诸葛亮自己则娶了荆襄名士黄承彦的女儿，而黄承彦的妻子，也就是诸葛亮的岳母，与刘表的后妻蔡氏是亲姐妹。如此看来，诸葛亮不仅与刘表有联系，而且与荆襄的几个大族都有关系，这能算是一个纯粹的布衣吗？

除了布衣的身份是诸葛亮的自谦之外，那句"不求闻达于诸侯"也值得推敲。从诸葛亮隐居隆中这一行为来看，他当时的确没有刻意去谋求"闻达于诸侯"，至少没有追求闻达于刘表。这一点，从他不甚与蒯、蔡两家交往，而隔三岔五往庞德公家跑就可以看得出来。

但是，如果因此断定诸葛亮完全"不求闻达于诸侯"，那也未必，这一点从他生活起居、日常交往以及言谈举止中可以略窥一二。

据载，青年诸葛亮有一个生活习惯：每天早晚他都要"抱膝长啸"。"抱膝"就是双腿屈于胸前，两手抱于膝部；"长啸"就是长声吟啸。诸葛亮的这个习惯，可能是锻炼身体的一种方式，更大可能则是在抒发心怀。为什么这样说呢？因为他最经常"长啸"的，就是家乡的那首《梁甫吟》。

《梁甫吟》是一首悲切凄苦、如泣如诉的挽歌，讲的是春秋时期齐国国相晏婴利用两个桃子离间公孙接、田开疆、古冶子三位勇士，使得他们自刎身亡的故事，这段故事就是历史上著名的"二桃杀三士"。诸葛亮为什么唯独钟爱一首挽歌呢？是思念家乡吗？是赞叹晏婴吗？是惋惜三位勇士吗？总之，没那么简单。

生活习惯特殊，读书方式也不寻常。那时候，与诸葛亮交往比较密切的有颍川人石韬和徐庶、汝南人孟建，其他三人读书都反复吟诵、"务于精熟"，而诸葛亮却并不刻意记诵，而只是"观其大略"，似乎总是那样漫不经心。

生活中"抱膝长啸"，读书时"观其大略"，可谈起志向来，诸葛亮却自视甚高。有一次，诸葛亮对自己的三位好友说："卿三人仕进可至刺史郡守也。"

我们做官都会做到刺史郡守，那你诸葛亮呢？预测一下自己吧。可是，一碰到关于自己的问题，诸葛亮却"笑而不言"，卖起了关子。

其实，对于这个问题，诸葛亮不是不答，而是在其他场合已经多次给出了答案。因为据《三国志》记载，诸葛亮"每自比于管仲、乐毅"，就是说，他经常把自己比作春秋时的名相管仲和战国时的名将乐毅。

管仲？乐毅？他们一个是帮助齐桓公成就霸业的齐国名相，一个是帮助燕昭王消灭齐国的燕国名将，这两人怎么被捏到一起，成为诸葛亮的对标人物了？能够成为其中的一个就已经是了不得的成就了，难道你还要成为他们俩儿？

没错，诸葛亮就是要成为他们俩儿，他要的不是"出将"或"入相"，而是"出将"加"入相"。换句话说，他既要作为智囊，通过高瞻远瞩的战略，帮助自己的主公成就霸业；也要作为将帅，通过波诡云谲的战术，帮助自己的主公战胜强敌。

如此之高的个人期许，在当时天下纷争的情况下，能实现吗？

这个问题不需要已经知道答案的今人来回答，时人已经给出了答案："莫之许也。"当时听到的人只有一个反应：你就吹牛吧，怎么可能？

是呀！你倒说说，可能性在哪里？

可能性就在刘备身上！这一点，诸葛亮想必已经反复比选过了。

遍览汉末群雄，此时一枝独秀的就是曹操了，经过接近二十年的搏杀，他实现对北方的统一已经毫无悬念，剩下的就是消灭荆州的刘表、江东的孙权、关中的马腾、益州的刘璋，然后一统天下了。这时候，诸葛亮去投奔曹操，有机会实现"比于管仲、乐毅"的理想吗？可以说，基本没戏。

管仲、乐毅都是在自己的老板最需要帮助的时候来到他们身边的，此时的曹操需要帮助吗？当然需要，只要没统一天下就需要。可此时是最需要的时候吗？当然不是，曹操早已度过了最艰难的时刻，他的战略蓝图早已绘就，他的战略目标正在逐步实现，一切似乎只是时间问题。这时，诸葛亮如果帮助曹操"跨有荆、益"，有功劳吗？有！功劳可以"比于管仲、乐毅"吗？不可以！曹操身边的荀彧、郭嘉、荀攸、程昱，哪个不是帮助曹操战胜强敌、占州据郡的人物？别说"跨有荆、益"了，就算你帮曹操把关中和江东都拿下来，那也只算三个半州，能比得上袁绍之前的冀、幽、青、并那四个大州吗？

曹操那边没戏了，那孙权这边呢？

正如诸葛亮在"隆中对"中所说，孙权别看地盘不大，但却有着"国险"的地理优势以及"民附"的社会基础。如此看来，"已历三世"的孙家守住江东问题不大，可是让他军向宛洛呢？这恐怕就差点意思了，无论从军事实力还是从人口经济规模来说，江东与中原都不在一个量级上。退一步说，就算诸葛亮愿意投奔孙权，已经"贤能为之用"的孙权能够重用诸葛亮吗？可以说，基本不可能。

要知道，江东当时不仅有托孤辅政、"待遇尤重"的张昭，还有"与长史张昭共掌众事"、被孙权"兄事之"的周瑜，更有"合榻对饮""益贵重之"的鲁肃。第一个是可以换掉孙权的人，第二个是孙权当哥哥对待的人，第三个是与孙权无话不谈的人，留给诸葛亮的还有多大空间。再说了，除了以上这三位，孙权的身边还有一位"与鲁肃等并见宾待"的人物，那就是诸葛亮的亲哥哥——诸葛瑾，难道让诸葛亮去与哥哥争高下吗？

当然，诸葛亮没有选择曹操和孙权还有一个路线问题。这一点从"比于管仲、乐毅"这一行为上同样可以看出端倪。

单从功名业绩上看，诸葛亮要成为的人似乎与汉初的"开国三杰"张良、萧何、韩信颇为相像，汉高祖刘邦曾说：

"夫运筹策帷帐之中，决胜于千里之外，吾不如子房。镇国家，抚百姓，给馈饷，不绝粮道，吾不如萧何。连百万之军，战必胜，攻必取，吾不如韩信。此三者，皆人杰也，吾能用之，此吾所以取天下也。"

可是，诸葛亮为什么只说自己要成为管、乐，而不说自己要成为萧、韩呢？一个重要原因就是：时代不同。

张良、萧何、韩信帮助刘邦实现的是推翻秦朝的现有统治，而管仲帮助齐桓公实现的则是"尊王攘夷"，换句话说，就是周朝荣光的再次复兴；与此相类似，乐毅帮助燕昭王实现的，也是燕国以弱胜强后的再次复兴。

萧、韩是改天换地，无论做什么、怎么做，他们和自己主公的目标都是推翻天子；管、乐是旧邦中兴，无论做什么、怎么做，他们和自己主公的上面都还有一个天子。

这下明白了：对标人物不同，道路选择也不同。

一旦搞明白了这一点，"挟天子以令诸侯"的曹操和"建号帝王以图天下"的孙权就更不可能列入诸葛亮的选项了。这样一来，就只剩下具有汉室宗亲身份的刘备、刘表、刘璋这些选项了。可是，刘表十多年来"拥十万之众，安坐而观望"，刘璋连家门口的张鲁都搞不定，这两位维持内部稳定、守住固有地盘都有困难，哪里还有可能招贤用良，让诸葛亮这个小年轻去发挥和施展？

如此一来，就只剩下刘备了。可是，刘备真的具有齐桓公、燕昭王那样的雄心和气魄吗？真的能让诸葛亮实现"比于管乐"的理想吗？

考察刘备数十年的创业生涯，他从"贩履织席"的社会底层起步，不仅用十年时间跃升成为徐州之主，而且因"弘毅宽厚，知人待士"而赢得了诸侯的尊重和士人的推崇，曹操说"今天下英雄，唯使君与操耳"，袁绍说"刘玄德弘雅有信义"，陶谦说"非刘备不能安此州也"，程昱说"刘备有雄才而甚得众心，终不为人下"，陈登说"雄姿杰出，有王霸之略，吾敬刘玄德"……这些还不够吗？

然而，这一切还不够，诸葛亮"比于管乐"的还有一项指标。

管仲原本是辅佐齐僖公的儿子公子纠的，为了帮助公子纠成为齐王，管仲甚至用箭射伤了公子小白，也就是未来的齐桓公。不过，小白在当上齐王后，非但没有报复管仲，反而在自己的心腹重臣鲍叔牙的建议下，"厚礼以为大夫",放手任用管仲。与此相似,原本是魏国使臣的乐毅,也是在燕昭王"以客礼待之"并"以为亚卿"的情况下,才甘心为燕国效力的。既然"比于管乐",诸葛亮自然也希望如管仲、乐毅般,得到明主的主动延请和隆厚礼遇。

建立"管仲+乐毅"那样的功勋,帮助主公以弱胜强、复兴汉室,潜在的主公要主动延请自己——"比于管乐"的三大指标中的任何一条似乎都是天方夜谭。即使你诸葛亮有经天纬地之才、匡时济世之略,又怎么能够确保心仪的明主主动降低身段来找你、请你、求你呢?当年,管仲有好友鲍叔牙力荐,而乐毅在出使燕国之前就已经在赵国和魏国崭露头角,你诸葛亮又凭什么吸引明主呢?

没错,仅仅这"比于管乐"的最后一项指标就能把绝大多数济世之才挡在门外,门槛实在太高了!然而,越是别人觉得不可能的事,诸葛亮就越有信心实现它。没多久,刘备耳中就灌满了有关诸葛亮的消息。

首先向刘备推荐诸葛亮的人是徐庶。虽然时人都对诸葛亮"比于管乐"的自我期许嗤之以鼻,但徐庶等几位好友却"谓为信然",深信不疑。并且,徐庶的"信然",不仅体现在口头上,而且体现在行动上。

大约是在刘备屯驻在新野的时候,徐庶进入刘备的营帐,成了刘备身边的幕僚。经过一段时间,在得到刘备的器重后,徐庶对刘备说了这样一句话:"诸葛孔明者,卧龙也,将军岂愿见之乎?"就是说,有个叫诸葛孔明的人,就是人们称之为卧龙的那个人,将军是否愿意与他相见?

听了徐庶的这番推荐,刘备高兴地说:"君与俱来。"你带他过来吧。

很明显,刘备对于徐庶的话还是很重视的,认为徐庶推荐的人必定不会错,不然不会如此爽快地答应要见见诸葛亮。

然而,徐庶接下来的一句话却着实让刘备有些吃惊:"此人可就见,不可屈致也。将军宜枉驾顾之。"就是说,这个人只可以您屈尊去见他,不可以让他屈节来见您,您还是屈驾去他那儿吧!

这下，刘备好奇了：这个诸葛亮究竟是什么样的非凡人物？

没多久，刘备又从"水镜先生"司马徽口中听到了诸葛亮这个名字。有一次，刘备征询司马徽对于世事的观点和看法，没想到司马徽冒出了这么一句："儒生俗士，岂识时务？识时务者在乎俊杰。"就是说，一般的读书人和见识浅陋的人怎么能认清天下大势呢？能认清天下形势、了解时代潮流者，才是杰出人物。

我问你世事和时务，你却给我聊起了识时务的俊杰，这是不是有点跑题了？也行，跑题就跑题吧，你如果能给我推荐几个识时务的俊杰当然更好了。那么，谁是俊杰呢？

实际上，还没等刘备开口，司马徽就说出了答案："此间自有伏龙、凤雏。"

那么，谁又是伏龙、凤雏呢？刘备不禁开口问道。

看到刘备有了兴趣，司马徽揭晓了谜底："诸葛孔明、庞士元也。"诸葛亮就是那条潜伏着的蛟龙，而庞统则是那只尚年幼的凤凰。

卧龙＝伏龙＝诸葛亮＝识时务者。

这下，刘备着急了，忙不迭地跑到了隆中。

如鱼得水

有了诸葛亮，有了与诸葛亮的那次草庐对话，刘备的人生变得豁然开朗，一幅美丽新愿景展示在了他的面前。这种感觉我们难以形容，但刘备自己却有恰切的比喻：如鱼得水。

看到刘备与诸葛亮"情好日密"，常年追随刘备并在此之前享受"寝则同床，恩若兄弟"这一超规格待遇的关羽、张飞有点不乐意了，凭什么诸葛亮能够后来居上？

面对两位兄弟的不悦，刘备说了这样一句话："孤之有孔明，犹鱼之有水也。愿诸君勿复言。"我有了孔明，就像鱼儿有了水，希望你们不要再说什么了。

这下子，关羽、张飞再也不敢有怨言了。

如《庄子·大宗师》所说，"泉涸，鱼相与处于陆，相呴以湿，相濡以沫，不如相忘于江湖"。诸葛亮加盟之前，刘备和他手下的关羽、张飞这帮兄弟，宛如处于陆地上的鱼儿，只能用口中的唾沫互相湿润，为了一城一地而舍生忘死，为了眼前危难而奋不顾身，再如此下去就只能相忘于江湖了。

可是，一旦有了诸葛亮，刘备这条大鱼犹如回到了大江大河，人生不再只有眼前的苟且，还有诗意的未来和远方的天下。从相濡以沫到如鱼得水，格局当然大不同，而刘备自然要在诸葛亮这汪大水里尽情畅游了。

刘备这条大鱼离不开诸葛亮这汪大水，可一旦诸葛亮从乡野的隆中来到熙攘的襄阳，希望在这汪大水中找到方向和自由的就不止刘备这一条鱼了。实际上，刘表的长子刘琦"亦深器亮"，在家族竞争中倍感压力的他，时不时地就去向诸葛亮求助，希望其能给自己谋划一个"自安之术"。

对此，诸葛亮虽然没有像对待刘备那样"三顾乃见"，但每次见面都予以"拒塞"，始终没有给刘琦指出一条明路。就这样，延宕之下，情急之中，我们看到了本章开头"上楼去梯"的那一幕。

说来，对于刘琦的请求，诸葛亮也有些为难。首先，这是刘表的家事，外人不便置喙；其次，从亲疏关系讲，自己是蔡氏的外甥女婿，应该帮着蔡氏支持刘琮才对；再说，如果被其他人知道自己帮了刘琦，恐怕对刘备也会有所不利。于公于私，都少说为妙。于是，诸葛亮只能在刘琦的持续请求中持续搪塞盘旋，为难的继续为难，着急的继续着急。

可是，如今看到刘琦如此煞有介事、煞费苦心地使出"上楼去梯"这一招，诸葛亮已经无法再"拒塞"了，再"拒塞"的话，不仅楼不好下，甚至连朋友都没得做了。于是，诸葛亮说出了这样一句话："君不见申生在内而危，重耳居外而安乎？"你难道没有看到申生在国内而面临危险、重耳居国外而得到安全的故事吗？

一句话点醒局中人。春秋时期，晋献公的宠妃骊姬想谋害献公的两个儿子：申生和重耳。申生留在了国内，虽然万般小心，还是被骊姬陷害，最终自刎身亡；而重耳逃到了别国，虽然历尽艰辛，最终却回国即位，成为春秋五霸之一的晋文公。既然内危外安，为什么不离开这个是非之地呢？实际上，此时正有一个"居外"的好去处：江夏太守黄祖被孙权攻杀，荆州的东大门一时洞开，为什么不主动请求前往江夏呢？于是，经过一番谋划，刘琦这条鱼儿顺汉水而下，成了江夏太守。

据史书记载，刘表的两个儿子都是庸庸碌碌的无能之辈，后来还被曹操讥笑为"豚犬"，也就是猪和狗。但是，从"上楼去梯"这一举动来看，至少刘琦不是一个完全没脑子的人。面临困境，他持续寻求脱困，面对拒绝，他努力创造机会，即使是"豚犬"，也是只聪明的"豚犬"。

那么，话又说回来了，刘琦不傻，诸葛亮就傻吗？他怎么会乖乖地跟着刘琦"上楼"，又任凭刘琦"去梯"呢？以诸葛亮的智慧，既然能向刘琦给出"内危外安"的建议，不会想不到"楼内危、楼外安"和"楼下安、楼上危"的可能性吧？

如果我们不怀疑诸葛亮的智商，那么就只能得出一个结论：诸葛亮也想上楼。

而为什么诸葛亮也想上楼呢？

环顾当时的形势，荆州外有强敌压境，内有派系纷争，有人拥戴刘琮，有人拥戴刘琦，有人倾向坚守，有人倾向降曹，风雨飘摇之中，诸葛亮需要帮刘备找到最可靠的盟友，建立自己的同盟军。相比之下，在继嗣之争中处于劣势的刘琦，就成为刘备集团拉拢和争取的对象。

可是，这个同盟者的可信度如何？这个同盟者的价值何在？这都是需要检验的问题。如果刘琦只是病急乱投医，根本没有准主意，如果刘琦只是孤身一人，根本没有任何资源和依托，那这个同盟者就是一个可有可无的存在。

对于上面的问题，诸葛亮自然胸有成竹，所缺的只是一种情势。什么样的情势？一个让刘琦足够焦虑的情势，一个可以无话不谈的情势，一个有利于刘琦出走的情势，一个有利于刘备布局落子的情势。

一年前，同样是一位刘姓的中年人，同样为自己的安危出路而焦虑，同样千方百计、千辛万苦地来向自己求计问策，而自己同样从容自若、举重若轻地为他指出了一条明路，甚至描绘了一个美丽新世界。如今，刘备换成了刘琦，茅庐换成了高楼，三顾变成了去梯，但"跳出一隅谋全局"的方法和思路没有变，一切都是那么熟悉。

随着刘琦的出走，刘备在荆州的处境也发生了变化：其一，刘备集团成功地从刘表集团中分化出了刘琦这支重要力量，有了一个可靠的盟友。其二，随着刘琦成为江夏太守，刘备这只"兔子"有了一个新的栖身之所，日后刘备也的确启用了这个备用"巢窟"。其三，随着刘表集团的裂变，荆州的未来也增加了新的变数，刘琦虽然暂时放弃了荆州的继承权，但他始终是一位备位者和实力派，日后刘备也绝不会将刘琦这一重要政治资产闲置浪费。

如此说来，帮刘琦就是帮自己——你有楼我能不上吗？

说不定，就算你没有楼，我也会引导你去造一座楼出来呢！

第四章

许都

事业昌基于此，
却又为何汗流浃背？

按说，既然一开春就在玄武池训练起了水军，那南征荆州一定被提到日程上了，可是没想到，曹司空却在邺城搞起了基础建设。

按说，既然邺城的建设已经如火如荼地铺展开来，差不多就该南征了吧？可是没想到，曹司空又陆续在许都搞出了一系列令人眼花缭乱的举动：正月，免去了司徒赵温的职务；二月，命令张辽、于禁、乐进屯驻于许都周边；五月，处死了名医华佗；六月，撤除了三公职位，恢复了丞相、御史大夫的设置，并自任丞相。直到七月，南征刘表。

按说，既然已经出兵南下，曹丞相就该集中精力消灭刘表了吧？可是没想到的是，他一只眼睛看向前方的同时，另一只眼睛却始终没有离开许都：八月二十四日，曹操把不知名的郗虑任命为御史大夫；八月二十九日，海内知名的孔融被曹操公开处决；九月，曹操颁布教令，专门解释了处决孔融的原因。

如果说，十多年前许都作为曹操安身立命的大本营，必须高度重视的话，当时光走到建安十三年，曹操已经有了邺城这一更为稳固的巢穴和一统天下这一更为重要的任务时，许都还那么重要吗？身子扑在邺城时，心思牵挂的为什么还有许都？眼睛盯住刘表时，余光扫向的为什么还是许都？

天下粮仓

回顾曹操从中平六年（公元189年）以来二十年的创业历程，正如曹操的儿子曹丕在日后登基称帝时所说，"汉亡于许，魏业基昌于许"，无论从经济、政治、人才、军事任何一个角度讲，许都都是曹操事业腾飞的起点。

建安元年（公元196年），在兖州站稳脚跟的曹操将兵锋指向了豫州，先是在正月拿下了位于兖、豫交界处袁术控制下的陈国，紧接着在二月拿下了颍川郡的治所许县，并在那里收降了何仪、刘辟、黄邵率领的数万黄巾军。

以上战果，如果与初平二年（公元191年）曹操入主兖州，打败青州黄巾军，"受降卒三十余万，男女百余万口"的成果相比，自然算不上什么大胜利。同时，相对于自己经营多年的兖州，频遭战火的豫州也显得更为落寞和凋敝。然而，出人意料的是，刚取得许县不久，曹操就把自己的大本营从兖州的鄄城迁到了这里。此后二十五年，曹操的起落沉浮都紧密地与这个地方连在了一起。

为什么会如此选择？许县的价值何在？

首先，在许县，曹操解决了一个深深困扰自己的大问题。

《三国志·魏书·武帝纪》注引的《魏书》中，记载了当时诸侯面临的一个普遍困境："自遭荒乱，率乏粮谷。诸军并起，无终岁之计，饥则寇略，饱则弃余，瓦解流离，无敌自破者不可胜数。袁绍之在河北，军人仰食桑椹。袁术在江、淮，取给蒲蠃。民人相食，州里萧条。"

就是说，当时缺粮是个普遍现象，袁绍的人马饿极了把桑葚拿来当主食，袁术的军队没办法时只能靠河蚌、蛤蜊充饥，无论是大诸侯还是小豪强，大家都过着有上顿没下顿的日子，有的甚至根本没被别人打，自己就因为饥荒而溃散了，各州人吃人的现象也不鲜见。

与其他诸侯类似，肚皮问题也一直困扰着曹操。

兴平元年（公元 194 年），因为粮食奇缺，"谷一斛五十余万钱，人相食"，曹操无奈之下把新招募来的官吏和士兵又给遣散了。

有一次为了解决曹军的"乏食"问题，在后方负有保障任务的寿张县县令程昱，竟然在供应的粮食中掺进了"人肉干"（颇杂以人脯）。据说，因为这件事，程昱恶名昭彰，至死也没有做到公卿之位。

粮食影响个人名声，更影响战事成败。初平四年（公元 193 年）秋，因为父亲曹嵩被徐州牧陶谦的部下劫杀，"志在复仇"的曹操发动了对徐州的第一次进攻。战事一开始进行得很顺利，曹操不仅"攻拔十余城"，而且一直杀到了徐州的首府彭城，赶跑了陶谦，搅得徐州百姓"死者万数，泗水为之不流"。不过，眼看就要彻底打败陶谦的时候，曹操却率军匆匆返回了兖州。为什么？

两个字："粮少！"

第二年四月，曹操又发动了第二次东征。这一次，同样进展顺利，没多久就"略定琅邪、东海诸县"。不过，这一次曹操同样被迫撤了军。

这次倒不是因为军粮断供了，而是由于当初把自己迎入兖州的陈宫趁自己东征之际，联合陈留太守张邈把吕布迎入了兖州，愣是搞得曹操在偌大的兖州只剩下鄄城等三个城池赖以翻盘了，真是成也陈宫、败也陈宫啊！

问题出在陈宫身上，可要真正把问题解决，却同样离不开粮食。兴平元年（公元 194 年）冬，一听说陶谦病亡的消息，还没完全将吕布、张邈赶出兖州的曹操，就迫不及待地要第三次东征徐州了。

眼见主公又想着两线作战，一旁的荀彧有些坐不住了，立刻进行了劝谏。

首先，荀彧用汉高祖确保关中、汉光武帝据守河内的例子，向曹操讲明巩固战略根据地的重要性："昔高祖保关中，光武据河内，皆深根固本以制天下，进足以胜敌，退足以坚守，故虽有困败而终济大业。"一句话，只有坐拥稳固的根据地，才能进退自如，才能在不如意的时候疗伤止痛。

而对曹操来说，兖州就是需要确保的战略根据地："将军本以兖州首事，平山东之难，百姓无不归心悦服。且河、济，天下之要地也，今虽残坏，犹易以自保，是亦将军之关中、河内也，不可以不先定。"

接着，荀彧向曹操提出了消灭吕布的现实路径："今以破李封、薛兰，若分兵东击陈宫，宫必不敢西顾，以其闲勒兵收熟麦，约食畜谷，一举而布可破也。破布，然后南结扬州，共讨袁术，以临淮、泗。"就是说，在击破吕布部将李封、薛兰的基础上，再对吕布、陈宫分而治之，各个击破。

然后，荀彧请曹操思考"舍布而东"可能产生的严重后果："若舍布而东，多留兵则不足用，少留兵则民皆保城，不得樵采。布乘虚寇暴，民心益危，唯鄄城、范、卫可全，其余非己之有，是无兖州也。若徐州不定，将军当安所归乎？"

进而，荀彧向曹操指出了夺取徐州的现实难度："且陶谦虽死，徐州未易亡也。彼惩往年之败，将惧而结亲，相为表里。今东方皆以收麦，必坚壁清野以待将军。将军攻之不拔，略之无获，不出十日，则十万之众未战而自困耳。前讨徐州，威罚实行，其子弟念父兄之耻，必人自为守，无降心，就能破之，尚不可有也。"

最后，从大与小、安与危、势与本三个方面，荀彧说明了自己权衡此事的原则及其中的结论："夫事固有弃此取彼者，以大易小可也，以安易危可也，权一时之势，不患本之不固可也。今三者莫利，愿将军熟虑之。"

粗略看，荀彧提出的观点和理由似乎与粮食没多大关系，可仔细分析，哪一条却都离不开后勤军需。

首先，汉高祖刘邦、汉光武帝刘秀"深根固本以制天下"的根本是什么？说白了，不就是刘邦在日后总结萧何功劳时所说的"镇国家，抚百姓，给粮饷，不绝粮道"嘛！

其次，"一举而布可破"的具体方式是什么？说白了，不就是利用敌人顾此失彼的时候，收割交战区已经成熟的麦子（勒兵收熟麦），然后节约粮食，积蓄谷物（约食畜谷），把敌人拖垮嘛！

第三，为什么不能"舍布而东"呢？说白了，就是担心一旦两线作战，自己会陷入首尾难顾的困境，到那时，连百姓都无法割草拾柴了（不得樵采），即使不会重蹈后院起火的覆辙，"粮少引军还"这一情况恐怕也会大概率重现。

第四，为什么徐州很可能"攻之不拔"呢？说白了，其中一个致命问题，不就是担心敌人"坚壁清野"、自身"略之无获"嘛！

说一千，道一万，粮食未必是万能的，但没有粮食却是万万不能的。正因为搞明白了这个道理，曹操不仅在兴平元年没有借陶谦病亡的机会去进攻徐州，就算在兴平二年（公元195年）冬天自己彻底驱赶了吕布、消灭了张邈后，也没有急着去东征徐州，而是把重点朝向了反方向的豫州。

相较于刘备和吕布先后盘踞的徐州，何仪等黄巾军占据的颍川郡无疑更好攻取。除此之外，颍川郡的地理环境也是曹操考虑的一个重要因素。

颍川郡大致包括今天的许昌市、平顶山市、漯河市等河南中部地区，其北临黄河，南通江、汉，东达淮、泗，西控虎牢，可以说是整个中原的核心地带。

同时，这里地势平坦，土地肥沃，境内又有颍河、濮水、洧水、汝水等水系遍布其间，耕作、灌溉、通航都十分便利。正如清朝历史地理学家顾祖禹在《读史方舆纪要》中所说，"河南，古所谓四战之地也，当取天下之日，河南在所必争"；"自天下而言河南为适中之地，自河南而言许州又适中之地也……许亦形胜之区矣。岂惟土田沃衍，人民殷阜，足称地利乎？"

实际上，早在创业之初，曹操的好友鲍信就曾向他提出过"规大河之南，以待其变"的"河南策"，建议他先占据黄河以南的中原地带，静待时机。如今曹操已经在大河以南的兖州站稳了脚跟，有什么理由不进军天下之中的豫州呢？于是，在收服兖州之后，曹操出人意料地掉转方向，杀向了豫州。

当然，对于豫州特别是许县周边的经济价值，曹操也是了然于胸。因此，刚一击破黄巾军，曹操就在颍川阳翟人枣祗等人的建议下，颁布了一道教令："夫定国之术，在于强兵足食，秦人以急农兼天下，孝武以屯田定西域，此先代之良式也。"

　　这份被后世称为《屯田令》的政策文件，所要表达的意思十分明确：经济实力决定军事战力，要想平定天下，先得强兵足食，要想强兵足食，必须屯田兴农。

　　不久，枣祗被任命为屯田校尉，河南郡中牟人任峻被任命为典农中郎将，一场以许县为中心的屯田运动由此展开。

　　应该说屯田并不是曹操前无古人的创举，汉武帝时期曾经在西域施行过，曹操的对手陶谦在徐州境内也推行过，但是，曹操却把它做到了前所未有的程度。

　　归纳起来，曹操的做法主要有三条。

　　其一，专业化。术业有专攻，无论是成就霸王之业，还是达成定国之术，都要足够专业、专心、专注。以往的屯田主要是军屯，士兵一边打仗一边屯田，平战结合。这一做法在边境地区没问题，但在混战的中原地带却很成问题，仗打到哪儿田屯到哪儿，往往田还没屯好，人就开拔了。曹操的做法是大规模民屯，他把许县附近的大量无主荒地统计造册，然后交给招降的黄巾军家属和地方流民进行耕种，打仗的安心打仗，种田的安心种田，专业的人干专业的事。同时，曹操还设置了管理屯田的专门机构和职官。除了在许县周边设置屯田都尉和典农中郎将，后来曹操控制下的各州郡都专门设置了田官，屯田事务逐渐形成了一个独立的专业管理体系。

　　其二，分成制。在收益分配方面，以前的办法是"计牛输谷"，也就是农民按照租用官府耕牛的数目，定额缴纳粮食。表面看，这样做旱涝保收，但实际操作起来却存在一个很大的弊端：丰年，官府不能因丰产多得；歉年，官府必然因拖欠而少收。为此，曹操采纳枣祗的建议，采用"分田之术"，按收获量与农民进行五五分成，风险共担，收益共享。结果，建安元年（196年）刚刚实施大规模屯田，就获得了大丰收，"得谷百万斛"。

　　其三，长期性。从建安元年开始，屯田贯穿了曹操的一生和曹魏政权的始终，不过随着天下三分，社会日趋安定，战事日趋减少，租佃式的民屯逐渐被废止，边境军屯逐渐成为屯田的主要形式。

英雄不止一面，如果说四方征战展现了曹操"乱世奸雄"的一面，那么垦荒屯田则展现了他"治世能臣"的一面。经过数年屯田，曹操控制的地区出现了"天下仓廪充实，百姓殷足"的景象，也让曹操"征伐四方，无运粮之劳"，从而为降张绣、擒吕布、灭袁术打下了坚实的物质基础，越来越接近"摧灭群逆，克定天下，以隆王室"的目标。

天子驾临

在许县，曹操刚找到了解决经济问题的办法，另一个需要他和许县承担的政治使命就不期而至了。

兴平二年（公元195年）七月，由于李傕、郭汜反目成仇、相互攻杀，汉献帝的车驾离开了险象环生的长安，踏上了东归洛阳的路途。闻知这一消息后，曹操立刻派遣扬武中郎将曹洪率兵向西迎接。

曹操之所以反应如此迅速，源自几年来深埋于心中的一个大想法。

初平三年（公元192年），入主兖州没多久，一个叫毛玠的陈留人就被曹操延揽到了帐中。相对于其他谋士在曹操攻城略地方面所作的谋划，毛玠的智力贡献不仅数量少得可怜，而且实现起来也并非一朝一夕之功。

对于曹氏集团的生存与发展，毛玠只有两条建议：

第一条："奉天子以令不臣"，就是说，要通过迎奉天子来占领道义高地，取得政治优势。

第二条："修耕植以蓄军资"，就是说，要通过发展生产来集聚经济资源，取得军事优势。

对于毛玠的第二条建议，曹操用许下屯田给出了一个完美的答案，而对于第一条建议，曹操虽然筹谋已久，却始终进展不大。

实际上，早在几年前，也就是毛玠提出建议没多久，曹操就向长安派出了自己的心腹使者王必，目的就是想与天子建立联系，以此摸索达到"奉天子以令不臣"的现实路径。然而，王必刚出兖州，就被河内太守张杨给扣住了，要不是张杨身边的谋士董昭力劝他结好曹操，王必恐怕只有老死河内或打道回府的份儿了。

后来，王必好不容易到达了长安，却被李傕、郭汜怀疑曹操没诚意，要不是黄门侍郎锺繇出来劝谏，建议他们别挫伤了曹操的积极性，王必恐怕又要被扣留了。

如此一波三折、紧赶慢磨，曹操终于在兴平二年十月，也就是汉献帝离开长安的前夕，从朝廷那里得到了兖州牧的任命。如今，朝廷正式任命的兖州牧曹操派人马西迎天子，完全合理合法，任谁也挑不出毛病。

然而，曹操的这一正当举动，却遭到了卫将军董承与袁术部将苌奴的阻挡，他们凭借险要地形硬生生拦住了曹操的"好意"。

这边，曹操被拒之门外；那边，一群小军阀却蜂拥般吮吸着天子的残余价值。作为护送天子摆脱李傕、郭汜控制的功臣，杨奉先被拜为兴义将军，后又被拜为车骑将军；将女儿嫁给天子的董承，先被拜为安集将军，后又被拜为卫将军；河内太守张杨因为及时供应粮饷等功劳被拜为大司马；就连作为黄巾军分支的白波军首领韩暹、胡才等人，也因中途救驾有功，分别被拜为大将军和征东将军……一路上，"垒壁群帅竞求拜职"，谁都想从朝廷这口锅里舀上一勺，最密集的时候，甚至连官印都来不及刻，只能拿个铁锥草草刻上官职来对付。就这样，汉献帝走了一路，官帽子送了一路，一帮君臣终于跟头把式地回到了故都洛阳。

汉献帝回来了，就在距离许县几百里的洛阳，相比于之前的遥遥千里，"奉天子"的机会无疑更大了。然而，此时曹操阵营内部却含糊了。

在关于是否迎奉天子的集体讨论中，许多人认为，如今关东群雄逐鹿，局势未稳，而天子身边的韩暹、杨奉等人更不会心甘情愿地把天子拱手送人，我们原本就身处四战之地，现在没必要再去招惹是非。

没错，如今围着天子的这帮军阀的确都骄横得很，撇开韩暹、杨奉不说，仅仅大司马张杨这关就不好过。建安元年八月，天子抵达南宫，自恃功高的张杨竟然取自己名字中的"杨"字，把自己为天子修缮的宫殿命名为了"杨安殿"。杨安，杨安，似乎天子能够安顿下来全是他张杨的功劳，这是何等的跋扈！天子住的地方都变成"杨安殿"了，他还能允许你改成"操安殿"不成？想到这里，曹操犹豫了。

关键时刻，颍川颍阴人荀彧站了出来。

首先，荀彧举出了春秋时晋文公迎接周襄王、秦末时汉高祖刘邦为义帝楚怀王发丧的成功案例："昔晋文纳周襄王而诸侯景从，高祖东伐为义帝缟素而天下归心。"前者"诸侯景从"，后者"天下归心"，言下之意，尊奉天子的政治收益显而易见。

随后，荀彧回顾了曹操为天子所作出的一系列努力："自天子播越，将军首唱义兵，徒以山东扰乱，未能远赴关右，然犹分遣将帅，蒙险通使，虽御难于外，乃心无不在王室，是将军匡天下之素志也。"起兵因天子、遣将见天子、心中念天子、初心为天子。言下之意，既然之前天子无处不在、无时不有，现在天子来了，还犹豫什么呢？

紧接着，荀彧又分析了天子返回洛阳后所引发的广泛社会情绪："今车驾旋轸，东京榛芜，义士有存本之思，百姓感旧而增哀。"精英有护卫朝廷的想法，百姓有怀念过去的感情，一句话，民气可用啊！

讲完这些，荀彧开始阐发奉天子可能产生的三大作用：其一，争取民心，"诚因此时，奉主上以从民望，大顺也"；其二，压服诸侯，"秉至公以服雄杰，大略也"；其三，招贤纳士，"扶弘义以致英俊，大德也"。

寥寥三句话把迎奉天子的多方面价值讲得明白透彻，也解决了"令谁"的问题。首先，令的是百姓，百足之虫，死而不僵，百姓对于大汉王朝的政治认同、思想认同、情感认同是短时间无法替代的，有了天子，就有了民心所向和民望所归，而得民心又是得天下的基础；其次，令的是诸侯，虽然不能令他们真心归附，至少能让其表面上俯首称臣；最后，令的是士人，作为帝国的文化精英和政治精英，他们有着很强的正统意识，迎奉天子无疑会在他们心中掀起层层涟漪，并产生巨大的集聚效应。

阐发完"奉天子"的三大正向作用，荀彧还不忘对可能出现的风险进行评估："天下虽有逆节，必不能为累，明矣。韩暹、杨奉其敢为害！"一句话，在正义的旗帜下，就算有几只苍蝇嗡嗡叫，那也只会以碰壁告终，而韩暹、杨奉恐怕连嗡嗡叫都未必敢。

该讲的都讲了，最后荀彧开始催促曹操下决心了："若不时定，四方生心，后虽虑之，无及。"你不定可以，要是别人有了迎奉的心，你再想来谋划这事，连门都没有了。只争朝夕吧！

路线是个纲，纲举目张。荀彧的这番话，一下子打通了曹操心中所有的堵点，而恰在这时，一位友人的来信，进一步打消了曹操的顾虑。

来信之人名叫丁冲，既是曹操沛国的同乡，也是曹操的老相识。当时丁冲正在天子身边担任侍中，他所传消息的可信度自然相当高。

丁冲的来信很简短，一共只有十六个字："足下平生常喟然有匡佐之志，今其时矣。"您平时不是常常把匡济天下、辅佐天子的志向挂在嘴边吗？现在是时候付诸行动了。

还有什么可说的呢？快马加鞭吧！

自助者，天助之。这边曹操刚刚下定了迎奉天子的决心，那边卫将军董承就"潜召"曹操进京勤王来了。这是怎么回事，之前的拦路虎怎么变成笑面虎了？

原来，汉献帝君臣在回到洛阳后，大司马张杨撂下一句"天子当与天下共之，幸有公卿大臣"，然后主动回了自己的河内郡，而车骑将军杨奉则屯驻到了洛阳东面的梁县。其实，张杨未必真心想让天下人共享天子，杨奉也未必甘心离开洛阳，只因此时的洛阳实在太穷了。

具体穷到了什么程度？据《后汉书·孝献帝纪》记载，由于"宫室烧尽"，弄得"百官披荆棘，依墙壁间"，能有个斜墙用来遮风挡雨就不错了。单单住的差也就罢了，吃的更是没有着落。由于"州郡各拥强兵，而委输不至"，弄得"群僚饥乏"，以至于"尚书郎以下自出采稆，或饥死墙壁间，或为兵士所杀"，在墙角自己饿死的还好，那些被兵士杀死的下场更惨。洛阳窘迫到这种地步，谁还待得住？

如此一来，洛阳就只剩下韩暹和董承两位权臣了。之前，韩暹、董承二人就有矛盾，在东归的路上，韩暹还曾经领兵进攻过董承，如今张杨、杨奉这两位实力派一走，韩暹更是没把董承当回事，很快就"矜功盗睢，干乱政事"起来。对于韩暹的所作所为，董承不仅争在明处，而且斗在暗处，随之便使出了主动邀约曹操这一招。

这边董承主动招呼曹操，那边杨奉也开始表荐曹操了。

相比于张杨、董承等人，杨奉是这个落魄朝廷中实力最强但人脉最少的一位。从外向里看，他是朝廷重臣；从里向外看，他只是个看门人。正因如此，杨奉才不尴不尬地跑到了洛阳近郊。除了地位的尴尬，杨奉还遇到了一件窘迫的事情：缺粮。别看杨奉的屯驻地叫梁县，但此"梁"非彼"粮"，在朝廷中不如意，另寻他处容易，可肚子不给力，他处觅食就难了。

恰在此时，杨奉收到了从不远处送来的一封书信。没错，这封信正来自于"曹操"。

信中，"曹操"开门见山："吾与将军闻名慕义，便推赤心。"我久闻你的名声，久慕你的忠义，所以今天推心置腹地与你聊聊。

虽说要推心置腹，但客套和吹捧还是少不了的："今将军拔万乘之艰难，反（返）之旧都，翼佐之功，超世无畴，何其休哉！……"

高帽子戴完，就该说正事了："方今群凶猾夏，四海未宁，神器至重，事在维辅；必须众贤以清王轨，诚非一人所能独建。心腹四支，实相恃赖，一物不备，则有阙焉。"守护汉家神器这件大事，你一个人是搞不定的，还得有人帮忙，多一个人多把力嘛。言下之意，我曹操是可以给你帮忙的。

可是，接下来问题来了：想帮忙，你有什么本钱？咱们又如何分工？

这一问题的答案，"曹操"随即给出："将军当为内主，吾为外援。今吾有粮，将军有兵，有无相通，足以相济，死生契阔，相与共之。"你当朝廷里的主脑，我在外边做你的援手，我有粮，你有兵，咱们互通有无，相互接济，生死劳苦，一起承担。

"曹操"开出的价码的确颇具诱惑力，你有的还归你，你没有的我给你，咱俩一起赚出来的，大头也归你。所有这些，就一个条件：让我当你的外援。至于怎么当外援，我不说你也懂。

正所谓"踏破铁鞋无觅处，得来全不费工夫"，没想到既无强援又无粮草的难题就这样轻轻松松解决了。手拿书信，杨奉喜悦地对部下们说："兖州诸军近在许耳，有兵有粮，国家所当依仰也。"这个曹兖州，不仅离咱们距离近，而且还有兵有粮，朝廷还真得倚仗他呀！

呵呵，真是"国家所当依仰"吗？恐怕是杨奉"所当依仰"吧？看来杨奉真把高帽子戴得牢牢实实，把自己当成"国家"了。

高帽子戴上了，接下来就是帮曹操争取"外援"的身份了。于是，杨奉同手下诸将一起上表朝廷，举荐曹操为镇东将军，同时承袭他父亲曹嵩的费亭侯爵位。

城里董承"潜召"，城外杨奉"共表"，当这军、政两股力量都对曹操产生了异乎寻常的需求时，曹操的出现就不再是趁火打劫，而是雪中送炭了。于是，曹操大张旗鼓地进入了洛阳城。

进城没多久，曹操就把"曹操"请到了身边。来之前，曹操对于董承的"潜召"并不太感意外，但对杨奉的"共表"却着实摸不着头脑。经过一番了解，曹操才知道早在自己行动之前，另一个比他更熟悉朝中各种关系的"曹操"就已经动手写信了。这个越俎代庖的热心人不是别人，正是之前在张杨那里曾经帮助过自己的董昭，此时他已经从张杨身边的骑都尉变成了天子身边的议郎。

如果说董昭之前的两次助力，都是在推动曹操更快更好地"入圈"的话，那么，这次董昭在两人面聊中所提的建议，则是在鼓捣曹操"出圈"。

面对曹操"今孤来此，当施何计"的询问，董昭的"计"并没有拘泥于"此"，而是直接把曹操的视野引向了"彼"。具体而言，就是要让天子离开此地，前往彼地。

在洛阳这个"此"，"人殊意异"、各怀心思，你曹操初来乍到，"事势不便"、动辄得咎，施什么计都没用，可一旦"移驾幸许"，到达那个别人的"彼"，而你曹操的"此"，你的地盘你做主，你曹操就能想施何计便施何计了。

董昭的建议很好，但曹操还有一个疑问：怎么顺利地把天子弄到许县？别人不说，仅仅扎住在洛阳边、手握重兵的杨奉就不好对付。

曹操的担心不无道理，但董昭却早有了妙计。当初打动杨奉的是什么？自然是如天大的那样东西：粮食。这样东西不仅杨奉缺，天子也缺，天下诸侯都缺，天子、天子，自然要跟着"天"走，派人给杨奉说"京都无粮"，然后告诉他天子准备到鲁阳就食不就得了？鲁阳与许县一步之遥，到时候还不好办吗？

就这样，曹操举着米袋子，不仅又把杨奉忽悠了一次，而且把天子和众臣都忽悠到了许县。

你看，关键时刻，手里有把米是多么重要！

天下归心

建安元年（公元 196 年）九月，随着天子"车驾出辕辕而东"，曹操也成为了朝廷中的大将军，封武平侯。而一旦天子在手，曹操就开始沿着"从民望""服雄杰""致英俊"的既定路线高歌猛进了。

"从民望"这一目标相对容易。"民望"是什么？荀彧说得很清楚："奉主上"。既然把天子迎奉到了许都，就已经算是"从民望"了，接下来就是一个长期坚持、持续稳固的过程了。对此，曹操可谓尽心尽力。天子一到许都，曹操就迅速营建了宫殿并提供了从书案到香炉、从唾壶到澡盘的全套生活用品，这些用品或纯金或纯银，或象牙或玛瑙，总之件件都与天子的尊贵身份相匹配。

堂堂大汉天子竟然靠臣子的"施舍"生活，传出去难免有些尴尬。为此，曹操在进献时还专门表示，这些御用之物都是当年汉顺帝赏赐给自己祖父曹腾的，如今只不过是物归原主而已。

"服雄杰"这一目标表面不难。建安元年（公元 196 年），当曹操以天子名义下诏书，责备袁绍地广兵多，但却只知道结党营私而不知道勤王救驾时，袁绍只有深表自责和无谓辩解的份儿了。同样，此时的刘表也乖乖地向许都派遣使者朝觐贡献，刚刚占据江东的孙策更是派遣心腹捧着奏章拜谒朝廷、进贡礼物，而占据关中的马腾、韩遂也在之后的建安四年（公元 199 年）接受了朝廷的任命。

相对而言，"服吕布"的过程稍微麻烦一些。之前，当天子一行从关中到达河东地区时，曾经下诏让吕布来迎接天子。可是，吕布当时也"军无蓄积"，别说迎天子了，连凑够去河东的本钱都困难。为此，吕布只能无奈地向天子讲明实情。尽管如此，天子还是拜吕布为平东将军，封平陶侯。然而，当使者拿着任命诏书和印绶前往徐州的时候，却不知什么原因把这些东西全给弄丢了。

曹操迎奉天子后，不仅嘉许了吕布有心迎接天子的忠诚，而且派出高级别使者给吕布送去了新的平东将军印绶和自己的一封手信。信中，曹操专门解释，如今朝廷也没有什么成色比较高的黄金，我就自掏腰包拿出上等的黄金为你制作了官印；朝廷现在也没有紫绶，我就把我自己戴的紫绶拿给你了。

这番嘘寒问暖，吕布相当受用，在彼此往来的书信中，吕布就表态要"购捕袁术"等人，"以命为效"。

当时，袁绍在北，刘表在南，马腾在西，吕布在东，四个方向上的敌人表面上都服帖了，剩下的就是自己鞭长莫及的刘璋、公孙度以及被自己多次击败的袁术了，这些人就由他们去吧！

当然，曹操也明白，手握天子只能让四周的这帮雄杰表面臣服，真正解决他们还任重道远。实际上，就在袁绍上书为自己辩解不久，他就以许县地势低、易潮湿为由，向曹操提出把都城迁到离自己更近的鄄城，以便自己也能够控制天子。而当曹操以朝廷名义拜袁绍为太尉时，袁绍更是"表辞不受"，绝不愿意居于曹操这个大将军之下。

对于袁绍迁都的建议，曹操当然不可能答应。鄄城距离袁绍的大本营邺城只有二三百里，中间只隔了一条黄河，可谓咫尺之遥。当初，曹操之所以要把自己的大本营从鄄城搬到许县，其中一个重要目的就是摆脱袁绍的威压和控制。按照袁绍事后的说法，势力庞大的他，那时只是把曹操当作"鹰犬之才"，给他些"爪牙之任"而已。如今，曹操已经手握天子和朝廷，怎么可能再回去当袁绍的鹰犬和爪牙？

但对于袁绍"耻为之下"的强硬态度，实力不济的曹操做了让步。不久，曹操就把大将军的位置让给了袁绍，自己则变成三公之一的司空，同时行使车骑将军的职权。毕竟，让出的只是一个名号，关键还是要靠实力说话。

袁绍不愿就此低头，吕布也有更多期待。就在吕布信誓旦旦要为朝廷效命不久，他就专门派人向朝廷提出了任命自己为徐州牧的请求。徐州牧不仅仅是个头衔，还关系到吕布在徐州统治的正当性问题，一旦给了吕布这个名分，以后再去讨伐他就有些困难了。因此，曹操自然不会答应。

实际上，关中的马腾、韩遂也有不安分的时候。虽然马腾和韩遂在建安四年（公元199年）的时候都把儿子送到许都当人质，也在建安五年（公元200年）曹袁官渡对决时站在了曹操一边，但当袁尚在建安七年（公元202年）

进攻河东地区并拉拢马腾、韩遂时，二人的态度却相当模糊。

相较而言，荆州的刘表算是比较安分的。不过，刘表之所以看起来安分，是因为他悄悄在自己的地盘里搞起了"郊祀天地"这样的僭越之举。如此看来，刘表已经不是"以西伯自居"、自比周文王的问题了，简直是目无天子了。

更可气的是江东的孙策。建安五年（公元200年），就在曹操即将与袁绍展开决战的关键时刻，孙策却暗中盘算袭击许都。但正当孙策"密治兵，部署诸将"的时候，原吴郡太守许贡手下的几名门客刺杀了他。

曹操明白，要想真正收服这帮雄杰，最终只能是征战。于是，从建安元年（公元196年）到建安九年（公元204年）的八年时间里，曹操以许都为大本营，经过数次南征北战、东征西讨，才最终灭掉了东面的吕布、东南面的袁术以及北面的袁绍。

相比之下，成效最显著的还是"致英俊"。

与雄杰们个个有实力撑腰不同，大多数英俊是深受儒家名节思想影响的士人，甚至是深研经传的名士，也许这些人为了一时生存会慌不择主，可一旦安定下来，他们就会冷静思考谁是明主谁是昏君、谁是正统谁是偏霸的问题了。这样一来，迎奉天子、代表朝廷、占据中原的曹操，在"致英俊"方面的优势就凸显出来了。

首先，曹操具有资源优势。虽然曹操当时的经济军事实力并不足够强大，但他却垄断性地拥有许多政治资源。具体来说，最关键的就是官帽子。别的诸侯顶多只能以州牧身份给手下们安排个郡守、县令的官职或者主簿、从事、别驾的头衔，而曹操不仅可以通过自己的司空府进行礼辟，而且可以把朝廷中从几百石到两千石的各种职位都用上，甚至"三公九卿"都可以拿出来。一句话，曹操手中的官帽子，不仅数量多，而且位阶高。

其次，曹操具有品质优势。当然，一些诸侯虽然政治资源不足，但他们也会通过名义上向朝廷推荐等方式自行委任一些高阶官员。比如，在关东群雄联合讨董时，袁绍就曾经让曹操"行奋武将军"；后来，袁绍入主冀州后，也曾经向朝廷表荐自己的首席幕僚沮授为"奋威将军"。不过，无论诸侯们变出多少官职，他们都还要冠冕堂皇地向朝廷上表申请，虽然无论朝廷同不同意这些申请，他们都会任命，但这些官职终究都只是"地方粮票"，根本无法在全国流通。于是，有人为了解决这个问题，甚至打起了另立中央的主意。袁绍一度要拥立幽州牧刘虞为帝，袁术一度在淮南的一隅之地登基称帝，说白了，都是想要通过上面一次性的不合法来解决下面无数个合法性问题。

最后，曹操具有范围优势。对于大多数诸侯来说，他们只能在自己的控制区域对英俊进行举荐和礼辟；就算极少数如袁绍那样的诸侯能够跨地域吸引人才，实际上也是叠加了家世背景、个人魅力、地缘关系、军事实力等多种因素的结果。仔细观察袁绍的班底，除了他在洛阳时就一直跟随的许攸、逢纪和淳于琼，以及从颍川来到冀州的荀谌、郭图、应劭、辛评、辛毗等人，剩下的大多数还是沮授、田丰、审配、崔琰等冀州本地名士。

冀州的袁绍是这样，兖州时的曹操更是如此，除了从家乡谯县带出来的曹仁、夏侯惇等铁杆，以及荀彧这样的少数外来者，诸如陈宫、程昱、毛玠这些兖州人还是曹操班底的大多数。

然而，一旦把天子掌握到了自己手中，曹操就能以朝廷的名义对全天下的英俊进行征召和任命了。

没过多久，曹操就把在青州逃亡的前北海相孔融征召为了朝廷的将作大匠，把原本要去益州赴任却滞留于荆州的蜀郡太守荀攸征召为了汝南太守，把流落于江东的会稽太守王朗征召为了朝廷的谏议大夫，甚至还把前豫章太守华歆从孙权手中征召了过来。

一开始，孙权并不想放华歆。没办法，华歆只好打着朝廷和曹操的旗号为自己争取。只听华歆对孙权说，将军您一直是"奉王命"的，现在您刚刚"始交好曹公"，您与曹操之间的关系也并不牢靠，让我到许都"为将军效力"，难道不是件好事吗？相反，您把我留下，相当于"养无用之物"，并不是什么明智之举。

曹操以朝廷的名义要人，华歆既用朝廷和曹操来给孙权施压，又从孙权的角度表明自己的价值，字里行间无不透露出朝廷和曹操的威慑力。就这样，孙权高高兴兴地让人把华歆送到了许都。华歆一到许都，就被朝廷拜为议郎。

实际上，不仅是孔融、华歆这样的大名士、前高官，就算是他们的宾客也在曹操的挖掘之列。比如，有一个名叫郑浑的河南郡开封县人，从他的高祖父到他的父亲"皆为名儒"，他的哥哥郑泰更是与荀攸等人一起策划过"谋诛董卓"，后来还当过一段时间扬州刺史，只可惜不久就病故了。郑泰亡故后，郑浑带着郑泰的小儿子在淮南避难，结果袁术"宾礼甚厚"。可是，郑浑却判断袁术必然会失败，于是他又渡江南下，投奔了豫章太守华歆。后来，曹操听说了郑浑的情况，立刻派人征召其为掾属。

曹操不仅从各地诸侯那里征召自己看中的英俊，那些诸侯派到朝廷来奉送奏章、进献贡物甚至观察虚实的英俊们，也一股脑地都被他任命了新的官职。吕布的使者陈登被任命为广陵太守，刘表的使者韩嵩先被拜为侍中，接着迁为零陵太守，孙策的使者张纮先被留在朝廷做侍御史，后来又被任命为会稽东部都尉。

表面看，这些任命并无玄机，但仔细一分析，每一项任命都别有深意。

陈登是徐州豪族的代表人物，他一到许都就向曹操面陈破吕布之计，而曹操之所以任命他为广陵太守，就是想让他在徐州的东南部悄悄聚拢人马，以便将来与自己的东征大军形成对吕布的夹击之势。

事后证明，这一招果然有效。一年后，听说曹操大军东出，陈登的人马率先冲到了下邳城下。

韩嵩是荆州内部的拥曹派，但刘表交给他的任务是"以观虚实"。为了给韩嵩创造一个观察的机会，同时也为了进一步考察韩嵩，曹操先让他当了侍中。等到韩嵩观察得差不多了，曹操也完全信任他了，就到了他回去发挥作用的时候了。

那么，如何让韩嵩有效发挥作用呢？与对陈登的任命类似，最好的办法就是让他在刘表的背后搞策反和破坏，就这样，韩嵩成了荆州最南部的零陵太守。

可以想象，如果韩嵩真到了零陵，刘表今后面临的很可能就是曹操大军南下、韩嵩人马北上的不利局面。

然而，韩嵩不是陈登，刘表更不是吕布，看到韩嵩一回荆州就"称朝廷、曹公之德"，警觉的刘表就把他关了起来。结果，曹操对韩嵩的安排，只起到了策动人心的作用，并没有达到驱动人马的目的。

对韩嵩的任命在效果上打了折扣，但与对张纮的任命相比，已经算是收获颇丰了。建安四年（公元 199 年），占据江东的孙策派张纮到许都去奉送奏章，结果被曹操留下来当了朝廷的侍御史。也许曹操任命张纮的目的与任命韩嵩类似，就是想策动他，然而令曹操没想到的是，随后他却被张纮给策动了。

建安五年（公元 200 年），孙策被刺，孙权接班，得知这一消息，曹操计划"因丧伐吴"。结果，经过张纮的一番劝说，曹操不仅打消了伐吴的念头，而且任命孙权为讨虏将军，领会稽太守。不仅如此，为了让张纮去说服孙权"内附"，曹操还任命张纮为会稽东部都尉。

会稽郡就在孙权的大本营吴郡的东南侧，会稽东部更是紧挨着吴郡，也许曹操依旧盼着张纮如果说服不了孙权，同样能够与自己形成夹击之势。只可惜，作为孙氏集团创始成员的张纮，并没有因曹操的任命而反水。相反，他却先后利用曹操的两次任命，为江东的安全和自己的脱身创造了条件。

俗话说，强扭的瓜不甜。曹操这种挖墙脚式的任命，所能产生的效果因人而异。不过，对于那些自觉跑来的英俊，就另当别论了。

看到天子定都许县，中原渐趋安稳，许多之前外出避难的英俊都返回了在中原的家乡。既以节操著称又"有勇略雄气"的邴原从公孙度治下的辽东回到了家乡青州北海国,"少好学,论议常据经典"的凉茂从辽东回到了家乡兖州山阳郡,早年"师事郑玄"的国渊从辽东回到了家乡青州乐安郡;避乱到江东的徐州东莞郡人徐奕更是拒绝孙策的礼命,更名换姓、改装易服跑回了本郡;而避乱到淮南的豫州陈郡人何夔,为了躲避袁术的追赶,改走小路,硬是用了一年时间才回到故乡;此外,颖川人赵俨和繁钦也从刘表治下的荆州跑了回来。

这些英俊一回到家乡,就得到了曹操的征辟。并且,他们中除了赵俨和繁钦,其余人得到的第一个岗位都是司空掾属,而赵俨和繁钦一段时间后也成了司空府或者之后的丞相府官员。

那么,这些人为什么都要先入司空府呢?

按照汉家制度,司空可以置下属长史一人、掾二十九人、令史及御属四十二人。为此,司空曹操名正言顺地建立了一个自己的小班底,形成了一个实质上的朝中朝。

英俊们在司空府任职,既体现了曹操的欣赏与信任,也便于曹操对他们进行考察和试用,还让这些人自然而然地对曹操产生了依附关系。经过一段时间的历练,这些人或外放县令、郡守,或入朝任职,不仅在朝廷内外发挥了重要作用,而且都保持了对曹操的绝对忠诚。

实际上,曹操的司空府中并不止上面那几个英俊,经笔者统计,《三国志》提到的人物中,共有三十一人在司空府中任过职。

不过,即使这样,司空府的员额还是满足不了曹操的用人需求。为了安置人才,曹操甚至借用了司徒府的一些指标。其中,出身豫州沛国的刘馥就是一个。

早年避乱到扬州的刘馥,在听到曹操迎奉天子的消息后,不仅自己有心投奔曹操,而且经过一番说服工作,把袁术手下的将领戚寄、秦翊以及他们的部众都带到了曹操身边。

如果说，那些跑回家乡并被曹操征辟的英俊算是聪明的话，那么，不仅径直跑到曹操跟前而且还献上"投名状"的刘馥，则算得上是高明了。对此，曹操"大悦"，没多久刘馥就成了司徒掾属。几年之后，曹操甚至派刘馥回到熟悉的淮南，担任了主政一方的扬州刺史。

在"奉天子"的旗帜下，被曹操纳入麾下的不仅有良臣，还有猛将。这其中的典型就是李通和徐晃。

江夏郡平春县人李通，早年"以侠闻于江、汝之间"，在荆州与豫州的交界地带成了一股势力。建安初年，随着曹操入主豫州、迎奉天子，李通"举众诣太祖于许"，一股脑归附了曹操。

独据一方的李通率众归顺，而为人效力的徐晃却准备说服自己的主公一起归附。徐晃原本是杨奉手下的骑都尉，当初杨奉之所以能够护送天子回洛阳，其中就离不开徐晃的劝说。后来，汉献帝渡过黄河，徐晃因为护驾有功被封为都亭侯。

等到天子回到洛阳，徐晃看到韩暹、董承恶斗，就劝说杨奉归附曹操。结果杨奉先是准备同意，后来却后悔了，最终站到了曹操的对立面。就这样，一来二往，徐晃没劝说成杨奉，索性自己独自归附了曹操。

徐晃没劝成主公，可另一个人却把自己的老板带到了曹操跟前。

环顾许都四周，有一个小诸侯很让曹操头疼。作为凉州武威郡人，张绣属于董卓旧部，后来辗转来到南阳郡的宛城，成了刘表抵御中原进攻的一道屏障。曹操第一次南征张绣是在建安二年（公元197年）春天，结果大军刚到宛城，张绣就识时务地归降了。不过，没过多久张绣却降而复叛了。

究其原因，大概是因为曹操占有了张绣叔父张济的遗孀，并且刻意拉拢张绣的猛将胡车儿。这两件事让张绣既害怕又失望，结果就反了。张绣的突然复叛，不仅打得曹操灰头土脸，而且损失了爱将典韦和长子曹昂以及侄子曹安民。

后来，曹操又在当年冬天和第二年三月两次征讨张绣，但都在刘表和张绣的联手抵御下，无功而返。

降而复叛、杀子之仇、三次对战，按理说，双方只有不共戴天地斗下去了。可是，就在对曹操来说至关重要的官渡之战前夕，张绣却出人意料地再次归降了曹操。这是怎么回事？

原来，看到张绣在南方对曹操的有力牵制后，袁绍便派人去招诱张绣。然而，就在张绣盛情接待使者的时候，张绣身旁的谋士贾诩却对使者说了这样一句话："归谢袁本初，兄弟不能相容，而能容天下国士乎？"回去向你的主公袁绍转达我们的歉意，如果袁绍与自己兄弟袁术都不能相互包容，他还能容得下天下的国士吗？

贾诩的这句话彻底断了张绣归附袁绍的念想，但随即也给张绣指了一条新的出路：归降曹操。

什么，降曹？这怎么可能？要知道，我可杀死了曹操的长子啊；要知道，目前可是袁强曹弱啊！

可是，贾诩却说："此乃所以宜从也。"这正是你应该归附曹操的地方。

紧接着，贾诩阐述了张绣"所以宜从"的三点原因：

宜从一，归顺曹操名正言顺，"曹公奉天子以令天下"。

宜从二，张绣在双方心目中的权重和受重视程度不同，"绍强盛，我以少众从之，必不以我为重；曹公众弱，其得我必喜"。

宜从三，既给曹操一个明德四海的机会，也让大家共写一段冰释前嫌的佳话，"有霸王之志者，固将释私怨，以明德于四海"。

最后，贾诩说了一句："愿将军无疑！"

千言万语汇成一句话：站队袁绍只是锦上添花，投奔曹操才是雪中送炭，不在价码最高时把自己卖出去，还等什么？

事实证明，贾诩的判断十分精准。听说张绣来降，喜出望外的曹操拉着张绣的手就不肯放开，马上拜其为扬武将军。这还不算，曹操还为儿子曹均迎娶了张绣的女儿，双方结成了儿女亲家。同样，曹操对于贾诩也是感激不尽，拉着贾诩的手说："使我信重天下者，子也。"这回你可帮我的大忙了！

随后，张绣奉命领兵北上，据守官渡东侧的陈留一带，成为曹操对抗袁绍的重要屏障。而贾诩的押注也取得了最大的收益，他不仅成功跳槽，变成了曹操的核心智囊之一，实现了圈子的彻底转换，而且在之后漫长的岁月里，变成了曹操、曹丕父子两代都倚重的权臣，最终在年逾古稀之时寿终正寝。

在雄豪并起的割据时代，如贾诩这般能牵着老板的鼻子走的毕竟是少数。还有一些英俊，他们虽然不能带着老板来到曹操身边，但身不能至却可以心向往之。实际上，这些人已经在用行动帮助曹操了。

在袁术那里，当袁术把自己想当皇帝的想法说给名士张承听，甚至想借着自己人多势众灭掉相对弱势的曹操时，张承用一句"汉德虽衰，天命未改，今曹公挟天子以令天下，虽敌百万之众可也"，义正辞严地把袁术怼了回去。

在吕布那里，就在袁术向吕布提亲的当口，陈珪这一徐州大族的代表人物，同时也是袁术的好友，却以"曹公奉迎天子，辅赞国政，威灵命世，将征四海"为理由，劝说吕布与曹操"协同策谋，图太山之安"。结果，吕布不仅拒绝了与袁术的亲事，而且还把袁术派来的使者送到了许都。并且，吕布派往许都的使者恰恰是陈珪的长子陈登，而陈登一到许都，就为曹操献上了攻灭吕布的计谋。

在袁绍那里，当袁绍凭借人多势众准备南下碾压曹操时，不仅手下的沮授、田丰等人纷纷出来劝阻，崔琰更是直言不讳地告诉袁绍："天子在许，民望助顺，不如守境述职，以宁区宇。"意思是说，打曹操就是打天子，必定不得人心，您还是老老实实待在家里吧！

在马腾那里，当马腾准备配合袁尚进攻河东时，幕僚傅干不仅给马腾大讲"曹公奉天子诛暴乱"、"可谓顺道矣"的道理，而且劝说马腾"断袁氏之臂，解一方之急"。最终，傅干的这番话确保了河东地区的安稳。

在公孙度那里，当公孙度看到曹操离开邺城、后方一度空虚，准备带上步卒三万、骑兵上万前往攻击时，他身边的名士凉茂立刻泼了一盆冷水。凉茂的理由很明确：天下大乱时，你公孙度"安坐而观成败"，而"曹公忧国家之危败，愍（悯）百姓之苦毒，率义兵为天下诛残贼"；现在曹操不来找你的茬、问你的罪，你不没事偷着乐，还要没事找事去偷袭，这不是有病吗？此话一出，不仅公孙度的手下个个受到触动，就连公孙度本人也思踌良久，最终冒出一句"凉君言是也"，你说的是这么个理儿！

在刘表那里就更不用说了，手下的从事中郎韩嵩、别驾刘先等人，纷纷用"以曹公之明哲，天下贤俊皆归之，其势必举袁绍"，劝说刘表"上顺天子，下归曹公"。

当年，创业之初，面对袁绍"若事不辑，则方面何所可据"的提问，曹操并没有从地利方面去谈"何所可据"，而是从人和方面说出了"吾任天下之智力，以道御之，无所不可"这样的豪言壮语。

如今，已经掌握了"奉天子以令不臣"这个"道"的曹操，终于可以"任天下之智力"了。

天下智库

聊完曹操引致的天下英俊，再来重点谈谈许都周围的颍川奇士。或许，没有颍川这帮人的襄助，曹操根本不可能"任天下之智力"。

在曹操逐鹿天下的过程中，他最熟悉也是最焦虑的对手莫过于袁绍了，正如曹操日后所说，"袁绍据河北，兵势强盛，孤自度势，实不敌之"。在相当长一段时间内，袁绍不仅在地盘面积、军事实力、人口规模等诸多方面优于曹操，就连曹操最看重的"天下之智力"，袁绍也甩出曹操一大截。

由于四世三公的出身、"姿貌威容"的形象、"爱士养名"的姿态，袁绍身边一直都不乏追随者。早在天下大乱之前，隐居洛阳的袁绍就引得"宾客所归，加倾心折节，莫不争赴其庭"，身边聚集了张邈、何颙、吴巨、许攸、伍琼等"奔走之友"；举起讨伐董卓的大旗后，甚至出现了"豪杰既多附招，……，州郡蜂起，莫不以袁氏为名"的局面；夺取冀州后，袁绍手下更是人才济济，仅仅颍川人就有荀谌、郭图、辛评、淳于琼等人，其他还包括南阳人许攸、逢纪以及汝南人应劭等，而沮授、田丰、审配、张郃、高览等冀州人更是数不胜数。

袁绍不缺人才，所以当年他在与曹操探讨"方面何所可据"时，才只谈到了"南向以争天下"的地利问题，而没有刻意强调人才的重要。

反观曹操，不仅地盘没有着落，就连人才也是捉襟见肘，无论是地盘还是人才后来都是靠袁绍才解决的。

先说地盘。初平元年（公元190年）关东群雄酸枣会盟后，曹操始终处于一种漂泊的状态，先是孤军讨伐董卓，结果"与战不利，士卒死伤甚多"；随后到扬州募兵，结果虽然募了四千余人却"士卒多叛"；折腾来折腾去，曹操带着拼凑归拢的一千来人，驻屯到了河内。

事情的转机出现在第二年。初平二年（公元191年），由于十余万黑山军攻略冀州的魏郡和兖州的东郡，忙于魏郡"防火"的袁绍便让曹操领兵入东郡，抵御黑山军。结果，曹操成功击破黑山军后，被袁绍表荐为东郡太守，这样才算有了一块立足之地，实现了从无到有的突破。

再说人才。创业初期，"任侠放荡"的阉宦之后曹操，赖以起家的除了来自家乡的曹仁、夏侯惇等这些有地缘纽带和姻亲关系的"亲旧肺腑"外，能够倾心追随的也就是济北相鲍信了。可是，没多久鲍信就在保卫兖州的战斗中被黄巾军给杀了。对于曹操来说，他损失的不止一位战友，还有一个智囊。当初，为自己定下"规大河之南"这一战略策略的是鲍信，随后说服兖州官员拥戴自己成为兖州牧的，也是鲍信。

不过，恰在此时，一个从袁绍阵营脱离出来的英俊却及时地弥补了曹操的人才真空。

　　这个人就是荀彧。

　　作为颍川荀氏家族的成员，荀彧的到来，对于曹操成功实现对袁绍的逆袭具有重大意义。

　　在帝国的政治文化版图中，汝南郡和颍川郡是两个独特的存在。具体来说，东汉一朝，这两郡均以盛产才学之士著称。汝南郡以袁绍所在的袁氏家族为代表，从袁安在汉章帝刘炟时担任司徒开始，儿子袁敞担任司空，孙子袁汤担任太尉，曾孙袁逢担任司空，袁隗担任太傅，四世之中有五人官居三公之位，可谓人才济济、高官辈出。

　　同时，汝南郡还有以"月旦评"闻名于世的许靖、许劭兄弟。汉灵帝年间，喜欢品评人物的这对堂兄弟，经常评论乡党，褒贬时政，并在每月初一发表出来，故称之为"月旦评"。这些评论看似漫不经心、恣意洒脱，但在注重清议和察举的大汉王朝，却时刻搅动着士人敏感而脆弱的神经，一时间"所称如龙之升，所贬如坠于渊"。于是，乡党人物无不对二许既敬又怕。当初，青年曹操为了求得许劭的一字之评，就曾经"卑辞厚礼"去拜见，结果在得到了"子治世之能臣，乱世之奸雄"这句亦褒亦贬的评语后，大笑而去。

　　关于颍川郡的人才状况，曾有过这样一段聊天。汉安帝年间（公元94年～125年），颍川太守朱宠曾问手下的功曹吏郑凯："闻贵郡山川，多产奇士，前贤往哲，可得闻乎？"就是说，听说你们郡盛产奇士和贤哲，你能给我说说吗？

　　朱宠这一问不要紧，郑凯从上古的隐士许由到汉初的名臣张良再到近世的经学大师杜安，一口气说了七八位。

　　其实，颍川的人才不止在往昔，更在于当世。有别于汝南郡袁家一枝独秀，汉末的颍川郡同时出现了四大名士家族，分别是颍阴县的荀氏、长社县的钟氏、许县的陈氏和舞阳县的韩氏。此外，在颍川具有一定知名度和影响力的还有阳翟县的辛氏家族和郭氏家族。

　　《后汉书·循吏传》在回顾有善绩、能够守法循理的地方官吏时，专门提到了"颍川四长"，认为他们均"仁信笃诚，使人不欺"。这里的"颍川四长"，就是指当涂县县长荀淑、太丘县县长陈寔、嬴县县长韩韶、林虑县县长钟皓，巧合的是这四个人都是颍川人，他们不仅成为天下官吏的典范，而且拉开了颍川豪门世家的序幕。

作为荀子的第十一世孙，"少有高行"的荀淑不仅得到天子的征辟，而且被当世名贤李固、李膺等人尊崇为师，被世人称为"神君"。荀淑有八个儿子，时人称为"八龙"，为此颍阴县县令还专门把荀家旧里改名为"高阳里"，因为据载当年五帝之一的高阳氏有八个儿子，如今荀家也是八个。

人丁兴旺不说，个个还都是人才。荀家这八个儿子虽然都遵循父亲"闲居养志"的风格，但大多还是在朝廷的征辟下做了郡守县令之类的官吏，六儿子荀爽更是在董卓专权时被强征为官，仅仅用了九十五天就从一介布衣变成了三公之一的司空。后来，荀爽与司徒王允等人密谋除掉董卓，但还没等到动手，荀爽就病死了。

与荀淑相比，"善诱善导，仁而爱人"的陈寔同样受到世人的尊敬。党锢之祸时，面对通缉，其他人纷纷躲避藏匿，而陈寔却偏偏自请入狱，并且说："我不入狱，谁来照应大家呢？"遇到危难时替党人着想，而遇到小偷时，陈寔同样换位思考。

有一天夜里，一名窃贼摸进陈寔家，躲到了房梁上。陈寔发觉后，不动声色地整理衣物，随后把儿孙们叫到了跟前，正色说道："人不可以不自勉上进。为恶的人不是本来就恶，是平时不注意，养成了习性就改不过来了，比如说梁上的这位。"陈寔的这句话，说得窃贼无地自容，连忙下来叩头请罪。"梁上君子"这个典故就由此而来。

荀淑家儿子多，陈寔的儿子也不算少。陈寔共有六个儿子，其中尤其以陈纪、陈谌最为贤德，时人因为陈寔、陈纪、陈谌"并著高名"，称他们为"三君"。董卓当权时，先是征召陈纪为五官中郎将，后又将他迁为侍中，没多久又外放为平原相。

荀家和陈家不仅齐名，而且联系热络。

据《世说新语》记载，有一次，陈寔向东去拜访荀淑，由于家境俭朴没有仆人供驱使，陈寔便让大儿子陈纪驾车，小儿子陈谌拿着手杖在后跟随，而与自己一同坐在车中的则是孙子陈群。

到了荀家，荀淑则让三儿子荀靖出来迎候，六儿子荀爽专门负责斟酒，其他儿子轮番布菜，而此时坐在荀淑膝前的则是孙子荀彧。

原本，两家聚会是件寻常事，但朝廷中的太史却向朝廷奏报，才德之士东行，乃是上应天象的吉兆。

荀、陈两家不得了，韩、锺两家也不简单。

韩韶的儿子韩融，"声名甚盛"，经过反复征辟，来到朝廷任职，官至太仆的他在天子东迁的过程中，曾经说服李傕释放了公卿百官和宫人妇女，并且归还了天子专用的乘舆器服。然而，就在天子回到洛阳前夕，韩融却不幸去世了。

韩家第二代在维护天子，而锺家的第三代则同样心系朝廷。天子西迁长安时，锺皓的孙子锺繇正在朝廷担任黄门侍郎，这期间，无论是在说服李傕、郭汜接纳曹操的进献这件事情上，还是谋划天子东归洛阳这一重大决策中，锺繇都有不小的贡献。

如此看来，颍川的确是一片人才的辈出之地。

可是，战乱一起，颍川的人才就全跑出去了。颍阴荀氏大多跑到了冀州，袁绍手下的荀谌就是代表；舞阳韩氏也跑到了冀州，一度成为冀州牧的韩馥就是其中之一；此外，辛氏家族中的辛评、辛毗兄弟，郭氏家族中的郭图，也都跑到了冀州。毫无疑问，他们都成了袁绍的麾下。

"汝颍多奇士"，这是曹操对汝南和颍川人才状况的评价。可对于以"任天下之智力"为出发点的曹操来说，众多汝颍奇士们都被袁绍收到了囊中的情况，也着实让他尴尬与钦羡。

没有汝颍奇士的智谋团队还能称之为"天下之智力"吗？甭管曹操的"人和论"在格局上多么宏阔丰满，回到现实，依旧是那么贫瘠骨感。

不过，没多久，转机就出现了。

这一转机出现在荀彧身上。与其他颖川名士一样，荀彧是在中原大乱后到达冀州的。当时，刚从亢父县县令任上弃官回乡的荀彧看到"天下有变"，就劝家乡父老尽快离开这个"四战之地"，同时，冀州牧韩馥也专门派骑兵到家乡颖川来接郡中百姓到冀州避难。然而，颖川百姓大多安土重迁，谁也不愿意离开。于是，荀彧只好带着本宗族的人来到了冀州。

当荀彧到达冀州的时候，袁绍已经成为冀州的新主人并对荀彧待以上宾之礼。然而，即使受到厚遇，荀彧经过观察，依旧认为袁绍"终不能成大事"。初平二年（公元191年），也就是在曹操成为东郡太守的当年，荀彧离开袁绍来到了曹操身边。

也许被荀彧的见识和才华所折服，也许从荀彧身上看到了"任天下之智力"的可能，总之，曹操高兴地说了句："吾之子房也。"你真是我的张良啊！

曹操的这句话无疑是对荀彧的最高评价，虽然张良只是帮助刘邦夺取天下的三杰之一，虽然从日后荀彧的贡献来看他更像是"镇国家，抚百姓"的萧何，但要知道，张良可是有汉以来最知名的颖川人。以四百年来的头号颖川人来比喻眼前这位二十九岁的颖川人，换作谁谁不高兴。

此后，荀彧作为曹操身边的司马，从东郡到兖州，从兖州到豫州，无论兖州保卫战还是徐州争夺战，无论官渡之战还是扫荡河北，荀彧都做出了多方面的巨大贡献。

建安十二年（公元207年）二月，曹操颁布了被后世称为《封功臣令》的教令。教令中，曹操总结了自己创业十九年来"所征必克"的原因，认为这"乃贤士大夫之力也"，而接下来面对"天下虽未悉定"的局面，自己"要与贤士大夫共定之"，为此应"定功行封"。于是，曹操"大封功臣二十余人，皆为列侯"。

受封的二十余人中，张辽、乐进这样战绩卓著的武将占了一大半，夏侯惇、曹仁这样的"亲旧肺腑"又占了相当一部分，然而，正如曹操在建安八年（公元 203 年）表荐荀彧为万岁亭侯时所说，"虑为功首，谋为赏本"，这一次他又为荀彧增加食邑一千户，累计达到二千户，是所有功臣中食邑最多的。

那么，荀彧具体为曹操带来了什么，又具体做了什么贡献呢？

首先，荀彧是个能给曹操带来信心的人。

刚来到曹操身边时，董卓还在"威陵天下"，对于能否扳倒董卓，曹操心中颇有些打鼓。这时，荀彧适时鼓励道："董卓的暴虐早已到了作死的地步，必将因作乱而灭亡，终究不会有什么作为。"

建安初年，曹操因为对即将到来的与袁绍的对决缺乏信心，一度"出入动静变于常"，变得有些神智失常了。这时，荀彧以"古之成败者"为例，从度量、谋略、用兵、德行四个方面总结了曹操相对于袁绍的优势，进而鼓励曹操"夫以四胜辅天子，扶义征伐，谁敢不从？绍之强其何能为！"一下子使曹操信心倍增。

建安五年（公元 200 年），在官渡对决的关键时刻，当曹操写信告诉荀彧自己准备退回许都时，荀彧不仅用当年刘邦和项羽在荥阳、成皋相持的例子使曹操明白"先退者势屈"的道理，而且预见性地告诉曹操"必将有变，此用奇之时，不可失也"。最终，死扛到底的曹操终于等来了奇袭乌巢这一反转时刻。

其次，荀彧是个能帮曹操守住后方的人。

兴平元年（公元 194 年），曹操东征徐州，荀彧留守兖州。面对张邈、陈宫的反叛以及吕布的进攻，面对全州只剩下鄄城、范县、东阿三座城池可守的危险局面，荀彧硬是通过急召夏侯惇从东郡前来支援、派出程昱稳固范县等方式，生生坚持到了己方主力的到来。

建安元年（公元 196 年），曹操将天子迎奉到了许都。此后，荀彧经常以侍中守尚书令的身份"居中持重"，留守许都，处理朝政，如汉初的萧何那样，承担起了"镇国家，抚百姓，给馈饷，不绝粮道"的职责。

再次，荀彧是个能使曹操少犯错误的人。

兴平元年冬，当曹操准备暂缓进攻吕布而掉头进攻徐州时，正是荀彧的力劝，使曹操避免了两线作战的危险。建安元年（公元196年），当曹操在是否迎奉天子的问题上踟蹰徘徊时，正是荀彧条分缕析的阐述才使曹操没有与天子擦肩而过。建安六年（公元201年），当曹操准备停止进攻袁绍转而讨伐刘表时，正是荀彧对袁、刘状况的一番分析使曹操把握住了给袁绍致命一击的机会。

最后，荀彧是个能为曹操引致英俊的人。

荀彧成为侍中守尚书令后，不再能够经常随同曹操外出征伐，随时出谋划策。于是，曹操便问荀彧："谁能代替你为我出谋划策？"这时，荀彧推荐了荀攸和钟繇。接着，曹操用一封亲笔信把滞留在荆州的荀攸召到了许都，用侍中尚书仆射这一职位使钟繇成为荀彧的副手和自己的心腹。

除了荀攸和钟繇，还有戏志才和郭嘉。最初，荀彧把戏志才推荐到曹操身边做谋士，曹操对戏志才相当满意。可是，没过多长时间，戏志才却不幸去世了。于是，曹操又写信请荀彧推荐可以接替戏志才的人，并且指明要从汝颍二郡中找。就这样，荀彧向曹操推荐了郭嘉。

此后的事实证明，除了早故的戏志才，荀彧推荐的其他三人都是帮助曹操成就事业的中坚力量。钟繇最大的贡献是帮助曹操稳住了以马腾、韩遂为首的关中各派军阀，为曹操在其他方向上的征战提供了人力物力支持，这一点将在下一章详述。还是先来看荀攸和郭嘉。

荀攸作为曹操的"谋主"地位是在二人刚见面的时候就确定下来的。与荀攸聊完后，曹操就高兴地对荀彧和钟繇说："公达，非常人也，吾得与之计事，天下当何忧哉！"紧接着，荀攸（字公达）被任命为军师。此后，无论是南征张绣还是东征吕布，不管是救援白马还是决战官渡，不论是击破袁尚还是斩杀袁谭，荀攸都是最主要的参谋者。正如曹操在平定冀州后的上表中所说："军师荀攸，自初佐臣，无征不从，前后克敌，皆攸之谋也。"

相较而言，司空祭酒郭嘉并未像荀攸那样始终跟在曹操身边。但是，正如曹操在第一次见到郭嘉后所说："使孤成大业者，必此人也。"没错，郭嘉的确是一个帮助曹操成就大业的人，每每在关键时刻，郭嘉总能促使曹操选择正确的方向。

第一，郭嘉能够促使曹操下决心。

建安三年（公元 198 年），曹操东征吕布。面对吕布军队的固守和自身士卒的疲态，曹操"欲引军还"，可郭嘉和荀攸却劝曹操下定决心"急攻之"，结果在曹军的持续进攻下，吕布被生擒。

建安十二年（公元 207 年），曹操既想北征乌桓，又担心刘表派刘备偷袭许都。这时，经过郭嘉一番关于河北和荆州形势的对比，曹操最终下定了出兵乌桓的决心。在北征乌桓的路途中，面对崎岖的道路和缓慢的行军，正是郭嘉"兵贵神速"的建议促使曹军轻装前进，密出卢龙塞，取得了大破乌桓的战果。

第二，郭嘉能够促使曹操放宽心。

官渡之战前夕，面对孙策即将渡江袭击许都的传闻，曹军上下一片焦虑，但郭嘉却认为孙策不仅不可能袭击许都，而且独来独往的他"必死于匹夫之手"。正是这一判断，使曹操放心地展开了对袁绍的军事部署。

建安八年（公元 203 年），正当兵临邺城的曹操在为要不要硬打袁尚、袁谭兄弟而犹豫的时候，正是郭嘉一番"急之则相持，缓之而后争心生"的论断，促使曹操放心地回到了许都。

正如曹操所说，"每有大议，临敌制变。臣策未决，嘉辄成之"，郭嘉是一个比曹操更有判断力、更有预见力、更有克制力并且更喜欢冒险的人。同样如曹操所说，"唯奉孝为能知孤意"，"奉孝乃知孤者"，通过多年来"行同骑乘，坐共帷席"的亲密相处，郭嘉（字奉孝）也成了最了解曹操的人。从另外一个角度讲，郭嘉已经变成了另一半的曹操，一个比那个日理万机的曹操更清脱、更清醒、更清晰的曹操。

然而，天不假年。就在曹操重创乌桓、一统北方的高光时刻，郭嘉却在回师途中病故，时年三十八岁。对于郭嘉的死，曹操十分悲伤，不仅在郭嘉死后多次上表嘉许他的功绩，而且多次对身边的荀彧、荀攸表达自己的遗憾与落寞。

说了荀彧推荐的这些人才，再来说说这些被推荐者的一个共同特征：他们都是颍川人。荀攸是颍阴荀氏的成员，并且是荀彧的侄子，虽然他的年龄比荀彧大六岁；作为阳翟人，郭嘉很可能是阳翟郭氏家族的成员；锺繇出身于长社锺氏，而戏志才同样是颍川人。

实际上，在荀彧长长的推荐名单中，还有许县陈氏的第三代陈群。中原动乱后，陈群随父亲陈纪到徐州避难，曹操打败吕布后，陈群在荀彧的推荐下，成了司空府的西曹掾属。如此，除了已经没落的舞阳韩氏和全数倒向袁绍的阳翟辛氏，荀氏的荀彧、荀攸，锺氏的锺繇，陈氏的陈群，再加上郭氏的郭嘉，颍川几大家族的英俊都被曹操收入帐下。

据载，郭嘉在成为曹操的谋士之前，曾经北上拜见过袁绍，可是没多久他就离开了。临走前，他曾经对同为颍川人的辛评和郭图说出了其中的缘由。

首先，郭嘉谈到了自己的就业观："夫智者审于量主，故百举百全而功名可立也。"就是说，睿智的人会审慎地考量他的主人，各项举措都很周全才能够扬名立万。

随后，郭嘉对袁绍的用人特点进行了分析："袁公徒欲效周公之下士，而未知用人之机。"就是说，袁公只是想效仿周公礼贤下士，却根本不知道使用人才的奥秘。

最后，郭嘉对袁绍的发展前景进行了预判："多端寡要，好谋无决，欲与共济天下大难，定霸王之业，难矣！"思虑多端却缺乏要领，喜欢谋划但缺少决断，想和他一起拯救天下大难，成就霸王之业，太难了！

没错，最初的袁绍并不缺人才，但他并不知道"用人之机"，也更不懂得"以道御之"。于是，无论是位于河南腹地的颍川，还是这片土地上的奇士，最后都成了曹操"无所不可"的资本。最终，袁绍那里"有才而不能用，闻善而不能纳"，曹操这里却出现了"贤人不爱其谋，群士不遗其力"的生动局面。

天下英雄

作为最了解曹操也最善于决断的人，郭嘉帮助曹操拿了不少大主意，然而，郭嘉也有看不太清楚、拿不定主意的时候。

建安三年（公元 198 年），两年前把落魄天子迎奉到许县的曹操，如今又迎来了一位潦倒人物：刘备。

虽然困窘潦倒，但刘备却是第一位投奔曹操的州牧级人物。兴平元年（公元 194 年）深冬，徐州牧陶谦去世，三十四岁的刘备在众人的拥戴下"领徐州"，正式登上了群雄逐鹿的舞台。之后，本着对手的对手就是朋友的原则，曹操在建安元年（公元 196 年）表刘备"为镇东将军，封宜城亭侯"，支持他与袁术角逐。不久，随着吕布袭取徐州，刘备陷入了与袁术、吕布的三角混战，起起落落之后，败走的他归附了曹操。

对于刘备的到来，曹操表现出了异乎寻常的热情。他不仅"厚遇之，以为豫州牧"，使刘备有"失之东隅，得之桑榆"的满足和宽慰，并且从此有了"刘豫州"的称号，而且曹操还给粮给兵，让刘备回到徐州收拢旧部，继续与吕布对抗。

然而，即使这样，刘备还是扛不住吕布手下大将高顺的攻击。见此情形，曹操派出大将夏侯惇前去救援，结果不仅"不能救，为顺所败"，而且连刘备的妻子儿女也成了高顺的战利品。看到"将对将"不理想，曹操于是"帅对帅"，亲自东征，"助先主围布于下邳"。结果，这一次不仅生擒了吕布，刘备也"复得妻子"。

按理说，在这次消灭吕布的过程中，刘备仅仅扮演了一个助攻的角色，而且是一个拖后腿的助攻。可是，消灭吕布之后，曹操却表荐刘备为左将军，对他"礼之愈重"，甚至与他"出则同舆，坐则同席"，亲密到了不能再亲密的程度。

看到主公如此厚待刘备，手下的谋臣们坐不住了，他们开始提醒曹操其中的危险，并劝他早点动手除掉刘备。程昱对曹操说："观刘备有雄才而甚得其众，终不为人下，不如早图之。"还有人对曹操说："备有英雄志，今不早图，后必为患。"

程昱等人说的没错，刘备的确有志、有才，还得人心。

为什么说刘备有"英雄志"？

因为如果没有成为英雄的志向，少年失祜的刘备不可能在自家的大树下玩着玩着，就说自己以后要乘坐如树冠般宽大的羽葆盖车——要知道那可是皇帝的专车。

同样，如果没有"英雄志"，刘备不会在经历了安喜尉、下密丞、高唐尉、高唐令如此多低级岗位以及跟校尉邹靖讨黄巾、随都尉毌丘毅募兵、投中郎将公孙瓒之后，还能继续出走，寻找更美好的诗和远方。这一切，都是"终不为人下"的表现。

为什么说刘备有"雄才"？

首先，刘备善于克己，有自制力。据载，青年时代他就"少语言，善下人，喜怒不形于色"。

其次，刘备善于治理，有领导力。据载，刘备在平原相的任上，"外御寇难，内丰财施"，不仅确保了平原国的军事安全，而且增强了其经济实力，刘备的治理能力可见一斑。

最后，刘备善于结交，有影响力。早年，他在家乡涿郡"好交结豪侠，年少争附之"，结果大商人张世平、苏双"见而异之"，"乃多与之金财"，大力资助，由此刘备得以"合徒众"，招募到了关羽、张飞等豪杰。自从有了关、张二人，刘备与他们"寝则同床，恩若兄弟"，而关羽、张飞则不仅"稠人广坐，侍立终日"，始终保持对刘备的尊重和服从，而且"随先主周旋，不避艰险"，无论再苦再难，都认定了这位大哥。

后来，当北海相孔融被黄巾军包围时，刘备毅然前往救援，因此获得了孔融的感激和认可。再后来，当徐州牧陶谦被曹操猛攻时，刘备又奔了过去。结果，刘备不仅在陶谦去世后成了徐州之主，而且收获了一众名士和豪族的青睐。据刘备后来向诸葛亮回忆，那时他经常"周旋陈元方、郑康成间，每见启告，治乱之道悉矣"，就是说，他在徐州时与来此避难的颍川名士陈纪（字元方）和经学大师郑玄（字康成）联系热络，时常在一起讨论古今治乱之道。

不仅外来的名士认可刘备，徐州本地的豪族更是对他推崇备至。"僮客万人，赀产钜亿"的徐州首富麋竺，不仅倾力拥戴刘备成为徐州之主，而且之后一路追随，在刘备最窘迫的时候不仅提供"奴客二千"和"金银货币以助军资"，甚至把自己的妹妹也进给刘备当夫人。而另一位大家公认"骄而自矜"的徐州豪族陈登，就算归附了曹操后，依然公开表态："雄姿杰出，有王霸之略，吾敬刘玄德。"

看完上面这些，对于为什么说刘备"甚得其众"，就没必要多说了。

同样，看完上面这些，对于程昱等人为什么说要"早图"刘备，也没必要多说了。

然而，曹操听到这些建议后，却说了这样一句话："方今收英雄时也，杀一人而失天下之心，不可。"就是说，如今正是广为收揽英雄的时候，因为杀掉一个刘备而失去天下人心，这不行。

虽然只是一句话，但却清晰地揭示出了曹操的思维脉络。此时，在荀彧当初为曹操规划的"从民望""服雄杰""致英俊"的那盘大棋局中，刘备不仅是一颗对抗吕布和袁术的棋子，还是雄杰的代表；并且，刘备并不是一般的雄杰，还是可以借此收服其他雄杰的雄杰，是截至当时曹操"服雄杰"的最大成果；同时，由于刘备"甚得其众"，对他的安置还关系到"从民望""致英俊"这样"天下之心"的大问题。如此看来，能"早图"吗？

实际上，不仅曹操不愿"早图"，就连作为"另一半曹操"的郭嘉，此时也颇为犹豫。史书中关于郭嘉对此事的看法，存在两种完全不同的记载。《魏书》记载，郭嘉认为，如果对刘备"以穷归己而害之，是以害贤为名，……公谁与定天下？"就是说，曹操既不能因杀刘备而背上"害贤"的骂名，更不能因此断了潜在归降者的来路。可是，另据《傅子》记载，郭嘉却觉得，"备终不为人下，其谋未可测也。古人有言：'一日纵敌，数世之患。'宜早为之所"。

一个郭嘉，两种观点，与其说史书记得不准确，倒不如说事主自己的态度不明朗。要知道，在当时那样一个"招怀英雄以怀大信"的关键时刻，杀与不杀还真是个大难题。

按理说，既然"刘备是英雄"所以不能"早图"也就罢了，可曹操却亲口把"刘备是英雄"这一评定透露给了刘备本人。据《三国志·蜀书·先主传》记载，在一次二人的餐叙中，曹操曾经"从容"地对刘备说："今天下英雄，唯使君与操耳。本初之徒，不足数也。"就是说，若论谁是天下英雄，就咱俩够格，袁绍（字本初）那帮人根本不作数。

曹操这句话讲得很"从容"，但听者刘备此时却十分不淡定，正吃着饭的他，吓得一下子就把筷子掉到了地上。好在这时天上电闪雷鸣，调整心绪后的刘备用一句"圣人云'迅雷风烈必变'，良有以也。一震之威，乃可至于此也！"成功地掩饰了自己慌张的动作和神情。

脸色变了，筷子掉了，这些并不是一阵风雷造成的，而是曹操一句心里话引发的，但"一震之威"在刘备那里形成的心理阴影却挥之不去。曹操是什么人？那可是天下公认的"雄"者，而且这个"雄"字前面还带了一个"奸"字。

　　早在曹操的青年时代，汝南名士许劭就认为他是"治世之能臣，乱世之奸雄"，如今正逢乱世，曹操这样一个奸雄能容得下一个与自己等量齐观的英雄吗？

　　当然，关于许劭的那句论断，还有另外一种说法："君清平之奸贼，乱世之英雄。"按照这一说法，也许在如今这样一个乱世，曹操这个英雄还能容得下另一个英雄，可今后到了清平之世呢？那时一旦曹操从英雄变成了奸贼，还会对他这个英雄"礼之愈重"吗？再说了，到那时就算曹操还与自己"出则同舆，坐则同席"，你还敢淡定地与他同出入共坐席吗？不安之下，刘备参与了车骑将军董承、长水校尉种辑、昭信将军吴子兰、偏将军王子服等人的密谋，而密谋的内容就是如何诛杀曹操。

　　按理说，让刘备知道自己是唯二的英雄也就罢了，可曹操却偏偏让这个英雄有了成为英雄的机会。建安四年（公元 199 年），一听说穷途末路的袁术准备途经徐州北上投奔袁绍，曹操就开始考虑半路堵截袁术的人选了。经过思考比选，曹操觉得，无论从了解对手情况方面讲，还是从熟悉徐州情况方面讲，主政徐州经年且多与袁术交手的刘备，都是执行这次任务的最佳人选。于是，曹操让刘备带着人马踏上了从许都回徐州的征途。

　　然而，刘备前脚刚走，程昱和郭嘉后脚就闻讯跑来了。

　　"刘备不可纵"，曹操身边的这两大谋士异口同声地说。

　　没错，按您说的，刘备不能"早图"，但也不能早纵啊？您这一"纵"，恐怕连"图"的机会都没有了。

　　经二人这么一提醒，曹操也后悔了，之前光考量人选的业务素质了，忠诚度反而放在了一边，如今一细想，还真有点冒险。可是，就算自己再后悔，刘备也已经"追之不及"了，只能看形势的发展了。

　　接下来，计划中的那场截击战并没有发生。袁术一听说曹操派刘备来堵自己，就又跑回了寿春。更令人意外的是，刘备还没到徐州，就传来了袁术病亡的消息。袁术不打自亡当然是好事，可刘备趁机杀死了徐州刺史车胄，重新占据了徐州，这就不是好事了。

当时，正值曹操与袁绍对决的关键时刻，袁绍占据的河北早已是铁板一块，而曹操所在的河南却三面受敌。撇开北面的袁绍，还有西面的马腾、韩遂以及南面的刘表、张绣。在这个节骨眼儿上，不期然地又在东面加了个刘备，真有点危机四伏的感觉了，刘备的反水说不定就将成为压垮自己的最后一根稻草。不行，必须拔掉刘备这个给自己添堵的楔子！

然而，就在曹操准备东征刘备之时，手下众将却颇多顾虑——如今与您争天下的是袁绍，他马上就要从北面杀过来了，可您却要向东出兵。如果袁绍此时从背后杀来怎么办？

面对众将的担心，曹操坚定地说："夫刘备，人杰也，今不去，必为后患。袁绍虽有大志，而见事迟，必不动也。"

如果当初曹操对刘备说的那句"今天下英雄，唯使君与操耳。本初之徒，不足数也"，是对刘备和袁绍的总体评价的话，那么这句无疑算是总体评价支撑下的一次具体判断，真正可怕的是人杰刘备，而表面大志的袁绍肯定会按兵不动。

就这样，曹操于建安五年（公元 200 年）正月出兵东征，并于当月返回，连来带去用了不足一个月时间就把刘备赶跑了。随后，曹操奔往黄河南岸的官渡，并在那里赢得了与袁绍的那场生死对决。

从接受刘备归附到不愿意对他"早图"，从亲口对刘备说他是英雄再到派刘备去徐州邀击袁术，从后悔放走刘备到闪电赶走刘备，在曹操这里，刘备始终是个才下眉头、却上心头的家伙。事实上，不仅是刘备，就连他的部将关羽，在曹操这儿也是一个让人既爱又恨却终究无可奈何的存在。

关羽是在建安三年（公元 198 年）跟随刘备一起依附于曹操的，也是在第二年年底跟随刘备一起在徐州反水的。然而，当刘备从徐州的小沛奔往袁绍的地盘上时，驻扎在徐州首府下邳的关羽却没有跟上刘备抹了油的脚步。于是，"曹公禽（擒）羽以归"。随之，二人的故事开始了。

　　或许正值用人之际，或许真心惜才爱才，抑或两者兼而有之，总之，曹操不仅将关羽"拜为偏将军"，而且"礼之甚厚"。实际上，不仅明面上直接示恩，私下里曹操也间接示好。作为曹操的爱将、关羽的好友，张辽就曾经充当过二人之间沟通的桥梁。

　　然而，当张辽按照曹操的吩咐对关羽晓之以理、动之以情时，关羽却说出了这样一番话："吾极知曹公待我厚，然吾受刘将军厚恩，誓以共死，不可背之。吾终不留，吾要当立效以报曹公乃去。"

　　关羽的话不长，但却表达了四层意思：其一，我深知曹操厚待我；其二，即使这样我也不能背叛刘备；其三，我终究是要走的；其四，我不会白白走掉，肯定会立功之后再走。

　　关羽并没有食言，在不久之后的白马之战中，他匹马单刀就摘了袁军主将颜良的脑袋，由此他在曹营的日子也开始倒计时了。对此，曹操当然心知肚明，于是封拜关羽为汉寿亭侯，并"重加赏赐"，只想让那一天来得晚些，再晚些。

　　终于有一天，关羽"尽封其所赐，拜书告辞"，随后直奔袁营而去。看着关羽留下的书信和物品，面对部属们前去追赶的建议，曹操只吐出了八个字："彼各为其主，勿追也。"

　　是呀！如果去追，那是追杀呢，还是追回呢？追杀吧，只怕又会落个害贤之名；追回吧，就算追得回关羽的人，追得回关羽的心吗？如此，倒不如成就一下关羽的忠义和自己的豁达，顺便也贡献个成语：各为其主。

　　后来，有一个成语叫"欲擒故纵"，讲的是为了捉住敌人而故意放纵敌人的意思。八九年前，曹操并非刻意想"纵"走刘备和关羽，但是为了"擒"住袁绍和天下人心，他只能让他们在神州大地继续纵横驰骋。如此说来，这也是一种"欲擒故纵"了，只不过，欲擒的是彼、故纵的是此而已。

　　如今，袁绍已灭，中原已平，天下将定，当然不用再有什么擒与纵、此与彼的顾虑了。就这样，曹操带着消除遗憾的心态，踏上了南征之路。

汗流浃背

如果说，放走刘备和关羽是曹操留在外面的一个隐患的话，那自从曹操迎奉天子那天起，他就为自己在身边埋下了一个大隐患。

在许多人眼中，汉献帝刘协只是个任人摆布的傀儡。可是，很少有人知道，这个傀儡要是甩起脸子、使起性子来，不仅让曹操始料不及，甚至还会"汗流浃背"。

事情的经过是这样的。自迁都许县以来，曹操对天子刘协一直百般呵护加千般提防，不仅宫中的侍从和卫士都是曹操的自己人，而且对于天子的一举一动都密切关注。

这不，有一个叫赵彦的人就撞到了枪口上。看到天子，议郎赵彦仿佛看到了希望，于是隔三岔五就向天子陈述时势发展以及因应之策。对于这些，一心要垄断天子使用权的曹操自然大感厌恶，索性就把赵彦给杀了。

过了一段时间，曹操在大殿上向刘协汇报国事，不知道是想起了赵彦的被杀，还是想起了自己的处境，刘协张口就来了一句：

"君若能相辅，则厚；不尔，幸垂恩相舍。"

就是说，您如果愿意辅佐我，那是您的厚恩高德，我感激不尽；如果不愿意辅佐我，您就开恩把我舍弃，放我条生路吧。

也许刘协只是一句气话，算是发发牢骚；也许刘协就是一句实话，好聚好散、和平分手，类似的话与李傕、郭汜也说过。

但是，此时此地、此情此景，却着实把曹操给惊着了。要知道，这可是在皇宫大殿之上，身边可都是手持利刃的虎贲武士。虽说这些人都是自己安插的，但是你怎么知道刘协私下里没有做思想工作？你怎么能担保个个忠诚？何进死在何地？董卓亡在何处？想想真让人不寒而栗。

于是，曹操频频行礼，请求告退（俯仰求出）。走出大殿，曹操"顾左右，汗流浃背，自后不敢复朝请"。太吓人了，那地方可不敢随便再去了。

可是，不复朝请只是避免了在大殿上的"汗流浃背"，要避免宫殿之外的种种风险，要做的工作还多着呢！

实际上，类似的情况并不是第一次出现。

建安元年（公元196年），曹操奉迎天子定都许县，面对这样的大事喜事，肯定要大操大办一番。听说天子要"大会公卿"，饥寒交迫、颠沛流离的朝中群臣个个面露喜色，虽然还没开宴，有人在期待之中甚至就已露出微醺之态了。

千呼万唤之中，这次宴会的真正主角、匡扶汉室的大功臣曹操上殿了。望着群臣翘首跂踵的神情，曹操也不知不觉地有了些陶醉的感觉。是啊，没有自己，这些人只怕还要继续在洛阳城的残垣断壁间"披荆棘"、"自出采稆"呢，即使这样，恐怕有些也会"或饥死墙壁间，或为兵士所杀"。

然而，当曹操穿过群臣，即将走到整个队伍的尽头时，他却发现了一张面露不悦之色的脸孔以及这张脸上那难以捉摸的目光。

杨彪杨太尉怎么了？莫非有什么不良企图不成？许都虽然是自己的地盘，但这大殿上的群臣却并非都与自己一条心，此时此刻，作为朝中重臣、大族领袖，杨彪要对付自己就是一句话的事情。

想到这里，曹操并没有多作停留，还没等开宴，他便以身体不适要去茅厕为由（托疾如厕），迅速离开大殿，直奔自己的军营。

曹操离开后，大殿之上和许都城中，什么也没有发生。但没发生危险，并不代表不存在风险，不久之后，曹操就免去了杨彪太尉和守尚书令的职务。建安二年（公元197年），袁术在寿春称帝。曹操借口杨彪娶了袁术的女儿，杨、袁二人存在姻亲关系，推断杨彪一定有勾结袁术、废掉天子的图谋，将杨彪下狱，并弹劾他犯了大逆不道之罪。后来，要不是孔融站出来与曹操硬拗，玩命为杨彪辩护，杨彪说不定就死在狱中了。

之后，杨彪虽然保住了性命，却丢掉了官职。建安四年（公元199年），杨彪又被拜为太常，到了建安十年（公元205年）这一职务又被免去。更狠的是，到了建安十一年（公元206年），曹操甚至剥夺了所有因为祖上福荫而封侯之人的爵位，杨彪自然也在其中。

从杨彪的起落沉浮之中，我们似乎可以隐隐看到曹操根据时局演变而对汉献帝身边那些旧臣的政策变化。

建安元年，曹操刚把天子弄到许都，既要对朝中旧臣适度笼络，同时又要树立自己的权威，因此必须软硬兼施，既不能过柔又不能太刚。

建安四年，曹操正面临袁绍咄咄逼人的政治抨击和军事威压，为了防止朝中旧臣明里暗里搞小动作，有必要用一些政治利益进行安抚。

建安十年，曹操完全平定了冀州，袁氏集团已经不再对自己构成任何实质性威胁，原先给那些朝中旧臣的，恐怕就要"拿了我的给我还回来，吃了我的给我吐出来"了。

到了建安十一年，随着曹操军事上的持续胜利，跟随自己出生入死的文臣武将也到了大加封赏的时候，可是毕竟资源有限，在经济凋敝的情况下，官职搞些增量倒还好说，爵禄僧多粥少，就只能彼长此消了。于是，曹操在这一年摘掉了许多"官N代"的爵位，下一年就"大封功臣二十余人，皆为列侯，其余各以次受封"。

对于曹操的这些心思，今天我们需要把一系列时间线连起来才能得出结论，可是回到当时，却早就被一些朝中旧臣看得清清楚楚。

建安四年，在杨彪被拜为太常的同时，董承也从卫将军变成了车骑将军。车骑将军是什么概念？这可是金印紫绶、贵比三公、地位仅次于大将军和骠骑将军的顶级官职。从职责上讲，车骑将军在初设之时主要掌管征伐背叛，有战事时乃拜官出征，事成之后便罢官。到了汉末则成了典京师兵卫、掌宫卫，并且统率战车部队的最高长官。

　　此时，董承不仅被拜为车骑将军，而且被授予了开府的权力。就是说，他可以设置自己的幕僚机构。而根据汉朝的制度规定，车骑将军可以设置的幕府属吏有哪些呢？据《后汉书·百官志》记载，将军的属官包括"长史、司马皆一人，千石；从事中郎二人，六百石；掾属二十九人；令史及御属三十一人。又赐官骑三十人，及鼓吹"。如果完全按此配置，庞大的幕僚机构完全可以与曹操的司空府等量齐观、平起平坐了。

　　在董承成为车骑将军之前，车骑将军的职责一直是由曹操代行的，把天子迎到许都之后，曹操的职位一直是"司空，行车骑将军"。如今，在曹、袁对决的这样一个关键时刻，曹操却让出了这个掌管京城守卫并有征伐叛乱权力的重要职位，只能有一种解释：要么主动要么被动，曹操向汉献帝及他的拥护者们进行了让步和妥协！

　　这一让步和妥协只是权宜之计，对此，曹操这样觉得，董承也这样认为。因此，在职位上更上层楼的董承并没有停下进取的脚步。一直以来，他都在秘密编织一张网络，一张搞掉曹操的网络。

　　董承原本是董卓女婿牛辅的下属，当汉献帝刘协踏上东归洛阳的坎坷之路时，董承被任命为承担护卫任务的安集将军，路途之上董承把女儿送到天子身边当了贵人，于是董承成了天子的老丈人。

　　近臣加外戚的身份，使董承一直以天子的守护人自居，并且多次通过"搬救兵"的方式保护皇帝化险为夷。东归路上，面对李傕、郭汜等人的追杀，董承通过招纳白波军将领李乐、韩暹以及南匈奴右贤王去卑，成功击败敌人，返回洛阳；在洛阳城中，面对韩暹居功自傲、扰乱朝政的行为，董承密召兖州牧曹操进京勤王，这才来到了许县。如今，看到曹操大权独揽，董承故技重施，又开始招揽人马，对付这个新对手了。

　　所谓"名不正则言不顺，言不顺则事不成"，反曹必须师出有名。于是，董承拿出了"衣带诏"。这是一份藏在衣带中的密诏，密诏中天子刘协明确指示要诛杀曹操。如此，董承就可以奉诏杀贼。至于诏书的真假，那就只有董承和天子刘协知道了。

凭着这份密诏，董承成功地吸纳了豫州牧刘备、偏将军王子服、长水校尉种辑、议郎吴硕等人，一场密谋活动如火如荼地在进行着。

不过，人算不如天算。不久之后，刚刚入伙的刘备借着去徐州拦截袁术的机会，离开了许都，再也没有回来。建安五年（公元200年）正月初九，董承的密谋泄露，随后董承、种辑、吴硕、王子服甚至他们的族人都成了曹操的刀下鬼（皆夷三族）。这还不算，为了斩草除根，曹操甚至提出来要杀掉董贵人！要知道，她不仅是天子的宠妃，此时肚子里还怀着天子的骨肉，这怎么行？于是，天子刘协屡屡恳求。结果，董贵人还是追随父亲董承下了黄泉。曹操的这次诛杀相当程度上起到了杀鸡骇猴的作用，朝臣之中没有谁再敢轻举妄动了。

一路走来，为了避开潜在的威胁，曹操可以"俯仰求出"，也可以"托疾如厕"，甚至可以将密谋者们"皆夷三族"。同时，为了监测预警，曹操甚至单独建立了一支被称为"校事"的队伍，专门用来刺探百官的一举一动。

然而，这一切只能使许都在表面上风平浪静，却难以消除私底下的暗流涌动。实际上，就在董承因"衣带诏"之谋被杀不久，另一封密谋的书信就已经从皇宫中发出了。这封书信的主要内容就两条，其一，控诉曹操的"残逼之状"；其二，让收信人对曹操"密图之"。

我们无法想象如果这封信在发出后不久被曹操看到他会如何处理，因为发出这封信的不是别人，而是皇后伏寿。当时，袁绍已经让他手下的笔杆子陈琳在那封被后世称为《为袁绍檄豫州》的檄文中，对曹操迫害杨彪、擅杀赵彦大加挞伐了，如今加上因父叛乱而受株连的董贵人倒还好说，如果再加上伏皇后，那就真正做实了檄文中所说的"历观载籍，无道之臣，贪残酷烈，于（曹）操为甚"了。

实际上，伏皇后这封信的接收者、她的父亲伏完，并未敢采取任何行动，直至伏完去世五年后，也就是在这封信发出十四年后的建安十九年（公元214年），这件事情才被泄露出来。

其实，当初最早发现汉献帝巨大政治价值的并不是曹操一方，而是他的头号敌人袁绍阵营。

早在初平二年（公元191年）袁绍刚刚取得冀州时，他的首席幕僚沮授就提出了"迎大驾于西京，复宗庙于洛邑"这一可能选项，并且认为通过迎天子，足以实现"号令天下，以讨未复，以此争锋，谁能敌之"的宏大目标。

建安元年（公元196年），看到汉献帝东归洛阳，沮授又主动向袁绍建议："宜迎大驾，安宫邺都，挟天子以令诸侯，畜士马以讨不庭，谁能御之。"

沮授的这两次建议，内容大体一致，唯有一处不同是，之前是让天子回到洛阳旧都，现在是把天子弄到邺城新都，这样就可以牢牢地把天子攥在手中了，同时也会使原本偏处北端的河北成为整个帝国的中心。

事实上，沮授主张迎奉天子的理由也足够充分：

其一，袁绍家世代忠良，哪有不迎奉天子的道理？（将军累叶辅弼，世济忠义。）

其二，诸侯忙着混战内斗，这是难得的时间窗口和战略机遇，怎么能不牢牢抓住？（今朝廷播越，宗庙毁坏，观诸州外托义兵，内图相灭，未有存主恤民者。）

其三，迎奉天子将拥有绝对的政治优势，到时居高临下，师出有名，谁还能阻挡？（且今州城粗定，宜迎大驾，安宫邺都，挟天子以令诸侯，畜士马以讨不庭，谁能御之！）

如果袁绍就此将沮授的建议付诸实施的话，估计就没曹操什么机会了。然而，就在袁绍怦然心动之际，袁绍手下的郭图和淳于琼却坚决反对。

沮授的理由有三条，郭图、淳于琼的理由同样不少。

其一，汉家天下已经覆水难收，复兴没那么容易。（汉室陵迟，为日久矣，今欲兴之，不亦难乎！）

其二，中原逐鹿，实力最重要。（今英雄据有州郡，众动万计，所谓秦失其鹿，先得者为王。）

其三，天子来了碍手碍脚，何必自找麻烦。（若迎天子以自近，动辄表闻，从则权轻，违之则拒命。非计之善者也。）

迎或不迎，这是个问题。两种立场，两套理由，从袁绍内心而言，他更倾向于哪种呢？

袁绍的答案是：不迎。

首先，汉献帝不是自己属意的天子，自己还曾经谋划用幽州牧刘虞来替代他，如今又要迎奉，不是自己打自己的脸吗？

其次，作为名重天下、声望仅次于天子的人物，袁绍的真实的想法是"坐二望一"，取而代之。为此，他不仅不想迎奉天子，还巴不得天子有个三长两短呢！

最后，"迎大驾"这件事情太麻烦，不仅稍有怠慢就会引起天子的不满，引发内部的动荡，而且还会给其他诸侯以口实，搞不好就会像董卓那样成为群雄围攻的箭靶，这种内外都不安全的事，干不得！再说，自己现在已经手握重兵，名重天下，再去给自己找个主子，犯不着！

就这样，天子与河北擦肩而过。

不过，正如袁绍阵营当年分析的，天子并非有百益而无一害，在把"挟天子以令不臣"的机会让给了曹操的同时，袁绍也把"动辄表闻"的繁琐和"从则权轻，违之则拒命"的难题留给了曹操。

见识了天子刘协的"不任其愤"，看到了重臣杨彪的"不悦"，粉碎了国舅董承的密谋，曹操逐渐明白：再缜密的笼子最多也只能做到令对手不能作乱、不敢作乱，却无法做到让他们不想作乱。要想从根子上断了对手的念想，只有逐步取代甚至最终消除那个反对者们心中的图腾：天子，以及他所代表的汉室。

于是，曹操决定拾级而上。

五德终始

大约在建安十三年春夏之交，曹操做出了一个比罢免司徒赵温还要震撼百倍的政治举动："罢三公官，复置丞相、御史大夫"。具体来说，就是不再设置太尉、司徒、司空这些三公职位，而是重新设置秦朝创立、汉初沿袭的丞相、御史大夫等职位。

很明显，这是曹操为加强自身权力而使出的关键一招。虽然自杨彪之后，再没人担任太尉一职；虽然罢免赵温之后，曹操也没有再安排新的司徒人选。但是，只要存在三公官制，就总会有人惦记，不管这个人是金彪、银彪、铁彪，还是张温、王温、李温；只要三公分立，曹操的权力就始终会受到约束和掣肘，无论他担任的是司空、司徒还是太尉。

再者说，自建安元年（公元196年）以来，虽然在军事上持续"夷险平乱"、"所征必克"，虽然食邑已经高达三万户，但曹操在朝廷的职位不仅始终止步于司空，甚至连最初的"行车骑将军"也让给了董承，这一切已经与他的实际地位严重不符。

建安十三年初，从柳城远征归来的曹操，专门对荀攸说了这样一番话："今天下事略已定矣，孤愿与贤士大夫共飨其劳。昔高祖使张子房自择邑三万户，今孤亦欲君自择所封焉。"就是说，如今天下的事已经基本安定了，我很想与贤士大夫们分享胜利果实。从前汉高祖刘邦让谋士张良自己选择食邑，如今我也想让你自己挑。

实际上，曹操不只对荀攸，他对手下的所有功臣，都是慷慨的，早在一年前他就"大封功臣二十余人"。现在，既然已经有了"今天下事略已定矣"这样的战略判断，难道不应该犒劳一下自己吗？更何况，如今的制度体制已经成了一种束缚。

那么，如何摆脱束缚？最好的办法就是制度再造。

如何制度再造？最好的办法就是旧瓶装新酒。

于是，已经消失二百多年的丞相和御史大夫这一职位又重新出现在了庙堂之上。原本，司徒主持朝政，太尉执掌兵马，司空监督百官，三公各司其职，相互制约。如今，只设"掌丞天子助理万机"的丞相和"掌副丞相"的御史大夫了，御史大夫虽然仍负有监察百官之责，但却不再配置侍御史等僚属，已经实实在在地在制度上成了丞相的副手。不过，即使这样，曹操在自己成为丞相的时候，也并不着急任命御史大夫，而是慢慢悠悠地又拖了两个半月。

其实，人臣之中还有比丞相更高的职务：相国。西汉初年，萧何、曹参、樊哙等人担任的就是相国；董卓专权时，给自己安的也是相国的头衔。实际上，丞相一职最初在战国设立时是作为相国的副手出现的，只是由于相国时设时废，丞相才渐渐成为百官之长。然而，曹操并没有使用相国这一官称，一则，相国最早出现在战国时代，时间太过久远不说，当时的管理范围也就是一个诸侯国；二则，曹操绝不想让人联想到，也更不想成为第二个董卓。

制度设计上颇显心思，时间点的选择更是煞费苦心。

关于罢三公置丞相的过程，《三国志·魏书·武帝纪》是这样记载的："汉罢三公官，置丞相、御史大夫。夏六月，以公为丞相。"

这句话不是很平常吗，难道还有什么玄机不成？

没错，当然有玄机。注意了没有，朝廷作出罢三公、置丞相这一制度安排与曹操正式担任丞相这一职位，中间存在一个时间差。何时进行的制度变更，史书中并没有交代，但对于曹操何时就职，却说得明明白白：夏六月。

为什么不能把改官职和履新职放到一起？从正月罢免赵温，到六月就职丞相，一向风驰电掣的曹操这次怎么如此耐得住性子？答案就在这个"夏六月"上。

战国时期，一位名叫邹衍的阴阳家以五行相克理论为基础，提出了一种叫作"五德终始说"的王朝更替学说。所谓"五德"，就是金、木、水、火、土这五行所代表的五种德行；所谓"终始"，就是"五德"周而复始的循环运转。邹衍的这一学说，一经实现大一统的秦始皇采纳，就成为之后每一个政治集团证明自身合法性所必须面对的重大问题，而所谓"奉天承运"中的"承运"，就是"五德终始说"的"德运"。

按照邹衍五行相克的说法，即土克水、木克土、金克木、火克金、水克火的规律，虞为土德，夏为木德，商为金德，周为火德，秦为水德。不过，到了两汉之间的新莽时期，刘向父子又把五行相克改成了五行相生，即：木生火、火生土、土生金、金生水、水生木。相应地，王朝的德行也变成了虞为土德，夏为金德，商为水德，周为木德，汉为火德。按这一逻辑推导，取代汉朝的应当是土德。

在五行之内，邹衍构建了一个逻辑自洽的体系，后世学者虽然可以把"相克"变成"相生"，但终究也是在其中打转转。可是，一旦跳出五行这一物质范畴，把它放入春、夏、秋、冬这一时间范畴中，这一学说就面临挑战了。循环往复的"五行"如何去解释同样周而复始的"四时"变化呢？

这一点，倒也难不倒邹衍。很快，邹衍就以五行理论为基础，于一年四时之中又增加了一时，而成为五时，而这新增的一时就叫作"季夏"。至于季夏的具体时间段嘛，顾名思义，就是夏季的最末一个月：季月，即农历六月。

一旦"四时"变成了"五时"，其与"五行"的对应关系也就出来了：春天是木德，木色为青；夏天是火德，火色为赤；季夏是土德，土色为黄；秋季是金德，金色为白；冬季是水德，水色为黑。

按照这种逻辑关系，取代火德的自然是土德，而土德对应的毫无疑问是季夏。如此看来，曹操耐着性子在骄阳似火的"夏六月"去就任丞相，难道仅仅是巧合吗？

对于曹操来说，就任丞相，不仅是对自己多年来军事成果的政治变现，而且也是自己继续攀登权力新高度的必经一阶。

要把这一阶踏稳，就必须确保许都的绝对稳定。为此，曹操命令张辽驻军长社，于禁驻军颍阴，乐进驻军阳翟，这三个地方都距离许都不远，表面上他们是要进军荆州，实际上却是为了维持许都乃至颍川郡的秩序。

原本张辽、于禁、乐进都有些意气用事，彼此"多共不协"，这一次，曹操不仅同时把他们三人调来，而且还亲自指派司空主簿赵俨"并参三军"，遇到事情就从中调解开导，为的就是万无一失。实际上，在赵俨的"训谕"下，三将也"遂相亲睦"。

然而，即使这样，还是出了岔子。

当张辽按命令准备开拔前往长社时，军中却突然发生谋反。半夜，营中燃起了大火，搅得"一军尽扰"。

好在张辽异常镇定，他对左右说："不要乱动！这不是全营的人都想造反，这只是少数叛乱分子在制造混乱，想故意扰乱军心。"

随后，张辽下令："只要是不想叛乱的，一律待在原地不要动。"

一边下令，张辽一边率领数十名亲兵站到了大营的中央。没多久，全军都安定了下来。

随即，真正的叛乱者现了形，接着被一一处死。

此后，全军上下再也没有发生任何骚动。

一旦把进位丞相这一阶踏稳，曹操就开始扩充幕府了。在原有司空府幕僚团队的基础上，一个新的更大的丞相府团队建立起来。

冀州别驾从事崔琰被任命为丞相东曹掾，原先担任司空东曹掾的毛玠也转为丞相东曹掾，他们二人共同负责官员的选拔任用。委任崔琰为东曹掾时，曹操还专门为他颁布了一道教令，该令全文如下：

"君有伯夷之风，史鱼之直，贪夫慕名而清，壮士尚称而厉，斯可以率时者已。故授东曹，往践厥职。"

就是说，您有伯夷的风范、史鱼的刚直，贪者因为仰慕您的大名而变得清廉，壮士因为崇拜您的声誉而勉励自己，您完全可以做时代的表率了。正因如此，我才授予您东曹掾的职务，您赶快上任吧。

伯夷作为殷商贵族，在商朝灭亡之时和他的兄弟叔齐，不仅谢绝周武王的招纳，而且"耻食周粟"，最终饿死在首阳山。对于伯夷的气节，周朝的开国功臣姜子牙称赞"此义人也"，孔子称赞为"古之贤人也"，孟子称赞为"圣之清者也"。

史鱼作为春秋时卫国的大夫，为了劝谏国君卫灵公近贤人远小人，临死前硬是让儿子在自己死后把尸体放在窗户下面以警示卫灵公。对于史鱼这种刚直"尸谏"的做法，孔子称赞道："直哉史鱼，邦有道如矢，邦无道如矢。"

能够兼伯夷、史鱼于一身，崔琰的品行可见一斑，曹操对崔琰的期待更可见一斑。

如果说崔琰"高格最优"的话，那毛玠的品德也是"清公素履"，而有了这种高道德标准的人物主持官员人事，他们所选拔的自然也都是"清正之士"，而非那些名不副实的人。而有了崔、毛二人这种"拔敦实，斥华伪，进冲逊，抑阿党"的选人用人导向，天下的士大夫也个个"以廉节自励"，就连那些"贵宠之臣"在穿衣、乘车方面也遵规守制，不敢有任何铺张；至于那些高阶官员更是低调得很，一个个蓬头垢面，衣着破烂，独自乘坐时只敢使用简朴到不能再简朴的柴车；而到了那些低阶的文武官吏那里，更是到了徒步上下班的程度。

官员们尚且如此，民间更是不敢奢华张扬，于是"吏洁于上，俗移于下"，曹操治下的朝廷一幅勤俭节约、励精图治的景象。知道了这些情况后，曹操不由地感叹："用人如此，使天下人自治，吾复何为哉！"能把选人用人做到这种程度，让天下人都自己管好自己，我还有什么事可干呢！

表面看，曹操是在夸崔琰和毛玠，实际上却是在表扬自己，毕竟这两位东曹掾都是自己任命的嘛！忠实体现的也是自己的用人导向嘛！再说了，就算天下自治让自己在治理方面"失了业"，远方的疆场也等待着自己呢！

东曹掾选对了人，其他掾属也马虎不得。随之，一大批英俊进入了丞相府，这其中甚至还有一对亲兄弟：司马朗和司马懿。

三十三岁的司马朗是从元城县县令调任丞相府主簿的。作为河内郡司马家族的长子，这已经不是他第一次在曹操的幕府中任职了。早在二十二岁时，他就已经被曹操任命为司空掾属。如今十多年过去，经过了多个地方县令和县长岗位的历练，不仅他的行政能力有了很大提高，而且在地方赢得了颇佳的官声。

据载，司马朗在成皋担任县令时，因为施政怀柔，"治务宽惠"，治下的成皋百姓反而变得遵规守纪，"民不犯禁"。更令人不可思议的是，有一次朝廷征调战船，之前已经迁徙到京城的一些成皋百姓听说后，唯恐司马朗不能如期完成任务，竟然成群结队地返回成皋帮忙造船。官民关系紧密到了换位思考、主动担待的程度，想来也是没谁了。

与哥哥司马朗欣然应征不同，面对曹操的征辟，司马懿最初的表现是拒绝。建安六年（公元201年），二十三岁的司马懿被河内郡举荐为上计掾，也就是专门赴上级单位或京师汇报工作、呈递各类统计报表的官吏，对于州郡中的士族子弟而言，被举荐为上计掾或者孝廉似乎是一个必经程序。然而，不知道是因为家族的名望还是因为个人的名声，郡里举荐没多久，司空曹操也直接对他进行了征辟。不过，此时的司马懿虽然知道"汉运方微"，但依然无意"屈节曹氏"，因此就以自己患有痛风、行动不便为由，婉拒了曹操。就这样，司马懿在家乡又待了下来。

如今，已经成为丞相的曹操，再次对司马懿进行了征辟，并且让使者带话："若复盘桓，便收之。"就是说，你如果再盘桓推脱，磨磨唧唧，就不是来征辟你，而是来收捕你了。这种情况下，司马懿"惧而就职"，成了曹操手下的文学掾。

单看史书上的记载，司马懿似乎是因为害怕而被迫出仕的；实际上，却不排除司马懿自身更深层次的考虑。

在司马懿眼中，建安十三年，无疑是天下走势的转折之年。这一年，曹操不仅志得意满地就任了丞相一职，而且自信满满地启动了对南方的征伐。曹操能否饮马沧海、一统河山，司马懿不知道，但曹操对于大汉朝廷和北方地区的绝对控制，已经成了无可颠覆的事实。

在司马懿眼中，建安十三年，还是个人发展的新起点。这一年，三十岁的他刚刚有了第一个儿子司马师，修身、齐家、治国、平天下，自己不仅要从个人打算，似乎也要为子孙后代留下点什么。

如果说，曹操的胁迫给司马懿带来的是"顺我者昌，逆我者亡"的恐惧感，那么大局走向的明朗则给了司马懿一种时不我待的紧迫感。在这种情况下，司马懿半推半就地走进了曹操的幕府，成了丞相府的文学掾。

兄弟二人同时进入丞相府，在外人看来，似乎有些非同寻常。而要追寻这非常背后的渊源，则需要从三十四年前的一件往事聊起。

熹平三年（公元 174 年），在朝廷担任郎官的曹操，一直期望能够被安排到地方任职，并且他最属意的岗位是洛阳令。

汉光武帝刘秀时期，有一位叫董宣的洛阳令，因为不畏权贵赢得"卧虎"和"强项令"的称号。"卧虎"说的是董宣执法公正，严峻如虎，以致衙前无人再击鼓鸣冤的事迹；"强项令"说的是董宣不畏强权，冒死抓捕湖阳公主的家奴，到了光武帝刘秀面前也死不低头认错的故事。

此刻，曹操想当洛阳令，八成也是想干出一番惊天动地、名垂青史的大事情来。于是，曹操找到了洛阳令的上司京兆尹司马防，请他予以关照帮忙。

应该说，曹操找的很对路子。当时，司马防不仅是京兆尹，而且是朝廷中负责钱粮等财政事务的尚书右丞，只要他愿意帮忙，应该说问题不大。实际上，面对曹操的跑要请托，司马防不仅没有推辞，而且积极向负责官员选任工作的选部尚书梁鹄进行了推荐。

然而，梁鹄一开始却并没有接受司马防的推荐。那时，对于曹操少年时"任侠放荡，不治行业"的行为，"世人未之奇也"，连群众都不认可，更别说专门负责选官的梁鹄了。

一次推荐无效，司马防进行了二次推荐。退而求其次，这次司马防推荐曹操为洛阳北部尉，也就是洛阳北部地区负责治安的长官。

按理说，作为候任郎官，被安排为县令、县丞、县尉都是正常的，再说，洛阳令作为首善之区的一方长官，让一个嘴上刚长毛的任侠放荡之士担任，确实有风险。相比之下，让一个有些旁逸斜出的青年去管管容易旁生枝节的治安问题，不仅更放心，对他本身也是一种修剪和历练。因此，梁鹄最终接受了司马防的推荐。就这样，二十岁的曹操在洛阳北部尉的岗位上开启了自己的仕宦生涯。

虽然没有如愿当上洛阳令，但曹操在北部尉任上同样大放异彩。一上任，曹操就祭出"杀"字诀，让人制作了一种涂上了红、黄、绿、白、黑五种颜色的棒子，在左右两扇大门上各悬挂十几支，随之宣布，凡有触犯法律禁令的，不管贫富强弱，一律棒杀。不久，年轻的曹操就棒杀了胆敢违禁夜行的大宦官蹇硕的叔叔，从此"京师敛迹，莫敢犯者"。

曹操的这一行为，没有如董宣那样赢得"卧虎"或"强项令"的名声，但他所悬的"五色棒"却成了执法严正的代名词，进而也引得不少后世之人的追慕与评论。唐朝李商隐有诗："苍黄五色棒，掩遏一阳生"，北宋梅尧臣有诗："休将五色棒，欲取洛阳名"。

曹操明白，虽然当年未能如愿，但自己当时的作为都与司马防的推荐有关。于是，如今已是丞相的他，把司马防的儿子们召入了府中。

兄弟二人同时进入丞相府，一个是负责日常事务的主簿、一个是负责礼仪教化的文学掾，一个年长且经验丰富、一个年幼且毫无经验，按理说，司马朗应该更被众人看好。然而，东曹掾崔琰却并不这样认为。

在一次与司马朗的聊天中，崔琰直截了当地说："子之弟，聪哲明允，刚断英跱，殆非子之所及也。"就是说，你的弟弟聪敏明哲又诚信，刚毅果断又杰出，恐怕不是你能比得上的。

那时，崔琰与司马朗既是同事，又是很好的朋友，要不是十分笃定，想必是不会说出口的。

对于崔琰的这一判断，司马朗并不认可，而崔琰却"每秉此论"，一直坚持。

据载，司马防一共有八个儿子，按照长幼依次为长子司马朗，字伯达；次子司马懿，字仲达；三子司马孚，字叔达；四子司马馗，字季达；五子司马恂，字显达；六子司马进，字惠达；七子司马通，字雅达；八子司马敏，字幼达。因为兄弟八人的表字中都有一个"达"字，于是被人称为"司马八达"。

此时，曹操把司马朗、司马懿召入府中，看起来数量不少，但与司马防家族的人才储备相比，似乎又算不了什么了。实际上，一段时间之后，司马防的三子、"温厚廉让，博涉经史"的司马孚，也成了曹操儿子曹植身边的文学掾。

覆巢之下

"罢三公官，置丞相、御史大夫"是曹操在权力布局上的大动作，夏六月初九，曹操就任丞相，而御史大夫人选却直到八月二十四日才浮出水面，二者足足差了两个半月。时间上的间隔倒在其次，名望上的落差更是令人大跌眼镜：名不见经传的光禄勋郗虑竟然成了朝堂上仅次于曹操的人物！

如果说，郗虑的晋升让人张大嘴巴的话，那五日后对于孔融的处决，则让大家都紧闭双唇了。不久前，前者是九卿之一的光禄勋，后者是九卿之一的少府，二人在政治地位上算是平起平坐，孔融更是在政治影响和学术声望上将郗虑甩得远远的。而如今，怎么就一个人到了九天之上，另一个人则到了九泉之下了呢?

　　这首先要从孔融的背景经历和性格特点说起。

　　作为孔子的二十世孙,孔融有着丰富的宦海经历。早在汉灵帝时期,孔融就被司徒杨赐辟为掾属,后来又被大将军何进征辟为侍御史,被董卓任命为议郎,接着又外放为北海相。汉献帝到达许都后,孔融被征召为将作大匠,随后被任命为少府。一路走来,孔融算得上阅历丰富、见多识广了。

　　可是,就算经历了如此多时段的变迁和多岗位的锻炼,孔融的脾气性格却始终如一,从未改变。那么,孔融又有哪些性格特点呢?

　　其一,天生儒士。孔融天性好学,博闻强识,加之又是孔子的后代,自然是一个崇尚儒学的标准文人士大夫,相应地也热衷于用儒家理念去进行政治治理。就拿他担任北海国国相来说,除了刚上任时"收合士民,起兵讲武",之后孔融的主要精力都放在了"立学校,表显儒术,荐举贤良"上面。据载,孔融为了表示对郑玄这一当世大儒的崇敬之情,竟然把郑玄家乡高密县的一个乡命名为"郑公乡";对待在世者甚厚,对待已逝者也不薄,孔融命人把甄子然、临孝存等已故儒者的牌位摆放在县里的社庙中,接受百姓的祭祀。

　　更体现孔融儒家做派的是他的临危淡定。建安元年(公元196年),北海国遭到了袁谭的进攻,从春天打到夏天,最后孔融手下的兵只剩下了数百人了,甚至连府衙周围都已经到了"流矢雨集,戈矛内接"的危急程度。可这时,孔融依旧"隐几读书,谈笑自若"。到了夜里,城池陷落,孔融才独自奔逃,连妻子儿女都成了袁谭的俘虏。为了读书而置城池和妻儿于不顾,想来也是没谁了。

　　其二,天下甲冠。除了儒学水平,孔融的人格节操也堪称楷模。孔融十三岁时,父亲孔宙去世,由于悲痛过度,年轻的孔融需要别人扶着才能站起来,为此,州郡之人无不称赞他的孝行。

　　对父亲有感情,对朋友同样不薄情。在孔融十六岁那年,名士张俭因得罪大宦官侯览而被通缉，因此跑到了孔家躲避。原本，张俭是想来投奔自己的好友、孔融的哥哥孔褒的，可不巧的是，孔褒此时却出门在外，家中只有孔融一个人。面对还是孩子的孔融，张俭面露窘色，欲言又止，结果孔融却大大方方地说："我兄长虽然不在，难道我就不能招待你吗？"就这样，张俭留在了孔家。

后来，事情泄露，张俭虽然侥幸逃脱，但孔融家却遭了殃。面对问讯，孔融抢先说："收容匿藏张俭的是我，要论罪也是我有罪。"孔褒接着说："张俭来找的是我，有罪也在我，与我弟弟没关系。"而当官吏询问二人的母亲时，孔母却说："家里都是年龄大的当家，罪责在我。"一家人争着赴死，尤其是年轻的孔融首先往自己身上揽，这种气节令人感佩。

经过这件事情，孔融"由是显名"，小小年纪就与平原国的陶丘洪、陈留郡的边让等名士齐名。后来，随着孔融入朝为官，名气更是越来越大。

其三，天资聪颖。史书中，关于孔融才思敏捷的故事不胜枚举。十岁的时候去拜访有天下楷模之称的高官李膺，没想到连门都进不去。急中生智，孔融一句"我是李君家的世交"，不仅骗过了看门人，而且弄得李膺也摸不着头脑。结果，孔融又一句"当年我的祖先孔子问道于你的祖先老子，二人亦师亦友，咱们难道不是世交吗？"搞得在场的人无不叹服。

在李膺家，孔融的表演还没到高潮。之后到来的太中大夫陈韪，听了孔融刚才的智慧回答后，不以为然地说了句"小时了了，大未必佳"，就是说，别看他小时候了得，长大了就不一定能耐了。听了这句话，孔融不假思索地回敬了一句"想君小时，必当了了"，就是说，想必你小时候一定相当了得，要不然为什么现在不行了呢！

小时候与大人聊天，孔融毫不逊色，长大了参加朝廷议事，孔融更是"引正定议"，常常左右朝廷决策的方向。

朝廷在许都安顿下来以后，已故太傅马日磾的棺椁被运了过来，因为马日磾是在出使关东期间受袁术胁迫才呕血身亡的，大多数朝臣认为应该进行厚葬。可是，经过孔融一番宏论，马日磾在袁营的活动被定性为"曲媚奸臣"，别提厚葬了，不深究定罪就算不错了。

当时，朝廷中还有一种恢复肉刑的呼声。动不动就定罪死刑，是否人道倒在其次，在"白骨露于野，千里无鸡鸣"的衰乱之世，白白损失掉那么多人力资源简直是浪费啊。经过反复酝酿，就在恢复肉刑几乎板上钉钉之时，孔融一发言，整个方向立刻改变了。孔融的发言很长，但核心理由就三个：一则，恢复肉刑只会体现天子的无道，如果有道的话怎么会有那么多缺胳膊断腿的人在街上呢；二则，那些被施以肉刑的人会变得性格扭曲，原本指望他们能够弃恶从善，结果却"类多趋恶，莫复归正"，比如秦朝的宦官赵高；三则，就算有一些人如孙膑、司马迁那样奋发图强，发挥才智，人前人后他们还是会被耻笑。话说到如此程度，这种于君于民都没有好处的事情，谁还敢提恢复。

后来，面对荆州牧刘表"郊祀天地"的僭越之举，朝廷准备公开下诏予以谴责。这时，孔融又上疏加以反对。孔融认为，尽管刘表"昏僭恶极，罪不容诛"，但毕竟知道的人还不多，现在一旦昭告天下，不仅朝廷脸上无光，而且还会让更多人有样学样，没了规矩。

上面几件事，孔融虽然思维奇特、观点新奇，但他的出发点却无不是为了维护天子和朝廷的尊严和体面，因此，任谁也挑不出毛病。

其四，天骄地傲。如果说，孔融的智识令大家叹服的话，他那恃才傲物的个性也着实让一些人特别是当权者难以接受。

汉灵帝时，外戚何进从河南尹升迁为大将军，为了表示祝贺，司徒杨赐专门让自己的掾属孔融去送道贺的谒帖。结果，因为把门人没有及时通报，孔融一把夺回谒帖，直接离职而去。孔融的这番举动，搞得何进手下的属官们相当丢面子，于是便动了派剑客去追杀孔融的念头。这时，如果不是有人在何进面前为孔融说好话，说不定孔融真就丢了性命。

有意思的是，何进不仅没让手下杀孔融，反而把他征辟为了大将军掾属，随后又把他升迁为了侍御史。为什么如此？因为之前那个为孔融求情的人是这样说的："孔融这个人有盛名，将军如果与他结怨，恐怕四方之士也会相随而去。如此，不如对他以礼相待，让天下人都知道将军胸怀的广大。"就这样，孔融反而因祸得了福。不过，在侍御史的岗位上，孔融没干多久就托病归家了，因为他与自己的上司御史中丞赵舍又产生了冲突。

也许是因为名气太大的原因，先后当过司徒掾属、大将军掾属的孔融，不久后又被征辟为了司空掾属，同时还被授予中军候一职。可是，这个中军候才当了三天，孔融又被提升为了虎贲中郎将，真可谓进步神速。那么，这个火箭提拔孔融的又是谁呢？

能如此超常规用人的，恐怕只能是武将出身的司空董卓了。当时，董卓不仅让孔融三天一变，而且还让名士蔡邕三天三变，第一天是侍御史，第二天变成了治书御史，第三天变成了尚书，而名士荀爽则在九十五天内从一介布衣变成了司空。既然已经把司空给了荀爽，董卓就只好改任太尉了。

换完司空，董卓接着就想换天子了，可在这件事情上，他却遭到了孔融的强烈反对。董卓一向他询问废立之事，孔融就"匡正之言"，弄得董卓很不高兴。于是，没过多久，孔融又从虎贲中郎将变成了清闲无事的朝廷议郎。可是，议郎本来就是负责议时事、提建议的，怎么可能不让孔融发议论呢？于是，没过多久，董卓又把孔融派到了黄巾军肆虐最严重的北海国，给了他一个国相的差使。想发议论你就发吧，反正我是听不到你的"匡正之言"了，至于黄巾军会不会让你永远闭嘴，那就看你的造化了。

后来，孔融虽然在刘备等人的救援下抵挡住了黄巾军的攻击，但最终还是被袁谭给打跑了。此时，汉献帝刚刚迁都到许县，正是用人之际，朝廷一纸征召，孔融先是担任了负责皇家工程建设的将作大匠，后来又升任负责皇家总体事务的少府。就这样，孔融与曹操的合作与冲突开始了。

来到许都后，孔融写了三首六言诗，其中一首是这样写的：

> 郭李分争为非，
>
> 迁都长安思归；
>
> 瞻望关东可哀，
>
> 梦想曹公归来。

还有一首是这样写的：

> 从洛到许巍巍，
>
> 曹公忧国无私，
>
> 减去厨膳甘肥；
>
> 群僚率众祁祁，
>
> 虽得俸禄常饥，
>
> 念我苦寒心悲。

三首诗中的两首都与曹操有关，前一首，"梦想曹公归来"；后一首，赞叹"从洛到许巍巍"，歌颂"曹公忧国无私"。一向恃才傲物的孔融得多么赞赏和拥戴曹公，才会写出这般肉麻的诗句。

实际上，孔融的这些话都是真心实意的。一则，孔融虽然文笔很好但并不善于吹捧；二则，曹操对朝廷、对孔融的确有再造之恩。撇开曹操迎奉天子、迁都许县这些对朝廷的贡献不提，仅仅征召入朝这一件事，就足以让孔融心存感激了。要知道，如果没有这次征召，丢了北海的孔融只有在各个诸侯间乞食的份儿了。三则，曹操对孔融还有不杀之恩。由于孔融一直与袁绍有嫌隙，袁绍还曾经让曹操杀掉孔融，而曹操不仅予以拒绝，而且在给袁绍的回信中，劝他学学汉高祖刘邦是如何原谅自己的仇人雍齿的，隐隐地把袁绍给批评了一番。

有了这份感激之情，孔融不仅以诗文相颂，而且付诸于行动。建安二年（公元197年），将作大匠孔融受朝廷委派前往邺城，"持节拜绍大将军"。大约也是在这一年，曹操以朝廷名义征召被孙策打败的会稽太守王朗入朝。由于担心王朗心怀疑虑，孔融专门给王朗写了一封书信。书信中，孔融盛赞"主上宽仁，贵德宥过。曹公辅政，思贤并立"，催促王朗尽快入朝。

孔融尽心竭力，曹操也积极支持。有一次，孔融给曹操写信，请求曹操能够以朝廷名义，把担任过吴郡太守的名士盛宪从江东征召过来。一看到信，曹操就向江东派出了使者。虽然当使者赶到时，盛宪已经被孙权杀了，但至少证明了曹操对孔融意见建议的重视。

然而，孔融与曹操的"蜜月期"并没有持续多久，很快二人的关系就出现了裂痕。

建安二年（公元 197 年），曹操想借袁术称帝之机，杀掉与袁术有姻亲关系的太尉杨彪。结果，孔融听说后，连朝服也不换就跑去见曹操。杨彪出身著名的弘农杨氏，又是自己的恩主杨赐的儿子，他死了怎么行？

面对曹操，孔融言之凿凿：理由一，杨彪家四代都有高洁的品德，怎么能够说杀就杀；理由二，《周书》上说父子兄弟之间尚且罪不相及，更何况杨彪与袁术只不过联姻罢了；理由三，《易》称"积善余庆"，杨家积了那么多善，现在杨彪却要被杀，原来这句话是骗人的。

几句话说得曹操理屈词穷，只好敷衍道："这是国家的意思。"

这下，孔融更有的说了："假如周成王要杀召公，周公能说自己不知道吗？"言外之意，当权的是你，把天子搬出来不是自欺欺人吗？你别以为别人不知道。

随后，孔融撂下重话："孔融鲁国男子，明日便当拂衣而去，不复朝矣。"如果你还要杀杨彪，我明天就罢工，你爱咋咋地。

要知道，孔融在天下士人当中可是举足轻重的人物；要知道，那时天子才刚刚来到许都，朝廷的门面还需要装点。就这样，曹操放过了杨彪。

杨彪事件之后，孔融与曹操之间的矛盾与分歧虽然并不频繁，但也着实不少。

建安五年（公元200年），在曹操与袁绍对决的紧要关头，孔融公开散布袁绍地广兵强、难以战胜的言论，完全是一副悲观论调。从智力资源上讲，"田丰、许攸，智计之士也，为之谋"；从治理人才上看，"审配、逢纪，尽忠之臣也，任其事"；从军事将领上说，"颜良、文丑，勇冠三军，统其兵"。总之，无论从哪个方面讲，曹操都处于劣势，"殆难克乎！"

建安九年（公元204年），曹操攻下了邺城，袁家的女儿、媳妇大多被掳掠，其中，曹操的儿子曹丕私自占有了袁熙的妻子甄氏。孔融写信给曹操："武王伐纣，把妲己赐给了周公。"曹操不明白其中的意思，就询问出自哪部经典。结果孔融回答："以今度之，想当然耳。"按照现在的事情推测，应当是这样。于是，"想当然"一语应时而生。

建安十二年（公元207年），曹操出兵讨伐乌桓。孔融不无嘲讽地说：周武王时，肃慎族不进贡楛矢（用楛木做杆的箭）；汉武帝时，丁零人偷盗了苏武的牛羊。按照现在谁不服就打谁的逻辑，不如把肃慎和丁零一起征伐了。言外之意，曹操有些兴师动众、小题大做了。

此外，曹操下令禁酒，嗜酒如命的孔融也公开反对：天上有酒星，地上有酒泉，人心有酒德，尧不饮千钟就不会成为圣贤。再说了，夏桀商纣因为女色而亡国，难道你再禁了婚姻不成？

如此看来，无论是政治清理还是经济管制，无论是生死决战还是日常征伐，无论是国家大事还是个人家事，孔融都盯着曹操发表意见。不过，所有这些曹操都姑且予以包容，毕竟孔融是当世大儒，毕竟这些都还在忍受范围之内，毕竟无论是何进还是董卓都没有对孔融动刀子，毕竟当年自己在兖州时就因为杀了名士边让而吃过亏。

然而，当时间走到建安十三年（公元208年），无论是现实的形势还是曹操的眼光，都发生了变化。此时，曹操已经基本扫平了北方，相较于以前，少了些顾虑；同时，孔融看到曹操"雄诈渐著"，他的反应也越来越激烈，经常"发辞偏宕，多致乖忤"。

最令曹操如鲠在喉的，是孔融的一份奏章。在这份奏章中，孔融请求天子下令，"准古王畿之制，千里寰内，不以封建诸侯"，就是说，要恢复《周礼》中规定的距离首都千里之内的土地不能封建诸侯的制度。别看只是一纸奏章，孔融却要用它釜底抽薪，彻底断了曹操在中原地区乃至河北邺城建立自己封地的念想。这下，曹操有些无法容忍了，越来越担心孔融阻碍自己的大业。

恰在此时，山阳人郗虑看出了曹操的心思。与孔融过节颇深的他，以蔑视国法为由弹劾奏免孔融。对此，孔融毫不在意，当曹操名为劝解实为拨火给他写信时，孔融依旧针锋相对地回击郗虑。这样，一来二往，孔融先是被罢免，后又复职担任了只管议论但没有实权的太中大夫。

虽然担任闲职，孔融却没闲着，反而天天宾客盈门。看着这一切，孔融感叹道："坐上客常满，樽中酒不空，吾无忧矣。"有酒有肉有朋友，还有什么不满足的？"坐上客"一语由此而来。

孔融"无忧"了，郗虑就开始忧虑了。随之，一系列关于孔融的罪状被罗织起来。

第一条，图谋不轨。孔融当初在北海时，就宣扬自己是"大圣之后"，说什么"有天下者，何必卯金刀"，言外之意，自己可以取而代之。

第二条，非议朝廷。孔融在会见孙权的使者时，有"谤讪朝廷"之语。

第三条，不遵朝仪。孔融经常连头巾都不戴，就衣冠不整地在宫廷内外走来走去。

第四条，不尊孝道。据传，孔融曾经向好友祢衡讲，父亲对于儿子根本没有什么亲情，只不过是一时情欲发泄的结果。同时，孔融还曾经说，如果父亲不好，即使把东西给别人吃，让父亲饿死也没关系。

第五条，不敬先哲。据说，孔融曾经与祢衡相互吹捧，祢衡夸孔融是"仲尼不死"，孔融说祢衡是"颜回复生"。

于是，孔融的罪名被公之于众：不孝。

咦？不是五条吗，怎么少了？

因为，其他几条政治绞杀的意味太浓了，只有这条既能把对手整死又能把对方搞臭，要知道大汉朝可是以孝治天下的王朝，要知道孔子之学可是百善孝为先的学问，你孔融四岁就知道"让梨"，怎么如今倒连父子亲情都蔑视了？于是，孔融的罪状被定为"违天反道，败伦乱理"，因此"虽肆市朝，尤恨其晚"。看来，这一天让曹操等了很久。

建安十三年农历八月二十九（公元208年9月26日），太中大夫孔融在闹市中被执行死刑。赴刑之前，孔融对自己的人生遭遇进行了深刻反思。是自己言多必失，还是世道浮云蔽日？是人心难测，还是三人成虎？凡此种种，只能留在《临终诗》中了。

> 言多令事败，器漏苦不密。
>
> 河溃蚁孔端，山坏由猿穴。
>
> 涓涓江汉流，天窗通冥室。
>
> 谗邪害公正，浮云翳白日。
>
> 靡辞无忠诚，华繁竟不实。
>
> 人有两三心，安能合为一。
>
> 三人成市虎，浸渍解胶漆。
>
> 生存多所虑，长寝万事毕。

其实，孔融与郗虑结下梁子，也是因为自己张扬的个性和刀子般的嘴巴。有一次，刘协当着郗虑的面问孔融："郗虑有哪方面的优点和长处？"孔融回答："此人可以与他一起研究大道理，但是不能让他掌握权力。"（可与适道，未可与权。）这句话可把郗虑给惹毛了，举起笏板就揭起孔融的短处："孔融担任北海相的时候，政务松散，百姓流离，他哪里适合掌权！"

孔融被捕时，他的两个孩子正在下棋。听说父亲被抓，他们丝毫没有因此惊慌失措，仍继续下棋。旁边的人看了，都说："你们父亲都被抓走了，你们怎么还坐着不动？"

两个孩子回答："哪里有巢都毁坏了卵却不破的事情？"言外之意，他们不是不想逃，而是根本逃不了。

不久，两个孩子也被杀，男孩九岁，女孩七岁。

的确，"覆巢之下无完卵"，巢如此，家如此，国亦如此。当大汉朝的覆灭已经成为一种望得见的必然，作为最大受益者的士族名士们也面临着生死存亡的抉择，是站着死还是跪着生？是顺应时势还是力挽狂澜？每个人都在接受着拷问。

天下鼠辈

实际上，建安十三年，曹操在许都杀死的并不止一个孔融。除了这位名儒，更早些时候，曹操还要了一位名医的命。

没错，他就是华佗。

作为一名医师，史书中关于华佗悬壶济世、妙手回天的记载不胜枚举。

一个郡守得了病，华佗收了他的钱却不辞而别，临走时还留下了一封谩骂他的信。面对华佗这一无礼行为，愤怒到了极点的郡守一下子吐出了几升黑血。结果，不吐不要紧，一吐病全好了。没错，这就是华佗的诊疗手段。

两个头痛发热的府吏一起去找华佗看病。结果，华佗认为一个人属外实内虚，应该下泻；另一个人属外虚内实，应该发汗。于是，二人分别用药。没想到，第二天两个人全好了。

不仅能够对症下药，华佗还发明了一种叫作"麻沸散"的麻醉药，病人喝下去完全没了知觉，华佗随后便开膛破肚实施手术。为此，华佗被后世尊称为"外科鼻祖"。

后来，曹操听说了华佗的传奇医术，于是便把他召到了身边。曹操长期患有头风病，每次发作都"心乱目眩"。可是，一旦经华佗针灸治疗，头痛立刻就得到了缓解。由此，曹操越发离不开华佗了，必须让他"常在左右"。

按说，能够让当权者离不开，应该是一件好事，然而，此时的华佗却十分苦闷。

按照华佗本来的愿望，他是想做一名士大夫的。早年，华佗在徐州游学，也的确"兼通数经"，是具备成为士人的条件的。可是，年轻时的华佗却自视颇高，不仅拒绝了"沛相陈珪举孝廉"的机会，而且没有接受太尉黄琬的征辟。就这样，一来二往，机会就从身边溜走了。后来，当他"以医见业"再想去做一个士人时，只有"意常自悔"的份儿了。

懊恼之余，华佗对"专视"曹操这项工作也变得兴致索然，于是便以家人来信为由，申请回老家谯县看看。可一旦回到老家，华佗又以妻子生病为由，多次申请延期。

这下，曹操有些着急了，不仅多次给华佗写信，而且指示郡县官员催促华佗尽快上路。然而，华佗依旧纹丝不动。

如此一来，曹操就失去耐心了。很快，专门来查验事情真假的人就到了谯县。事前，曹操交代，如果华佗的妻子确实有病，那么就赐给他小豆四十斛且宽限假期；假如华佗弄虚作假、欺上瞒下，那就立刻将其抓起来。

就这样，没多久华佗就被关进了许都的监狱之中。

按说，曹操关押一个欺骗自己的医师并不算什么大事。可是，没想到连荀彧都出来为华佗求情了。实际上，荀彧的理由也颇为充分："佗术实工，人命所县（悬），宜含宥之。"意思是说，华佗的医术的确很高明，手里握着的都是人的生死，还是应当容忍宽宥他一下。

应该说，荀彧说的确是实情，您不为他人的性命着想，至少也要为自己的健康着想啊！然而，曹操对此却颇不以为然："不忧，天下当无此鼠辈耶？"不用担心，天下还缺这类鼠辈吗？

没错，在那个时代，医师作为江湖术士的一种，的确可以归为"鼠辈"，对此，不仅曹操这样认为，就连华佗本人也这样认为。可是，天下真的还会有华佗这样的"鼠辈"吗？

没错，能暂愈曹操头风病的不止有华佗的良药，还有陈琳的美文。可是，陈琳真的能保证每次在曹操需要时都能文思泉涌、妙笔生花吗？

仁爱识达

聊完了许都自建安元年以来对于曹操事业的影响，最后再来说说曹操一家来到许都后的一个小变化。

如果说，建安元年迁都许县是曹操整个事业的腾飞点，那么在这一时间、这一地点降生的一位小天才，则是曹操将事业推向千秋万代的希望所在。

没错，他就是曹冲。

虽然曹操的众多妻妾给他生下了不少儿子，但曹冲在其中还是异常亮眼。

首先，曹冲的智慧聪颖有目共睹。据载，早在曹冲五六岁时，就"有若成人之智"，而"称象量舟""山鸡舞镜"等典故更是因曹冲而产生。

一次，孙权给曹操送来一头巨象，但这头象的重量却无从知晓。正在大家一筹莫展之际，曹冲给出了解决方案：首先，把大象放到船上，在水痕所至的船舷上刻出记号；然后，把大象牵走，在船上放入能够达到同样水位的其他东西；最后，把放到船上的那些东西一一称重加总，这样就能得到大象的重量了。小小年纪就知道利用等量代换的数学原理化整为零地称出大象的重量，看来曹冲的确智商非凡。

还有一次，南方曾经向曹操进贡了一只山鸡。这只山鸡十分奇异，只要一看到自己在水中的倒影就会自顾自地跳起舞来。然而，大殿之上却并没有供山鸡顾影自欢的水面。正当大家踌躇之际，曹冲却让人把山鸡放到了一面大铜镜面前。看到镜子里的自己，山鸡立刻舞动起来，一时间竟停不下来。

如果上面两件小事只可当作益智故事听一听的话，那么下面这件小事则不仅体现了曹冲超群的智商，更体现了他超凡的情商。

一次，曹操存在库房中的马鞍被老鼠咬坏了。这下，可把负责库管的官吏给吓坏了，要知道曹操可是出了名的严厉，这回自己怕是死定了。于是，这名官吏就准备把自己绑起来当面向曹操请罪，即使这样，他仍内心忐忑、惴惴不安，"犹惧不免"。

这时，曹冲却阻止了他，并且让他先躲藏三天，之后再去向曹操自首。带着疑惑，这名官吏猫了起来。

交待完官吏，曹冲拿着一件被老鼠咬坏的衣服，愁眉苦脸地来到了曹操面前。

看到爱子怏怏不乐的样子，曹操忍不住询问究竟。于是，曹冲"如实"相告："世俗以为鼠啮衣者，其主不吉。今单衣见啮，是以忧戚。"大家都说，如果衣服被老鼠咬破了，那衣服的主人就会倒霉。现在我的衣服被咬了，所以我很发愁。

听到曹冲这番话，曹操乐了："此妄言耳，无所苦也。"这些都是毫无根据的说法，不用担心苦闷的。

有了父亲的这番话，曹冲笑逐颜开。

没多久，负责库管的官吏拿着被老鼠咬坏的马鞍来到了曹操面前。对面此人的"面缚首罪"，曹操笑着说："我儿子的衣服放在身边尚且被咬，更何况挂在柱子上的马鞍呢？"于是，曹操"一无所问"。

顺便说一句，那件被老鼠咬出几个小洞的衣服，也是曹冲用刀戳出来的。据《三国志》记载，那些"凡应罪戮"却因曹冲的悄悄保护而得到宽免的，"前后数十"。

按说，家里有这样一个高智商的神童已经够让人欣喜的了，可是这个神童又偏偏宅心仁厚，"仁爱识达"，简直是举世无双了。为此，曹操不仅多次在群臣面前称赞曹冲，并且"有欲传后意"，流露出要让他当接班人的意思。

当然，有意并不代表就打定了主意。再说了，日子还长，当下曹操集中要解决的，并不是把江山交给谁的问题，而是把怎样的一个江山交到子孙后代手中的问题。

为此，曹操又踏上了征程。

第五章

关中

一直在帮忙，
为何总被认为在添乱？

建安十三年，曹操除了在为邺城的城市建设和许都的政治建设而操心，还有一个地方和一个人牵扯着他的精力。

就在曹操大军从邺城一路南下屯驻于许都周边的同时，以侍中张既为首的一小队人马却一路向西来到了关中。

张既此行的使命十分明确，那就是：劝说马腾放弃数万人马的指挥权，跟随自己到朝廷任职。

虽说张既是个土生土长的关中人，并且长期与马腾打交道，但无论从哪个角度讲，这都是一项颇具难度的任务，谁会为了一个荣耀的虚职而放弃手中的实权呢？

然而，张既最终却顺利达成了使命。

据《三国志·蜀书·马超传》记载，马腾并不是被张既劝动的，而是自己主动"求还京畿"的。

这就有意思了，要知道，马腾在关中"北备胡寇，东备白骑，待士进贤，矜救民命，三辅甚安爱之"，既颇具实力又颇得民心，怎么这一切说放弃就放弃了？曹操一方究竟是施了什么魔法？马腾一方到底又是怎么盘算的？

一关山河

建安三年（公元 198 年），关中问题第一次被曹操提上了议事日程。

这一年，面对袁绍威胁日迫、许都四面受敌的严峻形势，荀彧向曹操提出了先东后北的建议，即：先向东解决徐州吕布，再想办法对付北面的袁绍。听完这一建议，曹操聊出了自己心中积蓄已久的忧虑。

只听曹操说道："然。吾所惑者，又恐绍侵扰关中，乱羌、胡，南诱蜀汉，是我独以兖、豫抗天下六分之五也。为将奈何？"你说的没错！不过令我惶惑不安的还有一点，假如袁绍趁机侵扰关中，然后蛊惑那里的羌人、胡人发动叛乱，再勾结巴蜀和汉中的势力，这样我就仅用兖州和豫州两个州的力量来抗衡天下六分之五的势力了，到那时又该怎么办呢？

这里，曹操虽然聊到了关中、羌胡、巴蜀以及汉中，但他真正担心的地方却只有一个，那就是：关中。

曹操这里所说的"关中"，也就是今天以西安为中心的陕西中部地区。古时，这里东有潼关、西有散关、南有武关、北有萧关，因为位于四关之内，故称关中。关中因为四面都有天然地形作为屏障，中间又有渭河川流而过，因此自战国时就有"四塞之国"和"天下雄国"之称。

实际上，关中除了有以上四关的防护外，还有一关、一山、一河的护佑。

"一关"，是位于今陕西省与河南省交界处的一处关隘：函谷关。"函"本义指箭囊，后泛指含物之器，再后来又特指装信件等物的封套，而函谷关之所以得名，就是因为它建于谷地之中，深险如函，易守而难攻。

"一山"，指函谷关东面位于今河南省三门峡市境内的崤山。作为秦岭东段较大的支脉，崤山长达 160 余公里、宽 40～50 公里，自西南向东北一直延伸到了黄河岸边。

而"一河"，自然指如今位于陕西和山西之间，从北向南流淌的黄河了。

险峻的崤山连同坚固的函谷关，再加上自北向南流淌的黄河，构成了中国古代东西地理的分界线，于是就有了关东、关西，山东、山西，河东、河西的说法。

回顾汉朝以前的历史，无论是崇尚礼乐的周朝还是推崇律法的秦朝，都是在关中实现崛起并最终完成天下一统的。而在秦末的楚汉争霸中，刘邦也是以关中为基地最终消灭项羽的。

刘邦夺取天下后，不少大臣建议将新王朝的都城定在关中，张良认为"关中左肴函，右陇蜀，沃野千里……此所谓金城千里，天府之国，天下之脊，中原龙首"，士大夫田肯也觉得关中"地势便利，其以下兵于诸侯，譬犹居高屋之上建瓴水也"。大臣们的这番劝说，不仅使刘邦下决心把都城定在了关中腹地长安，而且还因此诞生了两个成语：金城千里、高屋建瓴。

实际上，关中乃至整个关西地区不仅具有天然的地理优势，而且具有富足的将才资源。秦汉时期，一直流传着"关东出相，关西出将"这样一句俗谚。《汉书·赵充国辛庆忌传》对"关西出将"的情况进行了大致梳理："秦、汉已来，山东出相，山西出将。秦时将军白起，郿人；王翦，频阳人。汉兴，郁郅王围、甘延寿，义渠公孙贺、傅介子，成纪李广、李蔡，杜陵苏建、苏武，上邽上官桀、赵充国，襄武廉褒，狄道辛武贤、庆忌，皆以勇武显闻。苏、辛父子著节，此其可称列者也，其余不可胜数。"上面这段话无须细看，仅仅白起、王翦、傅介子、李广、苏武这几个名字就足以证明关西将才资源的高产和优质。

而对于其中的原因，《汉书》同样进行了分析："何则？山西天水、陇西、安定、北地处势迫近羌胡，民俗修习战备，高上勇力鞍马骑射。"就是说，关中向西、向北的地区都临近羌胡等少数民族的聚居区，长时间的相处杂居，使这些地区的汉人也变得彪悍善战。因此，无论是镇压周边地区的羌胡叛乱，还是对付中原地区的起义，关西地区都是朝廷的天然武库。而在长时间的混居杂处过程中，汉人与羌人、胡人的关系也日益密切，有些军阀甚至就是通过羌胡力量崛起壮大的，比如董卓。

据《三国志·魏书·董卓传》记载，董卓少年时"尝游羌中，尽与诸豪帅相结"，因为他"膂力过人，双带两鞬，左右驰射"，结果"为羌胡所畏"。后来，董卓逐渐在讨伐羌族部落的斗争中壮大，直至领兵入京，控制朝廷，揭开了汉末群雄逐鹿的序幕。再后来，董卓由于忌惮关东群雄，甚至把天子迁到了长安，进而以关中为根据地与关东展开争夺。

实际上，搅得天下大乱的不止董卓一个，即使在他死后，他的那些出身关西的手下们——李傕、郭汜、樊稠、张济、段煨——同样给朝廷和天下添了不少麻烦，仅仅张济的侄子张绣就害得曹操损失了长子曹昂、侄子曹安民以及爱将典韦。

如今，虽然董卓等军阀败亡了，关中却依然山头林立，动荡不止。据载，自建安元年（公元196年）汉献帝离开关中后，"长安城空四十余日，……，二三年间，关中无复人迹"，此时从凉州起家的军阀马腾、韩遂则乘机占据了关中，对关东地区构成了严重威胁。

如此看来，无论回顾历史，还是放眼当下，曹操的担心都并非空穴来风。

回顾过去，汉朝之前的历史实际上就是一部关东与关西此消彼长的竞争史。周灭商、秦灭六国、刘项灭秦、楚汉争霸、新莽覆亡、群雄反董，哪一次不是东西之争？对于勇武的关西能不重视吗？

放眼当下，由于地理形势、人口分布、民族关系、历史传统等多方面的原因，一旦关中骚动，羌胡、巴蜀、汉中等处自然会应声而动。那时，曹操必然如芒在背。相反，如果关中稳固，羌胡、巴蜀、汉中就算因为袁绍的侵扰而有所异动，也只是隔靴搔痒，不会对中原的曹操构成任何实质性威胁。

因此，面对荀彧东征吕布的建议，曹操虽然没有直接否决，但却隐隐地指出了另外两个选项：要么暂时按兵不动，要么先解决关中问题。

西顾无忧

面对曹操的顾虑，荀彧首先对关中的状况进行了分析："关中将帅以十数，莫能相一，唯韩遂、马超最强。"就是说，关中自立山头的将帅起码有几十个，谁也没有本事把大家拢到一起来，这其中只有韩遂和马超的力量最强。

荀彧说的没错，关中大小军阀虽然不少，但真正有能力"乱羌、胡，南诱蜀汉"的恐怕只有韩遂以及马腾、马超父子。金城人韩遂很早就"著名西州"，后来被凉州的羌胡人裹挟着加入了反朝廷的队伍，逐渐成为"拥兵十余万，进围陇西"的军阀。相较于韩遂，马腾更不得了。作为后汉开国名将马援的后代，马腾"长八尺余，身体洪大，面鼻雄异，而性贤厚，人多敬之"。早年，马腾跟随凉州刺史耿鄙征讨羌氏部落和韩遂叛军，后来因为不满耿鄙的种种作为，索性与韩遂结成了异姓兄弟，成了凉州地区的最大军事势力。

董卓迁都长安后，曾经派人游说马腾、韩遂，让他们与自己一起对抗关东联军。结果，马、韩二人率军刚到长安，董卓就被王允、吕布刺杀了，不久李傕、郭汜又进攻长安，掌握了朝政。于是，马腾、韩遂又在初平二年（公元 192 年）归顺了李傕，马腾被拜为征西将军，驻军长安附近的郿县；韩遂被拜为镇西将军，驻军金城郡。

然而，没过两年，马腾就因为一些个人诉求得不到满足而与李傕闹翻了。为此，马腾不仅"欲举兵相攻"，而且还联合了益州的刘焉以及长安城中的种邵等大臣，准备来个多方联动、里应外合。结果，种邵等人的密谋泄露，马腾、韩遂战败，退回凉州。

你看，马腾、韩遂长期生长在羌胡聚居区，在羌胡人中又颇具影响力，同时也曾经与益州有过合作，这不正是曹操担心的"侵扰关中，乱羌、胡，南诱蜀汉"吗？

不过，荀彧虽然点出了马腾、韩遂这两个有能力制造麻烦的家伙，紧接着也提出了自己的见解："彼见山东方争，必各拥众自保。"这些人看到山东地区争斗正酣，必定会拥兵自保，谁也会不动逐鹿中原的心思。

荀彧的这一判断，也是有事实支撑的。在李傕、郭汜与王允的争斗见分晓前，马、韩只是观望，并没有选边站队；李傕、郭汜与关东群雄对峙时，马、韩也只是为了个人利益才进攻长安；并且，马腾和韩遂这对"始甚相亲"的异姓兄弟如今也已经"转以部曲相侵入，更为仇敌"了。一开始马腾打跑了韩遂，后来韩遂纠合大量人马不仅打败了马腾，还杀了他的妻子和儿女，双方就这样兵戈相向、争斗不休。

当然，判断归判断，要想不出意外，还要采取切实的行动。于是，聊完见解，荀彧紧接着提出了因应之策："今若抚以恩德，遣使连和，相持虽不能久安，比公安定山东，足以不动。"现在如果施恩布德去安抚他们，派遣使者与他们谈合作，这种稳定状态虽不能保证长治久安，但至少在您平定山东地区这段时间内，足以使他们不敢轻举妄动。

聊完对策，荀彧又提出了实现这一策略的具体人选："钟繇可属以西事，则公无忧矣。"西边的事情可以交给钟繇去办，这样明公您就可以高枕无忧了。

既有形势分析，又有解决方案，还有口袋人选，几句话说得曹操愁云立散、豁然开朗，随即大军东征，钟繇西行。

东边的事情自不必说，用了约三个月时间，曹操让吕布殒命在了徐州下邳城上的白门楼。下面略微详细地说一说西方的事情。

应该说，无论在策略上还是在人选上，荀彧都是经过一番深思熟虑的。就拿钟繇来说，此人早年既在董卓、李傕等人把持的朝廷中担任过尚书郎、廷尉正、黄门侍郎，又在关中地区的阳陵县做过县令，可以说既了解那帮凉州军阀的脾气秉性，又熟悉关中地区的风土人情，自然是一位合适的人选。

更为关键的一点是，此人政治过硬。当初，曹操为了打通与天子的联系通道，曾经派亲信王必专门到长安去觐见天子。可是，当王必带着一车车厚礼及曹操殷勤备至的表章抵达长安时，当权的李傕、郭汜却认为曹操并非真心实意，因此商量先把王必连人带物扣留下来，而对曹操的表章则不予理会。关键时刻，一旁的锺繇说了这样一段话："方今英雄并起，各矫命专制，唯曹兖州乃心王室，而逆其忠款，非所以副将来之望也。"就是说，现在英雄并起，人人都假借天子的名义专制一方，实际上却谁也没把天子放在眼里，只有曹操心里还装着王室，现在他的好心却被当成驴肝肺，以后谁还来呀。

听到这里，李傕、郭汜顿然开窍了，立即对曹操"厚加报答"，不仅允许曹操与朝廷建立长线联系，而且还让曹操如愿得到了自己心心念念的头衔：兖州牧。

有了这次自觉主动的神助攻，跟随天子返回中原的锺繇，之后一路顺遂。那时，荀彧既是负责朝中日常事务的尚书令，又要为曹操谋划对外征伐的军国大事，一人分饰两角难免有些忙不过来，于是，曹操让荀彧推荐其他能为自己出谋划策的人选。这时，荀彧毫不犹豫地推荐了自己的侄子荀攸和自己的老乡颍川长社人锺繇。此后，锺繇先是被任命为御史中丞，不久又升任侍中兼尚书仆射，获封东武亭侯。

侍中是天子身边的人，尚书仆射是尚书令的副手，也就是说锺繇当时的角色是协助荀彧处理朝廷事务的二把手。这一次，荀彧能推荐锺繇去独当一面，不仅是对锺繇的欣赏和信任，自己身上的担子无疑也增加了。而曹操之所以采纳荀彧的建议，不仅是认为锺繇政治可靠、素质过硬，而且是觉得派这样一位重量级人物出马才能够镇得住场面。

临行前，曹操给了锺繇一个新的身份："以侍中守司隶校尉，持节督关中诸军"，就是让他以朝廷侍中的身份兼任司隶校尉，并且赋予他持符节都督关中各路人马的权力。单从职权上看，对锺繇已经够放权了，可私下里曹操还秘密赋予了锺繇一项更大的权力："委之以后事，特使不拘科制"，就是说，锺繇可以全权处置整个西方事务，可以不拘泥于法令条文、见机行事。

有了这样的身份和交代，锺繇就可以放开手脚大胆工作了。于是，一抵达关中，锺繇就专门派人给马腾、韩遂送去了自己的亲笔书信，为他们分析形势，陈述利害，动之以情，晓之以理。

应该说，无论是荀彧对于形势的判断，还是锺繇对于事情的拿捏，都恰逢其时，恰到好处。此时，马腾与韩遂这一对之前的好兄弟，正因为钱粮地盘等利益分配问题而闹得不可开交，谁都找不到压倒对方的理由，更找不到就驴下坡的台阶。因此，锺繇的出现，不仅没有让他们产生有人骑在自己头上的危机感，反而让他们感觉彼此有了利益沟通的中间人。于是，在锺繇和凉州牧韦端等人的调解下，马腾、韩遂不仅搁置了争议，而且各自派遣自己的儿子到朝廷担任侍从。

以上成果看起来只是一个人两封信的事儿，但回顾之前一个个血淋淋的教训，这些成果的取得却着实不易。

初平二年（公元191年），身处长安的汉献帝派遣侍中刘和携带密诏回关东向其父幽州牧刘虞求援，结果刘和半路上被袁术扣留，弄得刘虞生生被袁术诳走了数千骑兵才换回了儿子。

初平三年（公元192年），控制朝廷的李傕任命马日磾为太傅、录尚书事，派遣他到关东去安抚各路诸侯，结果马日磾一到袁术驻地就被扣留了下来，袁术不仅夺去马日磾的符节，而且强逼他当自己的军师，搞得马日磾第二年忧愤呕血而死。

初平四年（公元193年），朝廷任命金尚为兖州刺史，结果金尚刚刚踏入兖州地界，就被已经实际控制兖州的曹操打得"流离迸走，几至灭亡"。

初平年间，刘虞担任太傅兼幽州牧，可境内的奋武将军公孙瓒不仅不受他的节度，反而于初平四年攻杀了他。

诸如此类的事情，不胜枚举。

由此可见，授权可以，但却不是谁都能把授予的权力运用好的。除了朝廷任命、手中并没有太多硬实力的锺繇，能够在关中立住脚跟甚至让马腾、韩遂把儿子送往许都成为事实上的人质，真不是一般人能做到的。

当然，仅仅运用以上这些政治手腕，还是远远不能做到"无忧"的。实际上，为了更有效地控制关中，曹操早就在荀彧的建议下进行更多部署了。这其中，治书侍御史卫觊一次行旅中的考察发挥了重要作用。

当北方逐渐呈现出曹、袁对决的态势时，到南方争取盟友成了双方不约而同的选择。当时，荆州牧刘表已经表露出声援袁绍的姿态，而与刘表素有嫌隙的益州牧刘璋，自然成为曹操值得拉拢的潜在盟友，于是以才学著称的卫觊踏上了前往益州的旅途。

然而，当卫觊到达长安时，却发现前往益州的道路完全断绝了，使命中断的他便留下来承担起了稳定关中的任务。

留在关中不久，喜欢钻研琢磨的卫觊就有了一个有趣的发现：虽然关中前往益州的道路因为战乱而断绝了，但从其他地方返回关中的流民却络绎不绝，而这些人一回到关中，就被当地的小军阀们给拉了壮丁。看到这一情况，卫觊便给荀彧写信汇报自己的观察和思考。

信中，卫觊首先描述了关中人员流动的情况："关中原本是个丰腴富饶的地方，因为前一段时间兵荒马乱才导致百姓四处逃亡，据说仅逃到荆州的就有十万多户。如今，关中逐渐趋于安定，所以外逃的百姓都渴望返回家乡。"

随后，卫觊分析了流民依附于军阀的原因及危害："回来的人自身既没有从事农业生产的本钱，也没有良好的外部条件，而关中的大小军阀却竞相招纳他们，软弱无力的郡县官府抢不过他们，眼睁睁看着军阀们日益做大。目前来看，这倒没什么大危害，但长此以往，一旦有个风吹草动，麻烦就大了。"

聊完困难隐患，卫觊紧接着提出了克服困难、排除隐患的具体建议："食盐，是国家的一大宝贝。目前，国家因为战乱已经失去了对食盐买卖的控制。

现在，不如像过去那样设置专门人员监督食盐的买卖，用卖盐的钱去大量购置犁和耕牛，只要有回来的百姓就提供给他们使用，这样官府就有能力与军阀抢人了，而老百姓也更愿意回来了。"小盐粒撬动大人力，卫觊的想法既壮大了朝廷，又削弱了军阀，还恢复了经济，可谓一石多鸟。

不过，除了这悄咪咪的一招，卫觊还提出了亮堂堂的一招："不如将司隶校尉的治所设在关中，使其成为关中众将之主，那样众将的势力就会日渐削减，而官府百姓就会日益富裕强大，这绝对是加强国本、削弱敌人的大好事。"

既有经济政策的调整，又有行政重心的迁移，既有利于改善经济民生，又有利于促进军事安定，如此何乐而不为呢？于是，当荀彧把卫觊的意见禀告给曹操时，曹操很快就作出了部署：派遣谒者仆射监督食盐买卖，将司隶校尉的治所从洛阳附近移至长安东面的弘农。

于是，这才有了钟繇"以侍中守司隶校尉，持节督关中诸军"的人事任命。如此看来，卫觊这段被中断的行旅，真可谓"有心栽花花不发，无心插柳柳成荫"。

这边，关中逐渐从军阀遍布的野地变成大汉朝廷的柳荫；那边，曹操与袁绍在中原的竞争也到了即将摊牌的时刻。此刻，关中乃至更远的凉州，所有将领的心中都在发问："袁、曹胜败孰在？"命运之神到底会青睐于谁呢？要知道，现在重新选边站队或许还来得及。

摇摆之下，凉州牧韦端让州从事杨阜前往许都寻求答案。不久之后，被朝廷任命为安定郡长史的杨阜回到了关西，面对众将领热切的眼神，杨阜通过对比的方式分享了自己的考察成果。

先说袁绍："袁公虽然宽厚但并不果断，热衷谋划却难下决心，如今他虽然强大，但最终成不了大事。"

再说曹操："曹公有雄才远略，抓住机会就毫不迟疑，法令统一而队伍精良，能够任用自身圈子以外的人才，所任用的人也都能各尽其力，一定能够成就大事。"

通过杨阜的这一番比较，众将领安心了，既然曹操的赢面更大，而自己现在也已经站在了曹操这一边，何必要大费周章地折腾呢？由此，关西停止了摇摆。

一旦将局势稳定下来，司隶校尉钟繇考虑的就不只是不给主公添麻烦的问题，而是如何给前方帮忙的问题了。这不，就在曹操与袁绍官渡军事相持的关键时刻，钟繇将关中的两千多匹良马送到了前线。

望着这些既可战又可食的马匹，兵寡粮少的曹操喜不自禁。随后，曹操专门致信钟繇，高度评价了他在关中的贡献："得所送马，甚应其急。关右平定，朝廷无西顾之忧，足下之勋也。昔萧何镇守关中，足食成军，亦适当尔。"就是说，你送来的这些马，可以说相当应急。关西能够平静安定，朝廷没有西顾之忧，这都是你的功劳。汉高祖时萧何镇守关中，保证了前线军粮和兵源的充足，如今你的功劳与他是一样的！

在此，我们可以合理推测，在不久后进行的那次改变战场形势乃至曹袁命运的乌巢奇袭中，曹军所骑乘的马匹中必然少不了钟繇送来的那些。

拒马河西

一场官渡之战，钟繇都督下的关中不仅没有失分，反而为曹军的胜利加了分。不过，随后迎接钟繇的却并非满地鲜花，而依旧是一路荆棘。

建安七年（公元202年），袁尚委任麾下的郭援为河东太守，命令他与并州刺史高干以及南匈奴单于呼厨泉一道，三路并进，拿下黄河北岸紧邻关中的河东郡。同时，袁尚还专门派使者前往关中，与马腾等将领联系，鼓动他们共同起兵对抗曹操，而马腾等人在巨大的诱惑面前，也暗中答应了袁尚。

一边派人出明枪，一边派人放冷箭，袁尚这两下子可真够钟繇喝一壶的。

不过，更令人头疼的是，这个被袁尚用来打主力的郭援竟然还是锺繇的外甥，如此，就算锺繇本人能够大义灭亲，手下人行动起来也难免会投鼠忌器，放不开手脚。

战事一开，锺繇军队就显得有些被动。呼厨泉首先在平阳发动叛乱，锺繇旋即率领各路人马包围了匈奴军队，但进攻却持续受挫。这边锺繇无法拿下平阳，那边郭援的大队人马却已经杀到了河东，兵锋所向，河东郡下辖的各县城要么被攻克要么顺势归降，誓死坚守的寥寥无几。看到郭援如此声势，手下众将纷纷劝锺繇撤围而去，先避其锋芒，然后徐图再战。

抉择时刻，锺繇沉着冷静地对战场形势进行了分析。

首先，直面已经存在的事实："没错，袁氏的势力现在是很强，因此，郭援此次南来，关中的势力也暗地里与他勾结。"

其次，看到不幸中的庆幸："目前，关中势力之所以不敢完全背叛朝廷，是因为他们还顾忌我的威名。"言外之意，有威名就有威慑，有威慑就能再次慑服关中。

再次，分析撤退带来的巨大风险："可是，一旦我们撤围而退，不仅向对手表明了我们的虚弱，搞不好弄得我们治下的臣民也没了信心，说不定他们也会个个变成我们的仇敌。到那时，就算我们想撤回关中恐怕也回不去了。因此，撤围而去绝对是没有交战先自取失败的做法。"言下之意，撤围貌似是兵家常事，但此时此处、此情此景下，可能引起的连锁反应就并不寻常了。

一番分析判断之后，锺繇讲出了克敌制胜的办法："别看郭援现在声势大，但这个人却刚愎好胜，必定会小瞧我军。如果他渡过汾河来扎营，等他渡到一半时我们去攻击他，必会大获全胜。"在绝望中寻找希望，于危机中孕育新机，人如其名，这就是锺繇的重要之处。

锺繇如此定力，不仅给将士们以信心，也令马腾转变了态度，不久，马腾的长子马超就带着一万多人马赶来与其会合了。

接下来战事的发展一如锺繇所料。来到汾河边的郭援，根本不去探明对岸的情况，挥军就要渡河，结果无论手下将领怎么劝说，都挡不住郭援那颗好胜的心。胜负可想而知，锺繇在敌人渡河时，果断发起攻击，"大破之"。

仗打胜了，自然要打扫战场。据双方士兵回忆，郭援早就在战场上被杀死了，可是，无论怎么找，也找不郭援的尸首。这下，可把当舅舅的锺繇给急坏了，于公于私这都不好交代呀！

正在此时，马超手下担任前锋的一名校尉从箭囊中掏出了一颗血淋淋的人头，请大家辨认一下看是不是郭援。锺繇应声望去，只一眼，眼泪就夺眶而出，那正是自己外甥的人头。

看到这种情景，这名校尉一边向锺繇道歉，一边心里嘀咕，早知如此就抓活的了。听到道歉，锺繇厉声说道："郭援虽然是我的外甥，但他也是朝廷的逆贼，你有什么可道歉的！"

就这样，一场危机就在国家的大幸与小家的不幸中烟消云散了。顺便说一句，斩杀郭援的那名校尉，名叫庞德。十多年后，已经成为曹操手下战将的他将在荆州迎来另一场重量级的厮杀。

危机解除了，但化危为机背后的故事还没有讲完。实际上，锺繇之所以气定神闲、元气满满地坚信可以扭转劣势，是因为他还派出了另外一支奇兵。

得知马腾暗地里动了活心思，身在前线的锺繇立刻派新丰县县令张既来到了马腾的身边。作为关中冯翊人，张既从十六岁开始就在郡中任职，之后无论郡里举荐他当孝廉，还是曹操征辟他到许都，张既都不愿离开家乡。一来二往，张既成了新丰县县令，并且一干就把治理业绩干到了整个关中地区所有县的第一名。

如果说优异的业绩逐步成就了他的名声的话，那么对家乡的依恋则更让他在关中赢得了超越其职位的影响力，而锺繇派他出马，对马腾造成的心理压力不可谓不大。

可是，就算面对这样一位地方实力人物的劝说，就算内心已经翻江倒海，马腾依旧没有下定决心拥曹。

这时，另一个人物出现了。此人姓傅，名干，字彦材。此时如果只说傅干本人，没有人会在意，可是提起他的先祖傅介子，却不由地令人心生敬意。

三百年前的汉昭帝时期，针对楼兰、龟兹等西域国家勾结匈奴不断给大汉制造麻烦的情况，北地人傅介子自告奋勇出使西域，结果仅凭借一己之胆识，就斩杀了楼兰王，威服了龟兹国。由此，傅介子不仅获封义阳侯，而且成为后世义勇者效法的榜样。东汉时，班超正是认识到"大丈夫无它志略，犹当效傅介子、张骞立功异域，以取封侯"之后才投笔从戎，立下不世之功的；而班超的哥哥、《汉书》的作者班固在列举"关西出将"的诸将时也专门提到了傅介子。

傅干的先祖傅介子不得了，父亲傅燮也了不得。早年，"身长八尺，有威容"的傅燮跟随皇甫嵩讨伐黄巾军，结果"斩贼三帅"，"功高为封首"。后来，傅燮在朝廷中担任议郎，因主张力保凉州而怒斥太尉崔烈放弃凉州的提议，且严拒中常侍赵忠以封侯相拉拢的诱惑，结果被朝廷派到凉州担任汉阳太守。

在凉州，傅燮力劝刺史耿鄙不要贸然与叛军交战。结果耿鄙不听劝谏，在进军途中引发军队哗变，不仅自己丢了性命，还弄得整个凉州都岌岌可危。置身凉州乱局，傅燮坚守汉阳治下的冀城，丝毫不为城外感其恩德、劝其投降的匈奴乱军所动，最终出城迎战，战死沙场。

傅燮坚守冀城时，傅干也在城中。那时，他曾经以"国家昏乱，遂令大人不容于朝；今天下已叛，而兵不足自守"来规劝父亲暂时投降、从长计议。但是，傅燮却以"汝知吾必死邪？""吾行何之，必死于此"的决绝来回答他。如今，再次面临何去何从的抉择，傅干又站出来说话了。

看到这样一位出身关西名门的世家子弟、英烈之后站出来，傅干还没开口，马腾就已经有了几分压力，而傅干一开口，马腾更是吓得不轻。

"古人曾说'顺道者昌，逆德者亡'。曹公尊奉天子，诛除暴乱，法令严明，国家治平，上下听命，有义必赏，无义必罚，绝对可以称为顺道。反观袁氏，违背王命，驱使胡虏侵凌中原，表面宽厚内心却猜忌，看起来仁义实质上却寡断，兵力虽然强盛，实际上却失去天下人心，完全可以称作逆德了。"一番对比之后，曹、袁高下立见。

"如今将军已经追随了有道之主，却不尽其力，暗地里首鼠两端，还想着坐观成败，恐怕成败定下来之后，曹公奉辞责罪，第一个诛杀的就是将军。"骑驴找马还好，可你却偏偏要骑马找驴，这样看来，你的麻烦不远了。

傅干一番话说下来，直讲得马腾坐立不安，戚戚惶惶。接着，傅干又开口了："智者能够把祸事转换成福事。如今曹公正与袁氏相持不下，而高干、郭援玩命进攻河东郡，就算曹公有万全之计，也无力挽救河东的危局。这个时候，如果将军能出兵征讨郭援，内外夹击，一定能够取胜。这样，将军一个小举动，既断了袁氏的臂膀，又解了河东的危难，曹公肯定会铭记将军的恩德，将军的功名更将载入史册。"看来，傅干不仅要阻止马腾去添乱，而且要鼓动他去主动帮忙。

这下子，马腾想明白了，二话不说，就派出了儿子马超。于是，我们便看到了锺繇由弱变强、河东转危为安的那一幕。

这一次危机解除了，下一次危机却接踵而至。

建安十年（公元 205 年）冬，得知曹军主力北征乌桓的消息后，之前已经归附曹操的并州刺史高干，又在自己的地盘上发动了叛乱。高干的这一举动迅速在关中一带引起了连锁反应，河内军阀张晟带着一万多人侵掠崤山、渑池一带，弘农军阀张琰随之起兵响应。

并州、关中一乱，夹在二者之间的河东郡就成了稳定局势的关键，而从当时的情况看，河东郡也并不安稳。作为河内太守，王邑在十年前天子东返路过河东郡时，因为进献丝绵绢帛被封为列侯，之后加号镇北将军，进封安阳亭侯，这样看来也算是护驾有功，如今也是老资格了。同时，作为北地泥阳人，王邑也是关西走出来的将领，与关中军阀有千丝万缕的联系。并且，王邑在河东郡还颇得吏民爱戴。如此看来，一旦王邑有异心，不仅整个河东将变天，而且还将延烧到河西、并州乃至中原、蔓延的火苗很可能变成燎原之势。

意识到形势的严峻后，曹操迅速作出了将王邑召到朝廷任职的决定。同时，曹操与荀彧就接下来的人事安排进行了研商。

一上来，曹操先谈到了关中："关西诸将，恃险与马，征必为乱。张晟寇崤、渑间，南通刘表，固等因之，吾恐其为害深。"就是说，关西这些人倚仗的是地势险要和马匹精良，如果贸然出兵征讨一定会引起更大的骚乱。然而，这次张晟作乱崤山、渑池，南面勾结刘表，东面卫固等人响应，我还是担心他们会成为心腹大患。

既定下了不能征讨的政策基调，又提出了不能不管的内在焦虑，这也不行，那也不行，到底该怎么办呢？

不等荀彧说话，曹操随即提出了自己的解决方案："河东被山带河，四邻多变，当今天下之要地也。君为我举萧何、寇恂以镇之。"就是说，河东郡不仅依山面河，而且周边地区又都轻狡多变，现在它已经成了天下的冲要之地。你帮我推荐一个如前汉萧何、后汉寇恂那样的人来镇守河东吧。

曹操说的没错，当时的河东就如一副扁担，一头挑着并州，一头挑着关中，只要扁担安稳，箩筐不会乱摆；扁担在谁肩上，箩筐就会跟谁走。可是，谁又能扛起这副担子呢？

萧何是西汉开国排名第一的功臣，当年汉高祖刘邦在中原与项羽争夺天下，之所以能够屡败屡战并最终打败项羽、夺得天下，相当程度上靠的是萧何对关中大后方的有效治理，持续不断地为前方输送粮食和兵源。

寇恂是东汉开国"云台二十八将"中排名第五的功臣，汉光武帝刘秀攻占河内郡后，于众将之中选定寇恂为太守，并且专门给他交待了"坚守转运，给足军粮，率厉士马，防遏它兵"的任务。结果，寇恂在河内不仅有效地阻遏了敌人，而且亲自督运军粮，忠实地完成了职责使命。后来，刘秀占领颍川和汝南后，又先后把这两个地方的军政事务也交给了寇恂。

如此看来，曹操就河东太守提出的人选标准还真是很高。可是，曹操只给出了标准，符合标准的人选又在哪里呢？

不过，曹操话音刚落，荀彧就给出了答案："杜畿其人也。"

其实，就在不久前，曹操刚任命杜畿担任护羌校尉并持节兼任西平太守。西平就是今天的青海西宁一带，荀彧能够从众多郡守中想到正奔往数千里之外的杜畿，可见杜畿并不是一个庸庸碌碌、泯于众人的官员。

仔细观察，杜畿倒真是一个担任河东太守的合适人员。

首先，杜畿不仅是关中京兆杜陵县人，而且是西汉名臣杜延年之后。作为汉昭帝时的御史中丞，杜延年提出了盐铁专卖等许多对后世影响深远的治国良策，算得上关中历史上响当当的人物，相应地，杜家也成了关中的名门望族。如今，让这样一个关中望族、名门之后来担任河东太守，对于稳定关中局势必然会发生相当大的促进作用。

其次，作为护羌校尉，杜畿的主要任务就是确保羌胡部落不受外部势力的蛊惑和胁迫，而所要提防的主要对象就是关中诸部，如今到河东，所要防御的重要对象依旧是关中诸部，只不过是从他们的背后走到了他们的正前方。

再次，杜畿在担任护羌校尉之前，是曹操身边的司空司直，曹操对他的品行素质都是了解的，他对于曹操的意图想法也心领神会，无论政治立场方面还是政策执行方面都绝对过硬。

又次，荀彧对杜畿也是颇为了解的。据说，杜畿早年刚刚来到许都时，曾经专门去侍中耿纪的家中拜访，结果二人一见如故，即使聊到半夜也意犹未尽。巧合的是，尚书令荀彧那时正与耿纪比邻而居，听着隔墙传来的真知灼见，荀彧既惊又喜，一大早就叫人去询问那名聊天者姓甚名谁。随后，荀彧亲自与杜畿进行了深聊，进而把他推荐到了曹操的府中。彼此有过这番交道，荀彧推荐起来自然底气十足。

当然，除了以上几点，最关键的还是杜畿的个人特质。什么特质？有胆有识。据载，杜畿二十岁的时候曾经以郡功曹的身份代理过一段时间的郑县县令，结果他一到县里就亲临监狱，对狱中的数百名囚犯逐一进行审问，该判的判、该放的放，三下五除二就把多年的陈案积案给解决了，其中虽难免有个别不妥之处，但就凭他这份快刀斩乱麻的作风也足以令人称奇。如今面对河东危局，不正需要一把快刀吗？

再有，关中大乱之时，杜畿曾经寄居荆州多年，直到母亲亡故之后才踏上北归的道路，结果一上路就遇到了盗贼。面对盗贼的劫掠，同行的众人四散奔逃，只有杜畿一点也不害怕，依旧背着母亲的尸身正常赶路。这下，倒把盗贼给惊着了，一边远远地用箭射他，一边大声询问他为什么不跑。这时，杜畿开口了："你们想要的不就是钱财吗，我身无长物、一贫如洗，身上就背个老母亲的尸身，你们射我有什么用啊？"这回盗贼才搞明白了状况，直接放行。

鉴于上述出身、德能、经历、交情，河东郡的未来交到了杜畿手中。

接下来，就看杜畿的了。

接到任命，正在西行的杜畿立即掉转方向往黄河岸边奔去。然而，赶到黄河岸边的他，却发现渡口早已被河东郡的数千名士兵封锁了。原来，河东郡的卫固、范先等人因不满太守王邑被朝廷征召，就派兵封锁了渡口，根本不给杜畿任何渡河赴任的机会。于是，原本披星戴月的杜畿不急不缓地在黄河南岸待了下来，并且一待就是好几个月。

杜畿不着急，曹操却等不及了，派遣大将夏侯惇带着大队人马赶了过来，准备武力护送杜畿赴任，再不行就索性直接镇压卫固等人。然而，此时的杜畿却做出了一个令人出乎意料的举动：不仅要自己只身渡河，并且告诉夏侯惇——切勿渡河。

放着手边的铁卫队、撒手锏不用，却要深入龙潭虎穴，莫非脑子有问题？

面对众人的疑惑不解，杜畿说出了自己的想法。

首先，谈社情民意："河东地区共有三万户百姓，他们并不是都想犯上作乱，我们一出兵，说不定本来想做良民的人也跟着卫固一条道走到黑了。"一句话，千万不能逼良作乱。

其次，谈军事影响："我们一出兵，卫固等人必然会拼死作战，如果不能取胜，就会引得四邻响应，天下的变乱就无法平息了；如果能够取胜，残害的却是整个郡的百姓。"一句话，胜败都不划算。

再次，谈只身渡河："现在卫固等人并没有明目张胆地反对朝廷，我现在单车简从直奔河东，既出其不意又没给他们什么借口，这帮人多谋寡断，一定会假装接纳我。"一句话，我一个人过去妥妥的。

最后，谈后续计划："只要我能在河东待上一个月，用计谋拖住他们，这就足够了。"一句话，有时间就有空间。

杜畿这番话，既有形势判断，也有个人抉择，更为关键的是，他在无形之中也为自己在河东的艰巨工作设定了时间期限：一个月，一个月基本搞定河东。就这样，杜畿独自渡河到了河东郡。

一来到河东，范先就先给杜畿来了个下马威：在郡府门前，范先公然斩杀了郡主簿以下的官吏三十余人。

看着眼前的这一切，杜畿面色如常，"举动自若"。原本，范先是想先吓吓杜畿，然后再杀掉他。看到杜畿如此镇定，卫固就对范先说："杀了他朝廷也没什么损失，我们反而徒然背上了杀太守的恶名，反正他被控制在我们手里，还是先留着吧。"于是，杜畿被卫固、范先他们奉为了太守。

就任太守后，杜畿很快任命卫固为都督，代理郡丞并兼任功曹，俨然把郡内的各项行政事务都交给了他；而郡中的三千将校兵士则全部由范先统领。不仅放权，杜畿还对卫固和范先说："你们卫、范两家都是河东的望族，我要想成事全指望你们。不过上下级关系本有定规，今后成败咱们一起担，大事咱们一块商量着来。"杜畿的这番言行，让卫固、范先大为高兴。

既然是大事一起商量，没多久卫固就提出了一件大事：全郡征兵。

对此，杜畿虽然没有直接反对，但却提出了征兵的弊端："动众心""众必扰"，就是说强制性的征兵，动摇了民心，干扰了百姓的正常生产生活，必然会搞得鸡飞狗跳。随即，杜畿提出了一个更好的建议："以赀募兵"，也就是拿钱招募新兵。

卫固认为杜畿说的很有道理，于是便照此办理。十多天后，望着招募的新兵，卫固相当满意。然而，他没有觉察到的是，从征兵变募兵，无论在时间上还是在数量上都已经大打折扣，而贪求钱财的那些将领，更是虚报数量，把募兵的钱揣进了自己的腰包。

破坏了卫固的征兵计划后，杜畿又提出了新意见："顾念家庭是人之常情，我看不如让郡中的这些将校掾吏分批回家休息，等有急事再召回也不迟。"

对于杜畿的这个提议，卫固虽不愿意，但却不得不听从。其一，杜畿是长官，不服从就是抗命；其二，杜畿的意见代表了绝大多数人的心声，自己如果逆着来，显然不得人心。于是，郡中大小官吏就这样启动了轮休模式。

粗一看，杜畿这一招是在与卫固争夺人心；往细里琢磨，他还有更深的谋划：人员一旦被分派，心向朝廷的人就可以分散到各地去四处活动了，而那些有心为恶造反的人则被打散了。如此一石二鸟，可谓老谋深算。

过了些日子，看到外面部署得差不多了，杜畿带着数十名骑兵闯出郡城，直奔一个叫张城的地方。在这里，杜畿一旦举起了讨逆的大旗，整个河东的官吏和百姓随之都站在了杜畿一边，没过多久他就得到了四千多人马。这下子，卫固回过味来了，先是联合高干、张晟等人去进攻张城，未能攻下；接着又去抄掠各县，还是一无所获。这时候，朝廷的平叛大军也赶到了，随着高干、张晟战败，卫固、范先等人也被杀掉，整个河东郡又完全回到朝廷手中。

河东这条扁担一安稳，关中也就没动静了。

牵马过河

如果说曹操之前对于关中的政策基调是阻"马"过河的话，那么当时光走到建安十三年，曹操和他的幕僚们的主要努力方向就变成牵"马"过河了。

正如曹操之前所说，关中所倚恃的既有地势的险要也有兵马的强壮，以前袁绍和其他反对势力多次谋划借助马腾等人"乱羌、胡，南诱蜀汉"，现在袁绍等人虽然被消灭了，但可以乱羌胡、诱蜀汉的关中势力还没有蒉除，一旦自己领兵南下，保不齐关中又会有所异动。为了以防万一，必须在南下前解决关中问题。于是，不知在建安十三年具体什么时候，已经成为朝廷议郎的张既，又回到了他熟悉的关中。

与以往两次说服马腾派兵支持朝廷相比，张既这次在数量上的要求大幅减少，他没有提出让马腾再派多少手下，而是提出请马腾本人到中央就职。虽然数量上从万变成了一，但难度却从一变成了万，要知道，马腾并不傻，他怎么会乖乖地让张既"牵"过河呢？再说，就算马腾犯傻，手下数万唯马首是瞻的将士也不能让他走，群龙无首的结果只能是作鸟兽散，这怎么行？

不过，任务万难，但也绝非不可一试！更何况，此时正是排除关中隐患最好的时候。

说时候正好，是因为马腾已经逐渐失去了与中央讨价还价的筹码。如果说，官渡之战前曹操还担心袁绍通过"侵扰关中"来"乱羌、胡，南诱蜀汉"，使自己"独以兖、豫抗天下六分之五"的话，那么到了郭援南侵河东的时候，锺繇仅凭自己的威名和张既的游说就能使"关中阴与之通"的局面发生逆转，而到了高干反叛时，马腾等人更是按兵不动、唯命是从。随着周边潜在盟友的消亡，马腾等关中诸将已经越来越感到孤单与落寞了。

说时候正好，是因为马腾早已被内部的权力斗争搞得焦头烂额。正如荀彧在官渡之战前所说，"关中将帅以十数，莫能相一，唯韩遂、马超最强"，撇下几十个谁也管不了谁的将帅们不说，而就算韩遂、马腾这两个最强者也是时分时合，遇到共同的敌人时二人抱团取暖，一旦危险解除则"各拥强兵相与争"。曹操扫除了黄河以北各方势力的时候，原本是韩、马最应该联手的时候，可"结为异姓兄弟"的二人却"以部曲相侵，更为仇敌"，搞得水火不容。关中将帅一盘散沙，韩马二人一团乱麻，这难道不是好时候吗？

说时候正好，是因马腾本人也已动了赴朝任职的心思。作为东汉名将马援的后裔，能赴朝任职恐怕是马腾的夙愿。早在兴平元年（公元194年），马腾就"私有求于（李）傕"，结果诉求未果，他便联合了一部分臣僚去进攻长安。当时，马腾已被任命为征西将军，他的私求十有八九是三公九卿、重号将军之类的更大官阶，而在求而不获之后，他之所以选择兵戈相向，除了想教训教训李傕，更大的想法估计还是为了实现自己的私求。如今，朝廷主动给马腾划出了一片草场，这匹老马能不去吃那一大片日思夜想的嫩草吗？

说时候正好，是因为马腾在家族的地位也逐渐变得微妙起来。随着时间的推移，马腾渐渐力不从心，长子马超在军中的地位却逐渐凸显。马超年轻时就以"健勇"著称，在跟随父亲对抗韩遂的战斗中，马超硬生生折断了韩遂部将阎行的长矛；在平定三辅的动乱时，马超率军攻破了坚固的苏氏坞堡；在跟随锺繇讨伐郭援、高干的战役中，马超即使脚部中箭依旧率军作战，大破敌军。父衰子盛之间，人们在谈论马氏集团的时候，越来越多地将马超看成代表人物，比如荀彧之前的那句"唯韩遂、马超最强"。

综上所述，无论在家中、关中、国中，马腾感到的都是压力而非动力，与其如此，倒不如到朝廷担任高官来得快活。再说了，如今完全倒向朝廷不仅能讨个清闲，说不定还能有意想不到的收获。

两百年前，同样是在西北，同样是面对业已一统中原的雄主，凉州牧窦融与西州大将军隗嚣做出了截然不同的选择，也迎来了不同的人生命运。

接到汉光武帝刘秀的书信，窦融立即表示归顺并举家来到了中原，后来，窦氏一门显贵，出了"一公、两侯、三公主、四二千石，相与并时"，"自祖及孙，官府邸第相望京邑，奴婢以千数，于亲戚、功臣中莫与为比"，后来，窦家又与皇帝联姻，成为显赫百年的外戚家族。

反观隗嚣，虽然表面服从刘秀，背地里却与巴蜀的公孙述暗通款曲，最终不仅自己送到中原做人质的儿子被诛杀，自己也饥寒交迫、"恚愤而死"。

当年的窦融与隗嚣不就是如今的自己与韩遂吗？韩遂要学谁，马腾不知道也不关心，但他自己何去何从，心里已暗暗打定了主意。

于是，经过张既的一番游说，马腾不仅答应到朝廷任职，而且准备带上一家老小，一共二百多口人。如此举家搬迁，好是一番张罗。

然而，就在即将动身的时候，马腾又犹豫了起来：到了朝廷就真的能高枕无忧吗？曹操真能如当年的刘秀那般善待自己吗？要知道，曹操可是出了名的乱世奸雄啊。思前想后，马腾心里又打鼓了？

这边马腾仍在踟蹰彷徨，那边张既却没有给他再磨叽的机会。张既命令沿途各县备足备好马腾一路上所需的粮草等各类物资，同时命令各郡太守在马腾经过时都要到郊外去迎送。

经过这番政治规格和物资供应上的悉心安排，气氛被烘托到了无以复加的程度，就算是只鸭子，此时的马腾也必须要到架子上去享受那番盛情了。于是，在一片浓烈的氛围中，马腾上路了。一上路，马腾心里就踏实多了。都说曹操是奸雄，可谁见过曹操对归顺者下过手。

刘备怎么样？他可是在徐州与曹操死磕的人，可一旦归顺，曹操不仅"厚遇之，以为豫州牧"，后来还表荐他为左将军，并且"礼之愈重，出则同舆，坐则同席"，甚至还说出了那句"天下英雄，唯使君与操耳"。

张绣怎么样？他可是让曹操的长子曹昂和爱将典韦送了命的人，可一朝归降，曹操不仅"执其手，与欢宴"，而且为自己的儿子曹均娶了张绣的女儿，并封张绣为扬武将军，于公于私都不是报复而是厚遇。

魏种、毕谌怎么样？这两个人曹操的心腹，在曹操丢失兖州的至暗时刻竟然离开了曹操跑到了敌人一边，可曹操抓获他们后，不但没有加以惩罚，反而用魏种有才、毕谌至孝来为他们开脱，随即，魏种成了河内太守，毕谌成了鲁相，都是二千石的高官，并且还都处于曹操与袁绍斗争的关键地带。

没错，这其中也不是没有例外，吕布就被曹操斩在了白门楼，可谁让吕布自己轻狡反复呢？正所谓不作不死啊！

　　反观自己，我马腾可没有与曹操死磕过，更没有杀害过曹操的亲人和爱将，刘备是在走投无路的情况下归顺的，张绣只是带了些许人马归降，而自己现在可是放弃了数万人马的军权。

　　没错，自己也曾经如吕布般摇摆过，但最终却经受住了诱惑，不仅坚定地站在了曹操一边，而且出人出力，帮助曹操打败了郭援、平定了张晟，不论功劳还是苦劳，自己都比刘备、张绣贡献大，如此，曹操能不厚待自己吗？这样看来，自己入朝倒正是时候，等到曹操平定荆州一统江山之时，自己的身价无疑就贬值了。

　　马腾的判断没错，他刚刚渡过黄河，朝廷的任命就来了：在曹操的表荐下，马腾被任命为九卿之一的卫尉，马超被任命为偏将军，接替马腾统领原班人马。同时，马腾的儿子马休被任命为奉车都尉，马铁被任命为骑都尉，他们与马腾的数百家眷一起，迁居到正在新建中的邺城，感受那里如火如荼、蒸蒸日上的新气象。这下，马腾放心了。

　　不过，当马腾来到朝廷的时候，他还是有些许失落。此时，迎接他的既没有曹操"出则同舆，坐则同席"的亲切，也没有"执其手，与欢宴"的热烈，因为，此时的曹操也已南下荆州了。

　　一旦马腾过河，令曹操焦虑多年的一块心病就基本解除了。这里之所以说"基本"，是因为韩遂、马超还在，日后曹操还要想办法解决他们。应该说，在曹操统一北方的过程中，关中不仅并没有给曹操添太多麻烦，反倒是在关键时刻帮了不少忙。不过，有些事情不能仅仅从结果上来观察，而要看事情本身的重要程度；就算只看结果，也要看这一结果是如何达成的。

　　回顾摆平关中的整个过程，如果没有锺繇、张既、杜畿等人有胆有识的担当作为，皆大欢喜的结果未必能够顺利达成，因此，他们的贡献不应该仅仅散落在那布满灰尘的史籍中。

　　大多数时候，人们总是喜欢去赞扬那些出了事而能够摆平它的人，而不去褒奖那些不出事却使风险隐患消弭于无形的人。不过，曹操并不这样，看看为稳定关中做出贡献的那些人后续的发展，就能够明这一点了。

锺繇（公元 151~230 年），赤壁之战后，曹操征讨韩遂、马超，锺繇被任命为前军师。魏国建立（建安十八年，公元 213 年）后，锺繇历任大理、相国。曹丕称帝后，锺繇历任廷尉、太尉，获封平阳乡侯。

张既（？~公元 223 年），曹操消灭马超、平定关中后，张既出任治理关中地区的京兆尹。魏国建立后，张既先任尚书，后出任雍州刺史，上任前，曹操对张既说："你回到故土任刺史，算得上是衣锦还乡了！"此后，张既治理雍、凉二州十余年，以施政惠民而著称，获封西乡侯。

杜畿（公元 163~224 年），此后杜畿在河东太守任上一干就是十六年，政绩"常为天下最"。曹丕继任魏王后，赐爵关内侯，拜为尚书。曹丕称帝后，杜畿进封丰乐亭侯，历任司隶校尉、尚书仆射。

傅干（生卒年份不详），此后傅干担任过曹操身边的丞相参军、仓曹属，为曹操提出了不少意见建议。魏国建立后，傅干任扶风太守。

卫觊（公元 155~229 年），魏国建立后，卫觊先任侍中，后任尚书，为汉魏禅让出了不少力。曹丕称帝后，卫觊拜尚书，封阳吉亭侯。魏明帝曹叡即位后，进封阌乡侯。

杨阜（生卒年份不详），后来，杨阜又在讨伐马超的过程中立下了大功，为此，"西土之人以为美谈"，被曹操赐爵关内侯。接着，杨阜先遥领益州刺史，后担任武都太守。魏明帝时，杨阜入朝先后任城门校尉、将作大匠、少府等职，对曹叡多有谏言，以刚正不阿著称。

说完上述功臣，再说说马腾这位降臣。

建安十六年（公元 211 年）三月，在曹操的威逼下，马超与韩遂共同起兵，同年九月他们被曹操击败。建安十七年（212 年）正月，马超卷土重来，袭击陇上，围攻凉州。同年五月，曹操诛杀了马腾，同时夷其三族。

第六章

长坂

至暗的低谷，
为何成了光辉的起点？

建安十三年（公元 208 年）九月，刘备迎来了人生的至暗时刻：曹操南下、刘表病亡、刘琮投降，当所有这些叠加在一起，身处曹操和刘琮之间的刘备就成了肉夹馍中的那堆馅，何去何从不仅关乎发展，更关乎生存。

然而，在这样一个关键时刻，那个之前让刘备感到"如鱼得水"的诸葛亮，却空气一般在史书中消失了。

《三国志·蜀书·诸葛亮传》中这样描述危机中的诸葛亮："琮闻曹公来征，遣使请降。先主在樊闻之，率其众南行，亮与徐庶并从，为曹公所追破，获庶母。"就是说，听说刘琮投降后，身在樊城的刘备带着部众就往南撤，诸葛亮与徐庶一起跟着，结果他们被曹操追得溃不成军，徐庶的母亲也被曹军俘获了。

随即，陈寿先生的笔锋转向了孝子徐庶身上，而传主诸葛亮的所作所为却只字未提，当诸葛亮再次出现时，刘备已经到达相对安全的夏口了。

如果说诸葛亮在本传中消失实属离奇的话，那他在其他史书中的表现则堪称怪异了。

《三国志·蜀书·先主传》中如此记载："过襄阳，诸葛亮说先主攻琮，荆州可有。先主曰：'吾不忍也。'"就是说，刘备南撤路过襄阳时，诸葛亮向刘备提出了进攻刘琮、夺取荆州的建议，结果刘备的回答是"我不忍心呀"。再之后，诸葛亮在《先主传》中也不见了踪影。

《三国志》是这样，《资治通鉴》也是这样。在刘备从樊城到襄阳、从襄阳到当阳、从当阳到夏口的辗转过程中，有人"劝备攻琮，荆州可得"，有人劝刘备"宜速行保江陵"，张飞在长坂"据水断桥，瞋目横矛"，赵云于乱军"身抱备子禅"，关羽率水军"乘船数百艘会江陵"，就连刘琦都率众万余人前来帮忙，而跟在刘备身边的诸葛亮却几乎毫无作为，似乎只能看着刘备一路溃退，似乎只是这个悲惨世界的旁观者，这一切真是让人百思不得其解。

抱膝长啸、自比管乐的诸葛亮，此时真的就这样毫无作为吗？承诺"霸业可成，汉室可兴"的诸葛亮真的会这样坐以待毙吗？

于心不忍

一听说曹操大军南下，驻军樊城的刘备就密切关注着南北两方面的消息——北方的曹军行进到哪里了，汉水南岸的刘琮到底如何决策。这些对于夹在二者中间的他来说都是生死攸关的大事。

然而，在纷至沓来的信息中，却一边倒的全是远方曹军的动向，近处的襄阳却死一般沉寂。数日之后，闻知曹军即将抵达宛城，刘备有些着急了。要知道，宛城再往前可就进入荆州地界了，随后没几日工夫就将兵临樊城了。贤侄啊！你这葫芦里到底卖的什么药啊？好歹我们也要商量一下啊，至少也应该告知我一下呀，你再怎么着也不能变成个闷葫芦呀！

情急之下，刘备向襄阳派出使者询问。没多久，使者回来了，一同来到刘备身边的还有刘琮的部属——著名儒士宋忠。

原来，一得知曹军即将大举南下的消息，刘表的继任者刘琮就把一干文武召到了跟前。也许是初生牛犊不怕虎，也许是少不更事未知难，刚刚品尝到权力滋味的刘琮，还没等群臣发表意见，就先抛出了自己的想法："今与诸君据全楚之地，守先君之业，以观天下，何为不可乎？"就是说，今天我与诸位守荆楚之地，恪守先父之业，静观天下之变，什么事情干不成呢？

很明显，刘琮想跟曹操掰掰手腕。

可是，刘琮话音刚落，身边的东曹掾傅巽就立刻泼上了一瓢冷水："逆顺有大体，强弱有定势。"就是说，凡事都要遵循规律和规则，荆州今后何去何从，首先要从"大体"和"定势"上来进行分析和判断。

随后，傅巽从三个方面分析了荆州与中原在"体"和"势"上的差距。

首先，讲大体："以人臣而拒人主，逆也。"就是说，以人臣的身份去抗拒人主，是典型的叛逆举动，政治道义上无疑矮了一大截。

其次，讲定势："以新造之楚而御国家，其势弗当。"就是说，以刚刚接手的荆州去抵御朝廷大军，力量强弱根本不在一个层级上，军事实力上差了不止一点两点。

再次，作比较："以刘备而敌曹公，又弗当也。"就是说，依靠刘备去对抗曹操，也根本不是对手，借助外力根本就是痴人说梦。

最后，下结论："三者皆短，欲以抗王兵之锋，必亡之道也。"就是说，咱们三个方面都有欠缺，现在想以此对抗朝廷军队，无异于自取灭亡。

也许，傅巽觉得刚才的论述还不够清晰明确；或许，傅巽觉得妄断刘备"弗当"曹操这个结论有点武断；亦或许，傅巽觉得刘琮可能还对刘备抱有希望。随即，傅巽又追加了一个问题："将军自料何与刘备？"您自己觉得与刘备相比如何？

刘琮骗不了自己，只得如实回答："不若也。"

有了刘琮这个意料之中的回答，傅巽就为接下来的论述打开了通道：

"诚以刘备不足御曹公乎，则虽保楚之地，不足以自存也。"如果连刘备都不足以抵御曹操，那么就算倾尽荆楚之力也难以自存。

"诚以刘备足御曹公乎，则备不为将军下也。"如果刘备足以抵御曹操，那么刘备必定不会屈居将军之下。

一句话，别说刘备不行，就算行，对你来说，也万万不行。

有了上述宏观上的立论、中观上的申论以及微观上的推论，傅巽最终抛出了自己的建议："愿将军勿疑。"您就别再有什么犹疑了！

"疑"？刘琮之前犹疑过吗？要知道，他一开始讲的可不仅是"据全楚之地，守先君之业"，还要"以观天下，何为不可"呢，怎么经过傅巽一番说辞变成"勿疑"了？

事实上，此时劝刘琮"勿疑"的远不止傅巽一个，仅在现场为他撑腰的就有蒯越、韩嵩、王粲等人，整个荆州主张降曹的更大有人在。原本，刘琮的初衷是想让这些人"勿疑"，没想到现在却只能跟着他们"勿疑"了。

当宋忠一五一十地将刘琮的投降决定通报给刘备时，毫无心理准备的刘备"大惊骇"，再怎么说荆州也是一个"南收零、桂，北据汉川，地方数千里，带甲十余万"的大州，再怎么说刘表也在此苦心经营了近二十年，再怎么说这么多年也没有让曹操占得半点便宜，无论是当初的张绣还是后来的自己，无论是张绣独自反曹的淯水之战，还是张绣刘表联手抗曹的安众之战，乃至自己伏击夏侯惇的博望坡之战，荆州方面都有效地抵御和打击了敌人，可这一次连敌人的影子还没看到，怎么就不战而降了呢？真是崽卖爷田不心疼啊！

不过，刘琮这个崽卖不卖爷田、怎么卖爷田都不用刘备管闲事，但刘琮的这笔买卖却着实把刘备给卖了，可以说刘备即将甚至已经处在了腹背受敌的险境。想到这里，刘备就气不打一处来，冲着宋忠吼开了："卿诸人作事如此，不早相语，今祸至方告我，不亦太剧乎！"你们这帮人怎么能这样办事呢？！为什么不早点告诉我！如今大难临头才来知会我，是不是做得太绝了点！

话音未落，刘备就拔出了佩刀，你宋忠来给我敲响丧钟，信不信我先给你送终？然而，虽然利器在手，虽然已经指向了宋忠的胸口，刘备却并未动手。片刻之后，刘备恨恨地说："今断卿头，不足以解忿，亦耻大丈夫临别复杀卿辈！"如今就算砍掉你的头，也不足以消解我心中的愤恨，再说了，在这种分道扬镳的时候再来杀你们这些忘恩负义的家伙，我自己都觉得羞耻！

就这样，刘备给自己找了个台阶，利刃归鞘，宋忠回襄。

放走了宋忠，冷静下来的刘备开始真正面对眼前的问题了：身前是汹汹而来的曹军，身后是惶惶而降的刘琮，自己又将何去何从？于是，刘备把部属们聚到了一起，共商应对之策。

在众人的建议中，有一种声音不绝于耳：进攻刘琮，拿下荆州。既然刘琮可以背叛我们，我们为什么不能进攻他呢？再说了，拿下荆州不就可以摆脱腹背受敌的窘境了吗？拿下荆州不就可以与曹操旗鼓相当了吗？

的确，刘备也想拿下荆州，可是，真能拿下吗？拿下后又会出现什么情况？思虑之中，刘备眼前浮现出了刘表临终前与自己的那次谈话。

眼见刘备进门走到自己的卧榻旁，病入膏肓的刘表吃力地抬起了头。环顾四周之后，刘表说出了那句让刘备颇感意外的话："我儿不才，而诸将并零落，我死之后，卿便摄荆州。"我的儿子们都没什么本事，我手下的将领们也一个个逝去，我死之后，就由你来代理荆州事务吧。

这是刘备颇为熟悉的一幕，十四年前，徐州牧陶谦在弥留之际也曾经说过"非刘备不能安此州也"这样类似的话。随后，在众人的拥戴下，刘备半推半就，最终接过了徐州牧的印绶。如今，再次面临接与不接的选择，刘备不禁有些唏嘘：自己戎马半生，敢情就是来当见证者和接盘侠的，一世英豪，敌不过时光荏苒，多少风流，总被雨打风吹去。

感慨的同时，刘备也在迅速地评估刘表这次托孤的真实性和自己接盘的可行性。

单听刘表这句话，情感无疑是热切真挚的，但里里外外分析琢磨，其中却颇多疑点。首先，"我儿不才"就有些言不由衷。刘表当时一共有三个儿子，长子刘琦、次子刘琮、三子刘修，撇开刘修不谈，至少刘表对刘琦和刘琮还是比较满意的；其次，"诸将并零落"也不完全符合实际，死掉的黄祖的确算是刘表的一把利器，但除此之外还有蒯越、文聘、蔡瑁、张允，这些人哪个都不比黄祖弱，也都没有凋零枯萎；最后，"卿便摄荆州"也多少有些勉强，"摄"是代行、代理，那为谁而摄呢？莫非摄一段时间还要还回去？为什么不是执掌的"掌"或者是兼领的"领"呢？就算直接用代行的"代"也比这个"摄"要更有合法性些啊？

不仅刘表嘴上说的不可信，他的动作神情也让人不放心，自己进门时，刘表是"顾"了一下才张口说话的。为什么非要"顾"这一下呢？是怕其他人偷听还是四周已经埋伏了刀斧手呢？

如果是前者，那就证明刘表这次托孤纯属个人行为，不仅没有征求手下们的意见，甚至还唯恐他们知道自己的决定，那这种私相授受般的委托又有多大效力呢？

如果是后者，那就证明刘表这次托孤是在试探自己，只要自己一松口同意，刀枪剑戟就会劈杀过来，那自己还能同意吗？

好了，退一步说，就算这一切都是自己的臆测，就算刘表是真心实意地要把荆州交到自己手上，在当前的内外形势下，自己敢接手这个烫手山芋，又能接得住它吗？要知道，刘表也是依靠荆襄大族才建立和稳固自己在荆州的统治的，如今这些大族们支持的是刘琮，而政治倾向也早已倒向了曹操那里。要知道，北方曹操不仅在玄武池操练水军，而且人马已经在许都集结待命了，东方孙权不仅搬掉了黄祖这个进攻荆州的最后一块绊脚石，而且把行营都迁到了近在咫尺的柴桑，如今的荆州早已是山雨欲来风满楼了。要知道，自己当初可是以拯救者的姿态出现在徐州的，更是在各方势力一致拥戴下接掌徐州、抵御袁术的，如今自己这个寄寓者既无法完全整合荆州各派势力，又无把握驱逐外敌，一旦接手，那不是自己给自己找麻烦吗？

想到这里，刘备诚挚地安慰刘表说："诸子自贤，君其忧病。"你的儿子个个都不错，你就别忧心接班的事了，还是把心思放在治病上吧！

于是，一场关于荆州未来的谈话就这样结束了。

从刘表那里回来后，听说了这件事的人都为刘备感到可惜，放着这么个大桃子不摘，过了这个村可就没这棵树了。

不过，刘备自己却很淡然："此人待我厚，今从其言，人必以我为薄，所不忍也。"就是说，刘表一直厚待我，我今天要是照他说的办了，明天就会有人说我这个人凉薄，所以我不忍心这么办。

如今，待自己"厚"的刘表不在了，继任者待自己已经不能用"薄"而是要用"绝"来形容了，这时自己打刘琮、夺荆州自然谈不上凉薄了，但如今能打吗，可夺吗？

刘备的答案是否定的。如果说，当初刘表把荆州托付给自己时，自己的执掌之路充满了内外部的不确定性的话，但当时至少还有些周旋的时间和博弈的空间，而现在，时间和空间都被压缩的只剩下逃命了。

只听刘备说道："刘荆州临亡托我以孤遗，背信自济，吾所不为，死何面目以见刘荆州乎！"就是说，刘表临终时把刘琮托付给了我，违背信义而让自己受益这样的事，我是绝不会干的，如果真干了，我还有什么脸面去见地下的刘表呢！

刘琮可以不打，但襄阳总还是要过的，因为这是刘备从樊城南撤的必经之路。当刘备带着一众人马路过襄阳时，他一度停下马，向城上呼喊刘琮。在刘备看来，就算分道扬镳，也要打声招呼，说声再见吧。可是，在刘琮看来，这一切却充满了风险和未知，谁知道刘备是不是埋伏了神箭手呢，谁知道刘备会不会乘机攻城呢？于是，城中的刘琮选择了避而不见。

其实，刘琮的担心也并非空穴来风。在刘备向城上喊话时，诸葛亮就向他提出过攻城的建议，只不过，刘备的回答只有四个字："吾不忍也。"

刘备没有选择攻入襄阳城中，但他却专门去到了郊外的刘表墓前。一番祭奠之后，刘备"涕泣而去"。

"所不忍也""吾所不为""吾不忍也""涕泣而去"，这一切既没有打动刘琮，也没有拿下襄阳，但却感动了荆州军民。于是，在刘备这一番不作为的作为后，出现了"琮左右及荆州人多归先主"的奇特景象。并且，跟着刘备往南走的队伍越来越庞大，走到当阳时，竟然有"众十余万，辎重数千两（辆）"，看上去这根本不是在撤退，而是在搬家。

以人为本

既然是撤退，就要有撤退的方向，总不能如无头苍蝇一般乱撞。刘备军队的撤退方向很明确，那就是长江北岸的重镇江陵。

江陵在刘表到来前原本是荆州的首府，刘表入荆后，为了进一步拉拢荆襄大族，才将治所迁到了大族聚居的襄阳。之后，江陵虽然在政治上失去了首府的地位，但鉴于它地处整个荆州的腹心位置，既能够在东西方向控扼长江，又能够向北为襄阳提供有力的支撑和保障，还能够向南管控长江以南的武陵、长沙、桂阳、零陵四郡，因此依然是荆州的军事重镇，粮草军械等大量军用物资都被存放在这里。刘备如果能够占据江陵，不管是攻、是守、是撤，都会赢得宝贵的时间和空间。

对于江陵的重要性，刘备方面当然一清二楚，然而，面对如此一心追随、赢粮影从的士众，大军却只能以"日行十余里"的龟速向南行进，照这个速度，怎么可能抢占江陵？无奈之下，刘备决定由关羽带领数百艘战船从水路行进，双方会师于江陵。

然而，就在刘备大军不紧不慢地向江陵方向蠕行的时候，曹操大军却已经深入到了荆州境内。望着远处轻装而来的曹军，刘琮部将王威向自己的主公提出了这样一个建议："曹操闻将军既降，刘备已走，必懈弛无备，轻先单进。若给威奇兵数千，徼之于险，操可获也。获操，即威震四海，非徒保守今日而已。"就是说，曹操既然知道了将军归降、刘备逃走的消息，必然会放松戒备，也一定会带着先头部队轻装急进。如果让我带领数千奇兵，伏击于险要之地，必然可以俘获曹操。到那时，您一定能够威震天下，远不是保住现在已有的这些而已。

应该说，王威的想法是颇为大胆的，其中也充满了风险和不确定性，但至少就他对曹操的判断来说，还是十分准确的。因为，依曹操的性格和行事方式，他是不会给对手以任何反悔和喘息机会的，不然的话，郭嘉不会以"用兵如神"来夸赞他，他也不会在远征乌桓时采纳郭嘉抛弃辎重、"兵贵神速"的建议，后世更不会用"说曹操，曹操到"来形容他。由此看来，王威的建议虽然不乏风险，但却有很大的成功概率。

如果换作他人，王威的这一建议有可能被采纳，可是落到刘琮身上，除了增加这位年轻主公的焦虑之外，似乎没有起到任何实质作用。没多久，曹操和他的人马就畅通无阻地开向了襄阳城。

正如王威所推断的，这次进入襄阳城的，的确是"轻先单进"的前锋部队。南下前，曹操曾问计于荀彧，荀彧的建议是"显出宛、叶而间行轻进，以掩其不意"，也就是明里要摆出进兵宛城、叶县的架势，暗中却小路穿插、轻装前进。

曹操采纳了荀彧的建议，为了达到"掩其不意"的效果，这支"间行轻进"的部队不仅人数少而且基本没带什么重装备，而听说刘琮投降、刘备南撤的消息后，为了赶在刘备之前占领襄阳，这支队伍更是一路狂奔。

可是，就算如此奔驰，曹操还是没有在襄阳截住刘备，毕竟刘备从樊城到襄阳只需要跨过一条汉水，而曹操到襄阳却需要跨过半个荆州。

按理说，一旦接受了刘琮的投降并成功接管襄阳，曹操就已经在名义上拥有荆州了。同时，鉴于前锋部队装备轻便、人数不多、鞍马劳顿，也该适时休整，等大队人马和大量辎重到来后再进发也不迟。可是，一旦判定刘备的逃跑方向是江陵，曹操几乎一刻没停就踏上了追击之路。

承担这次追击任务的是曹军精锐中的精锐：虎豹骑。虎豹骑的成员均从其他部队的中下级军官中选拔，而统领者则一直由曹氏将领担任，这支部队有史可载的战绩包括：建安九年（公元 204 年）南皮之战，杀袁谭；建安十二年（公元 207 年）北征乌桓，斩乌桓单于蹋顿。

如果说曹军之前的行军已经算是奔驰了的话，那这次虎豹骑的追击几乎算得上是飞驰了，带着手下五千精骑，曹操一日一夜就追出去三百多里，硬是把刘备队伍几十天的路程给追了回来。

不久，刘备和他的手下们也嗅到了曹军的动向。当刘备这支搬家队伍走到距离江陵不远的当阳时，面对如此神速的追兵和即将覆灭的命运，手下们不能不说话了："宜速行保江陵，今虽拥大众，被甲者少，若曹公兵至，何以拒之？"就是说，我们现在应该迅速去保卫江陵，现在我们人数虽多但身穿铠甲能打仗的兵士却不多，倘若曹军赶到，我们如何抗拒？

部下们说的没错，照现在这种状况，别说抵挡曹军了，能不被赶到长江喂鱼就算不错了。部下们说的，刘备不是不明白，但他却说出了这样一段话："夫济大事必以人为本，今人归吾，吾何忍弃去！"干大事必须要以民众为根本，现在这么多百姓跟着我，我怎么忍心弃他们而去！

是呀，如果说"济大事"是刘备的奋斗目标，那么"以人为本"就是刘备的立身之本和成功之道。对同僚，刘备扶危济困，"救人之急"；对亲信，刘备"寝则同床，恩若兄弟"；对部下，刘备"同席而坐，同簋而食"；对民众，刘备"外御寇难，内丰财施"。一句话，刘备是凭着信义起家的，"仁义之名"也早已尽人皆知，如今让他放弃立身之本，这就相当于要了他的命。

就这样，刘备的人马依旧如蜗牛般向江陵蠕动着。

刘备不抛弃百姓，曹操也没有放弃刘备。刘备的蠕行大军还没有走出当阳，就在一个叫长坂坡的地方被曹军追上了。结果可想而知，如狼似虎的曹军铁骑如赶羊一般将刘备的十余万部众圈到了一起，任凭宰割。这种情况下，即使刘备再对追随者"何忍弃去"，他也必须割弃了，如果再不走，他也要变成曹军圈中的一只羊了。

这次"弃去"实在惨淡，跟随刘备一起冲出来的，只有诸葛亮、张飞、赵云、徐庶等数十人，就连刘备的妻儿也没能侥幸逃出。可是，就在这逃出来的极少数人中，竟然还有人提出要投奔曹操。

这个人就是徐庶，驱赶与奔逃中，他的母亲被曹军俘获了。得知这一消息，孝顺的徐庶变得心神不宁，一番踟蹰之后，他对刘备说："本欲与将军共图王霸之业者，以此方寸之地也。今已失老母，方寸乱矣，无意于事，请从此别。"

徐庶的告白形象而生动，从初衷上讲我是想凭着自己的智谋与将军一起干一番大事业的，可如今一失去老母亲，我那块产生智谋的方寸之地就完全慌乱了，再让我出主意想办法已经不可能了，所以我请求离开将军这里。

话都说到这个份儿上了，一向仁义的刘备能不仁义吗？于是，徐庶走向了曹营。

后来，徐庶的这一举动经过艺术加工，不仅留下了"方寸已乱""身在曹营心在汉""徐庶进曹营——一言不发"等成语、俗语、歇后语，而且也把徐庶塑造成了孝子的典范。不过，看看徐庶告别刘备时说话的逻辑性，还真没感觉他方寸已乱。说他此后在曹营一言不发，也与史实不符。数年之后，在拥戴曹丕接受汉帝禅让的劝进表中赫然书写着徐庶的名字。在曹魏，徐庶先后担任了右中郎将、御史中丞等高级官职，劝进能不算表态发言吗？如此高官能装聋作哑不做贡献吗？

撇开徐庶不谈，其余留在刘备身边的人可谓尽职尽责，拼尽了全力。张飞带了二十多名骑兵据守在一个小桥边断后。眼见曹军追来，张飞命人拆断桥梁，一个人横握长矛、怒目而视，大声对曹军喊道："身是张益德也，可来共决死!"这一喊,硬是吓得曹军士卒没一个人敢冲过来。

这边张飞为保刘备"据水断桥",那边赵云正在为救刘备的幼子刘禅在乱军中冲杀奔走。不过,此时的刘备得到的却是完全相反的消息,有人向他报告:"赵云已北走。"就是说,赵云已经向北跑了,估计是去投奔曹操了。

听到这一消息,刘备勃然大怒,拿起手戟就向那人掷去,一边扔一边说:"子龙不弃我走也。"赵云(字子龙)是不会丢下我独自逃走的。

说话间,从乱军冲出来的赵云,怀揣着刘禅飞驰到了刘备的身边。

天降鲁肃

当阳,是刘备心急火燎要离开的地方,但却是另一个人火燎心急正赶来的地方。这个人就是鲁肃。

一听说刘表病故的消息,预感到将有大事情发生的鲁肃就向孙权提出了自己的计划。

一上来,鲁肃便从荆州地理位置的重要性谈起:"夫荆楚与国邻接,水流顺北,外带江汉,内阻山陵,有金城之固,沃野万里,士民殷富,若据而有之,此帝王之资也。"就是说,荆州与我们相邻,江河直通北方,外有长江汉水环绕,内有高山大丘凭恃,有固若金汤的城防,有幅员万里的沃野,同时人才济济、百姓富足,倘若能够占领荆州,帝王之业的根基就奠定了。

从地理到军事,从经济到人口,鲁肃如数家珍地说了一通,核心意思就一个,荆州是我们必争必取必保之地,之前的"榻上策"中鲁肃提出"据而有之,然后建号帝王以图天下,此高帝之业也",如今他依旧持同样的观点,必须"据而有之"。

可是,又如何"据而有之"呢?

随后鲁肃对荆州内部形势进行了分析:"今表新亡,二子素不辑睦,军中诸将,各有彼此。"就是说,如今刘表刚刚去世,他的两个儿子又素不和睦，军中的将领也相应地分成了两派。言外之意，如今的荆州早就不是铁板一块了。

紧接着，鲁肃又专门提到了荆州的第三股势力："加刘备天下枭雄，与操有隙，寄寓于表，表恶其能而不能用也。"就是说，刘备作为天下枭雄，既和曹操有矛盾，又不受刘表待见。言外之意，刘备也是决定荆州走向的重要变量。

说完这些，鲁肃对荆州的可能走向及江东的应对之策进行了阐述。

走向一："若备与彼协心，上下齐同，则宜抚安，与结盟好。"如果刘备与刘表的儿子们穿一条裤子，同心协力，上下一意，那我们就与他们搞好关系，结成同盟。

走向二："如有离违，宜别图之，以济大事。"如果刘备与他们离心离德，那我们就另做打算，分化利用，以成就我们的大业。

鲁肃说的都没错，可江东如何第一时间获知他们是"协心"还是"离违"呢？知道了，又如何随机应变，达成目的呢？

就在孙权思索之际，鲁肃主动请缨了："肃请得奉命吊表二子，并慰劳其军中用事者，及说备使抚表众，同心一意，共治曹操，备必喜而从命。"就是说，我请求您派我前去吊丧，同时以慰问之名与他们军中的主要将领进行接触，并且劝说刘备安抚刘表的部众，推动他们同心同德，共同抗曹，我估计刘备一定会愉快地接受。

一方面提出问题，一方面又解决问题，鲁肃的担当作为，实属难能可贵。不过，更难能可贵的是，他还以时不我待的精神去推动尽快解决问题："如其克谐，天下可定也。今不速往，恐为操所先。"就是说，如果目的达成了，咱们就有机会平定天下了；如果不赶快前往，恐怕曹操就抢先了。前半句描述正效果，后半句描述负效应，孙权能不心动吗？

于是，鲁肃踏上了前往荆襄的风尘路。

然而，计划赶不上变化。动身没多久，鲁肃就发现他的计划几乎要全部落空了：刘琮领着诸将投降了，刘备带着士众南逃了，曹操带着精骑杀来了，估计要不了多久战火就烧到江东了。

怎么办？只能死马权当活马医地去争取刘备这支唯一可以争取的力量了。于是，鲁肃怀揣着仅有的一丝希望来到了当阳长坂坡。

"豫州今欲何至？"如今您打算到什么地方去啊？一见面，鲁肃就问出了那个最迫切要知道的问题。

"与苍梧太守吴巨有旧，欲往投之。"我与苍梧太守吴巨有些交情，准备去投奔他。此时，刘备当然不能说自己无路可走，但让他说自己想投奔江东，这也是万万不行的，一则面子上过不去，二则江东的态度也并不明了，一旦自己的热脸贴了别人的冷屁股，就不只是尴尬的问题了。保险起见，刘备抛出了吴巨这个假目标。

原本，刘备只是使了一个小伎俩，但对鲁肃来说却是个大麻烦，真要是让刘备一溜烟要跑到鸟不拉屎的苍梧郡（今广西梧州），江东就直接暴露在曹军的兵锋之下了，好歹也要有个缓冲，拉个垫背的呀！于是，鲁肃连珠炮似地说话了。

首先，是夸孙权："孙讨虏聪明仁惠，敬贤礼士，江表英豪，咸归附之，已据有六郡，兵精粮多，足以立事。"一句话，孙权要素质有素质，要人才有人才，要地盘有地盘，要资源有资源，具备想干事、能干事、干成事的一切条件。

其次，是给建议："今为君计，莫若遣腹心使自结于东，崇连和之好，共济世业。"言下之意，我来了就代表了孙权的意思，你要有意思的话，也派人去江东表达一下你的意思，这样接下来的事情就好办了。

最后，是作对比："而云欲投吴巨，巨是凡人，偏在远郡，行将为人所并，岂足托乎？"就是说，吴巨那儿人也不行，地也不行，你去那儿不是才出泥潭又入火坑吗？

眼见鲁肃如此在意自己的选择，刘备终于把心中的暗喜变成了脸上的"大喜"。随即，刘备带着仅有的数十人，向东南斜插到了汉水边的一个渡口，在那里与正好到此的关羽船队会合，接着又遇到了江夏太守刘琦的万余人马。于是，大家一起沿江向东，来到了与东吴搭界的夏口。

隆中悖论

上面这些就是刘表去世后刘备从樊城到夏口的全部过程。

对刘备来说，这是一次惨痛的经历。据《三国志·魏书·曹纯传》记载，当时跟随曹操"从征荆州，追刘备于长坂"的曹纯，就取得了"获其二女辎重，收其散卒"的战绩，女儿没了、辎重没了、步卒没了，难道不惨吗？

回忆起这次惨败，二十年后的蜀汉丞相诸葛亮在他的《出师表》中甚至用了"倾覆"这个词。同样在《出师表》中，诸葛亮紧接着用"受任于败军之际，奉命于危难之间"来描述自己出使东吴、促成孙刘联盟的作为。

可是，面对从樊城到夏口的倾覆之局，诸葛亮又做了些什么呢？史书中，除了那句"过襄阳，诸葛亮说先主攻琮，荆州可有"，没有关于诸葛亮在这一危急存亡关头的任何记载。可是，就连这仅有的一点记载，也被司马光在《资治通鉴》中给抹去了，只说在刘备"呼部曲共议"时，有人"或劝备攻琮，荆州可得"，并没有点明此人是诸葛亮。

不过，记载付诸阙如并不代表孔明消失不见。实际上，只需上面那一句"诸葛亮说先主攻琮"，我们就可以合理推测：无论在刘表托孤时"劝备宜从表言"的人中，还是在当阳劝刘备"宜速行保江陵"的人中，大概率都有诸葛亮的身影，而路过襄阳时"劝备攻琮"的那个人更是非诸葛亮莫属。

真是这样吗？为什么？

是的，就是这样。不信，让我们再来回顾一下隆中草庐中的那次谈话。

"荆州北据汉、沔，利尽南海，东连吴会，西通巴、蜀，此用武之国，而其主不能守，此殆天所以资将军，将军岂有意乎?"

"若跨有荆、益，保其岩阻，西和诸戎，南抚夷越，外结好孙权，内修政理；天下有变，则命一上将将荆州之军以向宛、洛，……诚如是，则霸业可成，汉室可兴矣。"

通过上面这两段话不难看出，在诸葛亮天下三分的战略设计中，荆州不仅是鼎足而立的必争之地，而且是全盘布局的战略基点。没有荆州如何西取益州? 没有荆州如何东结孙权? 没有荆州如何北向宛洛?

荆州不是充分条件，而是必要条件，说白了是干事创业的启动资本，是从1到100中的那个"1"，连"1"都没有还想什么100? 因此，无论何时何地何种条件，只要有机会，就必须实现"从0到1"的突破。于是，在五次三番劝刘备取荆州的人中，不可能没有诸葛亮。

可是，刘备为什么始终没有同意呢?

一种看法认为，三次取荆州的条件都不适宜。第一次刘表托孤，其是否出于诚心诚意都未可知，更不用提接掌荆州的现实难度了；第二次进攻襄阳，能否拿下姑且不说，即使能拿下，随后能否稳住局面，挡住曹操的南下兵锋也是个未知数；第三次速取江陵，似乎就完全看刘备愿不愿意承受道德压力了。

没错，从现实条件看，三次取荆州的确都颇具挑战，但也绝非毫无可能。

先看第三次。当时刘备已经到了紧挨着江陵的当阳县，也就是说他已经走完了从襄阳到江陵的大部分路程，如果刘备以之后曹军"一日一夜行三百余里"的速度，哪怕是一日一夜一百里的速度，他也早就占据位置关键、物资充沛的江陵了。至于占领江陵后能不能守住它，这倒是次要问题了，因为一旦有了江陵，不仅如长坂坡那样"倾覆"的危险消除了，而且无论是与曹操抗衡还是与孙权结盟，都有本钱了。如此看来，诸葛亮此时从军事外交的角度提出"宜速行保江陵"的正确建议，完全有可能。

再看第二次。从樊城南撤时顺势夺取襄阳，有可能吗？当然有可能，不然也不会出现当刘备在城下"驻马呼琮"而"琮惧不能起"的情况，更不会出现"琮左右及荆州人多归先主"的局面。

那么，占据襄阳后能够实现诸葛亮所说的"荆州可有"这一目的吗？从众人多归刘备这一情况看，乘势实现对整个荆州的控制，问题也不大。

那么，据有荆州后能够挡住曹操吗？从当时的情形看，完全有可能。

首先，从兵力上看，从事后周瑜的分析中知道，当时荆州人马约七八万，加上刘备从樊城带来的人马和刘琦在夏口的人马，少说也有十万之众，就算蒯越、蔡瑁搞分裂甚至发动叛乱，打个对折，至少也有五万人马。而此时"直趋宛、叶""间行轻进"的曹军有多少人呢？既然要出奇兵、打闪击，先头部队最多不过三五万，加上后续的大部队，按周瑜的判断，最多"不过十五六万"。如此看来，攻取襄阳后，刘备至少可以在汉水边挫败曹军先头部队的进攻，大概率也能在此与曹操的后续部队展开对峙。

其次，从地形上看，汉水边的襄阳和樊城，完全具备抵御曹操的条件。当时，襄阳和樊城分据汉水南北两岸，互为掎角之势，绝对可以构筑一个水陆结合的稳固防御体系。事实上，在一千多年后的宋元更迭之际，南宋依托这一地区显著的地利优势，不仅扛住了蒙元铁骑的多次进攻，甚至在公元1267年到1273年长达六年的时间里在此与蒙元的水陆大军展开了激烈的对峙。按照以往的经验，刘备不用扛六年，只需扛一到两年，曹操就要回"多务"的北方去了。

再次，从兵种上看，曹操一开年就在玄武池大练水军，主要的目标战场在哪里？说白了就是把重点放在了襄阳和樊城之间的那段汉水上面。试想，夺取长江北岸的江陵，需要练水军吗，步骑兵就解决问题了。而一旦解决了北面的襄阳和南面的江陵这两个核心区域，长江下游的夏口和长江以南的诸郡还是问题吗，为了解决这些边缘地带有必要兴师动众、大练水军吗？实际上，千年后的蒙元政权为了解决襄阳，也没少在水军上下功夫。为加强水上作战能力，蒙元仅在进攻的第二年就在襄阳前线训练了七万水军，建造了五千艘战船。此时，"间行轻进"的曹操，带没带、带了多少水军都不得而知，能够在汉水作战的战船恐怕更是寥寥无几，此时要与刘表经营了十多年"蒙冲斗舰，乃以千数"的荆州水军抗衡，顺利地渡过汉水、占领襄阳，一切似乎都没那么容易。

当然，当时的荆州水军未必都在襄阳附近，但从关羽后来能够"乘船数百艘会江陵"来看，部署在襄阳和樊城一带的水军和舰船至少也有数百艘。同时，从荆州水军的防御重点来说，为了应对曹操"作玄武池以肄舟师"这一重大军事动向，只怕荆州水军早早地就在汉水流域严阵以待了。如此看来，缺少水军和舰船支撑的曹军要想拿下襄阳还真没那么容易。

最后，从时间上看，即使当时曹操已经进军到了宛城，刘备占领襄阳后也是有较充裕的时间进行防御的。从史料上看，当曹操知道刘备准备去占领江陵时，他"乃释辎重，轻军到襄阳"，到了襄阳后，他又"将精兵五千急追之，一日一夜行三百余里"，这样才在长坂坡追上了刘备。而反观刘备，他的行军速度是多快呢？"日行十余里"。如此计算，曹操紧赶慢赶抵达襄阳时，刘备已经离开三十天左右了，再加上曹操从宛城到襄阳的这段时间，刘备至少有一个月的时间稳定襄阳局势并完成战役部署。

综合上面一系列分析，刘备在襄阳对抗曹操还是有胜算的，而如《三国志》所说，诸葛亮劝刘备进攻刘琮，占有荆州，更是确凿无疑了。

看完了第三次和第二次取荆州的机会，最后再来看第一次，情况就更明了了。曹操大军压境和刘琮束手归降时都有时间有机会抗曹，仅仅占据江陵都有可能一搏，那接受刘表托孤、白得一个荆州难道还没能力控制荆州、抵御曹操？因此，面对刘表托孤，如果从形势和实力角度考虑，重点不在于刘备能不能，而在于刘表愿不愿意。换句话说，只要刘表有意向，诸葛亮就会毫不犹豫地劝刘备"从表言"。

如此看来，面对三次机会，以荆州为基点规划"隆中对"的诸葛亮，没理由不站出来力主取荆州。可是，为什么只有陈寿并且只是在《三国志·蜀书·先主传》中把诸葛亮主张进攻襄阳这件事记载了下来，甚至在诸葛亮本传中都只字不提呢？

可能的原因有二：其一，由于之后建立的蜀汉政权并没有设立专门的史官编修国史，即使陈寿这样生在蜀汉的史家，对这段蜀汉政权成立之前的历史也不甚明了，于是只好含糊其辞，并不确指某人了。其二，由于上述建议多少都有违道德原则，为了维护相关人物的形象，引导更多人去恶扬善，史家只好如司马光在《资治通鉴》中那样隐去其名了。

史家可以为往者讳，可当事人刘备却无可回避，面对三次可能的机会，他必须作出抉择。那么，刘备又为什么要一再否决相关建议，看着"天所以资将军"的荆州从身边白白溜走呢？

实际上，刘备早就清晰地给出了答案："济大事必以人为本"。无论是面对托孤时的"所不忍也"，还是路过襄阳时的"吾不忍也"，甚至是滞留当阳时的"吾何忍弃去"，都表明了刘备把信义和民心放在首位的原则。

然而，这一原则却不可避免地与现实产生了矛盾冲突，也暴露出了"隆中对"中的那个致命悖论。

按照诸葛亮在"隆中对"中的规划，通过"人谋"是完全可以帮助刘备实现"霸业可成，汉室可兴"这一目标的，而所谓"人谋"，首先谋的就是荆州。至于刘备谋取荆州、成就霸业的优势嘛，诸葛亮归纳为"帝室之胄，信义著于四海，总揽英雄，思贤如渴"。前面分析过，"帝室之胄"讲的是出身，"信义著于四海"讲的是德行，"总揽英雄"讲的是魅力，"思贤如渴"讲的是态度。如果进一步予以概括的话，第一个讲的是先天特征，后三个讲的则是后天能力，并且刘备之所以能够"总揽英雄，思贤如渴"，最重要的就是"信义著于四海"。因此，可以说刘备的立身之本就是信义。

对于刘备所拥有的信义优势，不仅诸葛亮明白，刘备自己更明白，不仅明白，他还要去坚守。因此，即使拥有三次取荆州的机会，他都未实施，因为他深深明白"存人失地，人地皆存；存地失人，人地皆失"这一道理。

对于刘备坚持"以人为本"、坚决不弃百姓的行为，东晋史学家习凿齿评价道："先主虽颠沛险难而信义愈明，势逼事危而言不失道。追景升之顾，则情感三军；恋赴义之士，则甘与同败。观其所以结物情者，岂徒投醪抚寒、含蓼问疾而已哉！其终济大业，不亦宜乎！"

习凿齿的四句话，完整地概括了刘备的处事原则和成功之道。

第一句话，从道义上进行定位：虽然处于颠沛流离、危险艰难的境地，但却更加讲信义；尽管事态危急，但他说出的话却并不违背道德。

第二句话，从事例上进行论证：他追念刘表（字景升）旧恩，结果以情感动了三军；他眷恋追随他的民众，结果使这些人都甘心与他共赴艰难。

第三句话，从根子上进行升华：刘备之所以顺民意、得民心，哪里仅仅是送上浊酒、抚慰饥寒，口含辛辣的蓼草、询问百姓的疾苦那么简单！

最后一句，从结果上进行回溯：他最后终于成就大业，不也是应该的吗？

习凿齿的这段评价，不仅被裴松之注引到了《三国志》中，而且被司马光专门收入了《资治通鉴》中，其目的，都不止在于记述刘备那段极狼狈的经历，更在于凸显刘备这种至光至辉的品性。

然而，如此一来，刘备是光辉了，劝他把握机会的诸葛亮又往哪里摆呢？莫不成让他去当违背道德信义的罪人不成？如果诸葛亮之后一直是个只讲"人谋"不讲信义者还好，可他却偏偏成了"长使英雄泪满襟"的道德完人。这下麻烦了，史家们不仅要对他上面三次似有似无的"馊主意"遮遮掩掩，并且对他此后建议刘备杀掉养子刘封、私底下打彭羕小报告这样证据确凿的事情也讳莫如深，仿佛只有如此才能维护他"诸葛大名垂宇宙，宗臣遗像肃清高；三分割据纡筹策，万古云霄一羽毛"的光辉形象。

可是，这一切能遮掩得住吗？即使能遮掩住这些，能遮得住写在"隆中对"中那更明显的不义吗？

前面说过，在诸葛亮看来，刘备具有干事创业的四大优势：出身、德行、魅力、态度，其中，排在首位的就是"帝室之胄"的出身。正是因为汉室宗亲的这一身份，才使刘备拥有了可以叫板曹操、兴复汉室的合法性。

然而，说刘备具有身份上的合法性固然没错，但刘表、刘璋也同时拥有这种合法性，并且刘表、刘璋这种身份上的合法性比刘备要可信可靠的多。据载，刘表和刘璋都是汉景帝第五个儿子鲁恭王刘余之后，他们与作为汉景帝第六个儿子长沙王刘发后代的汉献帝刘协有确定的血缘关系，而刘备虽然也是汉景帝之子中山靖王刘胜的后代，但刘胜却有一百二十多个儿子，代代繁衍之后，可能中山国所在的冀州一带，整村整村的刘氏都是皇亲国戚了，刘备家族的谱系已经交代不清。事实上，翻遍整个《三国志》，在诸葛亮之前还真没有人认为刘备的宗亲身份是个值得一提的独特优势。

如此说来，刘备为了复兴汉室而去抢夺刘表治下的荆州和刘璋治下的益州就更说不过去了，同为"帝室之胄"，这不是同室操戈吗？没错，刘表固然"不能守"，刘璋固然"暗弱""不知存恤"，但这就是取代他们的理由吗？照此逻辑，为什么非得你刘备取，曹操、孙权就不能取吗？

这下麻烦了，说了半天，"隆中对"中至为关键的"跨有荆、益"倒成了不仁不义之举了，那为什么诸葛亮还要把它抛出来呢？

答案就两个字：大义。

后来的蜀汉政权为什么能成了许多史书和演义小说中的正统？就是因为刘备在汉室宗亲之中已经没有其他竞争者了，只有刘备才具有复兴汉室、信大义于天下的资格了。"老瞒虐焰市朝空，宗室惟余大耳翁"（宋·刘克庄），从这个角度讲，只有刘表家族和刘璋家族黯然退场，乃至大汉天子凄然退位，刘备才能实现对道义资源的完全垄断。诸葛亮让刘备失信于二刘，却取信于天下，这就是大义。

既然早在刘表在世时，诸葛亮就已经为刘备规划了"跨有荆、益"的战略路径，那么在刘表将亡和刘表死后，刘备为什么不能取荆州呢？在"大义"的旗帜下，又有何不可呢？

如此看来，就只剩下当阳的那次道德拷问了。

从当时的形势来看，占领江陵几乎是刘备占据荆州最后的机会了，换句话说，也是实现"隆中对"的最后希望了。诸葛亮虽然智谋过人，但他并不是全知全能的"神仙"，他也并不能预见到随后的赤壁之战和几年后刘备的"借荆州"，此时唯一的生机就是取江陵。还有，即便追随刘备的十余万人被曹军俘获，也未见得曹操就要屠戮他们，十有八九他们会作为劳动力，被曹操迁往北方去屯田。因此，诸葛亮才提出"宜速行保江陵"。

然而，刘备却并不这样认为。首先，刘备迈不过心中的那道道德的门槛。同时，或许刘备也存有一些侥幸心理。毕竟这些人都是自己的追随者，毕竟这些人员和辎重都是随后保卫江陵的重要资源，毕竟大军距离江陵仅有一步之遥，只要越过面前这道"长坂"，前面就是奔往江陵的一马平川了。

"坂"，是山坡、斜坡的意思。所谓"长坂"，就是长长的山坡。据史家考证，那时的"长坂"就是现在湖北省荆门市市区西南一直向南延伸到纪山镇的百里长冈。从如今的纪山镇到三国时的江陵古城，只有五六十里的距离，也就是说，只要越过长坂，刘备就胜利在望了：再扛几天，就鱼和熊掌兼顾了。

然而，就在大军抵达这个百里长冈的北端，也就是"长坂坡"的时候，他们就被曹军追上了，接下来就出现了"先主弃妻子，与诸葛亮、张飞、赵云等数十骑走，曹公大获其人众辎重"的败状。

可是，面对如此危局，身在军中的诸葛亮就没有一点预见性吗，知道江陵难保后就没什么备用方案吗？

怎么可能没有！

你看，当刘备长坂大败后，他为什么要"斜趋汉津"，又为什么"适与羽船会"，接着为什么又"遇表长子江夏太守琦众万余人"，不事先进行安排，能这么巧吗？

实际上，关于"遣关羽乘船数百艘，使会江陵"这件事，《三国志》中就有不同的记载。《先主传》说，关羽是在当阳被派遣的；而《关羽传》则说，早在刘备"自樊将南渡江"时，就"别遣羽乘船数百艘会江陵"了。按照诸葛亮之后出使江东时对孙权所说，关羽所率领的这支水军都是精甲，数量接近一万人。如果关羽在当阳乘船，那么这数百艘船和上万水军是从哪里冒出来的？如此分析，这些船和水军只能是从樊城就跟着刘备走了，他们或者是刘备在樊城训练的，或者是刘备渡江时从荆州水军中分化出来的。至于关羽是何时统率这支水军的，大概率是在樊城，也可能这支水军一开始由其他将领率领，在大部队出现险情时，才派遣关羽前去掌管。

然而，所有这些都不是关键，关键是这支原本要"会江陵"的水军隔了这么长时间，怎么依然出现在当阳？

如果要实现"会江陵"这一任务，刘备手下的这支水军首先要沿汉水而下，然后要么从夏口进入长江，随后溯流而上抵达江陵；要么他们在如今的沔阳一带进入夏水，随后同样溯流而上抵达江陵。总之，这支水军因为要走一个"〉"形才能达到江陵，所以路程要比陆上的大部队多出至少两到三倍的路程，而既然要"会江陵"，这支水军必然要比大部队走得更快。可是，为什么陆上的大军都快到江陵了，水军还在汉水游弋呢？

对此，只有两种可能，要么这支水军一直缓慢地与大部队保持同步，要么这支水军又从远方折返回了大部队附近，总之，当刘备"斜趋汉津"时，他"适与羽船会"了。而从刘备随后"遇表长子江夏太守琦众万余人"来看，很可能这支水军按照"会江陵"的指令早就与刘琦的军队相遇了，而当他们得到返回的命令后，刘琦的人马也跟过来进行接应。而如果关羽是在当阳离开大部队的，那他的任务就绝不是"会江陵"，而是去召回那支"会江陵"的水军。

从派遣水军"会江陵"，到"遣关羽"，再到"斜趋汉津"，这其中能没有诸葛亮的谋划吗？

第七章

柴桑

你不齿的苟且，
实是我负责的坚守。

随着鲁肃把刘备引到夏口并把诸葛亮带到柴桑，一切压力都汇集到了孙权身上。

作为荆州的惨败者，有求于人的诸葛亮原本应该是低姿态的，然而一见面他就把刘备描述成了一个大英雄。

作为孙权的贴心人，鲁肃原本应该坚决地与孙权一起回击迎降派，然而议事堂上他却变成了一个小哑巴。

作为坚定的抗曹派，周瑜在公开场合的表现可谓自信从容，然而一到私下场合他却提出了增兵的请求。

搞不懂，真是搞不懂。

可更令人搞不懂的是，当年接受托孤之重、"率群僚立而辅之"的老臣张昭，如今却成了投降的急先锋。

这究竟是怎么回事？这又让孙权如何决策？

同盟者说

正如鲁肃在谈话中所说，既然自己都被孙权大老远派过来了，刘备如果有诚意，想要"崇连和之好，共济世业"，那么"莫若遣腹心自结于东"。

实际上，就算鲁肃不说，刘备一方也有派出使者的必要：一方面，礼尚往来，为了表明抗曹态度、申明结盟意向，有必要派人当面向孙权讲清；另一方面，知己知彼，为了探知孙权抗曹态度的坚定性、结盟意向的明确性，也有必要派人过去。

事实上，鲁肃说得委婉，但意思是相当明确的，真正想要"连和""共济"，还得刘备一方去"自结"，言外之意，我鲁肃只是表达我方一个可能的意向，大家能不能走到一起还得你刘备派人跟我老板谈。

这下问题就复杂了：说来说去，你鲁肃就是想把我诓到夏口给你们当挡箭牌，孙权是否真想合作那还另说呢！说得好听点，你是为自己的观点主张和双方共同的事业而努力；说得不好听，你这是在为了自己的想法而对缝，为了己方的安全拉个垫背的。

可是，即使没有鲁肃的这番忽悠，刘备也别无选择，难道自己真要跑到苍梧去投奔吴巨吗？难道自己真能不借助外力单独抵抗曹操吗？说一千道一万，也只能按鲁肃的意见办。不过，接下来的问题又来了：既然"莫若遣腹心"，那遣哪个腹心才能达成"自结于东"的使命呢？

应该说，当时刘备身边能称得上腹心的并不少，关羽、张飞、赵云、诸葛亮、麋竺、简雍等人都在其列，不过能够担得起出使重任的却并不多。关羽、张飞、赵云都是武将出身，舞刀弄枪、领兵打仗是他们的强项，耍嘴皮子、进行外交谈判就是短板弱项了，再说了，当时他们都还承担着御敌的重任，很显然是不适合的。这样看来，剩下的就只有诸葛亮、麋竺、简雍了。

说起来，麋竺从政治素质、身份地位和形象气度上都算是个合适的人选。作为徐州大族，麋家世代经商，到了麋竺当家的时候，不仅经济规模达到了"僮客万人，赀产钜亿"的程度，而且政治地位也大幅提升，商人麋竺甚至被徐州牧陶谦任命为州里的别驾从事，隐然成了徐州的二号人物。可是，自从认定了刘备，麋竺就把这来之不易的一切就当作粪土了，他不仅"迎先主于小沛"，而且跟随刘备"转军广陵海西"，看到了刘备丢了夫人又折兵，他更是"进妹于先主为夫人，奴客二千，金银货币以助军资"。献徐州、献自己、献妹妹、献奴客、献金银，刘备身边还有谁比得上糜竺的奉献精神，这样的人派出去绝对可靠。此外，在刘备投奔曹操时，糜竺还从朝廷那里得到了偏将军、领嬴郡太守的头衔，这一身份不仅把江东一色的校尉级官员都比了下去，就算与讨虏将军、领会稽太守孙权比，也毫不逊色。同时，从形象上看，"雍容敦雅"的糜竺也十分符合外交要求。然而，糜竺却有一个十分致命的短板——"干翮非所长"。所谓"翮"是指鸟羽的茎状部分，代指鸟的翅膀，而"干翮"就是鸟的主翅膀。一个不善于理清主次的人，你让他去谈如此性命攸关的大事，放心吗？

说起来，简雍也算是个合适人选。涿郡人简雍，不仅是刘备的同乡，而且年轻时就与刘备相识相知，一路"随从周旋"，政治上绝对忠诚可靠。同时，在刘备于幽州、青州、徐州、豫州、冀州、荆州的辗转过程中，时不时地就会遇到与其他诸侯利益交换、讨价还价的情况，其间简雍"常为谈客，往来使命"，对于合纵连横的游说工作不仅不陌生，甚至可以说驾轻就熟。然而，熟稔外交工作的简雍也有不少缺点：其一，"优游风议"，言语上有些随意，嘴上没有把门的，说着说着就扯远了、跑偏了；其二，"性简傲跌宕"，性格上有些高傲秉直，不够通达圆融；其三，"威仪不肃"，仪态上欠佳，让人缺乏信任感。如此一来，简雍执行以往那些简单明了、直来直去的外交任务还行，遇到此次复杂艰巨、性命攸关的重大交涉，就显得不恰当了。

如此说来，能去的人选就只剩下诸葛亮了。说起来，诸葛亮在资历身份方面确实无法与糜竺、简雍相比，但在其他方面他却拥有糜、简二人所不具备的优势。

首先，向刘备提出"隆中对"、让刘备有"如鱼得水"之感的诸葛亮，在领会刘备意图、贯彻大政方针方面，比糜、简二人加起来还要强上数倍。

其次，当时孙权身边有位心腹谋士名叫诸葛瑾，而他正是诸葛亮之兄，二人的兄弟关系在江东早已传开，鲁肃在长坂时就曾以"我子瑜友也"（诸葛瑾字子瑜）套近乎。凭借这层关系，诸葛亮肯定比其他人更容易在江东打开局面。

再次，当时诸葛亮二十八岁，孙权二十七岁，相对于糜、简两个小老头，同龄人之间也更容易交流，更能够有效接收和回应孙权发出的一些信息。

最后，"身长八尺"的诸葛亮在形象气质上也是绝对过硬的。

反复比较，只有诸葛亮最合适。这一点，刘备心知，诸葛亮自然也肚明。于是，没等主公张口，诸葛亮就主动提出了"奉命求救于孙将军"的请求。对于这一请求，刘备当然不会拒绝。

任务请下来了，但如何完成任务，却着实要费一番脑筋。正如鲁肃所说，如今的孙权"据有六郡，兵精粮多，足以立事"，反观刘备，现在既没有地盘又缺兵少粮，有什么本钱谈结盟？实际上，诸葛亮要解决的难题还不止于此。除了要通过一番说辞让孙权相信"连和"的价值，最关键的还是要说服孙权能够抗曹，也就是鲁肃所说的"共济世业"。如果孙权像当年刘表糊弄袁绍那样，虽满口答应，却"许之而不至"，只在一旁"观天下变"，那刘备就更惨了。

可是，为什么抗曹？抗曹的胜算有几成？这些恐怕是更难回答的问题，据说，江东方面已经一片降曹论调了，此时要想逆转风向谈何容易。带着这些难题，诸葛亮上路了。

一来到柴桑，诸葛亮就受到了孙权的接见，江东方面的急切心情由此可见一斑。不过，见面后，孙权却并未开腔表态，而是看着诸葛亮自说自话。很显然，孙权还在观望，还需要更多的信息和勇气来做决策。

面对这种情况，诸葛亮首先开腔了："海内大乱，将军起兵据有江东，刘豫州亦收众汉南，与曹操并争天下。"就是说，如今天下纷争，你占据了长江以东，刘备在汉水之南聚拢人马，与中原的曹操形成了并争天下的态势。

诸葛亮的这句话看似平常，实则内含玄机。当时，孙权与刘备，的确一个江东、一个汉南，但两人的境况却天差地岊。刘备身处汉水之南没错，但荆州这块地盘并不是他的，他只是在以前是刘表、现在是曹操的那块地盘上收罗了一些不愿归附曹操的人众而已；孙权身处江东也不假，但江东六郡却是他握在手里实打实的地盘，地盘上的人力、物力、财力都由他支配。此外，二人都居于水边不假，但汉水与长江也难以等量齐观，长江可以作为天堑与曹军一战，汉水可以吗？如此看来，诸葛亮口中的"据有江东"与"收众汉南"，表面上似乎只是为了表述上的工整与对仗，实际上却在不经意之间巧妙地将刘备放到了与孙权同等重要的位置上，其心思不可谓不缜密。

不过，缜密的还不止于此。在诸葛亮的口中，刘备居南，孙权居东，从方位上看谁在与北方的曹操"并争天下"？没错，当然是刘备。在这种语境下，曹、刘二人一南一北、针尖麦芒，而东面的孙权俨然成了偏居一隅的旁观者。如此看来，刘备不仅丝毫不逊于孙权，反而要高出一头来了。哈哈，这就是语言的玄妙。

当然，此时的孙权既不瞎也不傻，粉饰拔高的话说一句可以，继续睁着眼睛说瞎话就不行了。于是，诸葛亮迅速从对态势的描述转到了眼前那个不容回避的事实上："今操芟夷大难，略已平矣，遂破荆州，威震四海。英雄无所用武，故豫州遁逃至此。"就是说，现在曹操不仅把北方的大事难事基本摆平了，而且把荆州也搞定了，可以说威震四海，如日中天。既然荆州已经落入曹操手中，原本"收众汉南""并争天下"的刘备就只能落跑了。

关于曹进刘逃这一事实，诸葛亮的描述总体上相当客观，他不仅没有贬低曹操的成功，甚至还用了"威震四海"来渲染这一成功所产生的影响；同样，诸葛亮也没有用"屯""临""奔""走""进驻""沿江而下"这样的字眼掩饰刘备的败退，而是用了颇显狼狈的"遁逃"一词。这样看来，诸葛亮还真是实在。

可这实在的背后就没有什么吗？有！怎么可能没有！实际上，诸葛亮不仅客观地描述了刘备的失败，还为这种失败提供了一种合理解释："英雄无所用武"。就是说，曹操大军涌来，刘琮望风而降，刘备这个英雄并没有一展雄才的时间和空间，所以才跑到你的地盘边上来了。这漫不经心的六个字，看似无关紧要，实则向孙权传递了两个信息：一则刘备的失败更多源于外在"无所"而非是内在不行；二则刘备自身还是杠杠的，只要有"所"用武，他依旧能展现出自己的英雄本色。

诸葛亮的这番描述和解释的确相当巧妙，但却经不起过多推敲。要知道，刘备也不是一直没有"所"，当初坐拥徐州这样一个大"所"，也没见他用武用出什么名堂来；再说了，荆州就真的没有用武之所吗？江陵难道不能用武吗？

对于自身解释的脆弱性，诸葛亮自是了然于胸，因此，他并没有给孙权进行推敲琢磨的一丁点儿时间，而是迅速将话题转到了孙权身上："将军量力而处之：若能以吴、越之众与中国抗衡，不如早与之绝；若不能当，何不案兵束甲，北面而事之！"

这里，诸葛亮向孙权抛出了一道判断加选择题。需要判断的是，力量上是否能与曹操掰手腕，也就是所谓的"量力"，答案是"能"或"不能"。需要选择的是，意愿上是否要与曹操掰手腕，也就是所谓的"处之"，选项有两个：A.抗曹，B.降曹。

这样一道题，看似简单，实则充满了风险。一道问答题即使答错了还可能有些分，不至于挂零，可判断题和选择题就不行了，对了固然好，可一旦错了，连一分也得不着。因此，孙权可以作判断，却不想做选择，或者说不想轻易做选择。

这一点，诸葛亮当然再清楚不过，实际上他紧接着就说到了孙权的纠结点："今将军外托服从之名，而内怀犹豫之计，事急而不断，祸至无日矣！"就是说，你现在看起来要选B，内心里却想选A，犹豫来犹豫去，把时间耗没了，也就没得选了！

如果说，孙权对于诸葛亮前面所说的，还能够静听默想、不动声色的话，那么听了这最后一句，就着实按捺不住了："苟如君言，刘豫州何不遂事之乎？"如果真像你说的，怎么刘备不选B，非让我选B？

眼见孙权已经入套，诸葛亮不慌不忙地开始收口："田横，齐之壮士耳，犹守义不辱，况刘豫州王室之胄，英才盖世，众士慕仰，若水之归海，若事之不济，此乃天也，安能复为之下乎！"就是说，秦末时齐国的壮士田横尚且不向新王朝投降，最终坚守大义，自刎而死，如今更何况刘备这样一个汉室宗亲、盖世英才、众人偶像呢？就算大事干不成，那也是天命，怎么能轻言放弃呢？

诸葛亮这几句话讲得看似直白，实际上却话中有话。既然刘备的出身、地位、威望、影响摆在那里，所以他横竖是不能投降的。反观你孙权就不同了，你要出身没出身，要地位没地位，要威望没威望，要影响没影响，你屈居人下又怎么了？你不本来就屈身于曹操了吗？再说了，刘备即使失败了、战死了，那也是回天无力，虽败犹荣，你孙权却横竖连一个壮士都不如！

这下子，孙权真被激着了，猛地冒出了一句："吾不能举全吴之地，十万之众，受制于人。吾计决矣！"再怎么着，我也不能把全部东吴地盘和洋洋十万人马拱手奉送曹操，甘受他的摆布。我已经拿定主意了！

听到这句豪言，诸葛亮那颗悬着的心，终于放下了。

要说孙权就是孙权，激动归激动，被诸葛亮激将之后，他随即问出了那个自己最关心的问题："非刘豫州莫可以当曹操者，然豫州新败之后，安能抗此难乎？"的确，除了刘备没有谁能挡得住曹操，可是刘备刚刚经历了一场惨败，他还能扛得过这次劫难吗？你不是让我"量力处之"吗，我量的"力"中怎么能少了你们这股势力？

看到孙权已经做出了选择，却还要继续作判断，诸葛亮内心虽觉得无聊，但还是认真地向孙权聊起了刘备的寸长与曹操的尺短。

"豫州军虽败于长版，今战士还者及关羽水军精甲万人，刘琦合江夏战士亦不下万人。"就是说，刘备败是败了，但还没伤元气，收拢来的散兵游勇加上关羽的水军合起来还有一万精兵，而刘琦在江夏集结起的人马也不少于一万人，总之，抗曹的本钱还是有的。

按说，话说到这里，诸葛亮已经把孙权的问题给回答了。不过，在诸葛亮看来，仅谈这些还远远不够。紧接着，诸葛亮又说出了曹军的三个弱点。

其一，"曹操之众，远来疲弊，闻追豫州，轻骑一日一夜行三百余里，此所谓'强弩之末，势不能穿鲁缟'者也。故兵法忌之，曰'必蹶上将军'"。就是说，目前曹军的战斗力已经因为连续行军而严重下降。

其二，"且北方之人，不习水战"，就是说，曹军正在扬短避长。

其三，"又荆州之民附操者，逼兵势耳，非心服也"，就是说，曹操在荆州的统治并不稳固。

有了以上论据作为支撑，诸葛亮随即抛出了自己的结论："今将军诚能命猛将统兵数万，与豫州协规同力，破操军必矣。"就是说，针对曹操的这三个缺陷，只要满足猛将、重兵、联盟这三个条件，就能够大破曹军。一切看起来是如此简单易行！

除了破曹的充分条件，诸葛亮还顺势描绘了一下战后的美丽新世界："操军破，必北还，如此则荆、吴之势强，鼎足之形成矣。"就是说，曹军失败后，必然会退回北方，如此荆州与东吴的势力就会强大起来，到那时三足鼎分的利益新格局就形成了。

所谓听者无心，说者有意。诸葛亮的这番描述看似脱口而出，实际上却是深思熟虑的结果，不经意之间就把战后的利益分割问题谈了出来。具体而言，诸葛亮是这样约定的：打赢曹操后，东吴自然还是你孙权的；但荆州，要归刘备。为什么这样讲？因为如果荆州也归了孙权，就不会有"荆、吴之势"和"鼎足之形"了。用现代的法律术语来说，诸葛亮的这一行为属于口头要约，并且这一要约与书面约定具有同样的效力。

既然把分成也聊了，那就只差孙权签字画押了。于是，诸葛亮最后说道：

"成败之机，在于今日。"别等了，赶快做决定吧！

或许孙权把注意力集中到了能否破曹上，或许孙权觉得现在没必要与潜在的盟友谈利益分割，总之，孙权并未对诸葛亮口中的"荆、吴之势"和"鼎足之形"表现出特别的关注，而是用"大悦"表示了自己对二人整个聊天的满意。随后，孙权承诺，将按照诸葛亮的建议，派猛将领数万精兵，与刘备合力抗曹。

双方谈到这里，孙刘联盟基本成形了。

可是，事情真的如此简单吗？孙权真的如此爽快吗？

接下来的一封短信，回答了一切。

迎降者说

话说孙权刚刚用语言上的"吾计决矣"和神情上的"大悦"稳住了眼前的诸葛亮和远方的刘备，更远处的曹操就派人送来了一封书信。

说是一封书信，其实更像是一个短札，因为整封信十分简短："近者奉辞伐罪，旌麾南指，刘琮束手。今治水军八十万众，方与将军会猎于吴。"就是说，最近，我奉天子之命，讨伐有罪的叛逆，军旗指向南方，刘琮旋即归降。现在，我统率水军八十万人，准备与将军在吴地一道打打猎。

别看这封信只有寥寥三十个字，但它绝不啻于三十万兵马，其中每个字都踩踏着孙权那颗彷徨的心。

首先，"奉辞伐罪"表明了曹操无可辩驳的正当性，谁阻挡曹军前进的脚步，谁就是那个要"伐"的"罪"。

其次，"旌麾南指，刘琮束手"彰显了曹操辉煌的战绩，偌大一个荆州都望风而降了，半个扬州都不到的东吴还是对手吗？

第三，"治水军八十万众"凸显了曹操军力的强大，具有绝对优势的步骑军姑且不提，仅仅适合于长江作战的水军我就有八十万，这仗你打得了吗？

最后，"会猎于吴"看似漫不经心，实则千钧压顶。先不提会猎地点是否侵犯了孙权的权益，仅会猎对象就够让人琢磨的了。首选的会猎对象肯定是刘备，一方面他是曹操的死敌，另一方面他又夹在荆州和东吴中间，不会猎他显然是不可能的。可是，仅仅会猎他需要来到东吴吗？这不摆明了是威胁吗！要么咱们一起会猎刘备，要么咱们在东吴交手，总之东吴我是吃定了。

这不摆明了要灭我吗！要灭我还要与我一起吗？难道你捆我还让我给你递绳子，卖我还让我帮你数锱铢？可不递绳子、不数锱铢，又能如何？

很显然，这是一封相当有威慑力的信，并且曹操要的就是这种威慑力。兵法云："上兵伐谋，其次伐交，其次伐兵。"曹操真正希望的是不战而屈人之兵，让孙权如公孙康那样乖乖地将刘备的人头送到自己面前。为此，他还曾专门召集手下的智囊团队进行了集体讨论，当时参加讨论的大多数人都与曹操持同样的观点："论者以为孙权必杀备"。

对于孙吴集团的两种走向，曹操一方认为孙权杀刘备以自效的居多，而孙权一方此时的集体讨论中基本也持同样的观点。当孙权将曹操的短札拿给臣僚们传看时，手下人"莫不响震失色"。随之，大家纷纷提出"迎降"的建议。而众人迎曹操的理由，更不啻为曹操那封书信的扩充版。

群臣说："曹公，豺虎也，挟天子以征四方，动以朝廷为辞；今日拒之，事更不顺。"就是说，曹操本身就是豺狼虎豹一般的狠角色，如今又打着天子的旗号四处征伐，动不动就拿朝廷说事，如今我们与他对抗，更显得名不正言不顺。

你看，这不就是在为"奉辞伐罪"作注释吗？

群臣接着说："且将军大势可以拒操者，长江也。今操得荆州，奄有其地，刘表治水军，蒙冲斗舰乃以千数，操悉浮以沿江，兼有步兵，水陆俱下，此为长江之险已与我共之矣，而势力众寡又不可论。"就是说，咱们抗拒曹操的资本，说白了就只有长江。可如今，曹操不仅得了荆州的地，而且还得了荆州的水军和数以千计的战船，一旦曹操带着这些战船顺江而下，再加上步兵，水上陆上同时推进，所谓的长江天险就不是我们独有，而是双方共有了。长江已经对半分了并且双方的实力差距又摆在那里，你说这仗怎么打？

你看，这不就是在详细阐释"旌麾南指，刘琮束手"和"今治水军八十万众"吗？

最后，群臣提出了建议："愚谓大计不如迎之。"因此，依我们的愚见，最好是迎接曹操，归顺朝廷。

曹操南征既有政治上的正当性理由，也有军事上的压倒性优势，不仅曹操如此自诩，而且东吴群臣也这样认为，孙权那颗刚被诸葛亮激发出来的雄心，如今却遭到了无情的践踏。此刻，他犹如那冰冷江水中的一簇火焰，孤独而绝望地看向那个曾经告诉自己应该"竟长江所极，……然后建号帝王以图天下"的人，如今别说竟长江所极了，就算保住长江一隅都困难重重，你是什么意见？你有什么高见？可是，隐身于群臣之中的鲁肃，此时却一言不发，任凭江水一次次、一波波向火焰涌去。

情势至此，孙权只能起身离去。此刻，只有静谧偏僻的茅厕才能让自己的雄心免受侵蚀，只有随心所欲的宣泄才能让自己的怒火得以排解。然而，孙权刚刚走到殿外的廊下，就听到了身后急匆匆的脚步声，莫非迎降派又追过来了，难道就如此不依不饶吗？

一转身，孙权看到了迈步急趋的鲁肃，这时孙权的心才略略舒缓了几分，随之他拉住了鲁肃的手，带着几分欣慰和期待地说："卿欲何言？"

一张口，鲁肃就斩钉截铁地作出论断："向察众人之议，专欲误将军，不足与图大事。"这些人的投降论调，都是在耽误您的，根本不足以和他们商量什么大事。只一句话，鲁肃就成功地将江水与火焰隔离开来。

之前，鲁肃之所以沉默不语，是因为朝堂上的他是绝对的少数，有些话也不方便公开说，而在廊下他却没有了任何对手，可以尽情地向决策者孙权说出自己的所思所想了。此刻，他不仅要全盘否定对手，而且要从孙权的角度否定对手，把他们完全推向孙权的对立面。

不过，仅仅作出论断不行，还要为这一论断提供有力的支撑。于是，鲁肃接着说："今肃可迎操耳，如将军，不可也。"就是说，如今我鲁肃可以去迎接曹操，但你孙权却不能这样做。

这下孙权震惊了，瞪大了眼睛望着鲁肃。"何以言之？今肃迎操，操当以肃还付乡党，品其名位，犹不失下曹从事，乘犊车，从吏卒，交游士林，累官故不失州郡也。"为什么这样讲呢？如今我去迎接曹操，曹操一定会把我交给家乡的父老们去评议，然后确定我的名位，一通评议下来，我最起码也能当个郡里的功曹从事什么的，出门有牛车坐，身边有吏卒陪，一样可以与士大夫们交往游玩，慢慢熬也能做到州郡的长官。

随着鲁肃的描述，孙权的瞳孔渐渐舒缓变小，鲁肃降曹后那恬淡的生活在他脑中一帧帧浮现出来。然而，就在孙权几乎要沉浸其中时，鲁肃的一句话猛然把他拎了出来："将军迎操，欲安所归？"我降曹后再不济也能过上小官吏的生活，而您降曹后又打算到哪里去安身立命呢？

是呀！我想去哪儿呢？我又能哪儿呢？曹操会把我弄到哪儿呢？这下孙权明白了，鲁肃说的不光是他个人，而是群臣，群臣们早就为自己想好了退路，但唯独没有他孙权的退路。说白了，群臣只是换了个主子，而他孙权却换掉了自己。

望着主公眼睑的舒卷，鲁肃最后说："愿早定大计，莫用众人之议也。"您还是早点定下大政方针吧，不要再听那些人啰嗦了！

听了鲁肃这番设身处地的思考和建议，孙权不由地感叹道："此诸人持议，甚失孤望；今卿廓开大计，正与孤同，此天以卿赐我也。"这些人的说法，太让我失望了！如今多亏你为我阐明了大计，这简直是老天爷对我的恩赐啊！

眼见主公心中的火苗再次燃起，鲁肃虽然略略有些心安，但依旧不敢掉以轻心。鲁肃明白，就算孙权和自己一同据理力争，恐怕也难以阻挡住群臣江水般涌来的声浪，要想对付这帮家伙，还需要从外面再拉一个强力人物过来。于是，鲁肃向孙权建议，急召身在鄱阳的周瑜来柴桑。

抗曹者说

找帮手，是孙权和鲁肃的共识，但鲁肃为什么建议找周瑜，孙权为什么会欣然同意，这是需要考察的问题。

既然是鲁肃提出的建议，那首先要从鲁肃与周瑜的交情说起。前面讲过，鲁肃是在周瑜的推荐下见到孙权并得到赏识的，那么，周瑜又是看中了鲁肃哪一点而推荐他的呢？

说起来，一开始周瑜看重的并不是鲁肃的才华，而是鲁肃的财富。周瑜刚刚创业时，听说临淮郡东城（今安徽滁州市定远县）人鲁肃"家富于财，性好施与"，就带了数百人前去拜访。这一趟，说好听点叫拜访，说不好听的叫讨要，说白了，就是想向鲁肃要点粮食。

当时，鲁肃家里正屯着两大囷（圆形的谷仓）的粮食，每囷足足三千斛米。知道周瑜的来意后，只见鲁肃手指着其中一囷粮食，毫不犹豫地赠给了他。

这件事，不仅让"指囷相赠"成了一段佳话，变成了一个成语，而且让周瑜与鲁肃成了一对铁磁。建安三年（公元 198 年），鲁肃随周瑜一起投奔了东渡的孙策，不久闻知祖母在江北去世，鲁肃离开江东，回家奔丧。

建安五年（公元 200 年），处理完家事的鲁肃面临着多种选择——是南下江东辅佐一个他并不熟悉的新主人孙权，还是根据好友刘晔的劝说北上巢湖投奔豪强郑宝，鲁肃似乎有些举棋不定。孙权似乎太嫩，郑宝似乎太弱，投奔谁似乎都有些前途未卜。

看到好友犹豫不决，周瑜来了一招釜底抽薪：直接把鲁肃的母亲接到了吴郡。看到这种情形，鲁肃立刻赶到了江东，把自己的犹疑一股脑告诉了周瑜。

为了把鲁肃留住，周瑜颇费了一番口舌。

首先，周瑜以东汉名将马援的名言来打动鲁肃："昔马援答光武云'当今之世，非但君择臣，臣亦择君'。"就是说，男怕选错行，女怕嫁错郎，选择谁、投靠谁、辅佐谁很重要。

其次，周瑜说出了孙权广纳人才的迫切心情："今主人亲贤贵士，纳奇录异。"各种奇才异士都网罗到了身边，你会没机会吗？

最后，周瑜把自己听到的"先哲秘论"告诉了鲁肃，他听说"承运代刘氏者，必兴于东南"，以此推断，最终成就帝业，应天历运的就是孙权，而现在正是"攀龙附凤驰骛之秋"，千万别错过了好时候。

听了周瑜这番话，鲁肃心里就有底了，相信好友的眼光错不了。于是，这才有了鲁肃与孙权那段把酒言欢的"榻上策"。

如今，到了江东生死存亡的关键时刻，自己这囤稻谷还不能让主公踏实，只有搬来周瑜这囤更大的稻谷才能让主公安心。

如此看来，鲁肃建议召周瑜就顺理成章了，那孙权为什么也如此认可周瑜呢？

一切还要从周瑜与孙权的兄长孙策的关系说起。

话说，家住庐江舒县的周瑜，不仅出身好，家中太尉就出了好几个，两千石以上的高官更多；而且人长得帅，"壮有姿貌"。

少年时，周瑜听说寿春城中有一个喜欢结交的同龄人孙策，于是便慕名而来。结果，二位少年不仅一见如故，惺惺相惜，甚至好到了形影不离、难舍难分的地步。为了解决分处两地的问题，孙策甚至在周瑜的建议下，带着母亲从寿春搬到了舒县。看到好友举家前来，身为地主的周瑜更是慷慨备至，不仅把自己家在路南的大宅子让了出来，自己住到了路北的小房子里，而且与孙策一起"升堂拜母"，两家"有无通共"，宛如一家。

之后，周瑜不仅追随孙策一起东渡长江，横扫吴会，而且分工协作，相互呼应。孙策平定江东时，周瑜谋划着夺取丹杨；孙策准备进攻荆州时，周瑜作为侧翼攻打皖县。来到江东，孙策被人称为"孙郎"，周瑜则被人称为"周郎"；孙策迎娶了乔公的大女儿大乔，周瑜则迎娶了乔公的小女儿小乔。

如果说周瑜与旧主孙策是一对最佳拍档的话，那他对新主孙权则很好地履行了守护之责。听说孙策病亡的消息，周瑜带着人马前来奔丧，随后又以中护军的身份留在吴郡与张昭一起掌管军政大事。周瑜的这一举动，给刚刚接班的孙权以莫大的温暖和安全感，使孙权的腰板一下子硬了起来。随后的几年，周瑜不仅帮助孙权扫平了吴郡周边的山贼，击退了黄祖大将邓龙对柴桑的进攻，而且在讨伐黄祖的战役中担任了前部大督这一重任。对于这样一位既忠诚又自觉的将领，孙权能不信任吗？

当然，孙权和鲁肃看重的不仅是交情，更有立场。

建安七年（公元202年）九月，曹操挟新破袁绍的余威，要求孙权把长子孙登送到朝廷当人质。当时，孙权召集群臣开会研究，以张昭、秦松为首的几位重臣个个犹豫不决，谁也不敢说出那个"不"字，孙权虽然有心对曹操说不，但面对莫衷一是、议论纷错的群臣和随时可能南下的兵锋，心中打鼓的他也没有当场拍板，而是单独把周瑜带到了自己母亲跟前。于是，三个人又开了一个小型会议。

会上，周瑜首先拿当年雄踞南方的楚国与如今的江东作了一个全面的类比："昔楚国初封于荆山之侧，不满百里之地，继嗣贤能，广土开境，立基于郢，遂据荆扬，至于南海，传业延祚，九百余年。"就是说，当初楚国的地盘小得很，可是通过一代代的接续奋斗，最终成长为一个地方数千里、传承数百年的大国。

同样地，"今将军承父兄余资，兼六郡之众，兵精粮多，将士用命，铸山为铜，煮海为盐，境内富饶，人不思乱，泛舟举帆，朝发夕到，士风劲勇，所向无敌。"相比之下，孙家通过三代接力奋斗，如今无论在地盘人马、士风民心、资源实力等各方面都比楚国创立时要优越得多。言外之意，所有这一切都是如楚国那样用来开创百年基业的，而不是要拱手送人的。

因此，说完这些，周瑜紧接着问道："有何逼迫，而欲送质？"您到底受到了何种威压，而准备把儿子送去做人质？

讲完了可以说不的理由，周瑜又对不说不的结局进行了预测："质一入，不得不与曹氏相首尾，与相首尾，则命召不得不往，便见制于人也。极不过一侯印，仆从十余人，车数乘，马数匹，岂与南面称孤同哉？"人质送过去了，你还有自主权吗，还不是尾巴一样被曹操摇来摆去？送了儿子，再让你送自己怎么办？哪天你要是入了朝，顶多不过是给你一套侯爵的印绶，外加十多个仆从、几辆车子、几匹驽马，这与你在江东面南背北、称孤道寡能同日而语吗？说了那么多，归结为一句话，不值当的！

送人质不划算，那该怎么办？

接下来，周瑜建议："不如勿遣，徐观其变。"不如先不送，等等看。

等等看，看什么？

其一，"若曹氏能率义以正天下，将军事之未晚。"要是曹操真能高举道义的大旗来征服天下，你那时归顺也不算晚。

其二，"若图为暴乱，兵犹火也，不戢将自焚。"要是曹操倒行逆施，玩火自焚，那时候你就没有归顺的必要了。

分析了以上两种情况后，周瑜得出结论："将军韬勇抗威，以待天命，何送质之有！"就是说，无论未来是何种情况，现在以你的文韬武勇，都应该静静地等待天命的到来，送的哪门子人质。

周瑜的这番话，不仅激发了孙权，就连孙权的母亲吴夫人都受到了鼓舞，只听吴夫人说道："公瑾议是也。公瑾与伯符同年，小一月耳，我视之如子也，汝其兄事之。"就是说，周瑜（字公瑾）说得对！他与孙策（字伯符）年龄就差一个月，我一直当作儿子看，权儿你也要像对待兄长一样对待公瑾。

周瑜在小型会议上的这番表态，不仅赢得了孙权母子的认可，也让江东第一次学会了说"不"，而经过这次冲击，孙权身边的臣僚也隐隐地开始分化，一部分人成了亲曹派，如张昭、秦松；一部分人成了拒曹派，如周瑜。

说完了立场，还要说经验和能力。

如果说立场决定的是方向的话，那资历和能力要确保的就是沿着正确方向一路前行并抵达终点，换句话说，就是不仅要能拒绝曹操，而且还要能战胜曹操。就这一点而言，周瑜无疑是最有发言权的。

当初进攻寻阳，打败刘勋的是周瑜；进攻沙羡，火烧黄祖的也是周瑜；平定豫章、庐陵等江西二郡的还是周瑜；靠前指挥，最终讨平黄祖的又是周瑜；长期驻守巴丘、宫亭、鄱阳等荆吴边界，负责一线战事的仍是周瑜。可以说，在抵抗来自长江上游的来犯之敌方面，群臣之中没有人比周瑜更有对敌经验。

如此看来，不找周瑜帮忙，还能找谁呢？

事实证明，来到柴桑的周瑜既没有辜负好友的期盼，也没有辜负主公的期待。

一到柴桑，周瑜就在群臣面前表明了自己的立场：坚决抗曹！

首先，周瑜一针见血地揭下了曹操的政治面具："操虽托名汉相，其实汉贼也。"换句话说，与其说"奉天子以令不臣"的曹操具有政治上的合法性，倒不如说他盗取并滥用了这种政治合法性。

随后，周瑜从多个方面揭示了孙权的比较优势："将军以神武雄才，兼仗父兄之烈，割据江东，地方数千里，兵精足用，英雄乐业尚当横行天下，为汉家除残去秽。"意思是说，不管从个人才智、家族传承、地盘面积、军事实力、士气民心哪个角度看，孙权都具备横行天下、除掉汉贼的能力和实力。换句话说，孙权完全具备举起"为汉家除残去秽"这面大旗的政治军事条件。

接着，周瑜又补了一句："况操自送死，而可迎之耶？"况且是曹操自己来送死，难道我们还要反过来向他投降吗？

有政治分析，有实力权衡，周瑜的论述似乎已经比较到位了，但说来说去，也只是揭露了曹操的本来面目，同时给孙权壮了壮胆、打了打气，由此就下结论说"操自送死"，似乎有些武断了。

于是，周瑜继续展开："请为将军筹之：今使北土已安，操无内忧，能旷日持久，来争疆场，又能与我校胜负于船楫间乎？"我帮您谋划分析一下：就算北方已经完全安定，就算曹操已经没有了后顾之忧，就算曹操能在这儿与我们一直耗下去，那他就有本事与我们的水军一较高下了吗？

周瑜这句话的意思很明确，无论曹操已经拥有多少优势，我们在水战方面的优势他是夺不去、超不过的，更别说，曹操并没有那么多优势了。随着这句自问自答的设问，周瑜转入了对曹军状况的分析。其一，曹操后方不宁，"今北土既未平安，加马超、韩遂尚在关西，为操后患"；其二，曹军避长就短，"舍鞍马，仗舟楫，与吴越争衡，本非中国所长"；其三，曹军时节不利，"又今盛寒，马无藁草"；其四，曹军水土不服，"驱中国士众远涉江湖之间，不习水土，必生疾病"。

如果说，周瑜之前的那句"托名汉相，其实汉贼"，从政治上打掉了曹操"奉辞伐罪"的政治利器，堵住了群臣"今日拒之，事更不顺"的凿凿理由；那周瑜的此番论述，则无疑在军事上削弱了曹操"水军八十万众"的恐怖威慑，压制了"长江之险已与我共之矣"的悲观论调。

一口气说完这些，周瑜斩钉截铁地重申了自己的论断："将军禽操，宜在今日。"没的说，拿下曹操，就在当下。

紧接着，周瑜又来了一句："瑜请得精兵三万人，进住夏口，保为将军破之。"给我三万人马，我一定在夏口一带为将军把曹操给灭了。

听到周瑜如此先政治后军事、知自己明对手的分析，看到周瑜如此勇担当、敢作为，孙权的腰杆一下子硬了起来，胸中那积郁已久的火焰猛然间喷薄而出："老贼欲废汉自立久矣，徒忌二袁、吕布、刘表与孤耳。今数雄已灭，惟孤尚存，孤与老贼，势不两立。君言当击，甚与孤合，此天以君授孤也。"

曹操这个老家伙早就想废掉汉室自己当皇帝了，只不过他比较忌惮袁绍、袁术、吕布、刘表与我罢了。现在其他眼中钉都被他拔掉了，只有我还在，我与这老家伙水火不容、势不两立。你口中说的要打，也正是我心中想的，你就是上天送给我的呀！

从对鲁肃说"此天以卿赐我也"，到对周瑜说"此天以君授孤也"，孙权所要表达的意思基本相同，但从私下赞许到公开表态，孙权的底气是不同的。一番彷徨之后，孙权之所以要说出这句话，就是要明确告诉众人：老天不仅站在自己这一边，而且还给自己派了帮手，自己是天命所归，也希望大家都勇担使命。

除了正向激励，孙权还预告了惩罚措施。只见他拔出佩刀，猛地向面前的几案砍去。啪！随着几案的一角应声而落，孙权的宣示应声而起："诸将吏敢复有言当迎操者，与此案同！"谁要再敢提投降曹操，谁就像这个桌案一样。

这下子，没人再敢吱声了。

按理说，君臣意见统一了，这波澜起伏的一天也该消停消停了。大政方针定下了，剩下的都是小事了，有什么事就明天再说吧。可是，朝堂上义正辞严、义无反顾的周瑜，却在深夜再次提出了觐见主公的请求。怎么回事？莫非有什么变化不成？

没错！事情的确有变化。

见到孙权后，周瑜先展开了对迎降派的批判："诸人徒见操书，言水步八十万，而各恐慑，不复料其虚实，便开此议，甚无谓也。"就是说，那帮人一见到曹操信中说的八十万人马就慌了神，也不琢磨琢磨这个数字有没有水分，人云亦云，以讹传讹，真是没劲。

随后，周瑜又对敌情进行了补充分析："今以实校之，彼所将中国人，不过十五六万且军已久疲，所得表众，亦极七八万耳，尚怀狐疑。"就是说，仔细分析判断，曹操从中原带来的人马不过十五六万，并且已经疲惫不堪；曹操收编的刘表部众往多了说，最多也就七八万，并且这些人对曹操更是疑虑重重。

旋即，周瑜得出了结论："夫以疲病之卒，御狐疑之众，众数虽多，甚未足畏。"就是说，一帮疲病交加的士卒，裹挟着一群将信将疑的降众，这帮有数量没质量的人马，根本不值得畏惧。

眼见孙权颔首认可，周瑜说出了最后一句话："得精兵五万，自足制之，愿将军勿虑。"只要给我五万精兵，我足以搞定曹操，希望您别有什么疑虑！

上面这番话有变化吗？看起来不就是白天讨论的补充和延伸吗？怎么就说事情起了变化呢？

没错，周瑜的这番话的确填补了白天谈话中的一个关键漏项：之前只谈到曹军战斗力因为地理、时节、疫病等因素而减弱的问题，但并没有提到曹军的数量问题。这次谈话的一大成果是把曹军的底数给摸清了，让孙权在力量对比上更加自信了。

当然，周瑜在向孙权陈述曹军数量问题时，还是相当讲技巧的。一上来，周瑜看似在批评迎降派被曹操宣称的军队数量吓破了胆，实际上却撩到了孙权的痛处，群臣被吓住了，难道孙权就不怕吗？要不然，原本口口声声答应完诸葛亮的结盟，怎么一接到曹操的短札就犹豫了呢？实际上，周瑜如果真想批判迎降派，直接在白天的朝堂上说就可以，当时甚至可以作为一个打击迎降派的有力武器，犯不着像鲁肃那样当面不说背后说。这样看来，周瑜这个小报告的真实目的还是在为孙权鼓劲打气。

可是，周瑜鼓劲打气的目的又是什么呢？孙权不是早就表态"势不两立"了吗？一切就在那句："得精兵五万"。

看到没有，变化就在这里："精兵三万"变成了"精兵五万"！

白天，周瑜并未否认曹军有八十万，表态说自己只要三万人；晚上，敌人从八十万变成了二十多万，自己怎么反而要增加人马了？

这种变化只有一个解释，从朝堂上下来，周瑜一方面担心孙权仍心怀疑虑，另一方面也意识到自己说了大话，三万人搞定数倍于己的敌人还真是够呛。于是，有了周瑜与孙权的第二次会面，一则补充汇报，二则申请兵力追加。

对于孙权听完补充汇报的心情，史书上没有记载，我们也无从得知，但他之后的表现绝对堪称少年老成。只见，他走到周瑜跟前，抚摩着周瑜的脊背，一脸欣慰地说："公瑾，卿言至此，甚合孤心。子布、文表诸人，各顾妻子，挟持私虑，深失所望，独卿与子敬与孤同耳，此天以卿二人赞孤也。"你真是说到我的心坎里去了！张昭（字子布）、秦松（字文表）这帮人，只想着自己的妻子儿女，考虑的都是自身的进退得失，真是太让我失望了！只有你和鲁肃与我的想法相同，真是上天派来帮助我的啊！

作为对周瑜小报告的回应，孙权也顺着周瑜刚才的说话逻辑把张昭等人狠批了一通，顺便又把周瑜和鲁肃猛夸了两下。

紧接着，孙权开始回答周瑜那个要命的申请了："五万兵难卒合，已选三万人。"五万人马一时半会儿还聚集不起来，已经给你准备好了三万人马。

孙权明白，单纯的拒绝是不行的，拒绝之外还要有宽慰，甚至还要有额外的承诺："船粮战具俱办，卿与子敬、程公便在前发，孤当续发人众，多载资粮，为卿后援。"别看只有三万人，但战船军粮、武器装备等各类战争物资都已经准备齐全，你和鲁肃、程普先开赴前线，我接下来继续增派人马，备足物资，给你们当后援。

当然，面对这样的重大任务，一般性的承诺还不够，还要有终极承诺："卿能办之者诚决，邂逅不如意，便还就孤，孤当与孟德决之。"你能办了曹操就办，假如办不了曹操，就回到我这儿，我来与曹操决一死战。

孙权最后这句话，换一种说法就是，人马我是不会给你增加了，但你也不用有什么压力，无论胜败都由我来兜底，你周瑜可以免责！

这下，周瑜无法再张口了！不久，三万大军沿江而上。

两套剧本

经过鲁肃与周瑜的几番争取，抗曹派可以说大获全胜，而迎降派从朝廷到曹操、从荆州到长江、从水军到步骑，从政治到军事，论证出来的那个迎降大计则变成鲁肃口中"专欲误将军，不足与图大事"的小算盘和周瑜口中"各恐慑，……甚无谓"的小心思，以及孙权口中"各顾妻子，挟持私虑"的小九九。最终，孙权一句"甚合孤心"和一句"深失所望"对抗曹派和迎降派定了性。可是，迎降派就真的像抗曹派说的那样不堪吗？他们真的就只惦记着自身的利益，而不管孙权的死活吗？

未必！

当时，主张迎降的群臣以张昭、秦松为首。对于秦松，史书记载不多，只知道他是徐州广陵人，在孙策占据江东后，与张昭、张纮一起被尊奉为上宾，又与张昭、张纮、陈端同为谋主，为孙策的武力征伐出谋划策。

对于张昭，史书的记载就详实多了。作为徐州彭城人，张昭少年时就"博览众书"，弱冠之年更是得到了"州里才士"陈琳等人的认可和称赞，州郡也是三番五次地察举他为孝廉、茂才，但都被他婉拒。随着中原大乱，张昭避难到了江东，几年后孙策也率军东渡，于是，在孙策的延请下，张昭成了孙策身边的长史兼抚军中郎将，孙策不仅以"师友之礼"对待张昭，而且"文武之事，一以委昭"，俨然把张昭看成了自己的副手。后来，孙策不幸遇刺，临终前，孙策甚至把弟弟孙权以及江东的未来都托付给了张昭。

要说张昭，的确也尽心尽力。孙策去世后，看到刚刚十九岁的孙权因为悲伤而哭泣不止，张昭对孙权说：现在是哭的时候吗？如今违法作乱的人竞相角逐，豺狼一般的坏人充塞道路，你如果一味地哀伤悲痛，遵礼守丧，那就像"开门而揖盗"一般。

好一个"开门揖盗"！一个简单的比喻，形象地描绘了东吴当时面临的形势。的确，当时站在门外准备趁火打劫的强盗并不在少数，北方的曹操蠢蠢欲动，荆州的刘表和他手下的黄祖也在虎视眈眈。不仅门外群狼环伺，门内同样危机四伏。庐江太守李术正在招降纳叛，各郡的山越已经开始发难，甚至家族内部的同辈兄弟也有人想取而代之。无论是出门攘外还是关门安内，这个时候都不应该门洞大开，门里门外一旦勾结起来，后果更是不堪设想。

听了张昭这番话，孙权深受触动。于是，张昭亲自替他脱下丧服换上戎装，把他扶上战马，陪同他外出巡视各部人马。同时，张昭以长史名义，下令各地必须奉公职守，确保安稳。就此，人心才逐渐稳定下来。后来，每当孙权外出征伐，张昭都留下镇守后方，"领幕府事"。

事后证明，张昭避免"开门揖盗"的做法既必要又及时。收到孙策暴亡的消息后，曹操立刻动了乘丧伐之的念头。这时，孙策派去朝廷的张纮发挥了作用。听说曹操有意南下，张纮对曹操说："乘人之丧，既非古义，若其不克，成仇弃好，不如因而厚之。"就是说，趁人家办丧事的时候去攻打人家，似乎不符合古人所称的"礼不伐丧"之义。再说了，如果不成功，反而使好邻居变成了大仇敌，我看不如趁机加以厚待。听了张纮的这番劝谏，想想北面的强敌袁绍，看到东吴局势没多久就稳定了下来，曹操便以朝廷的名义，任命孙权为讨虏将军，领会稽太守。如此，算是承认了孙权在东吴的合法地位。这样看来，门外不是没有强盗，只不过门关得及时。

这样一位辅佐孙策创基立业、辅佐孙权渡险克难的肱股之臣，会为了"各顾妻子"而"挟持私虑"吗？筚路蓝缕的创业之路都走过来了，险象环生的接班之时也安稳度过了，为什么如今却站在了"大计不如迎之"的立场上？

这一切还要从八年前的那次托孤说起。

建安五年（公元200年），即将与袁绍在黄河边展开生死对决的曹操，对孙策扬言要渡江北上、袭击许都的传闻十分忧虑，如此一来，自己就将面临腹背受敌的严重威胁。然而，曹操身边的心腹谋士郭嘉对此却很不以为然。不仅如此，他还专门对孙策的性格特点和命运归宿进行了分析预测。

首先，郭嘉分析了孙策成功的原因："策新并江东，所诛皆英豪雄杰，能得人死力者也。"就是说，孙策之所以能够吞并江东，诛杀那么多的英雄豪杰，主要是因为能够让人给他卖命。

随后，郭嘉分析了孙策致命的弱点："然策轻而无备，虽有百万之众，无异于独行中原也。"意思是说，孙策行动轻率而少防备，即使人再多，也和一个人独来独往没什么两样。

最后，郭嘉预测了孙策的命运："若刺客伏起，一人之敌耳。以吾观之，必死于匹夫之手。"就是说，如果有刺客伏击他，一个人就够了，孙策必死在一个平常人手里。

的确，孙策和他的父亲孙坚一样，喜欢"驰骋游猎"，独来独往。为此，手下虞翻还专门用春秋时豫且困住白龙、秦末时刘邦斩杀白蛇的神话典故劝说孙策要减少"轻出微行"，多多留意可能发生的危险。对此，孙策只是当时答应，之后依然我行我素。

终于，该来的事还是来了。暮春时节，孙策外出打猎，兴致所至，他策马扬鞭，远远地把随猎者们甩在了身后。不知什么时候，独自狩猎的孙策突然发现，身边竟然出现了三个陌生人。见此，孙策颇为警觉地问这三个人："你们是什么人？"三人回答："我们是韩当的兵，在这里射鹿。"孙策发觉不对，便说："韩当的兵我都认识，没见过你们几个。"至此，三个人无法瞒下去了，于是举起弓就要袭击孙策。说时迟，那时快，没等对方动手，孙策举弓就射倒了一人。不过，另外两人这时也发出了箭，一支箭直接射中了孙策的面颊。随后，闻声赶到的随猎者把刺客们都给杀了。

事后调查，这三个人都是吴郡前太守许贡手下的奴客，因为孙策渡江后杀死了许贡，他们为了给许贡报仇，才谋划了这次伏击。虽然这次伏击没有让孙策当场毙命，但孙策最终还是因为伤势过重而一命呜呼，喜欢狩猎的他最终成了他人的猎物。

离世前，孙策最放心不下也是最重要的一件事情，就是交接班。为了确保万无一失，孙策的交班分三步进行。

第一步，孙策把张昭等人叫到跟前，对他们说："中国方乱，夫以吴、越之众，三江之固，足以观成败。公等善相吾弟。"就是说，现在中原大乱，我们依托江东的人马和地利，足以坐观天下成败，今后你们要好好辅佐我弟弟。

第二步，孙策又把十九岁的弟弟孙权叫了过来，给他佩戴上印绶，然后对他说："举江东之众，决机于两陈之间，与天下争衡，卿不如我；举贤任能，各尽其心，以保江东，我不如卿。"就是说，咱哥俩比较，论带人打天下，你不如我；论用人保江东，我不如。说完这句话，孙策又加了四个字"慎勿北渡"，千万不要渡江北上，保住江东就好。

第三步，众人离开后，孙策又把张昭叫到了跟前，单独交代了几句："若仲谋不任事者，君便自取之。正复不克捷，缓步西归，亦无所虑。"就是说，倘若孙权难以担当重任，你就自己担当好了；万一事情不顺利，也可以从容地渡江西归，不要有什么顾虑。

应该说，孙策交班的前两步很容易理解，先找臣僚们谈，在臣僚们领会了意图、达成了共识之后，再找接班人谈，一切都顺理成章、有条不紊。可是，孙策交班的第三步就让人匪夷所思了。既然已经把接力棒交到了弟弟孙权手中，为什么还要赋予张昭拿回接力棒的权力？既然已经明确了"慎勿北渡""以保江东"，为什么又要"缓步西归"？在这自相矛盾的托付背后，到底隐藏着何种考虑？

实际上，孙策对自己身后的江东前途依然充满担忧，为此也做出了多方面的部署。

首先，孙策通过接班人的选择，改变了江东的战略基调，从之前的"与天下争衡"的进攻转变为"足观成败""以保江东""慎勿北渡"的防守。

其次，为了实现"以保江东"的目的，孙策甚至设置了AB角，首选接班人是孙权，孙权不行就换张昭。

最后，孙策为江东预设了最坏的结局："缓步西归"。这个结局看起来很糟糕，但仍不至于亡族灭种，至少比自不量力引来杀身之祸强。

换句话说，孙策临终前留下了一前一后、一明一暗的两套剧本，相应地剧中人物也被设定了不同的角色。剧本一是力保江东，孙权是主角，张昭是配角；剧本二是"缓步西归"，张昭变成了主角，孙权的角色由张昭安排。

从此后的剧情发展来看，无论是孙权还是张昭都很卖力地扮演了剧本一中所设定的角色，整个江东呈现出了一种君臣相宜、上下一心的局面。然而，随着曹军的南下，剧本二中所描述的"正复不克捷"这一情景陡然出现在了江东君臣的面前，随之君臣"莫不响震失色"。

既然无法克捷，那该怎么办？按照剧本二的设定，只能"缓步西归"、归顺朝廷、回归中原了，并且孙策也明确说了"亦无所虑"，那还有什么可犹豫的呢？于是，张昭率领群臣无所顾忌地提出"大计不如迎之"的建议。就这样，张昭便成了孙权口中"甚失孤望""各顾妻子，挟持私虑"的投降派代表人物。

"操虽托名汉相，其实汉贼也"，这是周瑜主张抗曹时的言辞；"曹公豺虎也，然托名汉相"，这是张昭主张迎曹时的言论。你看，张昭并没有如荆州那帮迎降者劝刘表、刘琮那样，用"曹公之明哲""逆顺有大体"这样的语言来劝孙权"上顺天子，下归曹公"，豺狼虎豹的比喻与"汉贼"也是半斤八两，要是真降了曹，这一比喻说不定就成了要被别人揭发的把柄。

如此看来，张昭绝非真心拥曹、一心迎降，更不是贪生怕死、自私自利。说到底，他只是愚忠和迂腐了些，时隔多年还忠实地执行着旧主公的老剧本。

第八章

赤壁

你认为的偶遇，
实是我刻意的等待。

赤壁之战奠定了天下三分的基础，这是古今史学家的共识。然而，史书中关于这场战役的记载却寥寥可数、付之阙如。《三国志·魏书·武帝纪》用了 22 个字，《三国志·吴书·吴主传》用了 38 个字，《三国志·蜀书·先主传》用了 55 个字，《三国志·吴书·周瑜传》用了 180 个字，四处合计 295 个字。

即使这样，各纪传之间还有诸多不一致之处。

比如：关于火烧战船，《周瑜传》记载是黄盖献计并实施的，而《吴主传》却说是曹操自己烧的，《先主传》甚至说是孙刘联军先"大破之"，然后"焚其舟船"。

再比如：关于曹军中的疫情，《武帝纪》和《周瑜传》均记载发生于赤壁之战前夕，而《吴主传》却在曹操"烧其余船引退"之后才冒出"士卒饥疫"，《先主传》甚至在孙刘联军"追到南郡"后面才加了句"时又疾疫"。

"如何赤壁分三国，不向神州决两雄"（宋·胡寅），这是古人的困惑，更是今人的关切。

"自古成功在机会，周郎赤壁岂难双"（宋·李纲），古人明白机会的重要，今人也想探知成功的奥秘。

来吧，一起探寻！

置酒汉滨

取得荆州后，曹操时而襄阳，时而江陵，一待就是两个多月。

这两个月，曹操不是无所事事，而是有太多的事情要做。

首先，是刘琮的安置问题。

既然刘琮将整个荆州都奉献给了自己，曹操自然不能薄待他。于是，曹操上表朝廷推荐刘琮为青州刺史，封列侯。青州与荆州地位等同，刺史虽在实权上不如州牧，但在不设州牧的地方，同样是一州的最高长官。当然，所谓的青州刺史，很可能就是一个待遇。再说了，就算是实授，刘琮在当初曹操的起家地、如今猛将臧霸的军事辖区，也不会折腾出任何水花。

不过，没多久刘琮的官职就进行了调整。这一次，刘琮从青州刺史变成了谏议大夫、参同军事。"谏议大夫"是专门给朝廷提意见建议的官员，所谓"参同"就是参与，"参同军事"就是刘琮不仅可以以谏议大夫的身份在政治上提建议，而且可以在军事上备顾问、出主意。

对刘琮的调整，不知道是源于曹操的担心，还是源自刘琮的忧心。但不管怎么说，在公开发布的委任令中，还是要给出一个冠冕堂皇的理由。首先，曹操用"楚有江、汉山川之险""刘镇南久用其民"表明了荆州地位的重要和收服的难度；随后，曹操先用"心高志洁，智深虑广，轻荣重义，薄利厚德"夸奖了刘琮的高尚品德，又用"蔑万里之业，忽三军之众，笃中正之体，敦令名之誉"盛赞了刘琮主动归降的义举，还用"上耀先君之遗尘，下图不朽之余祚"肯定了这次归降对于刘琮个人及其家族的意义，最后甚至用了"鲍永之弃并州，窦融之离五郡"这些历史成例对刘琮加以颂扬。

说完这些，曹操得出结论："虽封列侯一州之位，犹恨此宠未副其人。"就算让刘琮当了青州刺史同时封列侯，也是亏待他了。

既然已经亏待刘琮了，为什么还要在调整他？对此，曹操这样解释：首先，刘琮自己"有笺求还本州"。就是说，刘琮自己写信请求回到"本州"。至于这个本州嘛？既然不可能是他们家族曾经统治过的荆州，那就只能是他的祖籍兖州了。其次，"监史虽尊，秩禄未优"。就是说，州刺史虽然地位尊贵，但俸禄却并不优厚，在这个岗位上也没啥意思。于是，曹操决定"今听所执"，按照刘琮的意见对其岗位进行调整。

应该说，无论是与之前归顺曹操的诸侯们相比，还是与刘琮的手下们相比，曹操对刘琮的安排都相当一般。

当初，刘备来投时，曹操给他的是豫州牧和左将军；张绣归顺时，曹操给他的是扬武将军，后来不仅将其升迁为破羌将军，甚至还把他的食邑增加到了两千户；就算一直犹豫彷徨、磨磨唧唧的马腾，来到朝廷后也得到了九卿之一的卫尉。

这一次与刘琮一起被安排的还有他的几十名部下，其中与刘琮同时被封为列侯的就有蒯越等十五位之多，其中韩嵩更是被拜为了九卿之一的大鸿胪卿，蒯越之后也成为九卿之一的光禄勋。反观刘琮，被任命为谏议大夫就是史书关于他的最后记载了，之后他干了什么，活了多久，就是一个谜了。

说完对刘琮的安置，再来说说对其臣属的安排。

据说，取得荆州之后，曹操给留守许都的荀彧写了一封信，信中专门有这样一句话："不喜得荆州，喜得蒯异度耳。"

就是说，让我高兴的不是得到了荆州，而是得到了蒯越（字异度）。

怎么回事？曹操不是对荆州心心念念、朝思暮想吗，怎么真正到手了反而比不上一个蒯越了？蒯越难道真的如此价值连城？

没错，回顾一下蒯越在荆州走向上的影响，就可以知道，他的确价值非常。当初，如果没有蒯越的协助，刘表未必能够赢得大族的支持，进而消灭地方宗贼，在荆州站稳脚跟；同样，如果没有蒯越的劝说，刘琮未必能够断了抵抗的念想，老老实实地举州而降。一句话，蒯越才是荆州真正的实力派。

说得再夸张和直白一些，蒯越就是荆州，荆州就是蒯越。

如此看来，鉴于蒯越在荆州的重要影响，曹操对他的态度也就直接关系到了荆州的安稳。此时，曹操给蒯越戴高帽，就相当于给所有荆州的官僚士大夫戴了个高帽子，言下之意，我看中的不是荆州这块地盘，而是这块地盘上的人才。

曹操对蒯越的评价很高，对文聘的点评也不低。

在荆州的文臣武将中，文聘算是最后投降曹操的，直到曹军渡过汉水、所有关于荆州的悬念都一一消失后，文聘才来到曹操前面。

面对这位迟到者，曹操忍不住发问："你怎么来得这么迟呀？"

对此，文聘老实作答："以前，我不能辅佐刘荆州来侍奉国家。后来，刘荆州虽然去世，我仍希望据守汉川，保全土地，活着不辜负孤弱的刘琮，死了无愧于地下的刘荆州。然而，最终计穷智竭，迫不得已，到了今天这个地步，实在是悲痛惭愧，无颜早见啊。"说着，文聘泪如雨下。

别看话不长，文聘的这番应答却是一波三折：

自己没能让刘表早些侍奉国家、归顺朝廷，这是第一折；

刘表死后自己依然固守初衷，准备辅佐刘琮、负隅顽抗，这是第二折；

如果能实现初衷也还好说，结果却竹篮打水一场空，这是第三折。

你看看，本身思想意识就有问题，结果两头都出问题，还有什么脸面来相见？

说起来，文聘说的倒都是实情。作为荆州南阳郡宛县人，文聘一直是刘表倚重的大将，长期驻扎在汉川负责抵御北方的进攻。曹军南下之后，决定举州投降的刘琮也想拉着文聘一起归顺，但文聘却回答："文聘我无法保全荆州，只能原地待罪。"于是，出现了上面的一幕。

听到文聘关于自己姗姗来迟的解释，看到文聘"歔欷流涕"的神情，曹操也"为之怆然"，动情地说了一句：

"卿真忠臣也。"

就是说，你真是个忠臣呀！

这下就有些意思了，说文聘是忠臣当然没错，但文聘是谁的忠臣？答案很明显，自然是刘荆州的忠臣。但是，刘表可是曹操的敌人啊，敌人手下的忠臣值得自己这么怆然感慨吗？

要说仅仅"为之怆然"也就罢了，结果曹操不仅夸赞文聘，而且"厚礼待之"，甚至还交给他兵马，让其与自己的心腹大将曹纯一起率虎豹骑去追击刘备。

之后，曹操又任命文聘为江夏太守，赐爵关内侯，"委以边事"，把防御东吴的前沿阵地一股脑都交给了他。

一个如此姗姗来迟的降将，结果却被委以如此重任，曹操是怎么想的？他就不怕文聘反了不成？

对此，曹操自然胸有成竹。文聘是忠臣，也的确是刘家的忠臣，但刘家去哪儿了？刘表早已作古，刘琮也已归降，文聘对刘家的忠诚完全失去了服务对象，因此只能"待罪而已"。

那么，谁又能让文聘原本终结的职业生涯重获新生呢？谁又能让待罪的文聘赎罪立功呢？

毫无疑问，是他曹操。

就这样，一句"卿真忠臣也"，立刻让文聘原本毫无价值的愚忠有了超越人身依附关系的职业价值，立刻让文聘原本断头的职业道路有了一个新的出口。

蒯越、文聘这样的实力派官员获得了赞赏和重用，在荆州归正过程中做过贡献的其他官员曹操同样没有忘记，韩嵩被拜为大鸿胪卿，傅巽被赐爵关内侯，等等。相比之下，对那些被动归附者的安排就要差多了，蔡瑁只担任了个从事中郎，张允则没有任何记载。

此外，曹操要招揽的还有不少寄居于荆州地面上的名士。桓阶被征辟为丞相掾主簿，南迁武陵的和洽被征辟为丞相掾属，同样跑到长沙的裴潜成了参丞相军事，一度被迫屈从刘表的韩暨被征辟为丞相士曹属，"居南方十余年，躬耕守节"的司马芝被任命为菅县县长，就连诸葛亮的好友石韬、孟建也被网罗于其中。曹操甚至想重用"水镜先生"司马徽，不巧的是司马徽这时候却不幸病亡，没有给曹操机会。

在这群被曹操任用的名士中，最值得一提的是梁鹄。二十多年前，梁鹄没有满足曹操成为洛阳令的愿望，只给了他一个北部尉，如今梁鹄是漂泊的寄寓之士，而曹操却成了煊赫的当朝丞相，自己只能当任人宰割的鱼肉了。

于是，当梁鹄听到曹操"募求"自己的消息后，诚惶诚恐的他连忙"自缚诣门"，当面向曹操请罪。

然而，曹操却并没有翻旧账。他不仅对梁鹄待若上宾，而且还给他安排了一个军假司马的职务，并且让梁鹄只享受待遇，无需实际任职。

曹操为什么对梁鹄如此大度？一个原因是，他想以此收揽人心；另一个原因则是，他太喜欢梁鹄了。喜欢梁鹄什么？答案是：书法。

据载，梁鹄自幼就喜欢写字，并且很快就练得了一手好字。但是，梁鹄并不满足。为了向一个叫师宜官的书法大家学习，梁鹄经常买酒往师宜官家跑。每每等师宜官喝醉了，梁鹄就迅速搜寻师宜官随手写过的字进行临摹。

梁鹄为什么要这样偷学？因为师宜官是个敝帚自珍的人，写完字后他往往再用刀把写过的字从竹简上削去。什么时候他不削呢？自然是喝醉的时候。

就这样，梁鹄为了偷师，搭进去不少酒钱。有一次，师宜官醒来，看见梁鹄正在临摹自己的书法，并且到了真假难辨的地步，于是忍不住说道："你太认真了，今后一定能超过我。"

当时，师宜官的名气很大，"好书"的汉灵帝就认为书法界"师宜官为最"，超过师宜官岂不就是最上之最了。

在世人眼中梁鹄是否超过了师宜官，史书上没有记载。但曹操"以为胜宜官也"，却有明确记载。

曹操为什么有此观点？因为梁鹄最擅长写大字，他的字骨气凝重、筋力丰足、笔势雄健，正如西晋书家卫恒在《四书体势》所说："鹄之用笔，尽其势矣。"一个气势磅礴的人，面对气势磅礴的字，如何会不喜欢呢？

给了梁鹄职务，却不让梁鹄任职，那梁鹄做什么？自然是写字了。据说，此后曹操经常把梁鹄的字悬于大帐之中，钉在墙壁之上，时时揣摩赏玩。而几年后，基本完成邺城建设的曹操更是让梁鹄把书法特长应用到了更多更大的地方。

取得了如此大的胜果，招揽了如此多的名士，免不了要庆祝一番。于是，曹操在汉水之滨举行了一个大型宴会，旧臣新宠把酒言欢。

既然是宴会，就少不了祝酒词，此时，以文才著称的王粲举起了酒爵。

首先，王粲对袁绍表面喜爱贤才实际却不能任用贤才，因此造成人才流失的情况进行了描述："方今袁绍起河北，仗大众，志兼天下，然好贤而不能用，故奇士去之。"

随后，王粲又对刘表外表儒雅从容，内心却器量狭窄、不会用人，由此造成出现危难无人辅佐的局面进行了描述："刘表雍容荆楚，坐观时变，自以为西伯可规。士之避乱荆州者，皆海内之俊杰也；表不知所任，故国危而无辅。"

对于袁绍的情况，王粲只算道听途说，因此只能简单描述，而对于刘表的情况，王粲置身其中，感受深切，因此多说了几句。

当然，对于袁、刘的评价，无论多少，都是为了接下来歌颂曹操作铺垫的。于是，紧接着，一段颂扬之辞如滔滔汉江水一样奔涌而出："明公定冀州之日，下车即缮其甲卒，收其豪杰而用之，以横行天下；及平江、汉，引其贤俊而置之列位，使海内回心，望风而愿治，文武并用，英雄毕力，此三王之举也。"

明公平定冀州当天，就整顿当地的军队武备，收罗当地的英豪俊杰，以此横行天下；明公平定江汉之后，起用这里的贤良俊杰，使海内都归心于您，个个远望您的风采而期待天下大治，文武都得到任用，英雄人人尽力，这是上古三王才有的作为啊！

王粲的这番话，虽有溢美，但也没怎么偏离基本事实，自然说得曹操心花怒放，豪情满怀。此后，无论身居邺城还是外出征伐，曹操总不忘把王粲带在身边，而王粲作为曹操丰功伟绩的见证者，也愈发把自己往军旅作家的路子上发展，留下了不少《从军诗》。

会猎于吴

置酒汉滨，并不代表曹操忘记了远方的敌人。一次，在与参丞相军事裴潜聊天时，曹操就提出了这样一个问题："卿前与刘备俱在荆州，卿以备才略何如？"就是说，你以前和刘备都在荆州，你觉得刘备的才略如何？

面对新主公的提问，裴潜这样回答："使居中国，能乱人而不能为治也。若乘间守险，足以为一方主。"意思是说，假如刘备入主中原，那他只能让天下变得混乱而不能让他趋于治理；倘若让他抓住机会占据险要之地，那他足以成为一方之主。

裴潜这番一分为二的回答，让曹操既欣慰又担忧。欣慰的是，再怎么样，刘备也翻不了天；担忧的是，稍不留神，刘备还是有可能再整出些名堂来的。

现实来看，刘备"居中国"的可能性当然微乎其微，但他"为一方主"的可能性却并非没有。有了这一判断后，曹操要做的，就是尽速消灭刘备，绝不给其"乘间"的时间和"守险"的空间。那么，接下来该怎么做呢？

此时，曹操想到了一年前的类似情形。

建安十二年（公元207年）九月，曹操在柳城大败乌桓，逼得袁尚、袁熙这对兄弟带着数千名骑兵投奔到了辽东太守公孙康那里。见此情形，有人劝说曹操趁势追击，可是曹操却胸有成竹地说："我会让公孙康送来袁尚、袁熙的人头，不必再劳师动众了。"就这样，众将怀着将信将疑的心情跟随曹操踏上了归途。

没过多久，曹操大军还没有回到邺城，就收到了袁尚、袁熙的人头。这时，惊诧不已的众将又开始提问了："您都已经班师撤军了，公孙康怎么还杀死袁尚、袁熙，这是为什么？"

面对众将的疑惑，曹操面带微笑地说："公孙康一向畏惧袁氏兄弟，我如果率军急攻，他们就会合力抵抗，我只有放缓节奏，他们才会自相残杀，这是形势使然。"

今夕何夕，如今的情形何其相似。此时的刘备和他的手下关羽、张飞恰如当年的袁尚、袁熙兄弟，此时的东吴犹如当年的辽东，此时的孙权犹如当年的公孙康，接下来该怎么干还用说吗？

可是，就在众人都认为辽东的情形也会在江东重新上演的时候，程昱却提出了不同的看法。

先说对手："孙权新在位，未为海内所惮。"就是说，孙权刚刚上位不久，还没有让天下人感到忌惮。言外之意，不仅我们有可能小瞧了孙权，而且孙权也有可能想证明自己。

再说形势："曹公无敌于天下，初举荆州，威震江表，权虽有谋，不能独当也。"就是说，如今曹公无敌于天下，刚刚一举拿下荆州，威震了整个江南，孙权虽然有所谋划，但是却无法独自抵挡。言下之意，既然孙权有心无力，要对抗我们，只能寻找盟友。

接着说走向："刘备有英名，关羽、张飞皆万人敌也，权必资之以御我。"就是说，刘备有英雄之名，关羽、张飞都是万人之敌，孙权必然会资助他们以抵御我们。

说完这些，程昱又补了一句："难解势分，备资以成，又不可得而杀也。"就是说，孙权一旦选择与刘备联手对付我们，自然就难以分出力量对付刘备了，相应地刘备也将在孙权的资助下恢复壮大了，再灭刘备就更不可能了。

综上所述，程昱的观点很明确：孙刘不仅会联盟，而且这一联盟不会因危机的解除而产生内讧。再说得直白些，刘备不是袁尚，孙权更不是公孙康，千万不要被成功的经验遮住了眼睛。

程昱的这番话并没有改变曹操的决定，但却改变了曹操的做法。与迅速离开化外之地柳城不同，曹操并没有早早地离开这片宛如世外桃源的荆州，而是从这里向孙权发出了那封骇人的书信："近者奉辞伐罪，旌麾南指，刘琮束手。今治水军八十万众，方与将军会猎于吴。"

很明显这是一次赤裸裸的恐吓，与其说这是一封劝降信，倒不如说这是一份宣战书。也许曹操是想通过这种极限施压使孙权彻底放弃抵抗的念头，乖乖地把刘备的人头献上来。然而，就是这封短札，让东吴方面挑出了三个致命缺陷。

其一，曹操为什么以自己的名义写这样一封短札，按照张昭所说的"动以朝廷为辞"，借着朝廷的名义岂不更好？考察以往，曹操惯用的方式是，朝廷唱黑脸，自己唱白脸，这边天子一封申斥的诏书发出，那边曹操一封缓颊的书信赶到。最经典的，就是曹操对于吕布的拉拢。

这次，虽然信中还有"奉辞伐罪"这个羊头，但那已经是"旌麾南指"、进军荆州时的事情了。如今，大势底定，羊头招牌尽数撤下，曹操把狗肉直接端上桌了。可是，一旦披着的羊皮撤去，不就让对手直指你的狼子野心了吗？

其二，"治水军八十万众"乍一听是挺吓人，但可能吗？也许你说三十万我还能信，如今你把牛皮吹破了，除了咧嘴笑你，我还怕你吗？

其三，如果我把刘备擒住，人头送你，你就能不再与我"会猎于吴"了吗？要知道，有刘备我还有可能阻止你与我"会猎于吴"，没了刘备，我就彻底被你猎于吴了。

政治上面具已摘，军事上牛皮吹破，约定上毫不靠谱，如此拙劣的书信哪里能吓倒东吴君臣，简直是等着对手挞伐。就这样，曹操等了许久，等来的不是刘备的人头，而是孙刘结盟的消息。既然如此，那只能兑现诺言，兵戎相见，"会猎于吴"了。

实际上，早在九年前，曹操就动过征讨江东的心思。建安四年（公元199年），由于广陵太守陈登在讨灭吕布时有功，曹操加拜他为伏波将军，赋予他军事指挥和行政管理的双重权力。

"伏波"，顾名思义，就是降伏波涛的意思，自汉武帝于元鼎五年（公元前112年）设立这一军职以来，伏波将军只被授予过两个人。第一位是西汉的路博德，他在担任伏波将军后，率军剿灭了南越国叛乱，汉朝为此增设了七个郡。第二位是东汉开国将领马援，在伏波将军任上他平定了交趾叛乱，留下了"马革裹尸"这一典故。

对于这个百年一授的职位所要承担的职责使命，"博览载籍"的陈登了然于胸，很快他的作为就"甚得江、淮间欢心"，"于是有吞灭江南之志"，并且多次向曹操提出渡江建议。

此后，陈登两次击退了江东的进攻。第一次，陈登"步骑钞（抄）其后"，打败了十倍于己的来犯之敌，甚至令敌人"不得还船"。第二次，陈登点燃篝火，制造出援军到来的假象，吓得敌人"望火惊溃"，陈登随即"勒兵追奔，斩首万级"。

经过两次成功御敌，正当陈登厉兵秣马准备反守为攻、主动出击的时候，曹操把他变成了东郡太守，使其远离长江，来到了黄河边。当时，正值曹操与袁绍对决的关键时期，或许地处曹袁之间的东郡更需要陈登。可这一离开，陈登就再也没有回到长江边。建安六年（公元201年），三十九岁的陈登英年早逝。

曹操另一次有心伐吴是在建安五年（公元200年）孙策遇刺时。不过，这一次却被一旁的侍御史张纮给劝阻了。张纮不仅从道义上告诉曹操"乘人之丧，既非古义"，而且从利害关系上提醒他"若其不克，成仇弃好"。最终，曹操接受了张纮的建议，不仅打消了"因丧伐吴"的念头，而且"表权为讨虏将军，领会稽太守"。

两次起意，两次作罢，说到底还是曹操没把伐吴列为优先选项，当时曹操的主要精力都放在了河北袁氏身上，连荆州刘表都顾不上。如今，袁氏已灭，刘氏已降，曹操的兵锋自然指向了江东孙氏。

可是，就在曹操准备顺江东下的时候，从来不轻易进言的贾诩却站了出来。

一上来，贾诩先颂扬了一下曹操的丰功伟绩："明公昔破袁氏，今收汉南，威名远著，军势既大。"就是说，之前明公您打败了袁氏父子，如今您又收服了汉水以南地区，可以说，威名远扬，实力强大。

紧接着，贾诩话锋一转，提出了自己的建议："若乘旧楚之饶，以飨吏士，抚安百姓，使安土乐业，则可不劳众而江东稽服矣。"就是说，如果利用荆州的丰腴富饶，赏赐官兵，安抚百姓，使他们安居乐业，就可以达到不必劳师动众而使江东叩首降服的目的。

很明显，贾诩是希望曹操暂时不要顺江东下，但他又不能把话说得太直白，因而把话说得委婉曲折，甚至有些自相矛盾。前一句，明明讲明公已经"威名远著，军势既大"了，后一句，怎么又建议明公不出兵、"不劳众"呢？

实际上，答案就在那句"乘旧楚之饶，以飨吏士，抚安百姓，使安土乐业"上面，这句话隐晦地告诉曹操，无论"吏士"还是"百姓"，曹操都没有使他们真心归服、安心乐业，在荆州不稳的情况下去进攻刘备和孙权，是存在一定风险的。相反，如果把主要精力放在争取人心、"安土乐业"上，一旦荆州稳固，孙刘则不足为虑了。

对于贾诩这番犹抱琵琶半遮面的劝谏，曹操心领神会但却并不认同。贾诩，你可别忘了王粲在汉水边的那句"及平江、汉，引其贤俊而置之列位，使海内回心，望风而愿治，文武并用，英雄毕力，此三王之举也"，如今荆州的"贤俊"都被我"置之列位"了，一幅"文武并用，英雄毕力"的景象，正是"乘旧楚之饶"大举东征的时候，怎么还说没有"安土乐业"呢？

王粲说得没错，曹操的确收了许多"贤俊"的心，但是"贤俊"代表的是上层精英，他们与贾诩所说的"吏士"和"百姓"等中下层是有区别的，贤俊可以影响吏士和百姓，但无法完全决定吏士和百姓。曹操已经将贤俊"置之列位"了，但要让吏士和百姓"安土乐业"还需要更多时间和精力。据《三国志·魏书·邓艾传》记载，曹操"破荆州"之后，当时只有十二岁的邓艾就跟随母亲流徙到了汝南郡，在那里以"为农民养犊"为生。战争的创伤尚未抚平，如此能说百姓"安土乐业"了吗？

此外，王粲口中那些"望风而愿治"的贤俊，也并不能代表"贤俊"这个整体。仔细观察，被曹操"置之列位"的这些贤俊，几乎都有一个共同的身份特征：外来户。山阳人王粲如此，汝南人和洽、孟建如此，河东人裴潜如此，河内人司马芝还是如此，颍川人石韬更是如此。

勉强算作例外的，是南阳人韩暨、长沙人桓阶和零陵人刘巴。不过南阳不仅地理位置特殊，而且几乎从来就没有被刘表统治过，严格来说，韩暨算不上荆州的本土贤俊。长沙人桓阶几乎自始至终都是刘表的反对者，甚至还是长沙叛乱的策划者，先偏居后"自匿"的他当然也代表不了本土贤俊。如此看来，能撑起荆州本土贤俊大旗的就只剩下刘巴了。

然而，《三国志·蜀书·刘巴传》在记载刘巴从零陵"北诣曹公"的前面，偏偏有这么一句"先主奔江南，荆、楚群士从之如云"。这句话是什么意思？它再明白不过地表明了一种情况，那就是：荆州本土的多数贤士追随了刘备，只有刘巴这样的少数人才投奔了曹操。更有意思的是，就是这个刘巴，六年后也会进入刘备的"瓮"中。当然，这是后话，咱们后面再讲。

经过这样一番分析，可以看出，无论是下层"百姓"，还是中层"吏士"，乃至上层"贤俊"，曹操在荆州的治理都难言安稳，在这种情况下出兵，还真是有风险。

可是，此时的曹操却与统一河北后的袁绍类似。官渡之战前，沮授认为

"南利在于急战，北利在于缓搏"，因此劝袁绍"宜徐持久，旷以日月"，不要贸然征伐。可是，沮授的这番劝说除了为后人贡献了一个叫作"旷日持久"的成语之外，就是让袁绍剥夺了他的三军指挥权。

与此同时，田丰也劝袁绍不能"决成败于一战"，而应该在"外结英雄，内修农战"的基础上"简其精锐，分为奇兵"对敌人进行袭扰，以此达到"使敌疲于奔命，民不得安业"的效果。同样，田丰的这番劝说除了为后人贡献了一个叫作"疲于奔命"的成语之外，就是让袁绍把他关入了邺城大牢。

俗话说，"身怀利器，杀心自起"。当年的袁绍按捺不住毕其功于一役的冲动，如今的曹操同样如此。虽然曹操没有迁怒于劝自己收手的贾诩，但没过多久，他就率领数十万大军顺江而下了。

内外有别

这边，曹操大军一路顺江而下；那边，周瑜军队也一路溯江而上。

曹军顺流而下自然畅通无阻，吴军逆流而上却遇到了一个小插曲。也许是害怕曹军的兵锋，也许是为了与刘琦形成掎角之势，总之，刘备此时已经从长江北岸的夏口来到了长江南岸的樊口。据说，当周瑜船队靠近樊口时，草木皆兵的刘备却疑心是曹操的水军，把心一下子提到了嗓子眼，经过反复确认后才把心又放回了肚子里。

接着，满心欢喜的刘备马上派人前往慰问。结果，热脸贴了冷屁股，周瑜的抱怨随之而来：刘备自己为什么不来？

好在刘备是个见多识广、能屈能伸的人，对于冷言冷语、冷眼冷脸都不以为意，坐着一条孤舟就来到了周瑜的营寨。

一见面，刘备就把自己最关心的问题提了出来："战卒有几?"老弟，你带了多少人马过来呀？

周瑜的回答多少让他有些失望："三万人。"

听到这句话，刘备内心的担忧脱口说出："恨少。"只怕是有点少。

然而，周瑜却满不在乎："此自足用，豫州但观瑜破之。"放心，这些绝对够用，你就瞧好吧！此时，不管周瑜心中如何认为，但都要用满满的自信消除盟友心中的忐忑。

看到周瑜这位小兄弟如此自信，刘备不好再说什么了。可是，刘备私底下却打起了小九九。自己戎马半生，虽然胜仗打得不多，败仗却打了不少，能坚持扛到现在，靠的就是脚底抹油、预留后路的功夫。据载，当初刘备在袁绍军中时，因为事先觉察到了袁军在官渡的败相，因此秘密派遣赵云"募得数百人"，作为自己的私人部曲。不久，刘备便说服袁绍派自己去南连刘表，随后带着自己的人马跑到了汝南。

这次，刘备依然觉得没有必胜的把握，于是故意磨磨蹭蹭、"差池在后"，同时又拨出两千人马由关羽、张飞单独统领，不受周瑜节制，"盖为进退之计也"，摆明做好了留一手的准备。呵呵，怪不得叫"刘备"！

上面这些情况最初记载于《江表传》中，裴松之将其注引在了《三国志·蜀书·先主传》中。不过，这一事件的真实性，却令人生疑，东晋史学家孙盛就认为《江表传》既然是一本以长江政权为记述对象的史书，关于周瑜和刘备的这段描述"当是吴人欲专美之辞"。应该说，孙盛的这一判断是有一定道理的。《江表传》的作者西晋人虞溥虽然是高平昌邑（今山东巨野南）人，但他的史料基础却很可能源自吴人，而吴人往自己人脸上贴金也并不为奇。

不过，上述事件虽然有较多虚假的成分，但其中也不乏真实的因素，比如：刘备很可能既把一部分军队交给周瑜调遣，同时又适当保留了一部分军队，并且这部分军队的确在周瑜军队的后面。

为什么这么讲呢？因为当时的孙刘联军同时面临两个方向的威胁，一个是从江陵出发、顺长江而下的曹军，另一个是从襄阳出发、顺汉水而下的曹军。通过战场形势来看，曹军主力必定沿长江而来，因此周瑜率领联军主力越过夏口进行阻击；同时，孙刘联盟并不能排除对手沿汉水而下攻击夏口的可能，因此有必要在夏口抵御可能的进攻。如此这么看来，这一分兵御敌的做法在日后被吴人讹传为刘备"差池在后""盖为进退之计"，也就不足为奇了。

面对刘备，以施援者姿态出现的周瑜显得高调而张扬，但在吴军内部，身为统帅的他却相当低调而谦恭。

出征前，孙权在任命周瑜为左都督的同时，还任命老将程普为右都督。孙权这样做的目的，可能是想通过这种新老组合，配强班长、建好班子、搭好梯队，打造一支敢担当有作为、过得硬打胜仗的御敌队伍。不过，这一安排也或多或少存在一定的制衡考虑，同时也比较容易引发矛盾和龃龉。

果然，问题出现了。

作为孙坚时代就一路追随的老将，程普在东吴的将领中年龄最大、资历最老，甚至被人们尊称为"程公"。

而周瑜，作为孙策渡江之后才加入孙氏阵营的小将，竟然取得了与程普平起平坐的地位，甚至后来居上成了全军的统帅，自然会引来一些嫉妒和不满。因此，程普经常倚老卖老，找到机会就欺负甚至凌侮周瑜。

而面对程普的凌辱，年轻的周瑜却放低身段，包容忍让，始终不与他计较。

后来，不知何时，或许是在赤壁之战前，或许是在赤壁之战中，更或许是在赤壁之战后，程普也逐渐醒悟过来，开始积极配合周瑜的工作，服从周瑜的调遣。不仅如此，对这位后起之秀心悦诚服的程普，还逢人就说："与周公瑾交，若饮醇醪，不觉自醉。"就是说，与周瑜交往，就像喝到了浓郁的美酒一样，不知不觉我也是醉了！估计，程普应该很喜欢喝酒，不然行伍出身的他不会想到用美酒去形容周瑜。

虽然，周瑜用个人魅力解决了孙权制度安排上的缺陷，但这一事件所造成的影响却令人印象深刻。十一年后，当孙权准备任命吕蒙和孙皎分别担任左右部大督时，吕蒙就向孙权回顾起了周、程不睦所造成的危害，并且用了

"几败国事"这样一个重词。

灰飞烟灭

不久，顺水而下的曹操大军与逆水而上的孙刘联军相遇了。

没什么可说的，双方直接开打。结果，一开战，曹军就吃了亏。吃亏的原因，据说是因为瘟疫的蔓延，也可能是因为曹军不习水战，更可能是曹操过于轻敌，反正当头挨了一记闷棍。

既然顺江不顺，那就只能隔江对峙了。于是，曹操在江北的乌林扎下营寨，与驻扎在赤壁的孙刘联军遥遥相望。

此时，天气已经转入隆冬，凛冽的寒风，摇晃的船板，再加上势头不减的瘟疫，无一不考验着曹军的体质和意志。对此，南下望过梅、北上走过泥的曹操并不在意，既然船板晃悠那就用铁锁把船连在一起，既然时节不利那就等待春天，反正主动权在我手里。困难并没有打倒曹操，反而激发了曹操。

只是，有一点曹操比较纳闷：官渡之战时，自己的手下纷纷向袁绍输诚卖好；南下荆州时，多少文臣武将请降投诚。如今，自己势如洪水，难道江东就没有几个阵前倒戈的？

有纳闷的，就有解闷的。曹操正盘算着，东吴老将黄盖的使者就到了。

黄盖的降书可谓情也真、意也切。什么"受孙氏厚恩"，什么"天下事有大势"，什么"众寡不敌""知其不可"，一句话，自己请降虽然有些不道德，但也是顺应时势，所以，"今日归命，是其实计"，这是我实实在在的想法。

不仅如此，黄盖还积极表态："交锋之日，盖为前部，当因事变化，效命在近。"就是说，真正打起来的时候，我给您当急先锋，当场表现给您看。您就瞧好吧！

对于黄盖的这番表白，曹操自然将信将疑。于是，他把送信的使者叫来盘问。如果说黄盖的信是一个剧本，那么这名使者无疑是一名好演员，他不仅把剧本演得严丝合缝，而且还进行了不少现场发挥。结果，他不仅为曹操解了闷，而且让曹操深信不疑。遗憾的是，史书中并没有留下这位使者的姓名。

接下来的事情，就长话短说了。

建安十三年十二月的一天傍晚，东南风骤起，黄盖带上十艘蒙冲战船，船上装满了干荻和枯柴，里面浇上油，外面裹上帷幕，上边插上旌旗，船尾系上快船，直奔江北而去。

事先得到消息的曹军，乐观其成。随着黄盖的倒戈，河山一统的日子更近了，平安回家的日子也不远了。快点吧，黄盖。

于是，在曹军毫不防备的情况下，十条火龙冲了过来。顷刻间，"火烈风猛，船往如箭，烧尽北船延及岸上营落"。接下来，随着周瑜的进攻，"北军大坏"，曹操只有逃跑的份儿了。

很明显，黄盖和周瑜定下的计谋成功了。

之前，当黄盖看到曹军做出铁锁连船的愚蠢之举时，他就提出建议："今寇众我寡，难与持久。然观操军船舰首尾相接，可烧而走也。"就是说，现在敌强我弱，咱们跟他们耗不起，不如一把火烧了他们。

结果，一切顺利。唯一的小意外，出在黄盖自己身上。

据说，黄盖刚刚放完火，就不小心被流矢击中，堕入水中。当他被救起时，竟然面目全非，连自己人都认不出来了。吴军只知道他是自己人，没人认出他是黄盖，所以看到船舱的厕所里有个空位置，索性就把他扔在了那里。

此时的黄盖，除了扯破嗓子大喊韩当的名字，剩下的就是孤独和落寞了。那胜利的烟火原本由他燃起，如今却无缘一睹，换谁不落寞？

好在这一声声呼喊发挥了作用，韩当赶来了！

流着泪的韩当，帮黄盖揭开了衣甲，立即安排救治，这才保住了性命。

后来，虽然没有看成烟火，虽然没有指挥作战，但因为放火之功，黄盖还是被晋升为武锋中郎将。

大江东去

赤壁之战很干脆，干脆到一把大火就搞定了。

赤壁之战很拖沓，拖沓到几百年甚至几千年后还让人喋喋不休。

六百多年后，一个叫杜牧的诗人来到了江边的战场故地。不知是因为幸运还是因为有心，他捡到了一支深埋在泥沙中的断戟，把它磨洗干净，竟然还能认出是三国赤壁之战的遗物。于是，便有了这样一番怀古之忧思：

> 折戟沉沙铁未销，自将磨洗认前朝。
>
> 东风不与周郎便，铜雀春深锁二乔。

显然，杜牧把周瑜的胜利归功到了东风上面，言下之意，如果没有那场有利于火势蔓延的东风，胜利的很可能就不是孙刘，而是曹操了。

但实际情况真的是这样吗？

首先，曹操对此并不会认同。

日后，在给孙权的书信中，曹操多次提到了自己赤壁失利的原因。在建安十七年（公元212年）正月给孙权的书信中，曹操说："昔赤壁之役，遭离疫气，烧船自还，以避恶地，非周瑜水军所能抑挫也。"在另一次具体时间不详的书信中，曹操说："赤壁之役，值有疾病，孤烧船自退，横使周瑜虚获此名。"很显然，曹操认为自己失败的最主要原因是疫病。因为传染病造成了非战斗减员，所以自己才要烧船主动撤退。

那么，真实情况是这样吗？

应该说，不管这场疫病具体发生在何时，它都是造成曹操失利的一个重要原因。建安十四年（公元209年）七月，曹操在一篇后世名为《存恤吏士家室令》的教令中说："自顷已来，军数征行，或遇疫气，吏士死亡不归，家室怨旷，百姓流离，而仁者岂乐之哉？不得已也。"这是中国历史上第一个对军烈属进行优抚的公开命令。教令中，曹操总结了"吏士死亡不归"的两点原因，一个是军事征战，另一个则是"疫气"。当时，离赤壁之战只有半年多的时间，想必赤壁的那次疫情无论给曹操还是给曹军将士都带来了痛彻心扉、挥之不去的记忆，不然曹操不会独独把它与"军数征行"相提并论。

实际上，不仅曹操把疫情作为失利的主要因素，陈寿在《三国志》中也反复提及。

《三国志·魏书·武帝纪》说："公至赤壁，与备战，不利。于是大疫，吏士多死者，乃引军还。"

《三国志·吴书·吴主传》说："瑜、普为左右督，各领万人，与备俱进，遇于赤壁，大破曹公军。公烧其余船引退，士卒饥疫，死者大半。"

《三国志·蜀书·先主传》说："先主与吴军水陆并进，追到南郡，时又疾疫，北军多死，曹公引归。"

《三国志·吴书·周瑜传》说："时曹公军众已有疾病，初一交战，公军败退，引次江北。"

总之，曹军"多死"甚至"死者大半"的主要原因就是"大疫"。

战前，来自北方的曹操并没有料到疫病会有如此影响，而对于长期生活在长江边上的周瑜来说，对疫病对于战局的影响却早有预测。周瑜在劝说孙权抗曹时，就专门提到曹操"驱中国士众远涉江湖之间，不习水土，必生疾病"。

而据《三国志·魏书·蒋济传》记载，当曹操在赤壁之战后得知孙权围攻合肥的消息后，派将军张喜独自率领一千骑兵前去救援时，这支队伍半路上却"颇复疾疫"。由此可见，当时曹军将士染病的比例相当高。

综上所述，发生在长江边的这次疫情，即使不是导致曹操失败的致命因素，至少也是无法忽视的重要因素。

说完曹操认为的主要败因，我们再来看孙刘两家归纳的诸多因素。

赤壁战前，诸葛亮和周瑜为了说服孙权抗曹，都提出了必然战胜曹操的一些理由，下面略作分析，看看他们在实际战争中的作用如何。

战前，诸葛亮归纳了曹军的三点劣势：

其一，"远来疲弊"。这一点，曹军在追击刘备、速战江陵时的确存在，但经过几个月的休整，到赤壁之战时这一问题已不存在。

其二，"不习水战"。这一点，的确是曹军的致命劣势，但曹操在收编了刘表的水军之后，在一定程度上弥补了这一短板。

其三，人心不服，"荆州之民附操者，逼兵势耳，非心服也"。这一点，曹操只能靠一定时间的政策安抚和有效治理来解决，很显然无论在时间上还是在政策上，曹操都没有做到。相反，曾在荆州待了七年、临危依旧"以人为本"的刘备，在这方面比曹操做的要好得多，"琮左右及荆州人多归先主"自不必说，那些因为没有跟着刘备走而"逼兵势"依附了曹操的荆州人，也未必会为曹操尽力。

在分析曹军劣势的同时，诸葛亮也指出了击败曹操的必要条件：孙刘"协规同力"。从实际情况来看，双方基本上做到了这一点。

说完诸葛亮的归纳，再来回溯一下周瑜的战前分析。

相较于诸葛亮，周瑜的分析视野更为广阔：

第一，曹操政治虚伪，"虽托名汉相，其实汉贼也"。这一点，周瑜看得很准，如果说之前曹操一直掌握"奉天子以令不臣"的政治优势的话，那自从曹操晋位丞相之后，这一政治优势已经发生了微妙的变化。

第二，江东实力雄厚，"地方数千里，兵精足用，英雄乐业"。这一点，虽有些夸张，不过一旦孙权下定了抗曹的决心，的确出现了"兵精足用"、众志成城的景象。

第三，曹操后方不宁，"今北土既未平安，加马超、韩遂尚在关西，为操后患"。这一点，从长时段看肯定是存在的，但仅就赤壁之战前后来看，鉴于马腾已经带着全家老小到了邺城，至少马超是不敢轻举妄动的，而只要马超不动，韩遂也会有所忌惮。因此，这一因素可以忽略不计。

第四，曹军避长就短，"舍鞍马，仗舟楫，与吴越争衡，本非中国所长"。这一点诸葛亮也提到了，的确是曹军的一个短板。

第五，曹军时节不利，"又今盛寒，马无藁草"。南方湿冷的寒冬，加上马匹草料供应的短缺，相对而言，的确在一定程度上影响了曹军战斗力的发挥。

第六，曹军水土不服，"驱中国士众远涉江湖之间，不习水土，必生疾病"。这一点，前面已经专门分析过，其对曹军造成的影响相当大。

第七，曹军内部不稳，"所得表众，亦极七八万耳，尚怀狐疑"。这一点，也对曹军的战力发挥特别是在初战受挫后的荆州军士气造成了不小的影响。

同时，周瑜还对曹军的数量进行了估算，曹操自带"不过十五六万"，收降刘表人马"亦极七八万耳"，如此曹军总规模在二十万至二十五万人，远多于孙刘联军，但鉴于曹军以上种种不利因素，所以"众数虽多，甚未足畏"。

以上就是孙刘方面关于赤壁之战的全部分析。可除了这些，还有别的因素吗？

当然有！我们还没有分析杜牧提到的那场东风呢！

关于赤壁之战的那场大火和东风，后世的史学家乃至气象学家都作了不少分析和解释。其中，一个较流行的观点就认为，所谓的东风实际上是一场湖陆风。

那么，何谓"湖陆风"？

所谓"湖陆风"，就是在与大湖相邻地区，由于白天太阳照射和夜间冷却的温差问题，会出现这样一种现象：白天风从湖面往陆地方向吹，晚上风往湖面方向吹，这两种风相应地被称为"出湖风"和"进湖风"。并且，湖面越大、晴天越多，湖陆风现象就越明显。

当时，曹军驻扎的乌林，背后就是一个面积很大的湖泽：云梦泽。对于周瑜、黄盖这些久居湖泽的人来说，他们对湖陆风自然相当熟悉，只需要等待几个连续的晴天，白天出湖的西北风就会转成夜晚入湖的东南风，那时一场大火就可以抵消掉曹军的数量优势。

当然，在冬季少雨的时节，晴天总归是不难等的。于是，历史迎来了那场如期而至的东南风，以及那场准备已久的火攻。

可是，这就是关于火烧赤壁的全部吗？假如没有那场东风，是不是真如杜牧所说，就要"铜雀春深锁二乔"了呢？

未必！

不知道大家注意没有，早在劝说孙权抗曹之时，周瑜就斩钉截铁地作出了这样一个断论："将军禽操，宜在今日。"紧接着，周瑜甚至提出了擒曹的大致方案："瑜请得精兵三万人，进住夏口，保为将军破之。"

"精兵三万人"无须再讨论了，如果精兵能要更多，周瑜自然更乐意，只是条件不允许而已。那么，周瑜随之为什么专门提到要"进住夏口"呢？巴丘不行吗？柴桑不行吗？江东不行么？

从地理位置上看，夏口是长江、汉水、夏水的交汇处，屯驻夏口无疑可以阻挡沿长江或夏水东进的江陵曹军，也可以抵御可能沿汉水南下的襄阳曹军。同时，东吴的盟友刘备也在夏口附近，加之吴军此前也在江夏地区有过四次击破黄祖的经验，因此，进驻夏口就成了必然的选择。

可是，为什么孙刘联军后来又沿江而上，到了赤壁呢？

导致周瑜采取这一军事行动的，很可能是曹军的动向。获知敌人仅从江陵沿长江东进而非多路并进的消息后，周瑜主动溯江而上、扩大战略纵深，不失为上策。然而，夏口至江陵有上千里水路，周瑜为什么与曹操偏偏相遇于赤壁呢？这仅仅是一种巧合吗？

如果我们回溯一下九年前的那场沙羡之战的话，也许就会对这场赤壁之战有更深的认识了。

建安四年（公元199年）十二月，东吴军队在孙策的指挥下发起了对黄祖的第一次进攻，当时参战的有周瑜、吕范、程普、孙权、韩当、黄盖等骨干将领，所采取的主要战术有两个，一是"越渡重堑"，也就是主动进攻；二是"火放上风"，也就是在上风处放火。整场战役在黎明时分发起，于清晨结束。

对比赤壁之战，同样是十二月，参战人员除了孙策和孙权不在，周瑜、吕范、程普、黄盖、韩当等当年参加过沙羡之战的骨干将领都悉数在场。此外，所采取的战术也出奇地一致：一是主动出战，黄盖"先取轻利舰十舫"，"往船如箭"，"瑜等率轻锐寻继其后，雷鼓大进"；二是蓄意纵火，"盖放诸船，同时发火。时风盛猛，悉延烧岸上营落"。

如此看来，周瑜、黄盖的破敌之术相当大程度上来自于当年的那场沙羡之战，他们只不过是在之前经验的基础上，相机加上了"诈降"这个计策而已。

基于上面的这番比较，我们甚至可以大胆猜测，不仅是火攻这一战术，就连实施战术的地点，都有可能是周瑜、黄盖谋划已久的选择。吴军第一次放火的沙羡位于云梦泽的东南角，而距离沙羡二百余里的赤壁则位于云梦泽的正南方，相比之下，赤壁无疑更容易发生湖陆风，也更容易实施火攻。

如此看来，不仅东风不是当时天公作美，就连火攻也不是吴军的临场发挥了，而此前部分史学家所说的赤壁之战是一场遭遇战的说法，就更不用讨论了。

这里，我们甚至可以大胆推断：当时即使没有有利于孙刘联军的东南风，周瑜恐怕也会利用自己的水军优势，迂回到上风处实施火攻。因为，早在沙羡之战时，他们就曾经"火放上风"。

说完上面这些，关于赤壁之战的各种战场因素就分析得差不多了。可是，这就完了吗，就没有其他要分析的了吗？

有，当然有。

从战术运用上讲，曹操失误颇多。首先，曹军似乎不应该仅仅顺水而下，水陆并进特别是两岸并进无疑更有利于曹军扬长避短，发挥人多势众的军力优势。其次，初战失利后，曹操没有及时调整兵力布局，反而更加执着于毕其功于一役，这无疑也是一步错棋。更为不可思议的是，曹操还把战船连到了一起。古往今来，在水战中使用火攻的战例并不多，曹操却为之创造了最大的实施机会。

除了战场本身，战场外的影响因素也不少。

从思想状态上讲，曹操当时无疑犯了骄躁的毛病。原本攻取荆州的战略目标被曹操轻易升级为一统江表，在对江东集团缺乏了解和严重藐视的情况下，作出了一系列错误决策。骄傲使曹操调高了战略目标，骄傲也使他降低了战术水准，东南风一刮就只有往西北退了。

从战略时机上讲，曹操的更优选择是要么一鼓作气杀至江夏消灭刘备，要么从长计议稳固荆州徐图江东，选择这样一个不长不短的时间，既给对手以喘息之机又没稳住新占领的地盘，显然不是一个恰当的决策。

从战略部署上讲，曹操如果真下定决心要一举铲除刘备并拿下江东，似乎不应该从江陵一个方向发动进攻，而应该从荆州、扬州甚至豫州等多个方向发动进攻，如此才能发挥出自身在兵力数量上的优势，令对手在数千里长江沿线防无可防、防不胜防。然而，如同当年袁绍孤注一掷那般，曹操也或有意或无意地把宝压在了一次战役上面。

据《三国志·魏书·郭嘉传》记载，曹操在赤壁失利后，曾经叹息道："郭奉孝在，不使孤至此。"意思是说，如果郭嘉还活着，我也绝不会到这种地步。

另据《傅子》记载，除了上面那一声叹息，曹操甚至还发出了这样的感慨："哀哉奉孝！痛哉奉孝！惜哉奉孝！"

是呀，少了这个比自己更清脱、更清醒、更清晰的另一半，曹操的判断力和自持力的确打了折扣，甚至有些跑偏走样了。

相对于曹操人才队伍的减员，此时的孙刘联盟却是另一番景象。

随着中原陷入战乱，许多人渡过长江，来到了荆襄和江东。无论对历史来说，还是对曹操来说，他们都是一群新人。

赤壁之战那年，

曹操五十四岁、荀攸五十二岁、荀彧四十六岁、曹仁四十一岁、张辽四十岁；

刘备四十八岁、诸葛亮二十八岁、关羽约四十七岁、张飞约四十五岁；

孙权二十七岁、周瑜三十四岁、鲁肃三十七岁、张昭五十三岁、程普约五十四岁。

曹操阵营是一个老生代为主、中生代为辅的军事集团；

孙刘联盟则是一个新生代为主、中生代为辅的军事集团。

谁更有生机与活力？不言自明。

当然，这支新势力的优势不仅在于年龄，还在于认知。他们更了解曹操而曹操并不了解他们，他们更了解江汉而曹操并不了解。仅仅基于年龄和认知，这帮初生牛犊就足以同曹操掰一掰手腕，更何况他们还懂得抱团取暖、联合对敌。

大江东去，浪淘尽，千古风流人物。在黄河边，曹操曾经淘尽了不少风流人物；到了长江边，曹操却成了被后浪拍在赤壁矶上的前浪。

英雄之逆

举凡中国历史上的著名战役，往往离不开一个"逆"字：

一个"逆"是弱者逆袭，以少胜多。兵力较少的一方不管是巧战、力战、激战、死战，最终都打败了兵力较多、实力较强的一方。

另一个"逆"是形势逆转，强弱易势。弱者逆袭成功，强者就此衰亡甚至身首异处，历史发生戏剧性转折。牧野之战、巨鹿之战、濮阳之战、官渡之战、夷陵之战、淝水之战，不仅无情地击垮了强者的汹汹气势，而且冷酷地结束了强者的蒸蒸气运。

等待战役失败者的结局似乎只有一个：灭亡，他们要么崩于内乱，要么溃于外患，抑或死于病魔。商纣王自焚于鹿台之上、秦朝灭亡于章邯倒戈，王莽被杀于乱军之中，袁绍、刘备病死于战败的创痛。一句话，他们都没有从失败的阴影中走出来。

然而，曹操却成了唯一的例外。

据说，曹操率军从华容道撤退时，状况极为狼狈：道路泥泞不说，大风还刮个不停，一旦脚陷在泥地里、人被风刮倒，就只能当为大军铺路的"肉石"了。结果正如《山阳公载记》所描述的："羸兵为人马所蹈藉，陷泥中，死者甚众。"

然而，一旦走出泥淖，曹操却"大喜"，仿佛打了胜仗一般。

这下，诸将迷惑了，忍不住一问究竟。

只见，曹操自得地说："刘备，吾俦也。但得计少晚；向使早放火，吾徒无类矣。"刘备，算是个可与我比肩的人物。但是，这家伙计谋却少了些，动作也慢了点。如果他早早地在我们撤离的道路上放上一把火，那我们真的就一个也活不成了！

看来，赤壁那把火还没有把曹操烧透，逃跑的路上还惦记着再被烧一回。反过来看，在溃不成军、性命堪忧的逃亡路上，还不忘勘察环境、换位思考、调侃对手，曹操的心也真是够大的。

实际上，一场赤壁之战，既成就了孙权、刘备的逆袭，也成就了曹操的逆商，强者依然强，弱者依旧弱，一大两小的格局并未逆转，孙刘并没有逆天。

为什么会这样？

因为曹操一直从失败中走来。

纵观整个三国，失败次数最多的算是刘备，其次就算是曹操了。在荥阳，他被董卓打败过；在濮阳，他被吕布打败过；在南阳，他被张绣打败过；在徐州，他被刘备蒙骗过……总之，曹操的成功离不开失败，他也毫不畏惧失败。

因为曹操有着稳固的大后方。

同样在建安十三年，曹操消除了来自乌桓、辽东、关中等方面的隐患，夯实了邺城作为大本营的基础，完成了从司空到丞相的政治进阶……如果此前没有这些铺垫，也许曹操会焦虑沮丧，甚至有可能如袁绍般"自军败后发病，……，忧死"，如今，北方在手，大权在握，一场失利能动摇这一切吗？

因为曹操还有许许多多梦想。

此时，独树一帜的邺城还在如火如荼的建设中，各地的人口还在源源不断地向邺城迁移，即将建设（也可能是即将建成）的高台还等待"举笔便成"的王粲、"博学有才章"的邯郸淳等文学名士去对酒当歌，一场失利就能让这一切都半途而废吗？

曹操不是纸糊的。赤壁战后，曹操很快做到了止损，放弃了荆州一些地盘的他，既没有在孙刘的进攻下一溃千里，也没有经历内部的分崩离析，既没有抱憾不已，更没有一病不起。相反，他不久就组织起了新的进攻：濡须口征孙权，渭水边战马超，阳平关击张鲁，定军山御刘备，曹操似乎完全没有赤壁惨败的包袱。得不到南方就守护住北方，当不成天子就当王公，总之不能让自己憋屈死。战后的他，不仅走出了战败的阴影，而且华丽转身，完成了封王建国的历史伟业。

实际上，一度占据荆州的曹操也并非一无所获。抛开留在手中的襄樊等地盘不说，还记得那个"徙汝南""为农民养犊"的十二岁少年邓艾吗？经过多年的历练，五十五年后的他成了蜀汉政权的终结者。

赤壁战后，失败的曹操雄心不改。而胜利的孙权，此时也同样接受着鞭策。

曹操赤壁退走后，鲁肃没有随周瑜参加追击，而是先行返回江东。闻知鲁肃归来的消息，孙权不仅率领诸将隆重地进行迎接，而且还亲自扶鲁肃下马。

随后，当鲁肃正式入阁拜见孙权时，孙权一边回礼，一边问："子敬，孤持鞍下马相迎，足以显卿未？"子敬啊，我亲自为你扶鞍、请你下马，这足以使你感到荣耀了吧？

很明显，这是孙权给鲁肃的殊遇。按理说，鲁肃应该连连拜谢才是。

然而，鲁肃却快步走到孙权跟前，然后出人意料地答了两个字："未也。"

这下，众人"无不愕然"，主公给你脸你就该接着，怎么能让它掉到地上呢？这不是给脸不要脸吗？

此时，只见鲁肃不急不缓地坐定，然后徐徐地挥动着手中的马鞭，不无遐想地说："愿至尊威德加乎四海，总括九州，克成帝业，更以安车软轮征肃，始当显耳。"我衷心期望您的威严和美德可以施加给四海之内的百姓，最终您能够一统天下，成就帝业，到那时，您再用装有软轮的安车来征召我，那才是真正的荣耀啊！

明白了，你要的是帝王给的荣耀，如今我这个侯还需要努力啊！

孙权听后，"抚掌欢笑"。

败者不服气，胜者不满足，接下来还有好戏。

第九章

江陵

辛辛苦苦争来，
为何又随随便便借走？

从建安十三年末到建安十四年末，孙吴军队用了整整一年的时间才从曹军手中夺取了荆州的地理中心江陵，从而将曹操的势力完全赶出了长江。

然而，仅仅过了不到一年，孙权却将辛苦得来的江陵拱手"借"给了刘备，眼睁睁看着刘备在荆州做大做强。

按照鲁肃的说法，孙吴之所以要将江陵"宜以借备"，主要基于两点考虑：其一，孙吴"初临荆州，恩信未洽"，因此要借给刘备"使抚安之"；其二，鉴于"曹公威力实重"，因此要通过借给刘备地盘"多操之敌，而自为树党"。对此，鲁肃称之为"计之上也"。

可是，以上这两点真的成立吗？"借荆州"真的就是上策吗？

要知道，一旦把地盘借出去，"临荆州"的就是刘备，恩信再洽也会记在刘备头上，对孙权有什么好处？

要知道，在"多操之敌"的同时，孙吴无形中也多了一个潜在的竞争者。

要知道，把江陵借出去的同时，也就等于把赤壁之战的最大成果甚至绝大部分成果都给了刘备，孙权又留下了什么？

要知道，无论是张纮的"荆、扬可一"，还是鲁肃的"竟长江所极"，乃至甘宁的"渐规巴、蜀"，荆州特别是江陵，都是必不可少的一环，怎么能说不要就不要了呢？

江陵夷陵

赤壁之战打赢了，保卫江东的目标实现了，但周瑜并没有停下战争的脚步。很快，周瑜和程普所率领的胜利之师就进入了荆州南郡，隔着长江与北岸的曹仁展开对峙，这一次周瑜要拿下的是江陵。

为什么要拿下江陵？因为那里是整个荆州的区位中心，因为那里是整个荆州的物资库，因为只有拿下江陵才能把曹操的势力真正赶出长江，才有可能实现张纮当初所说的"荆、扬可一"和鲁肃之前所说的"据而有之，竟长江所极"。

可是，如何拿下江陵呢？要知道，曹操可是派了曹仁、徐晃两员大将坐镇，江陵城又如此坚固，同时吴军在兵力上也不占优势，并且，如今要打的也不是吴军擅长的水战。总之，一切看起来都没那么容易实现。望着对岸的江陵，周瑜一时间甚至有些踟蹰起来。

踟蹰之际，熟悉荆益情况的甘宁提出了建议：先取夷陵。

夷陵？

没错，就是它。

听了甘宁的建议，周瑜不由得眼前一亮。处于荆益交界、藏于崇山峻岭、居于长江上游的夷陵，表面看这里与江陵八竿子打不着，可一旦占领夷陵，凭借高屋建瓴的地理优势，顺势而下，无论步军还是水军都能给江陵造成不小的威胁。并且，这里极有可能是曹军的防守盲区。于是，没多久，甘宁就率领着几百名士卒悄悄地向夷陵进发了。

来到夷陵，一切与之前预料的完全一致，除了刘表当年部署的几百名弱兵，看不见曹军的半点影子。几乎没怎么动武，甘宁就顺利地进入了夷陵城。

同样一如预期，曹仁一听说夷陵被占，立刻着急了。不过，着急归着急，曹仁却并没有慌神，依仗着兵力上的优势，他迅速派出五六千人马如铁桶般围住了夷陵。你有小聪明，我有大块头，我倒要看看谁干得过谁？

当时，甘宁带来的人马和新收编的降卒，加在一起也就千把人，要抵御数倍于己的敌军真有点吃不消。数日之后，敌人在城外架起了高楼，箭矢如雨点般向城中倾泻，手下的兵士们个个吓得胆战心惊、惶惶不安，只有甘宁依旧"谈笑自若"。

不过，谈笑归谈笑，表面轻松的甘宁内心里还是有些打鼓，一支军心动摇的弱旅真能挡住人多势众的对手吗？心中给出答案后，甘宁派人突围而出，星夜赶往周瑜的大营求援。

接到甘宁的报告，原本踌躇的周瑜如今更加踌躇起来，手里的人马打江陵都有些捉襟见肘，再去救援甘宁，要是曹仁打过来怎么办？可是，对自己的属下总不能见死不救吧？两难之际，手下诸将众口一词地认为"兵少不足分"，言外之意，反正甘宁是个刚入伙不久的外来户，多他一个不多，少他一个也不少。这下，甘宁真有些危险了。

看到这种情势，横野中郎将吕蒙向主帅周瑜提出了自己的解决之道："留凌公绩，蒙与君行，解围释急，势亦不久，蒙保公绩能十日守也。"就是说，留下凌统（字公绩）驻守大营，吕蒙陪着周瑜一起前去解围，估计整个过程势必用不了多长时间，凌统守住十天是没有问题的。

很明显，这是一种用时间换空间的计策，保持战略优势的前提条件是，夷陵方面要在十天内解决战斗，同时江陵方面在十天内不能被敌人解决战斗。

同时，吕蒙在人员分工上也下了一番工夫。

之所以让凌统留守大营，是因为凌统与甘宁有杀父之仇，当年凌统的父亲凌操据传就是被甘宁一箭射死的，如果让凌统一起去解围，不仅解不了围，援兵说不定都被敌人给围了。可是，让凌统留守就不同了，他就是对甘宁有再大的仇恨，但他总要对自己负责，也要对全局负责，拼死也要扛下去。

　　之所以请周瑜亲自率军前往，是因为只有主帅亲自出马救援才会有力度，军中各方才会全力支持、呼应、保障，否则就有可能功亏一篑。

　　之所以自己要表态参加解围，实际上是主动担起了攻坚的任务，言外之意，周瑜只需要坐镇，披坚执锐、破敌夺旗这样的体力活自己来干就行。

　　如此看来，吕蒙不仅胸中有大局、心中有同僚，而且身上有本事、肩上有责任。

　　说起来，吕蒙的大局观还不仅仅体现在救甘宁这件事上。此前不久，益州将领袭肃率领部下前来归附。在这支降军的编遣问题上，周瑜准备上表请示孙权，将袭肃的人马编入吕蒙的军队。听说此事后，吕蒙极力称赞袭肃的胆识和忠义，认为他"有胆用，且慕化远来"，因此，"于义宜益不宜夺也"。就是说，从道义的角度讲，应该增加袭肃的兵力配备，而不是削弱他的兵权。吕蒙的这一建议得到了孙权的认可，袭肃依旧统领自己的原班人马。

　　如果说在对待袭肃的问题上，吕蒙只需要谈出自己的思考，表明自己的态度，那在对待甘宁的问题上，吕蒙考虑得简直太周到了，除了时间还有空间，除了军事还有人事，除了道义，还有情义。

　　对，你没看错，还有情义，吕蒙与甘宁不打不成的兄弟情义。

　　说来话长。据说，甘宁向来性情粗猛，动不动就要杀要剐。有一次，甘宁后厨里的一个小帮工，一不小心犯了点过错，因为害怕，就跑到了吕蒙家里避难。

　　深知甘宁好杀的吕蒙，不仅收留了这名小帮工，而且把他藏了起来，完全不给甘宁动刀的机会。

　　既然你不送回来，那我就找上门去。于是，甘宁抄起家伙就直奔吕蒙家。

　　不过，甘宁手里拿的家伙不是刀枪，而是礼物。来到吕蒙家，也不是直接要人，而是要升堂拜谒一下吕蒙的母亲。多说一句，这个吕妈妈似乎很受欢迎，甘宁这次拜了，之后鲁肃也要来拜。

　　这下，吕蒙放松警惕了，既然是一个母亲的兄弟，就不好再藏着掖着了。

于是，在甘宁做出不杀小帮工的承诺后，这名小帮工重新回到了甘宁手中。

在吕蒙家酒足饭饱之后，甘宁带着小帮工踏上了归途。

不过，凭着那张旧船票，小帮工并没有登上甘宁的客船。神箭手甘宁先是把他绑在了岸边的一棵桑树上，然后弯弓搭箭，一箭结果了此人的性命。

这下，吕蒙不干了。原来你小子是来诓我的！原本如此情真意切的升堂拜母，竟被你小子变成了升堂骗母，当着咱妈也敢说瞎话！

随即，吕蒙聚集人马，准备上船擒拿甘宁。

看到吕蒙如此兴师动众，甘宁也来兴致了。一边让人抛锚紧缆，把船停好，一边脱下衣服，自顾自地躺下，索性不走了。

这下，不仅吕蒙急眼了，吕妈妈也着急了。刚认了个干儿子，亲儿子就要火并干儿子，原本是"1+1"的好事，怎么就变成"1−1"的坏事了，这还得了？

于是，吕妈妈光着脚就跑了出来，对自己的亲儿子晓之以理："主上待你如同骨肉兄弟，把大事托付给你，你怎么能因为个人的恩怨而想攻杀甘宁呢？甘宁要是死了，就算主上不怪罪你，你作为臣子这样做也是枉法。"

听了这番话，向来孝顺的吕蒙，幡然醒悟。

于是，吕蒙亲自来到甘宁的船上，笑着招呼道："兴霸，咱妈等你回家吃饭，快上岸吧！"（老母待卿食，急上！）

听到这声家常话，甘宁也不淡定了，一边流着泪一边对吕蒙说："我对不住你呀！"

于是，二人又一起回去拜见吕妈妈，欢宴了一整天。

看来，那句话没错：世上只有妈妈好，有妈的孩子像块宝。

插播完吕蒙与甘宁的情义，接着说这次救援行动。有了周瑜的亲自出马，这场解围之战打得相当顺利，交战当天，曹军就被歼灭了一多半，剩下的连夜遁逃。然而，这小一半曹军在逃跑的路上也没有好到哪里去。路上，他们碰到的不仅是阻断的道路，还有阻拦的吴军，惊慌之中，曹军丢盔弃马，好生窘迫。反观周瑜军队则收获颇丰，仅吴军最紧缺的战马就缴获了三百匹。这些战马随即被装上战船，沿江就送到了江陵前线，以敌之马攻敌之营，好生快意。

毫无疑问，这又是吕蒙的杰作。早在援军赶往夷陵的路上，吕蒙就建议周瑜分出三百人砍伐树木，设置障碍，这样就可以在敌人逃跑时获取他们的战马和重型武器装备。后来，果不其然，三百吴军牵回了三百匹战马，早知道战事如此顺利，多分出几百人去阻敌就更好了。

这次"大破仁兵于夷陵"，不仅为甘宁解了围，而且使吴军"将士形势自倍"，展现出了宜将剩勇追穷寇的劲头。借着这股干劲，周瑜率军北渡长江，在江陵城下与曹仁约定展开大战。

大战当日，周瑜亲临阵前，跨马督战，摆出了一副舍我其谁的雄姿。

可没过多久，一支流箭飞来，嗖……啪！正中周瑜右肋。鉴于周瑜伤势严重，大军便撤了回去。

眼看周瑜卧床不起，曹仁来劲了，带着人马前来挑衅。

没办法，周瑜硬挺着到军营里走了一圈，依旧一派雄姿英发的模样。结果，曹仁迅即退入了城中。

唉，你想装时人家不让你装；你不想装时人家又非让你装，你看这闹腾的！

后来，经过双方一年多的攻守，曹军伤亡惨重，士气大减。建安十四年（公元209年）年底，曹仁最终弃城而走。此后，曹军的防线退回到了襄阳、樊城一线，而吴军则在荆州这一段的长江流域站稳了脚跟。取得江陵后，孙权任命周瑜兼任南郡太守，屯驻江陵；程普兼任江夏太守，将郡府设在沙羡；

吕范兼任彭泽太守，吕蒙兼任寻阳县县令。

江陵公安

如果说赤壁之战是孙刘联盟的生存之战，那么江陵之战则是孙刘联盟的发展之战，而一旦打完这两场仗，那接下来的事情就是荆州这块蛋糕如何切分的问题了。

应该说，刘备军队虽然在赤壁之战和江陵之战中都不是主力，但多多少少也发挥了一定作用。撇开赤壁之战时的协同配合和战后对曹军的追击不说，就算在江陵之战中，刘备人马也有智力和人力贡献。

看到双方在长江北岸僵持不下，刘备找到周瑜说："曹仁驻守江陵，城中兵精粮多，足以构成危害。不如让张飞带一千人跟着你继续从正面打，你分给我两千人从夏水截断曹仁的后路，曹仁一旦听说我绕到了他的背后，必定会主动放弃江陵。"

很显然，这是一个足以对曹仁构成威慑的建议。对此，周瑜欣然同意。紧接着，关羽率领的人马就切断了曹仁北撤的道路。后来，要不是汝南太守李通奋力"率众击之"，甚至亲自下马拔出关羽设置的鹿角等障碍，一路直入对手的包围圈，拼了命地迎援曹仁，驻守江陵的曹军全军覆没也未可知。刘备釜底抽薪的这一招，虽然没有歼灭曹仁，但却迫使他放弃了江陵；虽然没有挡住李通的救援，但却让李通四十二岁的生命永远地留在了南郡。

在帮助周瑜攻打江陵的同时，刘备也在为自己拓展在荆州的地盘。他先是上表朝廷由刘琦担任荆州刺史，紧接着就率领军队向南夺取荆州南部的四个郡，不仅荆州的武陵太守金旋、长沙太守韩玄、桂阳太守赵范、零陵太守刘度等人望风而降，就连身处淮南的庐江营帅雷绪也率领部属及他们的家属五万余人归降了刘备。为加强对荆南地区的治理，刘备任命诸葛亮为军师中郎将，负责督察零陵、桂阳、长沙三郡，"调其赋税以充军实"。同时，偏将军赵云兼任桂阳太守，确保荆南四郡的安稳。

刘备在荆南地区的拓地很成功，但在长江沿线却依旧没有一寸土地，这一尴尬情况自然与他在江陵之战中的贡献严重不相称。于是，吴军夺取江陵后，已成为南郡太守的周瑜把长江南岸一块叫油江口的狭小区域分给了刘备。油江口小是小了点，但大小都是块地盘，并且位置也不错，它北指汉（水）沔（水）、南控沅（水）湘（水）、东联吴会、西通巴蜀，是一个绝佳的进取之地。对此，刘备安之若素，不仅沿江筑起营寨，而且在地名上也下了功夫。

油江口因地处油江与长江汇流处而得名，对于这样一个毫无政治意义的名字，刘备自然不满意。作为朝廷册封的左将军，刘备被人称为"左公"，为了表明自己长期经营的决心，于是他就取"左公安营扎寨"之意，将油江口所在的孱陵县改名为公安，自己戎马半生也该有个安稳的地方了。就这样，刘备在此建立了自己的大本营。

公安是个好地方，但与近在咫尺的江陵比起来，那就相形见绌了。江陵位于公安西北方向的长江北岸，地处整个荆州的地理中心，因"地临江""近州无高山，所有皆陵阜"而得名，早在战国时期（公元前278年）就因秦将白起拔郢而置县，不仅较公安更具有地理优势，而且经济人口资源也更为丰富。更要命的是，江陵不仅阻碍了刘备向北、向西发展的空间，而且居高临下随时可能对公安造成威胁。很显然，之所以能把这个地方划给刘备，周瑜是仔细盘算过的。

想要保有江南四郡，首先要确保公安的安全；想要确保公安的安全，首先要解除来自江陵的威胁；想要解除江陵的威胁，最好的办法是要把江陵攥在自己手中。

那么，怎么才能把江陵弄到手？一个字：求！

为此，刘备不惜放低身段亲自到孙权的驻地京口，"求都督荆州"。

求？凭什么求？

实际上，早在前往京口之前甚至在取得公安之前，刘备就已经在为"求"

荆州做准备了。

在吴军取得江陵后，刘备就不失时机地向朝廷上了一份奏疏：表荐孙权"行车骑将军，领徐州牧"。

咦？吴军不是在荆州攻城略地吗？要推荐孙权担任州牧，也应该是荆州牧呀，怎么会是徐州牧呢？这个"行车骑将军"又是什么目的？

先来看为什么要推荐孙权"行车骑将军"。车骑将军，从字面意义上理解，就是战车部队的统帅。在汉朝，车骑将军是地位仅次于大将军及骠骑将军的高级官称，它不仅在卫将军及前、后、左、右将军之上，而且位于上卿之列，甚至等同于三公的地位。不仅如此，车骑将军承担着重要的政治职责，有汉一代，车骑将军主要掌管的就是征伐不臣，扫除背叛。因此，在汉末的纷纭乱世，不少人以"车骑将军"来标榜自己、号令天下。袁绍讨伐董卓时"领车骑将军"，朱儁讨伐董卓时"行车骑将军"，李傕控制朝廷时担任"车骑将军"，曹操迎天子到许都后任司空"行车骑将军"，董承开府时"拜车骑将军"。此时"车骑将军"俨然已经成为政治或军事盟主的代名词，刘备表荐孙权"行车骑将军"，隐含的政治含义就是，拥戴孙权成为所有反曹力量的盟主。

为何推荐孙权"行车骑将军"搞清楚了，那为什么又推荐孙权"领徐州牧"呢？因为不久前荆州刺史刘琦病故，随之，"群下推先主为荆州牧"。既然刘备已经被拥戴为荆州牧，刘备就只能表荐孙权为徐州牧了。再说了，就孙权的军事动向来看，他的战略重心和主攻方向恐怕也是徐州，如今我投你所好不好吗？

别看只是一份小小的奏疏，但它所产生的作用却是惊人的。

首先，孙权无法拒绝。正如程昱在赤壁之战前所分析的，"新在位，未为海内所惮"的孙权最大的短板不在于地盘而在于名分。一场赤壁之战，虽然是周瑜打的，但决心是孙权下的，孙权的知名度因此有所提升，但身份问题却并没有解决。如今孙权依旧是讨虏将军、领会稽太守，将军是杂号将军，名义上管理的地盘也只是一个郡，这与他的实际地位已经严重不符。恰在这时，一个信义天下的英雄、一个久居高位的左将军，极力推荐你、主动拥戴你，你能拒绝吗？

其次，孙权必须回馈。所谓，礼尚往来，投桃报李。刘备都已经做到这个份儿上了，孙权能不有所表示吗？再说了，无论你承认与否，刘备都已经被推为荆州牧了，你能对这个盟友说，你不合法，你要让给我吗？退一万步讲，就算刘备不合法，孙权自己就更有合法性吗？毕竟，刘表临终前曾经有意让刘备"摄荆州"，毕竟刘备是汉室宗亲和朝廷任命过的左将军，毕竟那些之前投降曹操的荆州军如今"多叛来投备"。

就这样，孙权在接受了刘备"行车骑将军，领徐州牧"的推荐后，相应地，"以备领荆州牧"，并且让"周瑜分南岸地以给备"。

可是，仅仅把南岸那个小小的油江口给刘备就行了吗，人家如今可是"领荆州牧"啊，从身份上讲，他是具有整个荆州的管理权的，是可以在荆州的任何地方设立治所、实施治理的？这一点，当然早就在刘备的盘算之中。于是，刚"领荆州牧"不久，刘备就来到了京口。孙权，你可是承担讨伐不臣重任的"行车骑将军"啊，你也是承认了我对荆州的管理权啊，如今你是不是要拿出盟主的气度来，让我真正实施对荆州的治理？

对于刘备的上门请求，孙权还真有些为难，毕竟大家是盟友，毕竟拿人家的手短，可是，如果真让自己把辛辛苦苦得来的江陵交出去，心中多少有些不甘。这可怎么办呢？

关键时刻，周瑜的秘密上疏摆到了孙权案头。听说刘备竟然得寸进尺地要把胜利果实全数"求"去，周瑜自然不会答应。奏疏中，周瑜不仅认为不能把江陵交给刘备，而且建议把刘备扣留在江东。周瑜告诉孙权，刘备有"枭雄之姿"，关羽、张飞是"雄虎之将"，都不是屈居人下、任人调遣的人。既然这样，不如把刘备留在东吴，以宫室、美女、玩好"娱其耳目"，同时把关羽、张飞二人也分隔开，让他们听从调遣，由此大事可定。反之，如果把土地送给他们，让他们三个人都在疆场上，"恐蛟龙得云雨，终非池中物也"，早晚有一天，他们就会像蛟龙得到云雨一般，借势腾飞，不再是池中之物了。

周瑜的担心不无道理，甚至很有必要。但相比之下，保持同盟关系似乎更为重要。再说，就当时的形势而言，即使没有孙权的云雨之泽，刘备这条蛟龙也能够行云布雨，哪是公安这个小小池塘能够容得下的。

关键时刻鲁肃也冒了出来，相对于刘备的"求"和周瑜的"留"，鲁肃提出了第三个解决方案：借！也就是，暂时把江陵借给刘备，日后再让刘备还回来。对此，鲁肃阐述的理由如下：

其一，曹操"威力实重"，对荆州的威胁不小；

其二，我方"初临荆州，恩信未洽"，立足未稳；

其三，刘备对荆州稳定有独特价值，"宜以借备，使抚安之"；

其四，从战略上讲，仍应该拉拢刘备以打击曹操，"多操之敌，而自为树党"。

对于鲁肃的上述意见，孙权不仅认可，而且加上了一条"恐备难卒制"。就是说，一时半会儿还真难控制刘备。

一方面刘备难控制，一方面江陵又不想给，那该怎么办呢？

思来想去，孙权使出了出人意料的一招："进妹固好"。当时，刘备身边的甘夫人刚刚病故，借着这个空当，孙权将妹妹嫁给了刘备，以此巩固双方的联盟关系。要江陵不行，给你美人行不行？

不行！

表面上，刘备这匹老马似乎吃了嫩草，但实际上他吃的却是黄连。

建安十五年（公元210年），孙权二十九岁，距离孙坚去世十九年，也就是说孙权的这位妹妹应该在十九岁到二十九岁之间，按照《礼记》"女子十有五年许嫁"的规定，孙妹妹基本可以归入大龄剩女的行列了。据载，这位孙妹妹"才捷刚猛，有诸兄之风"，一个女子风格竟然像男人，并且很刚猛，看来也只能"进"给刘备这个年届五旬的英雄了。

这位孙妹妹虽然变成了孙夫人，但刚猛的风格依然不改，所带去的百余侍婢"皆亲执刀侍立",弄得刘备每次进门都"衷心常凛凛",生怕哪天就出不来了。后来，诸葛亮用这样一句话来描述刘备当时的处境："主公之在公安也，北畏曹公之强，东惮孙权之逼，近则惧孙夫人生变于肘腋之下；当斯之时，进退狼跋。"

没错，表面看刘备这个小老头抱了一个比自己小二三十岁的娇妻，实际上却是抱了一个随时可能被点燃的猛火雷，而引信就握在孙权手中。成语"变生肘腋"即由此而来。

公安的刘备心中"凛凛"，江陵的周瑜同样心绪不宁。本来南面的刘备已经够不让人省心的了，此时北边的曹操也派人过来了。

此人姓蒋，名干，字子翼。据载，蒋干不仅是个仪表堂堂的名士，而且口才了得，号称论遍江淮无敌手（有仪容，以才辩见称，独步江、淮之间，莫与为对）。同时，蒋干的故乡九江郡与周瑜的故乡庐江郡相邻，并且蒋干还是周瑜少年时的同窗好友。此次，曹操之所以派出这样一个才貌双全的江淮名流，目的只有一个：劝降周瑜。

听说儿时好友来访，周瑜迎出大帐。一看到蒋干身穿青色布衣、头戴葛布头巾的庶人模样，周瑜就明白了个大概，于是，开门见山地对蒋干说："子翼用心良苦呀，跨江涉湖来为曹操当说客来了啊？"

蒋干佯作不知，颇为气恼地回答："咱们俩本来就是同乡，相隔久远，听到你建功立业，专程来叙叙旧，看看你现在的风采，怎么就成了说客了，你难道怀疑我不成？"

周瑜笑道："我虽然没有古时夔、旷两位乐师那样的本事，能够听出弦外之音，但对于曲中的意思还是明白的。"

话说到这里，谁也没有必要点破了。好友来了，总不能不招待，于是周瑜摆下盛宴为蒋干接风。公务缠身，周瑜也不能总陪着，于是就以有要紧事要办为由，把蒋干一个人留在了馆驿之中。

　　三天后，周瑜又把蒋干请到了营中。这次，周瑜不仅让蒋干参观了仓库中的军械辎重，宴饮时还请侍者展示了一大堆服饰珍玩，并借机向蒋干表明心迹："大丈夫处世，能够遇到欣赏自己的主人，名义上君臣相待，实际上情同手足，言听计从（言行计从），福祸共担，就算是苏秦、张仪再生，郦食其复出，我也能拍着他们的背让他们自愧弗如，又岂是你这样不经事的书生能说服的？"听到这些，能言善辩的蒋干只能笑笑，始终不发一言。

　　虽然无功而返，但蒋干回到曹操那里，还是连连称赞周瑜气度宽宏，"雅量高致"，并且告诉曹操，周瑜远非言辞所能打动和争取的。

　　在《三国演义》中，蒋干中计是赤壁之战的经典桥段。小说通过蒋干盗取周瑜伪造的降书，不仅使曹操杀了精通水战的蔡瑁、张允，而且把曹操塑造成了后知后觉者的典型，把蒋干塑造成了不知不觉者的典型，再加上诸葛亮那个先知先觉者，从而使三国的人物谱系更加饱满。可在历史中，蒋干不仅并非不知不觉者，相反，从对周瑜的称赞来看，蒋干倒还有几分文人的雅量。

　　这边刚一断了曹操的痴心，那边周瑜就谋划着如何绝了刘备的妄想了。不管曹操的劝降多么不现实，好歹他也是来找我谈，你刘备可好，直接找我老板谈去了，太不尊重我的感受了吧？不久，周瑜亲自赶到了京口，向孙权提出了一套全新的方案：取蜀。

　　首先，周瑜分析了取蜀的有利条件："今曹操新折衄，方忧在腹心，未能与将军连兵相事也。"曹操新败，先要稳定内部，不可能再与我们长期作战。

　　随后，周瑜叙述了取蜀的具体安排："乞与奋威俱进取蜀，得蜀而并张鲁，因留奋威固守其地，好与马超结援。"我与奋威将军孙瑜一起进攻蜀地，取得蜀地后紧接着吞并张鲁，随后留下奋威将军进行固守，并力争与马超结成同盟。

　　最后，周瑜又把视线拉回了荆州："瑜还与将军据襄阳以蹙操，北方可图也。"到那时，我回军与将军一起攻占襄阳，进逼曹操，这样就完全有可能进取北方了。

仔细看，周瑜的这套"取蜀策"简直就是"隆中对"的翻版。"俱进取蜀"的目的无疑是"跨有荆、益"，"因留奋威固守其地，好与马超结援"对应着"隆中对"中的"保其岩阻，西和诸戎"，"据襄阳以蹙操"对应着"隆中对"中的"命一上将将荆州之军以向宛、洛"，而"北方可图"则意味着"霸业可成"。

很显然，周瑜在取得长江中游的江陵之后，已经在认真谋划如何进军长江上游了。可是，这与刘备"求都督荆州"以及鲁肃"劝权借之"又有什么关系呢？

实际上，周瑜之所以此时提出"取蜀策"，目的之一就是要阻止刘备"都督荆州"。鲁肃不是担心曹操"威力实重"吗，如果我们把荆州和益州乃至关中加在一起，还怕曹操的威力吗？主公不是担心"恐备难卒制"吗，如果我们把襄阳都握在手中，被我们层层包裹的刘备还怕难制吗？一句话，想保住存量，必须做大增量。

事实上，周瑜话虽不多，但思考相当周密。

从时机上看，周瑜敏锐地把握了曹操新败这一时间窗口，也就是说，在取蜀的这段时间内，曹操是不会对东吴构成严重威胁的。

从目标上看，周瑜始终没有偏离重点。取蜀是为了联合西方势力从侧翼对曹操构成威胁，但真正的重点还是以襄阳为据点来逐鹿中原。

从部署上看，周瑜不仅规划了一个取蜀、守蜀、据襄的完整军事闭环，而且对于具体的人员安排都有周到的考虑。表面看，孙瑜同行是为了增加取蜀力量，实际上却是为了消除孙权疑虑。

赤壁之战前，孙权同时任命周瑜和程普分别担任左、右都督。孙权这样做的目的，可能是想通过这种新老组合建好班子，同时这一安排也或多或少存在一定的制衡考虑。如今，自己主动提出让孙瑜同行，并且承诺成功取蜀后自己迅速回军，孙权还能有什么不放心的呢？

取蜀，既可以扩大地盘，又可以保有江陵，还可以圈住刘备，甚至可以进取北方，面对如此一举多得的计划，孙权有什么理由拒绝呢？

江陵江夏

得到孙权的首肯之后，周瑜就迅速踏上了返回江陵的快船。一旦回到江陵，大军将立即开拔，到那时，拔掉的将不仅是刘璋的地盘，还有刘备的妄想。

然而，历史并没有给周瑜机会。当船只行进到巴丘（今湖南岳阳）之时，三十六岁的周瑜走到了生命最后的时刻。

弥留之际，周瑜用书信向主公孙权一诉衷肠。首先，周瑜表达了自己的遗憾："人生有死，修命短矣，成不足惜，但恨微志未展，不复奉教命耳。"随后，周瑜表达了自己的忧虑："方今曹公在北，疆场未静，刘备寄寓，有似养虎，天下之事未知终始，此朝士旰食之秋，至尊垂虑之日也。"最后，周瑜向孙权推荐鲁肃接替自己："鲁肃忠烈，临事不苟，可以代瑜。人之将死，其言也善。倘或客采，瑜死不朽矣。"

看得出，周瑜是忧虑和不舍的，毕竟东吴的宏图霸业才刚刚开始，毕竟荆州前有豺狼后又猛虎。同样看得出，周瑜是大度和释然的，虽然鲁肃主张借荆州，但接替自己的除了鲁肃还能有谁？毕竟鲁肃也是为了东吴考虑。

周瑜去世后，孙权任命鲁肃为奋武校尉，掌管了周瑜以前的部队；同时，让程普领南郡太守，接管了周瑜以前的地盘。孙权的这一安排，隐约暴露出了他的矛盾心态，周瑜的人马是不可能听程普调遣的，江陵这块地盘也是不能交到主张出借的鲁肃的手中的，要想管好人、守住门，只能一分为二地折中处理。

然而，孙权的这一安排并没有持续多久。就在建安十五年当年，孙权就将江陵所在的南郡交到了刘备手中，而程普则重新做回了江夏太守。与此同时，孙权从长沙郡中分出了汉昌郡，鲁肃成了汉昌太守。

表面看，在这场旷日持久、予取予求的博弈中，刘备一方是最大的赢家，从最初的"英雄无用武之地"到驻军南岸经营公安，再到求得江陵都督荆州，的确是赚得盆满钵满。反观孙权一方，赤壁抗曹吴军是主力，夺取江陵吴军还是主力，但千辛万苦、打来打去，荆州还是被刘备"借"了去，这样看来，孙权不止搭进去了一个大龄妹妹，而且为他人做了嫁衣裳。

可是，孙权就真的这样傻吗？

当然不是！实际上，"借荆州"是在孙权一方反复权衡后作出的决定。

首先，周瑜去世后，江陵对于孙吴的价值已经大大降低。按照周瑜的规划，江陵既是西取巴蜀的基地，也是北占襄阳的跳板，同时还可以把刘备这只"蛟龙"压制在南岸这个"池中"，因此相当重要。然而，随着周瑜的病逝，江陵不仅在北上、西进、南压等方面的作用大打折扣，甚至自身的安危都成了问题。此时，曹军驻守襄阳的是以"胆烈"著称并且"无坚不陷"的折冲将军乐进，而江陵的背后的公安则是刘备和他手下关羽、张飞等"万人之敌"，少了"万人之英"周瑜的"文武筹略"，江陵显得十分孱弱。

其次，赤壁之战后，整个长江防线都需要重新评估。打赢赤壁之战后，孙吴采取了两面进攻的策略，一方面周瑜率军沿江而上夺取江陵，另一方面孙权率军顺江而下攻击合肥，这一做法的目的都是要把曹操的势力赶出长江，实现御敌于江北的目的。

然而，随着曹操于建安十四年（公元209年）七月"自涡入淮，出肥水，军合肥"，以及周瑜在建安十五年的意外早逝，东吴不仅很难御敌于江表，甚至连两线作战的部署也变得不切实际了。此时，按鲁肃的建议把自身"恩信未洽"的江陵交到刘备手中，不仅仅是"多操之敌"的问题，而且可以避免自身两线作战的困局。并且，按照鲁肃的说法，江陵也只是"借"而不是送，日后一旦腾出手来，完全有理由再来索回。

最后，在整场博弈中，孙吴绝非一无所获。你看，夺得江陵后，程普不就"拜禅将军，领江夏太守，治沙羡，食四县"了吗，如今借出江陵，孙权"复以程普领江夏太守"，这就表明，至少江夏的部分地盘已经从原江夏太守刘琦治下到了孙权手中，并且这一行为得到了刘备的认可。

联系前后发生的相关事件，孙吴取得江夏的过程应该是这样的。在吴军从夏口逆流而上抵御曹军的过程中，吴军开始在江夏郡的长江南岸地区进行重点布防；赤壁之战后，为了扩大战果、夺取江陵，吴军进一步深入并完全占据了江夏郡的长江南岸地区；当刘备表奏刘琦为荆州刺史并借此名义占据荆南四郡时，孙权则乘势任命程普为江夏太守，孙刘双方实际上进行了一次交易；此后，荆州刺史刘琦虽不再兼任江夏太守，但仍驻防夏口，掌握江夏郡的江北地区。

此外，从之后孙权派遣孙瑜进驻夏口，准备西进取蜀，但刘备"不听军过"这一情况来看，江夏郡的江北地区在刘琦去世后似乎仍掌握在刘备一方。

事实上，将长江北岸的荆州地区交给刘备防守，符合孙吴增加缓冲、收缩战线的总体策略。而在主动让出江北的同时，孙吴则加强了长江南岸的防御，否则孙吴完全没必要从豫章郡中分出一个番阳郡、从长沙郡中分出一个汉昌郡来。

此后，孙吴方面于建安二十年（公元215年）通过与刘备讲和，完全取得了江夏郡，孙吴随后对之进行了重点经营。在长江北岸，孙吴于汉水与长江交汇处的鲁山上修筑了城垒，使其成为抵御曹操的前沿。到了黄初二年（公元221年），从关羽手中夺回江陵的孙权，更是将都城放在了鲁山城对岸的鄂县（今湖北鄂州），并且改"鄂"为"武昌"，寓"以武而昌"之意。同时，孙权"以武昌、下雉、寻阳、阳新、柴桑、沙羡六县为武昌郡"。由此，武昌登上了历史的舞台。

综上所述，实际上这是一次各取所需、双方受益的交易。通过"借荆州"，孙权在给出馅饼的同时也甩出了包袱，强化了江淮却并没有弱化江夏。由此，鼎足三分的格局雏形渐现。

据载，当孙权大方出借江陵、"以土地业备"的消息传到北方，正在作书的曹操，"落笔于地"。曹操明白，自己短期内在荆州是无机可乘了。

后来，刘备从投奔过来的庞统那里获取了更多关于东吴方面的信息。

作为周瑜身边的功曹，庞统对当时的来龙去脉都甚为熟悉，因而当刘备询问起这件往事时，便一五一十地告诉了刘备。

一旦传闻和猜测得到确证，刘备不由得后怕起来：那时候情况危急，因为有求于人，所以不得不去，没想到差点落到周瑜手中！"天下智谋之士，所见略同耳"，那时孔明先生力劝我不要去，我却一意孤行，担忧的就是这种情况。不过，我认为孙权主要是防范北面的曹操，需要依赖我为强援，故而决意前往。现在看来，这真是一次冒险之旅，"非万全之计也"。

好一个"所见略同"！看来，对于当时的形势，刘备、孙权、周瑜、鲁肃、诸葛亮等英雄们都有着相似的认识。最终，不管是主观原因，还是客观因素，大家还是达成了暂时的妥协与平衡。

同样，英雄们所见略同的还不止于此。他们共同所见的，还有一个地方：益州。

第十章

合肥

曾经默默无闻，
却为何忽然举足轻重？

在《三国志·吴书·吴主传》中有这样一段话，记述了江东方面在赤壁以外的军事行动："权自率众围合肥，使张昭攻九江之当涂。昭兵不利，权攻城逾月不能下。"就是说，除周瑜、程普、鲁肃等一干将领在长江上游的荆州境内抵御曹军主力外，孙权和张昭也在长江下游的扬州境内发动了攻击。

乍一看，孙权和张昭出兵的主要目的是分担周瑜在主战场的压力，大多数史学家也持这一看法。但稍稍深入一些，事情就有些不同了。

首先，这一行动与孙权之前的谋划不尽相同。战前，孙权曾对即将出征的周瑜说："卿能办之者诚快，邂逅不如意，便还就孤，孤当与孟德决之。"按照这一说法，孙权应该继续坐镇柴桑，持续充当周瑜的坚强后盾，以防备战事失利可能出现的危局。

可是，周瑜当时的行动方向是溯江而上，而孙权与张昭的行动方向却是顺江而下，两股力量不是越走越近，而是越走越远了。要知道，那时合肥与当涂同属于扬州的九江郡，而那时的九江郡并非现在的江西省九江市一带，当涂也并非现在安徽马鞍山市的当涂县，它们真正的地理位置是在如今的安徽省北部。汉末时九江属于扬州最北边的一个郡，西北与豫州交界、东北与徐州相邻，如今它同样处于苏豫皖三省的交界处。要知道，柴桑到合肥仅仅直线距离就有三百多公里，这一距离不仅比柴桑到赤壁的距离要远，距离江陵更是千里之遥，如果其中一个方向出现危险，另一个方向上的部队连救援的时间都没有。

赤壁之战发生在建安十三年十二月，孙权进攻合肥也发生在这一年的十二月。巧合的是这一年是闰年，并且刚好闰十二月。可就算赤壁之战发生在前一个十二月，围攻合肥发生在后一个十二月，也就是说，这两场战事不是同时发生而是依次发生的，孙权的这一举动也令人诧异，毕竟二者相去千里。

那么，孙权和张昭为什么要在长江下游、靠近淮河的区域发动攻击呢？并且，为什么孙权对合肥还要围城百余日、"攻城逾月"呢？仅仅是侧翼配合，有这个必要吗？合肥真值得孙权如此用力吗？

仅仅孙权重视合肥也就罢了，同样值得注意的是，赤壁之战后曹操竟然也到了合肥一带，并且一待就接近一年，而就在这一时段，曹军丧失了荆州重镇江陵。那么，合肥到底有什么重大价值，值得曹操舍江陵而趋之呢？

江淮重地

对于孙权在建安十三年十二月对合肥的那次围攻，《三国志·魏书·刘馥传》如此记载："孙权率十万众攻围合肥城百余日。"

"率十万众"基本不可能，因为当时东吴方面的总兵力都到不了十万，其中至少有三万人在进攻江陵，怎么可能突然冒出那么多人？不过，虽然没有十万人马，二三万人总还是有的，说不定还可能有四五万人。赤壁之战前，周瑜曾经向孙权请求五万人马，这证明东吴方面短期内能调往前线的至少有五万人，加上防守吴郡、会稽等江东各地的人马，估计至少也有六七万。赤壁之战后，孙权对后方江东无任何顾虑，要真想倾巢而出，调动四五万人马也不是不可能。一句话，虽然"率十万众"有水分，但此次围攻合肥的吴军仍不少。另外，"攻围合肥城百余日"这句话应该假不了。

人马不少、时间不短，都表明了一点：孙权对这次围城相当上心，绝不是虚张声势。而孙权在围城中的表现，进一步印证了这一点，看到久攻未克，孙权甚至"率轻骑将往突敌"，领着轻骑兵就准备亲自上阵了。

后来，拦下孙权这一冲动做法的是随同征讨的长史张纮。为此，张纮摆事实、讲道理、作比较，颇费了一番口舌。

首先，熟稔经典的张纮搬出了一个大道理："夫兵者凶器，战者危事也。"兵器就是凶器，战事就是危事。《孙子兵法》的第一句就是"兵者，国之大事，死生之地，存亡之道，不可不察也"，张纮之所以先通俗地把这句话说出来，就是想告诉孙权，你现在违背的是最基本的军事准则。

随后，张纮讲明了孙权这一行为的严重影响："今麾下恃盛壮之气，忽强暴之虏，三军之众，莫不寒心。"如今将军您仗着年轻气盛，轻视强大而暴虐的敌人，搞得三军将士都胆战心寒，人人都为您捏着一把汗。言下之意，你的行为关乎的不止你自己，还有全军，你要对这一切负责。

紧接着，张纮对孙权亲自出马的预期成果进行了预测和评级："虽斩将搴旗，威震敌场，此乃偏将之任，非主将之宜也。"就算你斩将夺旗、威震疆场，也只不过干了一个偏将该干的事情，根本不是主将应该干的事情。言外之意，主将有主将该干的事。

最后，张纮谏言："愿抑贲、育之勇，怀霸王之计。"希望您能抑制自己像周朝勇士孟贲、东汉勇士夏育那样的勇力，而胸怀争霸天下的王者谋略。言下之意，好钢应该用在刀刃上，真本事应该使在争霸上。

这番话虽不长，但问题却分析得十分透彻，对于张纮的建议，孙权欣然接受。没多久，听说敌方援军即将抵达，孙权便悄然撤围而去。

张纮的话是管用，但有效期却有限。到了第二年，想到自己无功而返的那次围攻，孙权又摩拳擦掌地要第二次发起对合肥的进攻了。这一次，张纮少不了又是一番规劝。什么应该选择时机、"贵于时动"，应该发展经济、"广开播殖"，应该培养人才、"任贤使能"，应该与民休息、"务崇宽惠"，张纮自是一番苦口婆心。就这样，好说歹说，才让孙权打消了念头。

久攻不下就准备亲自出马，初次进攻不成紧接着就准备再攻，看来孙权是真心放不下合肥啊！可是，合肥到底有什么让孙权心心念念的价值呢？

合肥地处长江与淮河之间，因为施水在此合于肥水，故名为"合肥"。当然，这只是一个概括性的说法，仔细考证，合肥的来历还有更多故事。

其实施水和肥水原本并不相合，只是在另一条叫作夏水的小河暴涨时才将二者汇合到一起。到了春秋时代，楚庄王因为晋楚争霸以及北上会盟"问鼎中原"的需要，命人开凿了巢肥运河，沟通巢湖和肥水，这样才把施水和肥水真正连到了一起。

经过运河这样一连，合肥的地位就凸显出来了。从合肥出发，通过肥水和芍陂向北，很快就可以进入淮水；经淮水向西，可以通过颍水可以直抵许都；经淮水向东，既可以通过涡水向西北抵达谯县，也可以通过泗水向东北抵达徐州首府下邳。同样，从合肥出发，通过施水向南，经过巢湖和濡须水，就可以直抵长江下游的江东各地。

实际上，合肥不仅水上交通四通八达，陆路交通同样十分重要。合肥的西北方向是作为大别山余脉的江淮丘陵，从长江流域的扬州到中原腹地的豫州必须要经过江淮丘陵的蜂腰地带将军岭，而合肥正好卡在这一狭窄通道上。同时，从合肥沿陆路向东，可以直抵长江北岸的历阳，渡过长江就可以直抵江东腹地；而从合肥沿陆路向南，就可以到达长江北面有"中流天堑"之称的皖城（今安徽安庆市），这里既可以向西抵达柴桑、夏口，也可以向东进抵江东各地。

总而言之，合肥所连接的水陆通道是南北交通中最重要的通道。

治平时期，优越的地理条件使合肥成了一个商业都会。据司马迁在《史记·货殖列传》记载："合肥受南北潮（湖），皮革、鲍、木输会也。"时隔一个半世纪，东汉史学家班固在《汉书·地理志下》中，再次提及合肥："寿春、合肥受南北湖，皮革、鲍、木输，亦一都会也。"这些都表明，借助于巢湖和芍陂一南一北两个湖，合肥变成了皮革制品、水产品、木材等货物的集散地和转运中心。

到了战乱年代，优越的地理条件则使合肥成了兵家必争之地。这一次，孙权之所以"率十万众攻围合肥城百余日"，目的就是要发挥自身的水战优势，以合肥为跳板，为直击徐州、进逼豫州、逐鹿中原奠定基础。

围城伊始，连老天都站在孙权这边，连日的大雨淋得城墙都开始坍塌了。可令孙权没想到的是，城中的士兵很快就用大量的草席草垫盖住了城墙，并且通宵点燃鱼脂油监视城外，根据吴军的动向做相应的准备。如此看来，合肥的备战工作不可谓不充分。相持多日之后，急得孙权只剩下发狠要"率轻骑将往突敌"的份儿了。

实际上，如果孙权的进攻早十年，他遭遇的就不是固若金汤的合肥，而是不堪一击或者空空如也的合肥了。可是，就在八年前，也就是孙权接替遇刺的哥哥孙策执掌江东的那一年，孙策手下的庐江太守李述攻杀了扬州刺史严象，危急时刻，曹操上表朝廷任命正在司徒府担任掾属的刘馥接任了扬州刺史。

曹操之所以派刘馥到扬州，一则刘馥的家乡在沛国相县，距离曹操的老家谯县不远，刘馥也算是曹操的核心班底谯沛集团的成员；二则刘馥早年曾在扬州避乱，对扬州的情况颇为熟悉；三则当年刘馥投奔曹操时还曾经说服了袁术的部将戚寄、秦翊一起归附，其素质能力可见一斑。

刘馥接到任命后，并没有把自己的治所安在之前的历阳，也没有把治所定在诸如寿春这样更知名的地方，而是只身匹马来到了合肥这座残破不堪的空城，出人意料地在这里建立了州治所。

要说刘馥还真是有一套。来到合肥没多久，他就招抚了雷绪等在扬州境内搞割据的地方势力，使他们"皆安集之，贡献相继"，随之曹操控制下的扬州便逐渐安稳下来。在此基础上，刘馥广施仁政、"恩化大行"，使得"百姓乐其政，流民越江山而归者以万数"。有了人口的聚集，刘馥又利用合肥优越的地理条件，"聚诸生，立学校，广屯田，兴治芍陂及茄陂、七门、吴塘诸堨以溉稻田"，开始了大规模的经济社会建设，实现了"官民有畜"，州富民足。在发展经济的同时，刘馥"又高为城垒，多积木石，编作草苫数千万枚，益贮鱼膏数千斛，为战守备"，使合肥变成了一个军事堡垒。孙权围攻合肥时，看到的那些用来对付他的草席草垫和鱼脂油，就是刘馥这一时期置办的。

充足的人力储备、雄厚的经济实力、团结的民心士气、坚固的城防壁垒，这才使合肥扛住了孙权数万人马的持续围攻。实际上，孙权很可能对合肥的发展也有所了解，不然的话他也不会调集如此多的人马来攻打它。并且，当孙权攻打合肥时，刘馥刚离世不久，与其说这是一种巧合，毋宁说这是孙权闻讯之后的一次投机。

就这样，之前寂寂无闻的合肥以坚挺的姿态登上了汉末三国的舞台。

谯县归零

孙权重视合肥，曹操也同样没有忽略它。闻知合肥被围的消息后，曹操立刻认识到了问题的严重性，别说许都了，就算是谯县，曹操也丢不起，那可是自己和众多"亲旧肺腑"的家乡啊！孙权，这是要直插我腹心的节奏啊！

可是，当时曹军主力远在荆州，一则远水解不了近渴，二则赤壁战事正酣，三则营中大规模遭遇瘟疫，权衡之下，曹操派将军张喜带着一千名骑兵前往救援。虽然张喜带去的人马有限，但曹操却给张喜支了一招，让他路过汝南时征召当地人马参加救援，以此增强力量，壮大队伍。然而，即使这样，张喜依旧显得捉襟见肘，同时军队中也染上了疾疫，能不能及时赶到是一个问题，赶到了人手够不够更是个问题，就算数量够战斗力恐怕又是一个问题，这可真叫人忧心。

不过，当张喜赶到时，所有的问题都已经不是问题了。为什么？因为孙权已经自行撤退了。

怎么就自己撤了呢？

因为孙权截获了一封书信。

眼见援军迟迟未到、合肥岌岌可危，寿春城中一个名叫蒋济的别驾向扬州刺史提出了一条计策：给合肥写一封书信。

信中，刺史告诉驻守合肥的官员，自己已经收到了张喜的来信，得到确切消息，张喜所率领的四万步骑兵已经到达距离合肥四五百里的雩娄，同时自己也已经派主簿前去迎接张喜，胜利的曙光已经不远了。

不久，携带着同样书信的三名使者冒着被敌人截获的风险，企图越过敌人的包围圈将这一至关重要的情报送入城中。毫无意外，他们中的有些人失败了，三名使者只有一名顺利冲入了城中，其余两名信使则成了孙权的俘虏。一如预期，获知这一信息后，孙权便烧毁了围城的各类设施，迅速南撤。

如果说，一开始曹操对于孙权在合肥发动的围攻还有些被动和无奈的话，那没多久，他就变被动为主动，准备在江淮一带搞出些大动作了。

建安十四年（公元 209 年）三月，曹操率领大军来到了合肥西北方向的谯县。在这里，曹操"作轻舟，治水军"，建立了一支规模不小的水军。到了七月，曹操更是率领着这支水军，顺涡水而下进入淮河，又从淮河转入肥水，将队伍屯驻在了合肥。

当时，曹操的次子曹丕也在这支东征的队伍中，并且还专门作了一首《浮淮赋》。对于这次出征的盛况，曹丕不仅在正文中用"浮飞舟之万艘兮，建干将之铦戈""众帆张，群櫂起，争先遂进"进行描述，而且在序中用"大兴水运，泛舟万艘"作了交代，在感叹队伍"赫哉盛矣"的同时，曹丕甚至将这次东征与汉武帝的"盛唐之狩"作对比，认为"舳舻千里，殆不过也"。

据《汉书·武帝纪》记载，汉武帝元封五年（公元前 106 年），汉武帝来到南郡的盛唐这个地方，望祭虞舜于九嶷山，然后自寻阳（今湖北黄梅县西南）过长江，登庐山，北至琅琊（今山东诸城），增封泰山后，沿海而行。汉武帝的这次南巡，规模很大，故事不少。当他"自寻阳浮江"时，曾经"亲射蛟江中"，并"获之"。而当他看到"舳舻千里，薄枞阳而出"时，更是"作《盛唐枞阳之歌》"，一副豪情满怀的状态。

汉武帝当年巡行的盛唐和枞阳都在扬州境内，距离合肥不远。此时，曹丕将二者作比，至少显示了两点：其一，在短短四个月内能够"泛舟万艘"，表明经过赤壁之战的曹操已经高度重视水军建设了，不再是一年前"作玄武池以肄舟师"那种醉翁之意不在酒的做法了。其二，经过这段时间的休整和建设，曹操和曹军都已经走出了赤壁之战的阴霾，变得意气风发，士气高涨。

按照这种架势和气势，曹操似乎要失之东隅，收之桑榆，即将在长江下游地区对东吴发动一场规模不小的攻击了。然而，就在大军抵达合肥不久的七月十一日，曹操却出人意料地颁布了一道名为《存恤吏士家室令》的教令。

令中，曹操首先回顾了自天下大乱、自己创业起兵以来，因官吏士兵死亡对家庭和社会所带来的影响："自顷已来，军数征行，或遇疫气，吏士死亡不归，家室怨旷，百姓流离。"就是说，大军多次出征，有时还遇到传染病，弄得官吏士兵死而不归，夫妻长期分离，百姓流离失所。

随后，曹操自问自答，解释了造成这种状况的原因："而仁者岂乐之哉？不得已也。"哪个仁爱之人喜欢这种情形？都是不得已啊！

接着，曹操发布了优抚政策："其令死者家无基业不能自存者，县官勿绝廪，长吏存恤抚循。"死者家里没有产业不能养活自己的，县里不能停止发给他们口粮；不仅不能停，官吏还要经常对他们进行慰问救济。

最后，曹操还专门说了一句："以称吾意。"

怎么回事？大军不是"赫哉盛矣"吗，将士们不是"众帆张，群棹起，争先遂进"吗，为什么气势汹汹、耀武扬威地把队伍拉到了对敌前线，如今却方向一转，把讨敌檄文变成安民教令了？

实际上，与当年的玄武池练兵类似，曹操这次出征同样醉翁之意不在酒。借着这股士气，他真正的目的还是要抚平赤壁之战带来的创伤。这一点，从令文中专门从众多死亡原因中专门提到"或遇疫气"就可以看出来。曹操不是天子，不可能下罪己诏，但赤壁之战他又的确负有不可推卸的责任，于是，只能以颁布教令的方式来表达歉意、自我辩解和提供补偿了。在这一过程中，曹操也开创了优抚军烈属的先河，之后为历代帝王英豪所效仿。

应该说，曹操在颁布教令的时机把握上可谓恰到好处。颁布早了，曹军还没缓过劲来，所说所做都未必可行可信；颁布晚了，无论大军继续东征还是原地休整，一旦联想起赤壁的惨败，士气都将有所下降，而对东征的焦虑却与日俱增。此时颁布教令，不仅为过往画上了一个句点，而且也为接下来的举措开辟了通道。

教令颁布前后，曹操展开了一系列动作。

一是迁徙淮南百姓。还在谯县时，曹操就与前来汇报的扬州别驾蒋济探讨过迁徙淮南百姓以避东吴侵扰劫掠的问题。当时，蒋济认为百姓安土重迁，一旦迁徙容易引发不安，因此不宜贸然而为。不过，曹操并没有听进蒋济的建议，还是实施了强迁。结果，"江淮间十余万众"，都跑了孙吴那边。对此，曹操倒并不沮丧，大笑着对专门"迎见"的蒋济说："本来想着让他们躲避敌人，没想到反而把他们赶到敌人那里去了。"随即，蒋济被任命为丹阳太守。曹操之所以毫无沮丧之态，并不是他豁达，而是因为无论这十余万众跑到了哪里，江淮间都已经实现了坚壁清野的目的，敌人都不可能就地补给了。

二是调整扬州官吏。史书上没有记载接替刘馥担任扬州刺史的是何人，但从此人在抵御孙权进攻时的作为看，显然是不能胜任的。为此，曹操让身边的丞相主簿温恢出任扬州刺史。丞相主簿是丞相府的大管家，能够将这样一位重臣外放，看得出曹操对扬州的重视程度。同时，已经担任了丹阳太守的蒋济也回到了州别驾的岗位上，对此，曹操还专门下令："季子为臣，吴宜有君。今君还州，吾无忧矣。"就是说，以前因为季札在吴国做臣子，《春秋》

才因此承认吴国应该有君主。如今您回到扬州任职，我就没有什么忧虑的了。曹操以这种方式，公开表示对蒋济的青睐和倚重，无疑对蒋济提供了很大的激励和支持。

三是开挖芍陂屯田。芍陂位于合肥的西北方，此前刘馥曾经"兴治芍陂"，如今曹操继续开挖它，无疑是为了扩大屯田的规模。实际上，据《三国志·魏书·仓慈传》记载："建安中，太祖开募屯田于淮南，以慈为绥集都尉。""建安"这一年号一共使用了二十五年，建安十四年无疑是"建安中"；芍陂无疑是"淮南"的一部分；"绥集都尉"又称典农校尉、屯田都尉，主管屯田事务。由此看来，之前令曹操"征伐四方，无运粮之劳"的屯田制度，开始在包括芍陂在内的淮南地区大规模推行了。

四是讨平地方叛乱。建安十四年十二月，曹操刚完成移民、置官、屯田这一系列部署，率军从合肥回到谯县，合肥西南方的潜县和六安就发生了陈兰、梅成领导的叛乱，加上之前一直不安分的雷绪，合肥以南的大片地区都陷入了混乱。为此，曹操迅速作出部署，夏侯渊征讨雷绪，张辽、张郃征讨陈兰，于禁、臧霸征讨梅成。平叛过程总体还算顺利，雷绪被夏侯渊击败后率众投刘备而去，梅成先伪降于禁，随后与陈兰一起退守到了潜县境内。

潜县有座天柱山，山势陡峭，仅高峻狭窄的山路就有二十余里，只能步行勉强通过，而陈兰等人就据守在山上。此时，面对众将"兵少道险，难用深入"的劝阻，张辽说了句："此所谓一与一，勇者得前耳。"这就是所谓的一对一单挑吧，狭路相逢勇者胜！就这样，张辽进军山下，旋即进攻，硬是斩杀了陈兰、梅成，把他们的全部手下都变成了俘虏。之后，在评定诸将功劳时，曹操对张辽大加赞赏，增封了他的食邑，授予了他假节的权力。

如果说，建安十四年的那次东征因为担心重蹈赤壁的覆辙而改弦更张的话，那么经过实施一系列措施和数年的积聚，合肥的经济和军事力量都得到了很大的增强，其作为曹军桥头堡的作用也愈发明显。于是，在之后的建安十八年（公元 213 年）正月、建安十九年（公元 214 年）七月、建安二十年（公元 215 年）八月、建安二十二年（公元 217 年）正月，曹操四次驻军合肥，越过巢湖，试图从濡须水进入长江，直攻东吴。不过，就在曹操增强合肥防御实力的同时，孙权也相应加强了阻遏曹军南下的相关部署，因此，双方几次较量都没有产生决定性的影响。

据载，曹操这几次出击，每次都会"临大江而叹"。曹操感叹什么，为什么感叹？一句话，"恨不早用陈元龙计，而令封豕养其爪牙"。

陈元龙，就是陈登，元龙是他的字；"封豕"，就是大猪，这里是对江东孙氏的蔑称。建安四年（公元 199 年）前后，"有吞灭江南之志"的伏波将军兼广陵太守陈登多次向曹操提出伐吴建议，但曹操却有心思无行动，最终错过了灭吴的最佳时间、最佳地点和最佳人选，不经意之间给了孙氏做大做强的机会。因此，曹操只能来一回感叹一回了。

南征并无胜果，但防御却不能有闪失。建安十九年（公元 214 年）十月，当曹操第三次征伐孙权准备返回中原之时，他觉得有必要留下一支七千人的中军来守卫合肥。可这支军队由谁领头呢？没错，就是几年前"登天山，履峻险，以取兰、成"的荡寇将军张辽。此外，还有乐进、李典等心腹将领。

不仅留下了良将，曹操还留下了良策。建安二十年（公元 215 年），当曹操即将讨伐张鲁时，他就专门给远在合肥的护军薛悌写了一封信，并且在信封上专门写了这样几个字："贼至，乃发。"等敌人来了，再打开它！

贼至乃发

建安二十年（公元 215 年）八月，薛悌接到曹操的信函没多久，就看到了城外的敌人。

与第一次进攻合肥相同，这次统率吴军的同样是孙权。趁曹操率军西征张鲁、无暇东顾的空当，孙权亲率十万大军包围合肥。为了这一天，他已经心痒了近七年。

看到遮天蔽日杀来的敌军，守卫合肥的张辽、乐进、李典、薛悌等将领想起了曹操留下的那道未打开的密令，密令的封套上写着"贼至，乃发"四个字。如今，不正是打开密令之时吗？于是，四将一同打开了密令。

密令的内容很简单，只有寥寥二十一个字："若孙权至者，张、李将军出战，乐将军守，护军勿得与战。"

这是曹操应对敌人进攻的排兵布阵，其中考虑到了每个人的性格特点：张辽、李典勇不可当，适合迎敌出战；乐进老成持重，适合固守城池；护军薛悌是个文官，不适合杀敌作战。看了密令，众将仍然犹豫不决，即使分工明确，一座孤城又怎么能抵挡得住十万雄兵？

好在张辽深谙曹操用兵之道，他对大家说："现在曹公远征在外，回救我们是不可能了。曹公密令中的意图是让我们趁敌人未完全合拢之时主动出击，挫伤他们的气势，安定众人的心志，然后才可以守住城池。成败在此一举，大家还有什么可犹豫的？"

此时，乐进和薛悌依旧保持沉默，只是不约而同地把头转向了李典。没错，接下来就看李典如何表态了，毕竟乐、薛二人的任务是守城，这一点没任何说的，昨天在守，今天在守，明天也要守，主公明确的是张、李共同进攻，现在张辽已经提出先攻后守的建议了，接下来就看李典的意见了。

可是，对于李典，张、乐、薛却着实没有把握。为什么？因为张辽与李典的矛盾不仅人尽皆知而且由来已久。当年，吕布进犯曹操的后院兖州，曹操派遣山阳郡大族领袖李乾回到家乡组织抵抗，结果吕布招降不成就杀了李乾。李典是李乾的侄子，张辽是吕布的手下，张辽的手上沾了李典亲人的血，如此大仇，你说李典能对张辽和颜悦色、称兄道弟吗？这次主公怎么能让他俩搞配合、搭班子呢？真让人捏一把汗！

"这是国家大事，只看你的计策如何，我怎么能因为私怨而忘掉公义呢？"李典的回应爽快直接，没有半点拖泥带水。

历史上的很多关键时刻，缺少的往往只是决绝的勇气。官渡之战如此，赤壁之战如此，这次的合肥之战同样如此。当天夜里，张辽招募了"敢从之士"八百人，杀牛宰羊犒赏他们。天一亮，张辽就身披重甲、手持长戟，一边喊着自己的名字，一边率先杀入了敌营，结果一连斩杀几十名敌兵和两名敌将，直接冲到了孙权的帅旗之下。

这一招果然有效。孙权千算万算也没有想到敌人会主动发起攻击，并且还杀到了自己身边，吓得他一时之间慌了手脚，仓促间逃到一个小山丘上，拿着长戟护住自己。看到敌将这副狼狈德行，张辽大声呵斥对方下来一战，可是孙权哪里敢应战。

随着周围的人马越聚越多，张辽率领的敢从之士逐渐被重重围住。这时，只见张辽左冲右突，挥戟向前，霎时冲开了一个缺口，几十名部下随着冲了出去。眼看张辽突围而去，余下的士兵大声高喊："将军要抛弃我们吗？"

危情时刻，张辽返身再次杀入重围，奋不顾身地救出了余下的士兵。看到这种情形，孙权的人马望风披靡，没有一个人敢上前阻挡他。

这场战斗从清晨一直持续到中午，直杀得吴军一点脾气也没有，硬生生从攻城者变成了防守者；相反，曹军却越战越奋，士气高昂。

包围合肥十余天，孙权不仅没占到任何便宜，反而吓出了一身冷汗。思前想后，孙权决定撤兵。然而，不撤则已，一撤就成了一场灾难。当大部分人马已经撤走，孙权和吕蒙、甘宁、凌统正在撤退时，张辽杀来了。慌忙之间，众将全力护卫孙权，甘宁"引弓射敌"，吕蒙"以死捍卫"，凌统"扶捍孙权出"。

即使这样，孙权骑马来到渡口的桥边时，还是遇到了意想不到的困难：桥上少了一丈有余的桥板！千钧一发之时，多亏身边一名近侍脑子灵活，让孙权抱紧马鞍，放松缰绳，然后从后面用鞭子猛抽马身，孙权的坐骑才一跃而起，跨过桥去。

这一仗打得很惨烈，偏将军陈武"奋命战死"，右都督凌统差点重伤而亡，就连孙权也差点丢了性命。事后，张辽询问东吴降卒："经常看到一个紫色胡须、身材上面长下面短、善于骑马射箭的将军，那人是谁?"降卒的回答令张辽懊悔不已，原来那个怪物就是孙权！早知道就玩命把他抓住了。

由于自身的轻敌大意，孙权不仅吃了败仗，还遭遇了一生中最大的危险，不过也意外地得到了一个称号：紫髯将军。

此后，孙权并没有放下合肥。之后的吴嘉禾二年（公元 233 年）、嘉禾三年（公元 234 年），孙权又两次亲自率军攻击合肥，而整个魏吴、晋吴对峙时期（公元 208 年至公元 280 年），吴军对于合肥方向的进攻更是多达十二次。

第十一章

建业

虎踞龙盘阻江流，
建功立业起仲谋。

建安十三年末至建安十四年初，随着孙权对合肥的进攻，他把自己的治所也从柴桑迁到了京口。柴桑位于长江中游，是江东的西大门，京口位于长江入海口，是江东的东北端，从中游到下游，从西端到东端，这次距离超过一千里的迁移，毫无疑问标志着东吴战略方向的转移。可是，为什么偏偏是京口呢？

京口即今江苏镇江。那时，滔滔长江水还没有冲积出一座名曰上海的城，高耸连绵的北固山则是长江入海的地标。北固山的北峰绵延伸入江中，而南峰则环抱着一片开阔的平地。所谓"京"就是高丘的意思，人们把南峰一带称之为京，取义为《尔雅》的"丘绝高曰京"，而"口"则指北固山北峰下的江口。

据日后的《南齐书·州郡志》记载，京口"水道入通吴会，孙权初镇之"。同时，该书这样描述京口地理位置的重要："因山为垒，望海临江，缘江为境，似河内郡，内镇优重。"的确，作为长江边的天然壁垒，望海临江的京口担负着守卫整个江东的重任。并且，京口的重要性还不止于此。

京口的正对面，就是中渎水（即邗沟）。当时，沟通南北的水路主要有三条，西面是从夏口到襄阳的汉水，中间是从芜湖到合肥的濡须水，东面是从广陵郡江都县通向淮河的中渎水。与其他两条河自北向南汇入长江不同，中渎水实际上是春秋时吴王夫差修建的一条运河，它受水于长江，向北汇入淮河。对孙权来说，中渎水是由江入淮最便利的通道，也是曹操可能选择的下一条攻击路线。因此，无论是攻是守，京口都相当重要。

实际上，京口并非"孙权初镇之"，早在孙策"渡江转斗"时，就曾经让将军孙河领兵屯驻于京口。到了建安九年（公元 204 年），孙河被孙翊的部下妫览、戴员所杀，他的侄子孙韶挺身而出，"缮治京城，起楼橹，修器备以御敌"。应该说，早在孙权"初镇"之前，这里就已经是孙吴的重要据点了。

如此看来，既然京口位置重要，又有一定防御基础，这里想必应是孙权建功立业的好地方了。然而，不到三年，孙权又把治所移到了京口上游的秣陵，并且将其改名为"建业"。

从此，京口再难觅得孙仲谋处，而建业则开启了作为六朝金粉的辉煌。

石头城

当初，孙权之所以把治所从吴郡移到柴桑，是因为吴郡远离长江中游，面对曹军南下，为了"观望成败"、相机而动，必须凑到荆州近前。后来，随着战略重点转向长江下游，为了北取淮、扬，南保吴、会，移治京口成了自然而然的选择。

然而，当孙权真正屯驻在京口后，他就发现了其中的弊端。因为靠近长江入海口，京口一带风高浪急，并不便于船只航行和停泊。同时，京口位置太偏长江下游，虽说守卫江东腹地就近就便，但如果荆州一带出现情况，就显得鞭长莫及了。此外，从形势上看，曹军也并无从中渎水南下的明显迹象，相反，对手从濡须水南下的可能性却越来越大。有鉴于此，孙权开始寻找新的理想之选。

最终，内外部的建议影响了孙权的决策。

内部提出建议的，是曾经向孙策提出"荆扬策"的张纮。

"秣陵，楚武王所置，名为金陵。"一上来，张纮先向孙权讲起了秣陵的历史，言下之意，帝王建设这里是有历史先例的。虽然此处的楚武王实为楚威王之误，因为楚武王时楚国还没有占领长江下游的这一地区。但早在公元前333年，消灭了越国的楚威王熊商，就想以长江天堑为屏障图谋天下，于是在石头城修筑金陵邑，金陵之名由此而来。

关于金陵的由来，宋代的《太平御览》中还有更加有意思的记载："昔楚威王见此有王气，因埋金以镇之，故曰'金陵'。"既然此地已有王者之气，再去"埋金"岂非画蛇添足，因此这种说法八成是杜撰出来的。笔者认为，"金陵"的由来，十有八九与此地多金有关。古代的"金"并非专指黄金，而是泛指各类金属。实际上，今天南京东北的钟山，又名紫金山，而据《舆地志》记载，其"古曰金陵山，县之名因此山立"，而此山之所以称金陵，就是因为山顶上的岩石泛紫色，类赤，其名因山石颜色而来。公元前495年前后，吴王夫差就曾在附近修筑了冶城，建设了一座大规模的冶炼作坊，目的就是利用这里丰富的铜、锡、铝等矿产资源，铸造青铜兵器。

如果继续往前追溯，秣陵的建城史比这还要久远。早在公元前1100年前的西周时期，这里就是吴国第五代君主周章的封地；到了公元前571年，楚国在此设置了棠邑大夫，从此这里有了地方建置，也是建城的开始；公元前541年，吴国又在这里建了濑渚邑，因城池坚固，又名固城；公元前473年，越灭吴，又在附近修筑了越城。

张纮之所以没有如笔者这般啰嗦这么多，而仅仅点出楚王置金陵，目的在于接着引出关于金陵的一段传奇往事："地势冈阜连石头，访问故老，云昔秦始皇东巡会稽经此县，望气者云金陵地形有王者都邑之气，故掘断连冈，改名秣陵。"就是说，这里山冈连绵起伏、层峦叠嶂，过去秦始皇东巡会稽经过这里，听到观云气测吉凶的望气者说金陵有王者都邑之气，就掘断了连绵的山川，并将金陵改名为秣陵，意在断了此处的祥瑞之气。

毫无疑问，张纮的这段描述，对孙权有着巨大的吸引力。

曹、刘、孙三者对比，曹操的政治合法性是"奉天子以令不臣"，刘备的政治合法性是"帝室之胄"，而孙权的政治合法性则只能在江东这片土地上做文章，金陵的"王者都邑之气"无疑是加分项。当初，周瑜在劝鲁肃效力孙权时，曾经用"吾闻先哲秘论，承运代刘氏者，必兴于东南"这样的秘论谶语来打动他。如今，张纮从历史中找依据，直接把"必兴于东南"具体到了金陵这个都邑上，一方面是对"必兴于东南"的佐证和强化，另一方面则大大增强了金陵被选择的可能性。

同时，鉴于曹操已经把进攻重点放在了中线，即：自合肥，越巢湖，顺濡须水南下，从既防东线中渎水又防中线濡须水的角度考虑，秣陵都是不错的选择。更别说秣陵富含矿产，是个天然的兵工厂了。就这样，孙权有些心动了。

外部影响孙权决策的，是盟友刘备和诸葛亮。

当刘备到京口"求都督荆州"时，他就明确建议孙权把治所迁到秣陵。而当诸葛亮出使京口，路过秣陵时，则在观察该处山阜后，忍不住感叹："钟山龙盘，石头虎踞，此帝王之宅。"

东面的钟山形似龙蟠，西面的石头山形似虎踞，按照四象和风水的观点，东为青龙，西为白虎，帝王之宅就是要安在这样虎踞龙盘的地方。于是，孙权在听取了内外部意见后，于建安十六年（公元 211 年）将治所移到了秣陵。第二年，孙权在石头山旁修筑了石头城，将秣陵改名为建业，准备在此建功立业了。

顺便说一句，现在去南京，可以看到两条纵贯城市南北的主干道，西面的那条叫虎踞路，东面的那条叫龙蟠路。

濡须坞

刚确定完新的治理中心，孙权就面临着另一件要决策的大事。

建安十七年（公元212年）正月，曹操让手下阮瑀替自己给孙权写了一封长信。与赤壁之战前曹操那封咄咄逼人的短信不同，这封长信开头先打感情牌："离绝以来，于今三年，无一日而忘前好，亦犹姻媾之义，恩情已深，违异之恨，中间尚浅也。"就是说，自从建安十三年咱们中断联系后，到现在已经三年多了，这三年我没有一天不想着我们从前的好，实际上我们联姻的恩情是很深的，而彼此的冤仇是很浅的。

很明显，曹操在套近乎，但信中所说的"前好""姻媾""恩情"却并非虚言。实际上，早在建安五年（公元200年）前后，曹孙两家人就结下了两份亲，一方面曹操把自己的侄女、曹仁之女嫁给孙策的四弟孙匡，另一方面曹操又为儿子曹彰娶了孙策堂兄孙贲的女儿。这种联姻，表面上说是"秦晋之好"，实际上更像是互换人质，彼此制约。这一招，曹操不厌其烦地使用，他的儿子曹均娶了张绣的女儿，儿子曹整娶了袁谭的女儿，后来，曹操甚至把自己的三个女儿组团嫁给了汉献帝刘协。孙权能把妹妹嫁给刘备，估计也是照葫芦画瓢，有样学样。

对于这段"前好"，曹操如此总结："孤与将军，恩如骨肉，割授江南。"咱们打断骨头连着筋，我可是把江南都"割授"给你了。

套完近乎，曹操聊起了彼此"离绝"的原因。第一个原因："仁君年壮气盛，绪信所壁，既惧患至，兼怀忿恨。"估计是您年轻气盛，听信佞言，既怕又恨。第二个原因："刘备相扇扬，事结衅连，"都是刘备鼓动挑唆惹的祸。

有意思的是，曹操在信中虽然把责任归咎于孙权，但却十分客气地称呼孙权为"仁君"。按理说，称呼为"君"就已经算尊重了，再加个"仁"字，真有些殷勤备至了。并且，曹操紧接着就得出结论："想畅本心，不愿于此也。"估计按照您的本心是不想搞到兵戎相见的地步的。

既然"离绝"不是孙权的本心，那么曹操也应该释怀。于是，曹操开始反思自己："怀惭反侧，常思除弃小事，更申前好，二族俱荣，流祚后嗣，以明雅素，"我始终心怀惭怍、辗转反侧，一直想摈弃前嫌，重申旧好，如此曹、孙两族都繁荣昌盛，子子孙孙受益无穷。

表达完自己的意图，曹操开始聊那无法回避的两场失败了："昔赤壁之役，遭离疫气，烧船自还，以避恶地，非周瑜水军所能抑挫也。江陵之守，物尽谷殚，无所复据，徒民还师，又非瑜之所能败也。"赤壁战败，是因为疫病流行，我自己烧船撤还；放弃江陵，是因为物尽粮绝，我自己移民还师。这两场败仗，都不是因为周瑜。

聊完在荆州发生的两场仗，曹操说了句"荆土本非己分，我尽与君"，荆州本来就不是我的，都给你。

缠缠绵绵地聊完上面这些，曹操开始往棉花里放针了："往年在谯，新造舟船，取足自载，以至九江，贵欲观湖漅之形，定江滨之民耳，非有深入攻战之计。"前些年我驻军合肥，是想考察一下巢湖的地形地貌，安定一下江滨百姓，并没有进攻的打算。

话锋一转，曹操说道："以君之明，观孤术数，量君所据，相计土地，岂势少力乏，不能远举，割江之表，宴安而已哉？"以你的聪明，看看我的手段，再掂量掂量你的实力，我是因为势力不行、实力不足才不去打你吗？我会通过割弃江北之地来求安稳吗？此时，随着"仁君"变成了"君"，曹操开始露出了獠牙。

展示了自己的"硬"，曹操紧接着就谈到了孙权的"软"："夫水战千里，情巧万端，越为三军，吴曾不御，汉潜夏阳，魏豹不意，江河虽广，其长难卫也。"长江千里，任何一处都有可能被攻击。春秋时越国实力虽弱，但吴国难以防御；秦末时汉军偷渡夏阳，魏豹也无法预料。一句话，你别觉得广阔的江河是屏障，你防卫起来同样有难度。

引经据典、软硬兼施之后，曹操开出了孙权归顺的条件：要么抓住张昭，进攻刘备，以表忠心（内取子布，外击刘备，以效赤心），要么只擒住刘备也可以（但禽刘备，亦足为效）。

很明显，这是曹操先礼后兵的一步棋。你如果有心归降，那这封信就是招降书；你如果故意顽抗，那这封信就是宣战书。对于这封信，孙权自然不敢等闲视之，投降是不可能的，只有开打了。

可是，一旦动武，这仗又该如何打呢？

对于曹操这封洋洋千言的长信，大多数文字孙权可以视而不见，但对"江河虽广，其长难卫"这八个字，孙权却必须正视。荆州已经借给刘备了，但从柴桑到京口也有上千里，虽说中间已经修筑了鲁山城、石头城等防御据点，依旧难以应对"情巧万端"的局势。

思来想去，孙权提出了在濡须口建立坞堡的想法。濡须口就是濡须水汇入长江的地方，由于濡须水两岸都是山地，既是吴军抵御曹军进攻的前哨站，又可以作为吴军进攻合肥的跳板。孙权选择这个地方，可谓颇具战略眼光。

然而，孙权刚提出建坞的想法，将领们就明确表示反对，他们说："上岸击贼，洗足上船，何用坞为？"我们是水军，抬腿上岸打击敌人，洗脚上船抵御对手，要坞堡有什么用？

的确，对于常年游弋于大江大河之中的人来说，战船就是他们的坞堡和铁骑，有了这个水上的"移动坞堡"，还要陆上的固定坞堡作什么？因此，将领们不感兴趣可以理解，孙权也不免打了退堂鼓。

就在这时，吕蒙站了出来："兵有利钝，战无百胜，如有邂逅，敌步骑蹙入，不暇及水，其得入船乎？"就是说，战场形势千变万化，谁也没有百战百胜的把握。一旦与敌人不期而遇，如果敌人的骑兵突然冲入，我军来不及赶到水边，上不了船，那怎么办？如此看来，我们不能光想着自己的水战优势，在陆地上还要有些凭借和依托才行。

吕蒙的这句话，不仅说服了众将，也打动了孙权。于是，位于合肥与建业之间的濡须坞建了起来。

春水生

这边孙权刚把濡须坞建好，那边曹操的武戏就登场了。建安十八年（213年）正月，曹操以数万兵力进军濡须口，孙权率吴军主力迎战，濡须水上的一场厮杀由此展开。

对于曹军来说，赤壁之战后的第一次主动出击进行得并不轻松。曹军以张辽和臧霸为前锋，结果一路行军一路大雨，这还不算，队伍刚到濡须口，江水就涨上来了，敌船也逐渐逼近，全军上下一片惶恐，连一向气壮的张辽都想打退堂鼓。

看到这种情形，臧霸说话了："公明于利钝，宁肯捐吾等邪？"曹公深明利害，难道会抛弃我们吗？

这句话坚定了张辽的信念，随即打消了撤退的念头。第二天，曹操下达了撤退的命令。

当然，这只是一次短暂的战术性撤退。不久，重新集结的曹军就攻陷了孙权的江西大营，俘获了都督公孙阳。随后，曹军又乘船占领了长江中的濡须洲。

陆上大营被拔，但孙权的水上优势还在。对于濡须洲上的曹军，孙权以水军发动了围攻。这次，孙权找回了面子，俘获曹军三千人，溺水而亡的也有几千人。

之后，曹操"坚守不出"，滚滚长江成了孙权一个人的舞台。

据说，有一次孙权亲自乘小船到曹军跟前一探虚实。曹军众将准备出击迎战，曹操却说："这肯定是孙权本人要来看看我军的军容部伍。"于是，便命令部队严阵以待，不得擅自行动。孙权在曹营前巡行了五六里，才调头返回，返回时还不忘"作鼓吹"，耀武扬威一番。

还有一种说法，孙权乘大船前来观军，曹操命令手下万箭齐发。结果，箭把船的一侧射得满满的，导致船身侧倾。于是，孙权命人调转船身，让另一侧受箭，直到"箭均船平"，才返回。这一种说法，后来在《三国演义》中被罗贯中先生移到了诸葛亮身上，成了赤壁之战中的"草船借箭"。

不管是哪种情形，孙权都从容不迫地巡探了一下曹军的虚实。同样，曹操也对孙权的水军进行过一番观察，看到"舟船器仗军伍整肃"，曹操不由得对年轻自己二十七岁的孙权心生敬意，慨然感叹："生子当如孙仲谋，刘景升儿子若豚犬耳！"

就这样，濡须口前，长江岸边，曹操和孙权"相拒月余"，棋逢对手。面对相持不下的局面，孙权主动给曹操写了两封信。与曹操洋洋上千言的长信不同，孙权的信只能算是两个小字条，前面一张八个字："春水方生，公宜速去"，告诉曹操春雨连绵，洪水将至，赶快回去；后面一张也是八个字："足下不死，孤不得安"，告诉曹操你如果不死，我也不安心。

面对孙权如此简单直接的警告，曹操的反应也直接干脆："孙权不欺孤！"这小子没有欺骗我。于是，曹操大军撤退，孙权也没有追赶。

如果说，曹操与孙权在濡须口的第一次面对面交锋，算作一次英雄会英雄的相惜之战，那么曹操对孙权的第二次征伐则是一次相怒之征了。

事情的起因是这样的：合肥南面的皖城，由于地处荆州和扬州的交界处，它既是曹军抵御东吴的前沿，也是其插入东吴腹地的楔子。因此，曹操对皖城相当重视，不仅派庐江太守朱光驻屯皖城，而且在周边大量开垦土地，种植稻田，准备与吴军展开持久战。对此，孙权当然不能坐视不管，建安十九年（公元214年），孙权亲自率领吕蒙、甘宁、鲁肃等人杀奔皖城。

这场攻城战没有采取堆土山、添器具、再进攻的传统战法，而是运用敢死队迅速进攻。之所以如此，源自吕蒙的建议。

吕蒙向孙权阐述了速攻的三点理由：其一，常规战法旷日持久，很可能会引来援军，陷入被动，"治攻具及土山，必历日乃成；城备既修，外救必至，不可图也"。其二，时间过长很有可能会因水位下降，失去退路，"且吾乘雨水以入，若留经日，水必向尽，还道艰难，蒙窃危之"。其三，敌城不固，我军势强，正是进攻之时，"今观此城，不能甚固，以三军锐气，四面并攻，不移时可拔；及水以归，全胜之道也"。

于是，大军由甘宁担任指挥攻城的升城督，由吕蒙指挥精锐为后续，即刻发起对皖城的进攻。攻城从黎明开始，到了吃早饭的时候就把皖城拿下了，太守朱光和城中的数万百姓都成了吴军的俘虏。等到张辽率军从合肥赶来，一切都晚了。

听到自己苦心经营的战略要地在顷刻之间落入敌手，异常愤怒的曹操不顾众人的反对，于建安十九年七月，迎着连绵的秋雨，踏着泥泞的道路，就杀向了濡须。不过，对于曹操这次出征的具体结果，史书中却无任何明确的记载，只是说，"公自合肥还"，十月的时候曹操又回到了邺城。从往返的时间判断，这是一次无果的征伐。

征伐无果，自然要卷土重来。于是，建安二十二年（公元217年）正月，曹操再次杀到了长江岸边。

据载，曹军这次号称有四十万之众，孙吴迎战的有七万人。这一次，曹军从合肥出发越过巢湖后，以濡须水北口的居巢为大本营向吴军发动攻击，而孙权则任命吕蒙为督，以濡须坞为防御的核心。

战事伊始，兵力处于劣势的吴军乘着敌人前锋立足未稳，率先发动了夜袭。当甘宁率领的百余健儿出现在曹营时，整个曹军惊恐万状，混乱不堪，而甘宁的将士们则"作鼓吹，称万岁"，甚为高调地返回了营寨。孙权见到顺利撤回的甘宁，高兴地问："足以惊骇老子否？聊以观卿胆耳。"足够吓到那老家伙了吗？这次也就试试你的胆量罢了。

甘宁的夜袭，引来了曹军的"逼攻"，随之吴军转入防守。在双方的对峙过程中，长江并没有给吴军带来好运，突如其来的风暴掀翻了停在濡须口的吴军舰船，水军将领董袭溺亡；曹军袭击濡须口东北的横江渡，孙权派将军徐盛乘船救援，结果暴风竟意外地把船吹到了敌人据守的河岸边，要不是徐盛率部登岸主动向敌人发起冲击，打得敌人措手不及，然后等风暴停止再退回船上，这支队伍说不定就覆没了。

在这种不利形势下，孙权派使者到曹操那里请降，主动给曹操搭了个台阶。相应地，曹操也派遣使者答应和好。于是，双方盟誓重新结为姻亲，一场对峙至此结束。

停战后，曹操引军西还，留下伏波将军夏侯惇都督曹仁、张辽等二十六军驻屯居巢，而孙权则让平虏将军周泰都督朱然、徐盛等将领驻守濡须。

总体来看，这一次双方都表现得比较克制和冷静，此后双方在濡须水一线也没有再发生大的战事。之所以如此，一方面因为双方都认识到在江淮一带短期内谁也不能吃掉谁，另一方面则因为他们都把注意力转向了刘备那儿。

此处，还有一个小插曲。

看到周泰成了濡须督，朱然、徐盛等人都不是很服气，大家一起出生入死，凭什么你就成了我们的上级？

不久，孙权以巡行为名来到了濡须坞，召集众将，大摆酒宴，"大为酣乐"。酒过三巡之后，孙权亲自走到了周泰面前，命其脱下衣服，随后用手指着他身上的数十处伤痕，一处一处问是什么时候、在什么地方受的伤，而周泰则一一作答。将周泰身上的伤痕问遍后，孙权命周泰重新穿上衣服，随后宴会继续，"欢宴极夜"。第二天，孙权又派使者专门授周泰以御盖。

这下，没人再敢吱声了。

第十二章

益州

一个小小的轻慢，
如何铸成大大的错误？

当荆襄和江淮的利益格局基本定型后，所有悬念都集中到了益州。此时，一个小人物的情绪影响到了天下的走向。

这一切还要从建安十三年的一场谒见说起。

对于益州方面在建安十三年的动向，《三国志·魏书·武帝纪》是这样记载的："益州牧刘璋始受征役，遣兵给军。"就是说，这时候刘璋开始接受朝廷分派的征调士兵的任务，遣送士兵给曹操的军队。

至于刘璋是通过何种方式表示接受征役的，《三国志·蜀书·刘二牧传》进行了交代："璋复遣别驾张松诣曹公，曹公时已定荆州，走先主，不复存录松，松以此怨。"就是说，刘璋派自己身边的益州别驾张松去觐见曹操，当时曹操已经平定了荆州，赶走了刘备，因而并没有厚待和重用张松，张松因此心怀怨恨。

那么，张松怨恨的结果是什么呢？"松还，疵毁曹公，劝璋自绝，因说璋曰：'刘豫州，使君之肺腑，可与交通。'"就是说，张松回到益州后，便劝刘璋与曹操绝交，转而与刘备通好。

因个人冷遇而改变集团方向，一般人恐怕是没有这个能耐的，张松怎么会有如此自信？曾经，刘备不忍从刘表和刘琮手里夺取荆州，如今在面对刘璋治下的益州时，他又将如何抉择？

从建安十三年张松返蜀，到建安十六年（公元 211 年）刘备入蜀，再到建安十九年（公元 214 年）刘备据蜀，这中间究竟发生了什么？

相反相成

原本，张松对于自己与曹操的那场会见是充满期待的。

建安十年（公元 205 年），刘璋派中郎将阴溥向曹操表达归顺之意，结果曹操加封刘璋为振威将军，加封他的哥哥刘瑁为平寇将军；建安十二年（公元 207 年），刘璋派别驾张肃给曹操送去三百名健壮的夷兵和一些御用之物，结果张肃被曹操征召为掾属，任命为广汉太守。既然以前的使者都受到了曹操的厚遇，尤其是自己的哥哥张肃还成了二千石的官员，自己的这次出使应该也差不了，怎么着也是个太守吧。

当然，张松的预期还不止于此。虽然张松"为人短小，放荡不治节操"，但他却"识达精果，有才干"，对于刘璋的暗弱无能，他"常窃叹息"，因此琢磨着能够借这次觐见曹操的机会，为曹操西取益州建言献策。如果曹操能够采纳自己的建议，一旦平蜀，他成就的就是不世之功了。

然而，张松却没有赶上好时候。当志得意满的曹操看到"为人短小"的张松，他不仅没有以礼相待，而且还给张松任命了一个越嶲郡苏示县（今四川西昌境内）县令的职务。张松原本已经是州别驾了，即使安排个郡太守也不算重用，如今却只安排个县令，并且还是边远地区的县令，这就不仅仅是降级使用，甚至有些流放的意味了。当然，张松对于曹操的这一任命大可不必理会，回到益州后更不用真去上任。但是，曹操的这一蔑视和侮辱着实让张松无法释怀。

更令张松失望的是，曹操不仅以貌取人，甚至还对自己的才华视而不见。据载，曹操的主簿杨修曾经拿曹操所写的兵书给张松看，结果张松一边宴饮一边暗诵。一场酒宴下来，张松甚至可以倒背如流了。为此，杨修对张松"深器之"，专门建议曹操征辟张松，但曹操仍然无动于衷。

这下张松彻底绝望了。此时，正赶上曹操赤壁大败，于是，回到益州的张松便诋毁曹操，劝刘璋与其断绝交往，改与刘备结交通好。

刘璋不可靠，曹操靠不可，刘备可靠不？

这一次，张松变得谨慎了。思来想去，张松怂恿刘璋派出自己的好友法正作为使者去"连好"刘备。

作为关中扶风郡人，法正是在建安初年与同郡人孟达一起来益州投奔刘璋的。不过，法正在益州的发展并不顺遂，来了很长时间才被任命为新都县县令，后来又被召回刘璋身边担任军议校尉。总体来看，飘来荡去，法正依旧在低级别岗位上徘徊，更令他郁闷的是，他还时常被同来的老乡们非议，说他放浪无形。此时，只有张松与他"相善"。当张松举荐他出使时，法正假意推辞，装出一副"不得已而往"的样子，心中却认定这是一次难得的机会。

对于法正的到来，刘备"厚以恩意接纳，尽其殷勤之欢"，可以说把接待工作做到了无处不在、无微不至的地步。回到益州后，法正不仅对刘备的"雄略"大为赞赏，而且迅速与张松"密谋协规"，一起商量拥戴奉迎刘备的具体方案。

没多久，法正又按照刘璋的差遣，与孟达一起为刘备送去了数千人马，帮助刘备守御荆州。毫无疑问，这同样离不开张松的怂恿。

此时，刘备刚从孙权那里"求"来了荆州，没想到进取益州也有了眉目，按说他应该喜上眉梢才是。然而，此时的刘备却并无轻松和喜悦之情，反而被两件事所困扰。

第一件事，如何阻止孙权取蜀。

借出荆州不久，孙权就向刘备发出了共同出师伐蜀的邀约。对于出师的理由，孙权言之皇皇：其一，张鲁蠢蠢欲动，"米贼张鲁居王巴汉，为曹操耳目，规图益州"；其二，刘璋实在不行，"刘璋不武，不能自守"；其三，曹操不得不防，"若操得蜀，则荆州危矣"。有鉴于此，有必要攻刘璋、讨张鲁、拒曹操，"今欲先攻取璋，进讨张鲁，首尾相连，一统吴楚，虽有十操，无所忧也"。说来说去，孙权还是暴露了自己的真正意图："首尾相连，一统吴楚"，就是把长江上中下游连成一片，一统南方。

除了刘备，孙权甚至没有忘了诸葛亮，在一封书信中，孙权提到："雅愿以隆，成为一家。诸葛孔明母兄在吴，可令相并。"就是说，如果美好的愿望能够成功，咱们就是真正的一家了，像诸葛兄弟这样分隔两地的情况也就不会再出现了。

面对孙权的殷殷期望，刘备当然不能置之不理，但置就要置出个可否，理就要理出个头绪，可是这个可否和头绪又在哪儿呢？如果回答"可"，那就等于任由孙权去夺取益州，当初"隆中对"中"跨有荆、益"的计划瞬间胎死腹中；如果回答"否"，那就等于公开与孙权过不去，自己刚刚"吃"了南郡，嘴短不说，搞不好还会产生军事摩擦。如此看来，要想说不，还真是不容易。

犹豫之际，刘备身边的荆州主簿殷观提出了应对之策。

殷观首先揭示了孙权邀约背后的如意算盘，并指出了同意伐蜀所面临的潜在危机："如果我们答应了东吴，那就要给他们当前驱，这样，进不能攻克蜀地，退又被东吴袭击，事情就全完了。"

紧接着，殷观提出了自己的建议："如今我们可以赞同他伐蜀，但同时要说自己刚刚占据了几个郡，不能兴师劳众，这样东吴必定不敢越过我们独自伐蜀。"

很明显，殷观是想给孙权一颗软钉子：伐蜀我很赞成，但一同出兵，我没办法答应。换句话说，要去你自己去，爷不陪你。

对于殷观的建议，刘备十分认可。随后，他不仅委婉地回应了孙权，而且振振有词地进行了劝说：其一，刘璋还可以，"益州民富强，土地险阻，刘璋虽弱，足以自守"；其二，张鲁未必敢，"张鲁虚伪，未必尽忠于操"；其三，出师有风险，"今暴师于蜀、汉，转运于万里"，如果曹操"饮马于沧海，观兵于吴会"就危险了；其四，攻伐不道义，"同盟无故自相攻伐，借枢于操，使敌承其隙，非长计也"。

然而，意气风发的孙权哪里听得进刘备的这番托词，没多久就让孙瑜率领水军进驻夏口，摆出一副箭在弦上的架势。

这下刘备不干了，你能霸王硬上弓，我就不能霸王硬下弓吗？于是，刘备一方面命令关羽屯兵江陵、张飞屯兵秭归、诸葛亮据守南郡，自己驻扎公安，沿江布下百里防线，完全封死孙权西进的道路；另一方面又从道义的高度劝说孙权罢手，说自己与刘璋同为汉室宗亲，请孙权看在自己的面子上对刘璋加以宽贷，如果孙权不同意，自己就"放发归于山林"，"不失信于天下"。看到刘备使出如此软硬两手，孙权拉开的弓只好又收了回去，西进取蜀就此作罢。

这边遏止了孙权的取蜀企图，那边刘备又在为第二件事情而发愁了。那就是：自己要不要取蜀。

作为"亲待亚于诸葛亮"的军师中郎将，庞统是进军益州的积极倡议者。

南郡功曹庞统，是在周瑜意外去世、刘备借得荆州的背景下，从周瑜的手下变成刘备的部属的，某种程度上讲，他属于刘备"求"荆州的副产品或者说附属品。因此，相较于刘备对诸葛亮的"三顾茅庐"和"情好日密"，人称"凤雏"的庞统在刘备这儿就没有那么幸运了。一开始，刘备只给庞统安排了一个耒阳县县令的职务，结果"在县不治，免官"。后来，在鲁肃、诸葛亮等人的推荐下，刘备才见面与庞统聊了聊，结果这一聊，"大器之"，随即任命庞统为荆州治中从事，让他成了自己的亲近幕僚。

既然受到重用，就要发挥重大作用，而此时能让庞统发挥大作用的就只有西面的益州了。于是，一番分析思考之后，庞统向刘备提出了建议。

首先，庞统描述了荆州在经历两次大战、三次易主之后的状况："荆州荒残，人物殚尽，东有吴孙，北有曹氏，鼎足之计，难以得志。"就是说，在经济社会残破凋敝、人力物力消耗殆尽、东面北面强敌窥视的情况下，单单一个荆州，已经不具备实现鼎足而立的条件了，想实现更大的志向更是不可能。

随后，庞统在分析益州状况的基础上，提出了自己的建议："今益州国富民强，户口百万,四部兵马，所出必具，宝货无求于外，今可权借以定大事。"就是说，不管从人力、物力、财力、军力任何一个方面讲，益州都是可以暂且借过来干点大事的。

注意，庞统这里专门用了"权"和"借"两个字，"权"就是权且、暂且的意思，"借"自然是借入的意思。言外之意，等将来大业已成，暂时借来的益州可以再还回去。

对于庞统的建议，刘备没有直接作答，而是拿自己和曹操作起了对比："今指与吾为水火者，曹操也，操以急，吾以宽；操以暴，吾以仁；操以谲，吾以忠；每与操反，事乃可成耳。"知道我是怎么成功的吗？关键的一条就是与曹操反着来，曹操是火，我就是水；曹操峻急，我就宽和；曹操暴戾，我就仁慈；曹操诡谲，我就忠信。

差异化竞争是刘备的策略，信义于天下是刘备的原则。建安十三年，在是否夺取荆州的问题上，刘备就多次面临着类似的难题，如今这一难题再次摆到了他的面前。对此，刘备的结论是："今以小故而失信义于天下者，吾所不取也。"一句话，"益"和"义"是一对矛盾，我绝不会为了"益"而舍弃"义"。

这下，麻烦了！当初，诸葛亮为刘备量身打造的"隆中对"中，一切的基础就是"跨有荆、益"，没了这个基础，还谈什么"荆州之军以向宛、洛"，"益州之众出于秦川"，还谈什么"霸业可成，汉室可兴"？

于是，庞统又说话了："权变之时，固非一道所能定也。"在这个需要权衡利弊、因应变化的时代，绝不是靠一种方法就能搞定的。言外之意，千万不能死脑筋，不能一条道走到底。

随后，庞统以古说今并给出了自己的解决方案："兼弱攻昧，五伯之事。逆取顺守，报之以义，事定之后，封以大国，何负于信？"兼并弱小，进攻愚昧，这是春秋五霸的成功之道。先用强力攻取再以礼义治理，夺取之后报之以仁义，事成之后封之以大国，有什么背负于信义的地方呢？一句话，先强权再仁义。再讲的直白点，有了强权才能谈得上仁义。

最后，庞统又强调了一句："今日不取，终为人利耳。"现在咱们不动手，早晚会落入别人手中。很明显，这既是一种提醒，又是一种催促。

从"权借以定大事"到"逆取顺守，报之以义"，庞统试图让刘备明白，"益"与"义"并不矛盾，得"益"是为了更好地守"义"。

有了庞统的这套解释，刘备心中那个关于信义的包袱开始逐渐变得轻盈。

放虎自卫

最终，曹操的一个大动作帮到了刘备。

建安十六年（公元 211 年）三月，曹操派遣司隶校尉锺繇讨伐张鲁，同时命令征西护军夏侯渊率大军出河东，与锺繇会合。

原本，曹操的真实意图是想"假途灭虢"，以征张鲁为名消除关中的马超、韩遂等势力，但这一举动不仅逼得马超、韩遂等关中势力"十部皆反"，而且让益州的刘璋也"心怀恐惧"。

看着刘璋焦虑的神情，身为别驾的张松主动自觉地上前为主公分忧。张松说："现在曹操兵强马壮，可以说无敌于天下，如果再凭借张鲁的资源顺势来夺取蜀地，谁能抵御得了他呢？"一上来，张松就挑开了这一既敏感又令人紧张的话题。

"我一直有这样的担心，但也没有什么好办法。"刘璋颇为无奈地回答。

看着主公一脸束手无策的表情，张松提出了自己的建议："刘备刘豫州，既是您的本家宗亲，又是曹操的死对头，并且善于用兵，如果请他来对付张鲁，那么张鲁必定被攻破。张鲁败，则益州增强，曹操即使来了，也无能为力。"

不仅如此，张松还有更加充分的理由："现在州中的将领庞义、李异等人全都居功自傲，又有勾结外敌的想法。如果没有刘备帮忙，就会出现敌攻于外、民攻于内的局面，这是必败的结局。"

外患加内忧，张松的这番话不是增添了刘璋的信心，而是增加了他的恐惧。

张松说的没错，除了张鲁和曹操，益州内部一直以来就不是很安稳。几年前，刘璋就遭遇到了益州实力派人物赵韪的叛乱，好不容易才镇压下去。如今，庞义虽然与刘璋"有旧"，刘璋甚至为长子刘循迎娶了庞义的女儿，但随着庞义担任巴西太守，也变得越来越"专权势"，俨然把巴西郡变成了一个独立王国；而李异作为赵韪的老部下，虽然在赵韪的叛乱中"反杀韪军"，但其忠诚度同样令人质疑。

于是，听张松这么一说，病急乱投医的刘璋，忙不迭地派法正率领四千人马去荆州迎接刘备，这还不算，送去的金银布帛等厚礼更多，"前后赂遗以巨亿计"。此时，刘璋只盼望着这位宗亲加枭雄能够替自己削平张鲁，拱卫益州。

见到刘备后，法正先是在公开场合表明了刘璋的殷殷之情，随后又在私底下向刘备献出了计策："以将军您的英明才干对付刘璋的昏庸懦弱，再加上张松这样的股肱重臣作为内应，取得益州完全没问题。然后，以益州的殷富为资本，以益州的险峻为凭借，成就一番大业是易如反掌的事情。"不仅论证取益州的可能性，而且点出益州未来的价值和作用。说白了，法正是在帮刘备下决心。

通过与法正的多次接触，刘备对于"蜀中阔狭，兵器府库人马众寡，及诸要害道里远近"早已一清二楚。听到法正这番话，刘备更是不再有任何纠结和犹豫，带着军队便逆流西上。

　　刘备那边一路西进，刘璋这边却一片恐慌。这次的恐慌，似乎并不亚于曹操南下所引发的骚动。主簿黄权提出了一个尖锐的问题：刘备入蜀后，位置怎么摆？是作为甘居人下的部曲，还是作为平起平坐的宾客？很明显，"以部曲遇之，则不满其心"，刘备绝不会满意；但是"以宾客礼待，则一国不容二君"，甚至会出现"客有泰山之固，主有累卵之危"的局面。如此看来，怎么都不行。最好就是把刘备挡在门外。

　　从荆州辗转交趾投奔到刘璋身边的刘巴，由于在荆州就对刘备有所了解，说话更为直白："备，雄人也。入必为害，不可内也。"从事王累更为极端，谏言没有用，就自刎于城门，索性来了个尸谏。

　　但这些婉言相谏、直言力谏、无言尸谏，都没有用。很快刘备大军就到达了巴郡（今重庆市附近）境内。

　　望着刘备率领的那些如同回到自己家的虎狼兵将，巴郡太守严颜禁不住捶胸而叹："此所谓独坐穷山，放虎自卫也。"严颜说得没错，当时列强环视，各个虎视眈眈，刘璋的处境恰似"独坐穷山"；情急之下，刘璋把曾经救孔融、援陶谦最终却自己做了徐州牧的刘备请了进来，难道不是"放虎自卫"吗？

　　不久后，刘备率军到达了成都北面的涪城（今四川绵阳），刘璋亲自率步骑三万余人前往迎接，双方"欢饮百余日"，气氛相当融洽。

　　不过就在双方会面的这段时间，张松却让法正给刘备带话，最多快好省的办法，就是在会面时干掉刘璋。

　　对此，刘备答复了六个字："此事不可仓卒！"

　　紧接着，庞统也向刘备献策："现在趁着与刘璋会面的机会就把他抓起来，如果这样，将军您不必大动干戈就可以轻松取得整个益州。"不愧在周瑜手下干过，庞统的这一建议与周瑜当年向孙权建议的"徙备置吴"倒有几分相似。

　　一个建议杀，一个建议抓，无论张松还是庞统，都想帮刘备尽快拿下益州。然而，刘备却有自己的考虑，他对庞统说："初入他国，恩信未著，此不可也。"很明显，刘备最看重的还是"恩信"二字。在刘备看来，没了恩信，即使一时得手恐怕也难以长治久安。就这样，即使双方多次会面欢饮，刘备始终没有动手。

百日之后，刘璋"以米二十万斛，骑千匹，车千乘，缯絮锦帛"，把刘备送上了讨伐张鲁的征程。

听说刘璋要让刘备去征张鲁，之前反对刘备入蜀的刘巴，如今又出来劝谏。他对刘璋说："若使备讨张鲁，使放虎于山林也。"把他放在身边还好，一旦让他走，简直就是放虎归山，养虎为患。当然，这些话对刘璋毫无作用。

有了刘璋的资助，刘备"并军三万余人，车甲器械资货甚盛"。不过，此时的他并没有赶往汉中，而是在一个叫葭萌（今四川广元南）的地方停了下来，在此"厚树恩德，以收众心"。

就这样，过了数月，眼见刘备在益州恩信渐著，庞统献出了夺取益州的上、中、下三计。

首选方案：奇袭成都，"阴选精兵，昼夜兼道，径袭成都，璋既不武，又素无预备，大军卒至，一举便定，此上计也"。

次选方案：铲除近患，"杨怀、高沛，璋之名将，各仗强兵，据守关头，闻数有笺谏璋，使发遣将军还荆州。将军未至，遣与相闻，说荆州有急，欲还救之，并使装束，外作归形；此二子既服将军英名，又喜将军之去，计必乘轻骑来见，将军因此执之，进取其兵，乃向成都，此中计也"。

末选方案：退回荆州，"退还白帝，连引荆州，徐还图之，此下计也"。

最后，庞统不忘强调犹豫不决的风险，"若沉吟不去，将致大困，不可久矣"。

三计中，庞统对上计和下计的分析简单明了，上计更多强调奇袭的收益而缺少对风险的分析，下计更是三言两语，简单陈述。而对于中计，庞统则是条分缕析，颇费心思。首先，庞统认为杨怀、高沛拥有强兵，占据雄关，并且对刘备十分不友好，所以必须除掉；其次，庞统建议刘备假意回荆州，引杨、高二将上套，捕而杀之；最后，庞统建议刘备兼并杨、高二将的军队，进军成都。这是一套相当完整的解决方案，看来，庞统真正的意图是中计。

对于刘备来说，上计不道义，下计不甘心，也唯有中计可以接受。于是，刘备借着曹操征伐孙权，孙权向自己求救的机会，写信给刘璋，提出回救孙权、关羽。不仅要回去，刘备还向刘璋提出了兵粮请求，希望"从璋求万兵及资实"。

听说刘备一仗没打就要回去，而且向自己要兵要粮，刘璋虽说心里不悦，但同为汉室宗亲，人也是自己请来的，总不能翻脸。于是，勉强送去四千兵马和刘备请求的半数物资，也算对得住刘备。

这时，心里不悦的还有张松。用尽千方百计才把刘备请进来，眼看益州唾手可得，刘备竟然要撤军，这是玩的哪一出呀？！心急如焚的张松连忙给刘备、法正去信，急急地询问："今大事垂立，如何释此去乎？"可惜，张松把信的内容透露给了自己的哥哥张肃，而张肃则把自己的弟弟给告发了。结果，刘璋斩了张松。

刘备和刘璋摊牌的时刻到了。建安十八年（公元 213 年），以刘璋不能足兵足食为借口，刘备诱杀了镇守白水关的杨怀、高沛，随后派遣黄忠、魏延诸将兵指成都。

刘备大军一路南下，沿途"所过辄克"，收降纳叛，好不快意。不久，刘备就到达了当初与刘璋相会的涪城，在这里"置酒作乐"，犒劳诸将。

望着眼前的美酒，想着咫尺之遥的成都，刘备忍不住对庞统说："今日之会，可谓乐矣。"

看到刘备如此得意忘形，庞统当即回了一句："伐人之国而以为欢，非仁者之兵也。"就是说，把讨伐别人的领土当成一种欢乐，这恐怕不是仁者之兵吧！

一听庞统这句话，刘备不高兴了："武王伐纣，前歌后舞，非仁者邪？卿言不当，宜速起出！"武王伐纣，也是前歌后舞，难道也不是仁者吗？你这样胡言乱语，最好马上给我出去！

看到刘备如此暴怒，庞统多少有些意外，索性起身退了出去。

不一会儿，刘备有些后悔，又把庞统请了回去。回到座位上，庞统也不道谢，依然"饮食自若"。

此时，刘备依然心有芥蒂，随即问庞统："向者之论，阿谁为失？"就是说，刚才咱们俩的观点，到底谁对谁错？

庞统的回答倒也干脆："君臣俱失。"

听到回答，刘备大笑，二人"宴乐如初"。

其实，怪不得刘备发怒。当初鼓动刘备"伐人之国"的是庞统，如今指责刘备"非仁者之兵"的又是庞统，你这不是自己指责自己吗？

当然，庞统的做法也有自己的道理，有些事情只能做不能说，要说也只能私下里说，现在你公开说"可谓乐矣"，岂不是把自己一直标榜的那块遮羞布也给扯掉了。

没错，此时的刘备的确没有以前那样瞻前顾后了，他所想的只是尽快夺取益州。建安十八年（公元213年）五月，刘备从涪城出发，大军直指成都。一路上，刘备击败了沿途抵抗的刘璝、张任等将领，收降了吴懿、李严、费观一干人等，打得成都只剩下了最后一道屏障：雒城（今四川广汉市市区）。

在雒城，刘备遇到了最顽强的抵抗。刘璝、张任和刘璋之子刘循一起据守于此，任凭刘备发动多么猛烈的攻势，雒城依旧固若金汤。为了确保能够拿下整个益州，刘备于建安十九年（公元214年）五月命令诸葛亮、张飞、赵云从荆州溯江而上，克郡定县，共围成都。当年，司马徽告诉刘备"此间自有伏龙、凤雏"，如今，刘备把这两位俊杰都召来，看来已经对益州急不可耐了。

不过，历史没有给伏龙、凤雏珠联璧合的机会。正当诸葛亮一路西上之时，庞统却在攻城时，被流矢击中，殒命阵前，时年三十六岁。

看到自己的心腹军师意外离去，刘备扼腕痛惜，一提到庞统就伤心流涕。刘备亲自在雒城附近安葬了庞统，并且将该地命名为落凤坡。

后来，一直难以释怀的刘备追赐庞统为关内侯，定其谥号为靖侯；不仅如此，刘备还专门派遣诸葛亮亲自去授予庞统的父亲以议郎的称号，之后又升任谏议大夫。

当年，客居荆州的名士傅巽曾经把庞统视为"半英雄"，时人都不是太明白。如今，庞统初露锋芒就英年而逝，他的满腹智谋、一身才华都只能留在世人的想象中了。凭着入蜀三计，他仅能算是半个英雄吧！

庞统走了，刘备很痛惜；不过，另一个人的到来，却使刘备很兴奋。

没错，这个人就是马超。

建安十六年（公元211年）七月，马超在关中的潼关与亲自出征的曹操展开了激烈的厮杀。一开始，双方互有胜负，马超甚至一度占据上风，还逼得曹操脱口说出"马儿不死，吾无葬地也"这么一句忌惮的话。不过，随着曹操悄悄派徐晃绕道渡过渭河、巧施离间计、发动闪击战，马超、韩遂还是退回了凉州。

建安十八年（公元213年），马超"尽兼陇右之众"，在张鲁军队的配合下企图卷土重来。然而，在参凉州军事杨阜和抚夷将军姜叙等人的拼死抗击下，"进退狼狈"的马超最终功亏一篑，逃奔汉中归附了张鲁。

在汉中，马超很快就发现张鲁"不足与计事"，加之张鲁的部将杨昂等人又多次诋毁自己，因此常常"内怀于邑"，忧郁不已。

听说刘备包围了成都之后，马超"密书请降"，立刻就要前来归附。

闻听马超来投，刘备自然喜上眉梢，高兴地对手下说："我得益州矣。"不过，高兴归高兴，刘备还是阻止了马超立刻前来的请求。

这是为何?

其实,刘备并不是不让马超来,而是想让他耀武扬威地来。刘备先是悄悄地给马超增加了许多人马,随后让马超带领着这支壮大后的队伍屯驻在了成都城北。

马超的到来,犹如千斤重压下又多了一块巨石,成都随之陷入一片震怖之中。据传,深受刘璋厚待的资深名士、蜀郡太守许靖竟然都要越城投降,其他人更是戚戚惶惶,各寻出路。看到此情此景,刘璋即使再后悔也毫无办法,懦弱的他最终选择与入城劝降的简雍一起,乘车出降。

随着城门洞开,益州的刘璋时代结束了,属于刘备的时代开始了。

说完发生在益州的那些大事件,再来聊聊此间的一个小人物。

这个人就是刘巴。

建安十三年(公元 208 年),在刘备"奔江南,荆、楚群士从之如云"的潮流中,零陵人刘巴却独自北上投奔了曹操。由于刘巴的老家在荆州南部,曹操在任命他为丞相掾属的同时,派他作为使者去招抚长沙、零陵、桂阳三郡。结果,刘巴刚到荆南,赤壁获胜的刘备就占领了这三个郡。

荆南地区待不住了,北上复命的路也被周瑜、刘备阻断了,刘巴只得向南逃到了交趾。按说,待在交趾就不会与刘备发生交集了,可刘巴没多久却偏偏又跑到了益州,结果没多久就赶上了刘备入蜀。随着刘璋的投降,刘巴这个多次与刘备背道而驰的人,如今终于在成都与刘备相遇了。

对于这样一个反对自己的人,刘备非但没有问罪,反而在进入成都前命令,但凡有伤害刘巴的,诛灭三族。平定益州后,看到刘巴主动前来谢罪,刘备"甚喜",再加上诸葛亮的推荐,刘巴不久就成为左将军府西曹掾。

刘备对刘巴的宽待,不久就收到了回报。据载,在进入成都前,刘备曾经许诺部下,一旦拿下成都,府库中的财物大家随便拿。结果,大军一入城,国库就被洗劫一空。随后,刘备又举行了盛大的庆祝活动,并对部下进行了丰厚的赏赐。于是，一向富饶的天府之国此时竟出现了钱荒，一时间物价飞涨，搞得刘备"甚忧之"。

面对这种情况，刘巴不失时机地提出了一个解决方案：发行大面值货币。

具体方法是"铸直百钱，平诸物贾，令吏为官市"。就是说，改变之前货币重量与面值的对应关系，在同等重量的铜钱上标注更大的货币面值，以此增加官方的货币财富，进而获取更多的经济资源，这等同于现代社会的增发货币，相当于征收了一笔铸币税，是对社会财富的聚敛。

不过，作为过渡措施和权宜之计，这种手段倒的确帮刘备解决了钱荒问题，稳住了严峻的财政形势，"数月之间，府库充实"。

鉴于刘巴的能力才干，此后他持续得到重用，后来还担任了主管蜀汉日常行政事务的尚书令。

单刀赴会

眼见刘备入主益州，东吴的孙权坐不住了。

早在建安十六年（公元211年），"闻备西上"后，深感情商、智商受到双重愚弄的孙权，气愤地冒出了一句："猾虏乃敢挟诈！"这个狡猾的家伙竟然敢欺骗我！

为了挽回损失和颜面，孙权不久便"遣舟船迎妹"。据说，这位孙妹妹返回江东的时候，曾想把刘备当时唯一的儿子刘禅也带回去，要不是张飞和赵云一起"勒兵截江"，说不定刘禅就真被带走了。

后来，随着诸葛亮等人西入益州，留守荆州的关羽与屯驻陆口的鲁肃"数生狐疑，疆场纷错"，双方摩擦不断。

索回妹妹容易，索回荆州就没那么容易了。为此，孙权采取了先礼后兵的做法。建安二十年（公元215年）五月，孙权派诸葛瑾前往成都交涉还荆州事宜，结果却吃了一个软钉子，这次刘备又信誓旦旦地表态："我正在谋划取得凉州，等到凉州平定了，就把整个荆州都交给东吴。"

很明显，这是刘备的缓兵之计。面对刘备的敷衍和推托，孙权旋即采取了第二步：派出了自己任命的官吏，强行接管长沙、零陵、桂阳三郡。结果，关羽毫不客气地"尽逐之"，统统给赶了出去。

这下，孙权火了，立刻令吕蒙率二万人马强夺荆南三郡，同时令鲁肃率兵在巴丘对阵关羽，孙权自己则靠前指挥，进驻陆口（今湖北嘉鱼县西南）。

这边孙权往前靠，那边刘备也在往回赶。意识到形势的严峻后，刘备立刻率兵五万回到公安，同时让关羽领兵三万奔赴益阳，与吴军形成对峙。

作为周瑜之后、"主战派"的代表人物，吕蒙动起手，干净、麻利、快！没等刘备的援军赶回，就先后成功拿下了长沙、桂阳两郡。反观，一向主和的鲁肃，却左右为难，踟蹰不前。

眼见双方即将全面开战，鲁肃搞出了一个"单刀会"。具体而言，就是双方在两军交界处找一个地方，各自把兵马停在百步以外，双方将领每人只随身带一把单刀前去会面。

对于这次单刀赴会，武将出身的关羽自然安之若素，而文士出身的鲁肃却着实让人捏把汗。为此，手下将领纷纷劝他取消会面或者找人代替。对此，鲁肃却胸有成竹，认为"是非未决"，关羽还不至于要了自己的性命。

会面时，鲁肃更是先声夺人，首先将了关羽一军："我们当初把地盘借给你们，是因为你们打了败仗，远远地逃过来，没有立足之地。如今你们既然已经得到了益州，就把荆南三郡给我们，你们有什么磨磨唧唧的？"

不等鲁肃说完，关羽一方就有人插嘴："土地这东西，谁有德行就是谁的，哪有一成不变的道理！"

听到有人置喙，鲁肃不禁声色俱厉，言辞更加急切。看到手下如此无礼，关羽也提刀起身加以呵斥："国家大事，你懂什么！"随后，使眼色让那人离开。

平息了这场小插曲之后，关羽开始反驳："当初乌林之战，我家主公亲自参加战斗，睡觉时也盔甲不离身，一心消灭曹操，怎么能白白付出，连一块地盘都没有呢，足下怎么好意思来要地？"

鲁肃当然不认可关羽的说法，他又把时间向前拉了一截："当初，刘备大败于长坂坡，手下的人马少得可怜，本来只想着逃得越远越好，哪里会想到有今天。要不是我家主公可怜刘备居无定所，拿出土地和人马加以资助，你们怎么渡过当时的困难？现在你们得到益州又不认账了？"

就这样，双方各执一词，你说你的功，我说我的劳，你说你的长坂，我说我的乌林，总不能谈到一起去。不过，从场面上来看，关羽有些吃亏。有句俗话，叫"秀才遇到兵，有理说不清"，这句话在这场单刀会上却反了过来。

其间，鲁肃猛地来了一句"师曲为老，将何得济"。意思是，既然你们没道理地赖在这里，肯定会越来越立不住脚，倒要看看你们今后怎么办？

没承想，鲁肃这一句话，竟然把关羽说得无以应对。也许，一向自认为熟读《左传》的关羽还在想如何用《左传》加以回击吧，然而这场单刀相会的嘴仗却已经结束了。看来，秀才读书还是用得上，而大兵读书则未必来得及用。

不过，在后世的演义中，秀才们——尤其是落魄秀才们，也许是对成功文士不爽，也许是要讨好市井大众，把这场秀才智屈强兵的较量，变成了英雄单刀赴会、强兵勇斗秀才的精彩大戏。戏中，鲁肃面对关羽提刀相胁，不仅"魂不附体"地被强扯到江边，而且望着关羽乘船远去还"如痴似呆"。最后，《三国演义》还不忘以诗相赞：

> 藐视吴臣若小儿，单刀赴会敢平欺。
>
> 当年一段英雄气，尤胜相如在渑池。

你看，历史一碰到演义就只有隐没的份儿了。不过，罗贯中还算厚道，在彰显关羽武勇的同时，他也没办法完全湮没历史的真相，更没有把后世的读者藐视成无知小儿。小说中，关羽面对鲁肃引经据典、咄咄逼人的追问，还是颇为理屈地来了句："此皆吾兄之事，非某所宜也。"这些都是我大哥的事，不是我能管得了的。言外之意，道理咱就别讲了，要讲找我大哥讲去。看来，罗贯中还是有意无意地露出了一只马脚。毕竟，他也是文人嘛！

刮目相看

虽然鲁肃在处理孙刘纠纷问题上既克制又勇敢，但孙权对此却并不满意。多年后，孙权在与陆逊谈及周瑜、鲁肃、吕蒙等重臣时，用"内不能办，外为大言"来评价鲁肃在荆州问题上的作为。就是说，鲁肃内心知道自己办不到，表面上还说大话。孙权能够如此定性，可见内心不满到了何种程度。

当然，在批评鲁肃的同时，孙权也用"图取关羽，胜于子敬"向陆逊夸赞了吕蒙在解决荆州问题上的优异表现。当然，孙权的这句评语与吕蒙日后白衣渡江、巧夺江陵密不可分，不过，即使从吕蒙在建安二十年（公元215年）这次冲突中的表现来看，也同样可圈可点。

事情的经过是这样的。看到刘备亲率大军从益州返回公安，孙权急信吕蒙放弃进攻零陵，立刻回师益阳，增援鲁肃。

接到书信后，吕蒙不仅没有下令撤退，反而连夜召集部将，部署第二天一早的攻城任务。如此重要的军事会议，吕蒙却刻意让零陵太守郝普的老友邓玄之坐在自己身旁。

布置完任务，吕蒙以颇为郝普惋惜的口吻，转身对邓玄之说了一番至情至理的话。首先，吕蒙肯定了郝普的忠义；随后，吕蒙分析了郝普的艰难处境：刘备在汉中，关羽在南郡，他们都像倒吊着的人，自顾还不暇呢，怎么会腾出手来救零陵？

"现在郝普就像牛蹄印中的小鱼，还指望长江、汉水来活命，这怎么可能？明日我大军攻城，郝普一个人战死也就罢了，还牵连老母亲一同被杀，岂不令人痛心？你还是劝劝他吧！"吕蒙最后说。

几句话，说得邓玄之心服口服。随即，邓玄之入城把吕蒙的这番话复述给了郝普，再随后，郝普被说服了。

投降之后，吕蒙亲切地握着郝普的手，先把他迎接到了自己的战船上，随后把孙权的急信递给了他。

看到刘备已到公安，关羽近在益阳，郝普恨不得找个地缝能钻进去。不怪对手太狡猾，只怪自己太愚直。

如此看来，吕蒙算得上是个有勇有谋的将领。听听上面吕蒙引经据典、头头是道的劝降辞，谁会想到早年的吕蒙却是一个只爱冒险、只想杀人的莽夫。

当年，家在中原汝南郡的吕蒙，很小的时候就跟随家人南渡长江，十五六岁时又跟着姐夫邓当去攻打山越，姐夫和老母亲看他年龄小不让他去，他不仅不听，还搬出当年班超平定西域时的那句"不入虎穴，焉得虎子"作为回应，弄得家人也没办法。

后来，邓当手下的一名小吏也瞧不起他，认为年纪轻轻的他不是去得虎子，而是去以肉喂虎。结果，少年吕蒙手起刀落结果了那人的性命，自己跑路去了。

好在那时天下大乱，有枪便是草头王。没几年，吕蒙就成了孙策的手下，后来又成了孙权的干将，在征讨黄祖的战役中因为亲手杀了黄祖的水军都督陈就而立了头功。

如果吕蒙就这样打打杀杀，无疑会成为一员攻城拔寨的猛将，而不是智勇双全的儒将。然而，一次聊天之后，吕蒙却发生了改变。

一次，孙权把爱将吕蒙和蒋钦找来谈话。谈话的核心意思就一个：打仗之余，你们多读读书，学学文。

此时，生性不喜书传的吕蒙很不以为然，直接回了一句："在军中常苦多务，恐不容复读书。"军队里的事还忙不完呢，哪有闲工夫再去读书。

这下孙权不高兴了，随之说了一大堆劝学的话。

"我又不是叫你们治经典当博士，只是叫你们多看看历代往事，有所涉猎和借鉴。"首先，孙权对读书作了定位。

"你说事情多，再多有我的事情多吗？我年少时除了《易经》之外，把《诗经》《尚书》《礼记》《左传》《国语》都读遍了，主事江东以来，又读了《史记》《汉书》和《东观汉记》等三史以及各家兵书，自己认为大有益处。"孙权以自己为例，既讲了读书的收获，又驳斥了吕蒙的借口。

"你们二人悟性都很高，肯定能够学有所得。你们最好先读读《孙子兵法》《六韬》《左传》《国语》以及《史记》《汉书》和《东观汉记》。"最后，孙权不仅对吕蒙、蒋钦进行了勉励，还给他们指定了阅读书目。

主公已经把话都说到这个份儿上了，吕蒙还能不读书吗？于是，他硬着头皮、挤出时间，抱起了书本。

结果，一拿起来，吕蒙就放不下了，其废寝忘食和博览群书的程度，连一些儒生名士也自愧弗如。

虽然读书日有长进，但真正检验吕蒙读书成果的，却是一次不期而至的相会。建安十五年（公元210年），鲁肃接替周瑜去陆口（今湖北嘉鱼县陆溪镇）驻防，路过吕蒙的驻地。

本来鲁肃心里有些看不上吕蒙，没想着去拜访吕蒙，不过有人对他说吕蒙"功名日显"，不能以老眼光看待。鲁肃心想，反正路过，顺道拜访一下也无妨。

见到鲁肃前来，吕蒙盛情款待，推杯换盏。看到这种场面，鲁肃倒有些不以为然，吕蒙还是往日的吕蒙，没什么长进嘛！

然而，酒过三巡之后，吕蒙的一番发问却让鲁肃心头一惊："鲁将军身担重任，防区与关羽相邻，打算采取什么策略防范紧急情况的发生？"

对于这样事关重大的问题，鲁肃只能含糊作答："还能怎么办，随机应变吧。"

吕蒙对于这样随意的回答当然不满意："现在东西两方虽然是一家，但关羽实在是一名熊虎之将，怎么能不事先规划好应对的策略呢？"随后，吕蒙和盘托出了自己的五条策略。

这下，鲁肃坐不住了！他当即起身走到吕蒙身旁，边用手轻拍吕蒙的后背，边赞叹道："原来只知道大兄弟你有武略，今天看来，你还学识渊博有见地，看来真不是以前的吴下阿蒙了（非复吴下阿蒙）。"

听到鲁肃的赞扬，吕蒙回应说："士别三日，即更刮目相待。"以后您可别再用老眼光看人了。

是呀，我哪还敢以老眼光看你呀！一番谈话，不禁让鲁肃对吕蒙敬重有加，他当即入室拜见了吕蒙的母亲，与吕蒙结成了好友。

如今，关羽虎踞荆襄，想想吕蒙当日管控危机的策略，看看今日智取零陵的奇谋，鲁肃对吕蒙更要刮目相看了。

而有了荆南三郡在手，孙权便有了与刘备或打或谈的筹码，因而气势上更加咄咄逼人。反观此时的刘备，不仅老地盘荆州遇到了麻烦，新地盘益州也变得岌岌可危，就在孙刘荆州对峙的当口，曹操却攻破了张鲁盘踞了三十多年的汉中，随时可能进逼巴蜀。

权衡之下，刘备选择向孙权求和。随后，双方以湘水为界，瓜分了荆州，湘水以西的南郡、零陵、武陵归刘备，湘水以东的江夏、长沙、桂阳归孙权。

至此，在刘备一方看来，双方在荆州问题上的争议算基本解决了，我是从你那里"求"了荆州，如今我不是把三个郡给你了吗？

然而，在孙权一方看来，问题远没有那么简单。江夏我早已占得大半，长沙、桂阳我也已经接管，零陵我又还给了你，咱们顶多算是把眼前这事儿给了了，江陵那笔账还没算，离两清还远着呢！

建安二十二年（公元 217 年），时年四十七岁的鲁肃病故，时年三十九岁的吕蒙继任。随着主将的更迭，东吴对荆州的策略方针也悄然发生了变化。

一上任，吕蒙就向孙权"密陈计策"，提出了与鲁肃完全不同的解决方案。

首先，吕蒙规划了吴军在长江沿线的军事部署："令征虏守南郡，潘璋住白帝，蒋钦将游兵万人，循江上下，应敌所在，蒙为国家前据襄阳，如此，何忧于操，何赖于羽？"征虏将军孙皎镇守南郡，潘璋进驻白帝城，蒋钦率军沿江机动，吕蒙自己率军夺取曹军占据的襄阳。看来，吕蒙是把关羽和曹操都算计到了。说起来，这倒是在贯彻了鲁肃当年"竟长江所极"的"榻上策"，只不过比鲁肃本人更坚决。

随后，吕蒙对盟友性格和当前态势进行了分析："且羽君臣，矜其诈力，所在反覆，不可以腹心待也。今羽所以未便东向者，以至尊圣明，蒙等尚存也。"况且，关羽君臣崇信诡诈和实力，反复无常，决不能对他们知心相待。如今关羽之所以不便向东出兵进攻我们，就是因为您的英明以及像我吕蒙这样的人还活着。

最后，吕蒙明确表达了自己的意见："今不于强壮时图之，一旦僵仆，欲复陈力，其可得邪？"如果不趁着我们还年轻时来谋划荆州，等我们都老去了，让后人再来对付他们，那得费多大劲才成呀？

这一年，刘备五十七岁，关羽约五十六岁，孙权三十六岁，吕蒙四十岁，两相比较，谁更怕老去？说来说去，吕蒙就是在找取荆州的理由。说白了，就一句话：先下手为强！

听了吕蒙这番入情入理的建议，孙权"深纳其策"。

不过，接下来孙权却又与吕蒙探讨起了北上夺取徐州的可能性。

表面看，孙权转换了话题，实际上，这涉及的却是战略全局的摆布问题。自赤壁之战以来，孙权一直把军事重心和突破方向放在长江下游，这一点从他亲征合肥、出借荆州、立都建业、营建濡须坞等一系列动作就可以看出来。如今，要孙权更弦易辙，进行一个通盘大调整，这个弯他一时半会儿还真扭不过来。于是，他才开始思考把之前以合肥为主要进攻方向变成以徐州为战略指向，要知道，局部调整总比伤筋动骨要容易一些。

对于主公的想法，吕蒙并没有直接否定，甚至于还认为只要孙权想打，必然能够轻松拿下："今操远在河北，新破诸袁，抚集幽、冀，未暇东顾。徐土守兵，闻不足言，往自可克。"

然而，接下来就出现问题了，打下来后怎么守呢？七八万人马恐怕都不够："然地势陆通，骁骑所骋，至尊今日得徐州，操后旬必来争，虽以七八万人守之，犹当怀忧。"

虽然"往自可克"，但却"犹当怀忧"，与其这样，"不如取羽，全据长江，形势益张"。说来说去，吕蒙又把话题牵回了荆州。

利弊得失搞明白了，接下来的战略方向就明确了。随着这次聊天的结束，孙权的目光从长江下游的淮扬转向了长江中游的荆州。

意中迷烦

老根据地被盟友强夺，新根据地被对手威逼，刘备这个得雨的蛟龙、归山的老虎，如今成了一头疲于奔命的驴子，刚刚赶回荆州与孙权达成和解，就不得不赶去面对更强大的敌人曹操。据载，当时益州形势的确十分危急，"蜀中一日数十惊，守将虽斩之而不能安"。

然而，令人没想到的是，曹操收服汉中张鲁之后就班师返回邺城了，疲于奔命的刘备总算松了一口气。

这究竟是怎么回事？

　　从军有苦乐，但问所从谁。所从神且武，安得久劳师？
　　……
　　拓地三千里，往反速如飞，歌舞入邺城，所愿获无违。

曾经在刘表身边怀才不遇的王粲，如今在曹操身边深受器重，不仅被委以重任，而且跟随曹操亲征张鲁。这次随军出征，王粲深深被曹操的英明神武所折服，富于文采的他无以报效，只有用一首五言诗来表达钦佩之情。

一句"拓地三千里，往反速如飞"，虽显夸张，却形象地描述了南征张鲁的顺畅。曹操建安二十年（公元215年）三月从邺城出发，四月由陈仓出散关，五月击败氐族首领窦茂的抵抗，七月攻破汉中门户阳平关，张鲁放弃治所南郑逃往巴中，曹操随之进占南郑，九月巴中各部落酋帅率部归顺曹操，十一月张鲁携家属出降，十二月，曹操留夏侯渊镇守汉中，还师邺城。

一路南下，除了阳平关之战，曹操几乎没有遭到什么有效的抵抗，主要的时间算是都花在了往返的路上，难怪王粲会感到"所从神且武"。

不过，这次南征在曹操心中却是另一番感受。一出散关，曹操就留下了一首《秋胡行》：

晨上散关山，此道何其难！晨上散关山，此道何其难！牛顿不起，车堕谷间。坐盘石之上，弹五弦之琴，作为清角韵，意中迷烦。歌以言志，晨上散关山。

诗的起首，曹操就连叹了两句：晨上散关山，此道何其难！在险峻的蜀道面前，曹操虽然以北征时"坐盘石之上"的周穆王、南巡时"弹五弦之琴"的舜帝以及"作为清角韵"的黄帝等古代帝王自喻，却是"意中迷烦"，心中除了迷乱和烦躁，丝毫没有高歌猛进般的兴奋和喜悦。

到了阳平关，曹操的心情更加迷烦。最初，曹操听说阳平关外的南、北两山相距很远，难以形成阻挡。等到了关下，才知道两山不仅相峙而立、高耸入云，而且连峰接崖、陡峭难攻。初入秦巴山中的曹操，从来没有见过如此易守难攻的险峻地形，为此不免心生怯意，甚至想就此撤军。

不过，曹操最终还是攻克了阳平关。但是攻克的方式，史书上却有不同的说法。

说法一：强攻。据说，曹操本想撤军，但主簿刘晔却认为粮道不继，即使退军也会有损失，索性不如猛攻。于是，大军在强弩的掩护下，攻陷了阳平关。

说法二：智取。曹操假称退军，实际上却实施夜袭，最终夺取阳平关。

说法三：误打。夏侯惇、许褚率军撤退，结果前军一不小心半夜闯进了敌人的一处重要营寨，结果打跑了敌人。

说法四：误撞。不知从哪里来的数千只野麋鹿半夜闯进了敌人的营寨，同时撤退的曹军也与敌军撞到了一起，连惊带怕的敌人竟然投降了。

总之，不管是强攻、智取还是天助，意中迷烦的曹操都神武异常地拿下了阳平关。不过，即使这样，蜀道的艰险依然让曹操心有余悸。

曹操明白，自己之所以能够"往返如飞"地平定汉中，很大程度上与张鲁主观上怯战避战有关。曹操大军一出征，张鲁就准备投降，要不是其弟张卫执意据守，连阳平关之战都不会发生。阳平关失陷后，张鲁又准备投降，结果部下阎圃认为刚战败就被迫投降，一不体现气节，二没谈判筹码，不如先抵抗一下，然后再主动投降，这样更能抬高身价。如此，张鲁将南郑的府库全部封藏，然后逃奔巴中，依附于巴中的部落酋长。后来，张鲁看到投降曹操的巴中部落酋长和自己的手下们都封侯拜将，便带领全家和部众出来投降了曹操。

原本因蜀道艰难而"意中迷烦"的曹操，没有想到胜利来得如此之快，喜出望外的他亲自出城迎接张鲁来降，不仅封张鲁为镇南将军、阆中侯，而且张鲁的五个儿子都被封为列侯，甚至为儿子曹宇迎娶张鲁的女儿为妻。

没想的不仅是曹操，刚刚占领益州的刘备也没有想到张鲁会如此不堪一击。听说张鲁逃到了巴中，刘备赶忙派黄权率领军队前去接应，没想到黄权还在路上，张鲁就已经投降了。当时，阎圃也曾经劝说张鲁考虑归降刘备，没想到张鲁竟勃然大怒，并且冒出一句"宁为曹公奴，不为刘备客"来。看来，在张鲁眼中，刘备的实力威望与曹操有云壤之别。

汉中一旦易主，益州的主人就开始恐慌了，巴蜀天空的阴晴此刻全看曹操的脸色。这时，摩拳擦掌的不仅是手下将领，随军参谋的丞相主簿刘晔、司马懿也心痒难耐，劝曹操顺势而为，南下入蜀。

为了让曹操下定决心，刘晔和司马懿没少费口舌。

刘晔首先从曹操的光辉历史说起，"明公以步卒五千，将诛董卓，北破袁绍，南征刘表，九州百郡，十并其八，威震天下，势慑海外"。

随后，谈到平定汉中对蜀人造成的心理震撼，"今举汉中，蜀人望风，破胆失守，推此而前，蜀可传檄而定"。

进而，刘晔分析了一举灭蜀的可能性，"刘备，人杰也，有度而迟，得蜀日浅，蜀人未恃也。今破汉中，蜀人震恐，其势自倾。以公之神明，因其倾而压之，无不克也"。

接着，谈到了迟缓造成的可能危害，"若小缓之，诸葛亮明于治而为相，关羽、张飞勇冠三军而为将，蜀民既定，据险守要，则不可犯矣"。

最后，刘晔还不忘补上一句："今不取，必为后忧"。

与刘晔异曲同工，司马懿首先阐述了入蜀的大好时机，"刘备以诈力虏刘璋，蜀人未附而远争江陵，此机不可失也"。随后，预测了入蜀可能产生的效果，"今若曜威汉中，益州震动，进兵临之，势必瓦解"。最后，司马懿再次强调了时势的有利和重要，"因此之势，易为功力。圣人不能违时，亦不可失时也"。

"望风破胆""倾而压之""机不可失""圣人不能违时，亦不可失时也"，为了说服曹操，这两位丞相主簿创造了不少经典话语，既费尽了心思，又费尽了口舌。

可是，等待他们的只是一句："人苦无足，既得陇右，复欲得蜀！"就是说，人最苦恼的就是不满足，既然已经取得了陇右，为什么还要急着取得蜀中呢！

这里，曹操化用了汉光武帝刘秀时"得陇望蜀"的典故。

建武八年（公元 32 年），刘秀曾在信中告诉正在进攻汉中地区的岑彭，一旦拿下了盘踞在汉中的隗嚣，就应立刻"南击蜀虏"。谈到这里，刘秀还专门说"人苦不知足，既平陇，复望蜀，每一发兵，头鬓为白"，就是说，人最苦恼的就是不知足，所以刚要平定陇右我就开始望着蜀中了，每发兵一次，我的头发和胡子就多白一次，真是熬人啊！

很明显，刘秀口中的"得陇望蜀"是一种催促，是一种积极的进取。可是，同样的话到了曹操口中，味道全变了。在曹操口中，"得陇望蜀"变成了穷兵黩武和贪心不足。

不过，曹操有自己的考虑。汉中道路尚且如此险峻艰难，蜀道岂不更难？一旦大军入蜀，陇西的羌氐杂胡会不会后方截击，荆州的关羽、江东的孙权会不会联手进击中原？自己虽已进爵魏公，但汉家名号仍在，一旦入蜀受挫，后院会不会起火？总之，曹操否决了谋臣们的建议。

不久，蜀地的降者提供了新的信息，曹军平定汉中后，"蜀中一日数十惊，守将虽斩之而不能安也"。

既然蜀中惊慌到了杀人都不能安定人心的地步，曹操不免又心动了，他问："今尚可击不？"

刘晔说："今已小定，未可击也。"

至此，曹操完全打消了入蜀的念头。一旦止步，汉中天空的阴晴，恐怕就要看别人的脸色了。

定军山下

俗话说，大难不死，必有后福。随着刘备渡过两面受压的窘境，逐步在益州站稳脚跟，益州北部也传来了好消息。

建安二十一年（公元216年），驻守巴西郡的张飞凭借兵力和地形上的优势，将深入巴蜀腹地的劲敌张郃赶回了汉中，机遇的指针开始隐隐地向刘备一边拨转。

有了张飞的胜利，蜀中的君臣开始摩拳擦掌，考虑拿下汉中的可能性了。主战派中最积极的就算法正了，此时的他如同当年的庞统一样，成为刘备身边的谋主。对于夺取汉中的利弊得失，法正进行了深入分析。

首先，双方"才略"对比已经发生了变化，出兵必然胜券在握，"今策渊（夏侯渊）、郃（张郃）才略，不胜国之将帅，举众往讨，则必可克"。一句话，没了曹操，夏侯渊和张郃根本就不是我们的对手。

其次，夺取汉中有多益而无一害。除了可以"广农积谷，观衅伺隙"，至少还有歼敌、拓土、防御等三个方面的收获："上可以倾覆寇敌，尊奖王室，中可以蚕食雍、凉，广拓境土，下可以固守要害，为持久之计。"

由此，法正认为："此盖天以与我，时不可失也。"

虽然法正计虑深远，言之凿凿，还是有人提出了不同意见。公开站出来反对的是两位颇有权威的星象师，一位叫周群，他认为这次出兵，将"当得其地，不得其民也。若出偏军，必不利，当戒慎之！"就是说，出兵只会得到土地，不会得到人口；如果派出一支偏师，则必然会失利。另一位叫张裕，他说话更加直截了当："不可争汉中，军必不利。"就是说，别争了，一打就会失败。如果周群的话算善意的提醒，那么张裕简直就是在泼凉水！

对于一路风雨一路行的刘备来说，周群、张裕的天象命定论显得苍白无力，而法正有理有据的分析才真正坚定了刘备北征的决心。谁说刮风下雨就不能出门了？说不定是及时雨呢！

建安二十三年（公元218年）春，经过一番筹备的北征大军正式开拔。北征大军兵分两路，一路东出，由刘备亲自率领法正、赵云、黄忠、魏延等人，直指汉中；另一路西出，由张飞、马超、吴兰等将领进攻汉中西北方的曹军重镇下辩（今甘肃成县西）。如此部署，刘备和法正没少下功夫，主攻汉中的东路军自不必说，都是精兵强将；承担策应任务的西路军也是梦幻组合，张飞是勇冠三军的心腹战将，马超是深受羌氏拥戴的西北骁将，吴兰是熟悉山川地理的刘璋故将，此三人合力，既可以阻挡敌军对汉中的增援，也可以穿插后方切断敌人的退路，甚至可以对关陇一带形成震慑。

针对来犯之敌，曹操的反制措施针锋相对。东路敌军由原本驻守汉中的夏侯渊、张郃、徐晃迎击，西路敌军由厉锋将军曹洪、骑都尉曹休、议郎辛毗前往迎战。既然双方都是精兵猛将，那么，一场恶战就势不可免。

最先交锋的是西路。按照刘备既定的战略意图，西路军要"先张声势"，故意暴露自己，以此为东路军的进攻创造机会。不料刘备的这个如意算盘却被曹休识破了。为此，曹军先发制人突袭了吴兰的部队，不仅斩了吴兰的部将任夔，致使吴兰在逃亡中被氐人杀死，而且迫使张飞、马超败走汉中。刚一出师，两路大军就变成了一路，果真应了周群"若出偏军，必不利"那句话。

西路已溃败，东路尚难胜。为了应对刘备对汉中的进攻，曹军形成了南北呼应的掎角之势，夏侯渊、徐晃居北驻屯阳平关，张郃居南驻屯广石（今四川广元），两军宛如一把前锐后钝的锥子般横亘在益州的咽喉部位。为此，刘备的战法简单明确：派出部将陈式等十余营兵力去切断连接曹军的南北通道马鸣阁栈道。曹军的反制措施也很明了：誓死守卫。结果，狭路相逢勇者胜，徐晃大破陈式等部人马，逼得蜀军为了求生直往山谷里面跳，死伤惨重。听到徐晃守住了汉中的"险要咽喉"，曹操对徐晃下令嘉奖，称"将军一举，克夺贼计，善之善者也"。看来，周群、张裕"军必不利"的预言应验了。

既然没法将曹军拦腰斩断，刘备只能一截一截硬啃，他选出万名精卒，分成十支队伍，轮番对张郃驻守的广石发起进攻。然而，心越急骨头越难啃，随着曹军士气上涨，战场形势对蜀军越来越不利。情急之下，刘备写信给留守成都的诸葛亮，让他火速增兵前线。

面对刘备的增援命令，诸葛亮多少有些迟疑。眼下，对付才略不高的夏侯渊等曹军将领尚且如此吃力，一旦曹操亲率大军从别处进攻，没有战略预备队怎么行？再说益州新定，人心不稳，万一后院起火怎么办？总要留点"余粮"，以备不测吧。

对于诸葛亮的疑虑，从事杨洪却有不同的看法，他对诸葛亮说："汉中，益州咽喉，存亡之机会，若无汉中，则无蜀矣。此家门之祸，发兵何疑。"一句话，没有汉中就没有益州，没有眼下就没有日后，先把"家门之祸"搞定了再说。于是，诸葛亮进行了全蜀总动员，男人当兵上前线，女人运粮当后勤，说什么也要把门堵住。

随着蜀军倾巢而出，夏侯渊、张郃逐渐退缩到汉中周围，刘备夺回了战场的主动权。

汉中战事，对于刘备来说是"家门之祸"，对于曹操来说只算是边关烽火。夏侯渊与刘备对峙半年多，曹操除了派曹洪等人予以增援外，主要精力都放在了封王建国上，在他眼中，完成资产从汉到魏的权属变更也许比边关战事要重要得多。

直到建安二十三年（公元218年）九月，曹操才从邺城到达长安，而随后北方的几件事又让他停下了脚步。一件是北方代郡的乌桓起兵造反，一件是宛城守将侯音造反。为了平定这两起叛乱，曹操不得不留在长安指挥调度。

就在这个当口，刘备率军南渡汉水，占据了汉中西面的定军山。

为了阻止刘备对汉中的进攻，夏侯渊也将防线设在了定军山。

定军山下，刘备采纳法正的建议，派老将黄忠率兵居高临下，擂鼓呐喊，发起攻击；同时派人马烧毁了夏侯渊军营外用木头和树枝组成的防御设施"鹿角"。一时之间，曹军陷入惶恐不宁之中。

为了守住大营，夏侯渊可谓殚精竭虑，他一面让张郃护卫军营东面，一面自己率轻骑去护卫军营南面。结果，张郃在刘备主力的攻击下，连吃败仗，夏侯渊又连忙分出半数兵马进行援救。紧接着，夏侯渊又亲自带领四百名士兵去修补营外十五里的鹿角。

夏侯渊亲力亲为的举动，被山上的蜀军尽收眼底，于是一支突击部队突然从山谷中杀出。兵微将寡的夏侯渊不仅猝不及防，而且被抄了后路，"短兵接刃"之中，最终丢了性命。

夏侯渊的阵亡使曹军陷入军中无帅的极大恐慌之中，一时之间，"军中扰扰，不知所为"，"恐为刘备所乘，三军皆失色"。同时，夏侯渊的阵亡也让曹操陷入极大的悲伤之中。遥想二十年前，夏侯惇、夏侯渊兄弟追随自己起兵谯县，出生入死，奋不顾身，才有了三分天下有其二的皇皇功业，如今大业未竟，夏侯渊却殒命疆场，怎能不让人惋惜。实际上，曹操不是不了解夏侯渊的缺点，他也常常告诫夏侯渊："为将当有怯弱时，不可但恃勇也。将当以勇为本，行之以智计；但知任勇，一匹夫敌耳。"没想到，夏侯渊还是没有改变自己恃勇逞强的匹夫性格，最终害己害军。

事到如今，曹操不得不专门颁布《军策令》告诫全军。策令中，曹操除了回顾夏侯渊阵亡的全过程，还批评了他的鲁莽举动："渊本非能用兵也，军中呼为'白地将军'，为督帅尚不能亲战，况补鹿角乎！"

所谓"白地"，就是指没有树木或建筑物的空地，而"白地将军"的含意就是指没有谋略的将军。说白了，"白地将军"就是没脑子的家伙。自己不要命也就罢了，因为自己而置全军于险境就是真没脑子了。

好在督军杜袭和司马郭淮及时推举张郃代理军中主帅，曹军才稳住阵脚。看来，曹操再不出马，汉中就难保了。

建安二十四年（公元219年）三月，在长安待了半年之久的曹操终于经过斜谷（今陕西眉县西南）抵达汉中前线。

几年征战下来，刘备不仅踏遍了汉中一带的山岳河川，而且踏出了夺取汉中的斗志与自信，他对手下的将领说："曹操虽来，无能为也，我必有汉川矣。"就是说，虽然这次曹操来了，但他同样无可奈何，我必定拿下汉中。

这是刘备面对曹操第一次放出豪言。建安五年（公元200年）正月，面对曹操亲征徐州，刘备一开始还不相信，可一旦看到曹操的麾旌，随即"便弃众而走"；同年四月的延津之战，曹操以数百骑兵击溃了袁绍大将文丑和刘备率领的五六千骑兵；建安六年（公元201年），跑到汝南的刘备，一听说曹操亲自来打自己，立刻"走奔刘表"。以上可看出，刘备是真被曹操打怕了。

然而，此时的刘备却战胜了自己的心魔，摆脱了以往闻曹必逃、逢曹必败的魔咒，主动去迎接一场对决了。

对付曹操，刘备的战术很明确：凭险据守，避实击虚。通过截粮、破袭等小动作，刘备积小胜为大胜，打得曹操焦头烂额。

最值得称道的一场战斗算是赵云和黄忠的截粮行动。有一次，曹军在北山下运粮，黄忠看到上千上万袋的粮食，不觉眼红心痒。感觉自己兵少，他便向赵云借了些许人马前去夺粮，而让赵云待在营中静候佳音。但赵云左等右等都不见黄忠的身影，看到约定时间已过，赵云便带着数十轻骑前往接应。

赵云出营不久，就遇到了曹操派出的大队人马。曹军前锋部队咬住了赵云，随后大军杀到，密扎扎把赵云等人围在中间。见此情形，赵云跃马挺枪，左冲右突，且战且退，一次次冲散曹军的围攻。怎奈曹军散而复合，实难抵挡，赵云只得退入营寨据守。刚入营寨，赵云就看到部将张著还在重围之中带伤与曹军厮杀。于是，赵云再次纵马突入重围，救出张著，返身直趋大营。

此时，曹军眼看也杀到了营门口。正在防守大营的部将张翼看到曹军杀到，便要闭门据守。赵云进入大营后，却下令大开营门，"偃旗息鼓"。

看到蜀军如此反常的举动，曹军有些发懵，这是玩的哪一出？肯定有伏兵等着我们进去呢。于是，曹军不进反退。此时，赵云命令士兵把战鼓擂得震天响，把弩箭射得密如雨，一时之间，吓得曹军自相蹂躏，掉进汉水中淹死的不计其数。第二天，刘备亲自来到赵云兵营，慰问之余还察看了昨日的战斗之处。望着营前的满目疮痍，想象昨日的惊心动魄，刘备忍不住赞叹说："子龙一身是胆也！"于是，设宴欢庆直到黄昏，军中称呼赵云为"虎威将军"。

"偃旗息鼓"体现了赵云之智，"一身是胆"体现了赵云之勇，刘备身边有如此智勇双全的虎将，曹操要想守住汉中，看来悬了！

再次来到汉中，曹操似乎有些骑虎难下。一方面，自己浩浩荡荡地从邺城到长安，从长安到汉中，兴师动众的南征总不能无功而返，好不容易到手的汉中总不能拱手送人。另一方面，现在的刘备也着实难对付，除了多年追随的张飞、赵云，刘备身边又多了一个令人忌惮的马超，自己那句"马儿不死，吾无葬地也"至今依然在耳边盘旋。

更可怕的是一向多勇少谋的刘备如今却有了法正这个谋士，简直是如虎添翼。想到这里，曹操不禁感叹："吾收奸雄略尽，独不得（法）正邪！"向来被别人称作奸雄的曹操，却为一个没有收服的奸雄而遗憾，的确少见。

前面讲过，曹操之所以是曹操，就是因为曹操逆商高，不钻牛角尖，能打就打，不能打就走，来日方长。最终，曹操为自己设置了一个止损点，作出了放弃汉中、回师长安的决策。同时，曹操下达了当天的夜间口令：鸡肋。

对于这样一个奇怪的口令，全军上下都有点摸不着头脑。平白无故魏王怎么会想到鸡身上的这样一个部位，莫非是当天啃了鸡肋骨？要是这样，哪天看到鸡的屁股，是不是口令就叫"鸡屁股"了？莫非是别出心裁用来迷惑敌人的，使敌人即使窃知口令也不敢相信？如果这样，那效果的确达到了，别说敌人不敢相信，连自己人都以为听错了。

众人惊愕之际，主簿杨修却自顾自地整理起随军行装，做着打道回府的准备。这下众人反而对杨修的举动惊奇起来，纷纷来问："何以知之？"杨修则不紧不慢地释疑解惑："夫鸡肋，弃之如可惜，食之无所得，以比汉中，知王欲还也。"

好一个"弃之如可惜，食之无所得"！曹操出谜面，杨修解谜底。看来，这对君臣在军旅征程中也不失雅致。

放弃了味如鸡肋的汉中，曹操把防线退到了数百里之外的陈仓、祁山一线，将武都（今甘肃陇南市武都区）等汉中北边的诸郡县全都送给了刘备。看来，曹操想得很明白，既然放弃了鸡肋，索性把鸡屁股也丢给蜀军吧，让你们日后也感受一下食之无味、弃之可惜的滋味。

十五年后，面对孙权和诸葛亮的东西夹攻，曹操的孙子、魏明帝曹叡说了这样一句话："先帝东置合肥，南守襄阳，西固祁山，贼来辄破于三城之下者，地有所必争也。"

仅此一句就足以证明，曹操当年预设的那些防线，效果颇佳。

第十三章

邺都

一次远方的苟且，
如何成就眼前的诗意？

人要为自己的错误买单，曹操也不例外。不知是在建安十三年具体什么时间，十三岁的曹冲突然身患重疾，即使曹操"亲为请命"，想尽各种办法，依旧无济于事。

看到自己最喜爱的儿子徘徊在生死边缘，曹操此时又想起了华佗。

华佗去世后，曹操依旧时常为头风病所困扰，但他丝毫不后悔自己的决定，他曾经对身边的人说："佗能愈此。小人养吾病，欲以自重，然吾不杀此子，亦终当不为我断此根原耳。"没错，也许华佗是想通过不给曹操根治头风病以自重，也许头风病对曹操也不构成什么致命威胁，然而，华佗关系到的却不仅仅是一个头风病。看着将逝的爱子，曹操不由得哀叹："吾悔杀华佗，令此儿强死也。"

曹冲死后，曹操"甚哀"。当儿子曹丕去宽慰他时，曹操禁不住说了一句："此我之不幸，而汝曹之幸也。"就是说，这是我的不幸，却是你们兄弟的幸运。不管这句话是有心还是无意，但这无疑是曹操真实心迹的表露。

建安十三年之前，无论是对国家的发展方向，还是对自家的接班安排，曹操都有着相对清晰的规划。然而，赤壁的折戟沉沙，爱子的不幸夭折，却改变了这一切。如何面对在一个无法一统的江山里实现改朝换代？如何在一群并非最中意的儿子中选择接班人？即使没有头风病，也是个让人头痛的问题。

江湖未静

建安十五年（公元210年），周瑜对曹操一方的动向作出了这样的判断："今曹操新折衄，方忧在腹心，未能与将军连兵相事也。"就是说，如今曹操刚刚遭受了挫折，真正忧虑的是内部，不可能与咱们长期作战。

周瑜这样说的目的，无疑是为了说服孙权进军益州，但他作出的判断，却是曹操面临的真实状况。此时，曹操的确在为内部的稳定而忧心。

这一年，天子将曹操的封邑从武平县增加到了武平、阳夏、柘县、苦县等四个县，食户也从一万户增加到了三万户。增封无疑是件好事。不过与增封同时蔓延开的一种声音却让曹操嗅出了不同的气息：既然天子已经增加了曹丞相的封邑，那么丞相就应该交出手中的军队，回到武平侯国去安享晚年。

以前，自己所向披靡、声望日隆时，这种声音是绝不可能出现的；如今，看到自己赤壁折戟，已经有人敢于给自己喂料和下套了。从一个县变成四个县，从一万户变成三万户，一切看起来是如此丰厚，可是，以四个县换取司隶、豫、兖、徐、冀、幽、青、并、荆、扬诸州，以三万户换取数十万兵马，这岂不是亏大了？

面对政敌的圈套，曹操当然不能上钩。但是，对于增封这个诱饵，曹操却不能不回应。于是，建安十五年（公元210年）十二月，曹操发布了一份名为《让县自明本志令》的教令，直接对增封和归邑进行表态。

在这篇教令中，曹操全面回顾了自己的人生经历和心路历程。

一上来，曹操先描述了自己刚刚迈入仕途时的心境："孤始举孝廉，年少，自以本非岩穴知名之士，恐为海内人之所见凡愚。"的确，曹操被举荐为孝廉那年，刚满二十岁，相比于那些隐居多年、厚积名望的人来说，年纪轻轻的他的确算不上什么知名之士。

不仅没有名望，出身阉宦、"任侠放荡"的曹操甚至给人留下了一些负面印象。比如：曹操早年想与南阳名士宗承交往时，宗承"甚薄其为人，不与之交"；曹操请求许劭给自己评语时，许劭一开始也是"不答"，后来曹操"固问之"，许劭才给出了"子治世之能臣，乱世之奸雄"这种有褒有贬、亦褒亦贬的评价。这样看来，也就难怪曹操会担心自己被天下人看低了。

那么，曹操为了改变"恐为海内人之所见凡愚"的状况，又准备怎么做呢？

曹操的答案是："欲为一郡守，好作政教，以建立名誉，使世士明知之。"就是说，他准备去当一个郡的太守，把当地的政治和教化搞得好好的，以此来建立自己的名誉，让世上的人都清楚地了解自己。

有了这种想法之后，又经过洛阳北部尉、顿丘令、议郎、骑都尉等多岗位历练，曹操终于在三十岁时当上了与郡守相当的济南相。有了这样一个"使世士明知之"的好机会，曹操"故在济南，始除残去秽，平心选举，违迕诸常侍，以为强豪所忿"。具体来说，曹操在济南相任上主要干了两件事，第一件是整饬吏治，一上任他就奏免了一大批贪赃枉法的县官令长。具体比例有多大？十分之八。第二件是移风易俗，任上曹操禁绝了在济南国流行了三百多年的求神问卜、铺张浪费的"淫祀"。

经过这番整治，济南国"政教大行，一郡清平"，而曹操却因为触犯了一些朝廷权贵和地方豪强的利益，为这些人所忌恨。在这种情况下，曹操"恐致家祸，故以病还"，就是说，由于担心给家族招来灾祸，他就托病返回家乡谯县了。

那么，曹操回乡的基本考虑是什么呢？

这一点，曹操说得很清楚："去官之后，年纪尚少，顾视同岁中，年有五十，未名为老。内自图之，从此却去二十年，待天下清，乃与同岁中始举者等耳。"就是说，曹操觉得与那些当初一起被举荐为孝廉的人相比，自己还年轻得很，还有的是机会，哪怕等上二十年都没问题。

那么，曹操回到家乡后又做了什么呢？

"故于谯东五十里筑精舍，欲秋夏读书，冬春射猎，求底下之地，欲以泥水自蔽，绝宾客往来之望。"就是说，曹操在谯县县城东面五十里的地方建了一个用来修身养性的精舍，打算在这里秋夏读书，冬春打猎，只求有块安身之地，以此老于荒野、不被人知，断绝与人交往的念头。

显然，此时的曹操虽不在"岩穴"，但过的却是一种隐居的生活。而之所以如此，除了他说的规避"家祸"和"待天下清"，恐怕还有另外一个目的：树立名节，建立名望。

可是，历史真的会让曹操如此惬意地"从此却去二十年"吗？

实际上，正如曹操接下来所说，"然不能得如意"，很快他的隐居生活就结束了。中平五年（公元188年），随着朝廷组建堪称精锐的西园新军，曹操"后征为都尉，迁典军校尉"，与袁绍等人一起成了西园八校尉之一。

随着身份由文转武，曹操的志向也发生了重大变化："意遂更欲为国家讨贼立功，欲望封侯作征西将军，然后题墓道言'汉故征西将军曹侯之墓'，此其志也。"就是说，此时曹操心里想的已经不是政治教化而是讨贼立功了，他希望今后能够封侯拜将，故去后墓碑上写着"汉故征西将军曹侯之墓"。

可是，曹操的这一志向实现得又如何呢？结果是"而遭值董卓之难，兴举义兵"，曹操不仅没有踏上西征之路，反而被来自西方的军阀逼上了"兴举义兵"的道路。

提到这段经历，曹操专门说了这样一段话："是时合兵能多得耳，然常自损，不欲多之；所以然者，多兵意盛，与强敌争，倘更为祸始。"就是说，曹操当时完全可以招募更多的兵马，然而他却常常自己裁减，不愿扩充；之所以这样做，是因为兵多了意气骄盛，不可避免地要与强敌抗争，进而引发祸端。

对此，曹操还专门举了自己在创业初期"自损"的例子："故汴水之战数千，后还到扬州更募，亦复不过三千人，此其本志有限也。"打汴水之战时身边只带了几千人，后来去扬州募兵也只招了三千人，都是因为自己最初的想法就有限。

一边讲经历，一边讲志向，明明志向在不断上档升级，却一直在刻意强调自己"本志有限"，曹操到底想表达什么呢？

一句话，我不是一个有多大志向的人！

再加一句话，如果说我有志向的话，那也是时势逼出来的。

可是，就算你一开始"本志有限"，你怎么还位极人臣了呢？这一点，你如何解释？于是乎，曹操又从自己的创业期谈到了鼎盛期。

首先，从入主兖州、壮大队伍谈起："后领兖州，破降黄巾三十万众。"很明显，这是曹操事业的转折点，自此他才摆脱了袁绍的约束，有了自己的地盘和人众，实现了从 0 到 1 的飞跃。

随后，焦点转向野心家袁术："又袁术僭号于九江，下皆称臣，名门曰建号门，衣被皆为天子之制，两妇预争为皇后。"就是说，从袁术本人到臣下、妻妾都已经实质性地建号称帝了。

然而，干都干了，为什么袁术一伙最后却不敢声张呢？曹操的解释是："志计已定，人有劝术使遂即帝位，露布天下，答言'曹公尚在，未可也'。"一句话，忌惮曹操的存在。

实际上，大逆不道的袁术最终的确是被曹操逼到绝路的："后孤讨禽其四将，获其人众，遂使术穷亡解沮，发病而死。"

讲完袁术，再讲袁绍："及至袁绍据河北，兵势强盛，孤自度势，实不敌之，但计投死为国，以义灭身，足垂于后。"相比于袁术，兵强马壮的袁绍就不是那么好对付了，可曹操还是抱着舍生取义的信念与比自己强大数倍的对手硬拼。结果"幸而破绍，枭其二子"。

讲完袁绍，再讲刘表："又刘表自以为宗室，包藏奸心，乍前乍却，以观世事，据有当州，孤复定之，遂平天下。"相对而言，平定刘表就容易多了，因此曹操把重点放在了揭露刘表的野心上面，征伐平定则一笔带过。

应该说，曹操上面讲的这些基本符合事实，唯一夸大的，就是那最后一句："遂平天下。"此时不是还有刘备、孙权、马超、韩遂、刘璋、张鲁等人吗，曹操怎么能说自己就遂平天下了呢？另外，曹操消灭的强敌之中还有吕布呢，怎么也没说？

显然，曹操对论述对象是有取舍的，他拿出来讲的只是那些明确表露出篡逆之心的家伙。袁术自不用提，袁绍也曾经授意手下的主簿耿苞编过一段"赤德衰尽，袁为黄胤，宜顺天意，以从民心"的说辞，而刘表也曾经有过"郊祀天地"的僭越之举。

至于吕布这样并无篡逆之心而被消灭的诸侯，以及刘备、孙权这些曹操并未征服的诸侯，一是不好解释，二是他们一直表面臣服，索性就放在"遂平天下"里面了。

那么，曹操为什么要专门提这些野心勃勃的家伙？目的就在于引出如下两句话：第一句，"身为宰相，人臣之贵已极，意望已过矣"，我没有如那些人那般的野心，能当宰相已经超过我的预期了。第二句，"今孤言此，若为自大，欲人言尽，故无讳耳。设使国家无有孤，不知当几人称帝，几人称王！"今天我说这些，好像很狂妄自大，而我的目的却是想消除人们的非议，所以才没有什么隐讳。假使国家没有我，还不知道会有多少人称帝，多少人称王呢！

曹操说的没错，如果没有他，不仅袁术、袁绍、刘表早就称帝称王了，说不定刘备、孙权也已把自己变成帝王了。言下之意，无论过去、现在还是将来，曹操都是中流砥柱、定海神针，他不妄为，别人才不敢造次！

既表心迹，又表功劳，还要以正视听，怪不得曹操要说这么多。然而，即使如此，曹操知道还远不够，自己终归要正面回答众人的疑虑。

于是，曹操索性直接把问题摊到了明处："或者人见孤强盛，又性不信天命之事，恐私心相评，言有不逊之志，妄相忖度，每用耿耿。"或许有的人觉得我势力强盛，又生性不相信天命之事，因此私下议论，说我有夺取帝位的野心，这种妄自揣度，常使我心中不得安宁。

讲完这些，曹操又用不短的篇幅讲了一些历史成例。

先谈春秋时的齐桓公和晋文公："齐桓、晋文所以垂称至今日者，以其兵势广大，犹能奉事周室也。论语云'三分天下有其二，以服事殷，周之德可谓至德矣'，夫能以大事小也。"

再谈战国时的乐毅："昔乐毅走赵，赵王欲与之图燕，乐毅伏而垂泣，对曰：'臣事昭王，犹事大王；臣若获戾，放在他国，没世然后已，不忍谋赵之徒隶，况燕后嗣乎！'"

还谈秦朝时的蒙恬："胡亥之杀蒙恬也，恬曰：'自吾先人及至子孙，积信于秦三世矣；今臣将兵三十余万，其势足以背叛，然自知必死而守义者，不敢辱先人之教以忘先王也。'"

谈到"尊王攘夷"的齐桓公、晋文公时，曹操还专门提到了坚持"以大事小"的周文王，言下之意，自己既然会像齐桓晋文那样"奉天子"，那么也一定会像周文王那样恪守臣道，绝不改朝换代。

谈完不忘旧君的乐毅和恪守忠义的蒙恬后，曹操更是表示"孤每读此二人书，未尝不怆然流涕也"。燕将乐毅是被燕国猜忌的人，秦将蒙恬是被秦君陷害的人，曹操专门讲自己因这两人而悲伤流泪，就是要表达一点：无论明月如何照沟渠，自己都会一如既往地将心托明月。

为了进一步申明这一点，曹操提供了三个方面的证据。

其一，"孤祖父以至孤身，皆当亲重之任，可谓见信者矣，以及子桓兄弟，过于三世矣。"就是说，从我的祖父、父亲直到我，都担任重要职务，算得上是被天子信任的人，再加上曹丕兄弟，已经不止三代了。

其二，"孤非徒对诸君说此也，常以语妻妾，皆令深知此意。孤谓之言：'顾我万年之后，汝曹皆当出嫁，欲令传道我心，使他人皆知之。'孤此言皆肝鬲之要也。"我不仅对大家这样说，我对妻妾们也常常这样说，目的就是让她们都深知我的心意。我告诉她们，等我死后，你们都应当改嫁，希望你们传述我的心愿，使人们都知道。我这些话都是发自肺腑的至要之言。

其三，"所以勤勤恳恳叙心腹者，见周公有金縢之书以自明，恐人不信之故。"我之所以勤勤恳恳地叙说这些心腹话，是看到周公用《金縢》之书来表明自己的心迹，恐怕别人不相信的缘故。

先谈家族中的自己，后谈家庭中的自己，再谈独处时的自己，总之，于国于家，自己绝无二心。

心志谈完了，接下来就要谈决定了："然欲孤便尔委捐所典兵众以还执事，归就武平侯国，实不可也。"然而，如果要让我就此放弃所统率的军队，把军权交还朝廷，回到武平侯的封地去，这也实在是不行的！

紧接着，曹操给出了"不行"的理由："何者？诚恐己离兵为人所祸也。既为子孙计，又己败则国家倾危，是以不得慕虚名而处实祸，此所不得为也。"只恐怕我一放弃兵权就会遭到别人陷害，既是为子孙考虑，又要顾及自己一旦垮台国家也要发生危机，所以我不能只贪图虚名而招来实际的祸患，这就是为什么我不能这样做的原因。总之，于自己、于子孙、于国家，都不行！

不仅不能"捐"，曹操还要"受"。他接着说："前朝恩封三子为侯，固辞不受，今更欲受之，非欲复以为荣，欲以为外援，为万安计。"以前朝廷降恩封赐我的三个儿子为侯，我都坚辞不接受，现在我改变了想法准备接受下来，这并不是想以此来体现荣耀，而是想让他们作为外援，为安全着想。

很明显，如果曹操前面还是在防守的话，那他现在已经转入进攻了。你们不是想让我交权吗，那我就增权给你们看看，我倒要看你们怎么办。

大踏步进攻之后，曹操又进行了些许后撤："孤闻介推之避晋封，申胥之逃楚赏，未尝不舍书而叹，有以自省也。"每当我读到介子推逃避晋文公的封爵和申包胥逃避楚昭王的赏赐这些事情时，没有不放下书心生感叹的，也以此来反省自己。

既然认可和赞赏古人的避封和逃赏，那曹操为什么还打算让自己的儿子受封呢？既然儿子们受封，为什么又提起古人避封的这些事儿呢？

别着急，接下来曹操自然会说："奉国威灵，仗钺征伐，推弱以克强，处小而禽大，意之所图，动无违事，心之所虑，何向不济，遂荡平天下，不辱主命，可谓天助汉室，非人力也。"

这个洋洋洒洒的长句，主要解释了曹操以弱胜强、以小擒大的根本原因：天助汉室，而非人力。

可是，这与古人避封又有什么关系呢？既然"非人力也"，那"然封兼四县，食户三万，何德堪之！"我曹操怎么受得起啊！

于是，曹操进一步决定："江湖未静，不可让位；至于邑土，可得而辞。"现在天下还未安定，所以我不能让位。至于封地嘛，可以辞退一些。

接下来，曹操具体说了说辞封的范围和所要达到的目的："今上还阳夏、柘、苦三县户二万，但食武平万户，且以分损谤议，少减孤之责也。"阳夏、柘、苦三县的二万户赋税交还给朝廷，武平县的一万户我领受，姑且以此来平息诽谤和议论，稍稍减少别人对我的指责吧！

看得出，这是一篇曹操深思熟虑后颁布的教令。相比于其他教令的简短明快，这一教令不仅篇幅冗长而且层次繁复，既说自己"本志有限"，又说自己不可或缺（设使国家无有孤，不知当几人称帝，几人称王）；既申明自己将"以大事小"，又表明自己"不可让位"；既为儿子"更欲受之"，又为自己

"可得而辞"；曹操一会儿"未尝不怆然流涕"，一会儿又"未尝不舍书而叹"，如此兼具情理，声情并茂，百回千转，说白了就一句话：

我不会篡权，更不能放权！

以自藩卫

就在曹操发布《让县自明本志令》的次月，也就是建安十六年（公元211年）正月，曹操的三个儿子被朝廷册封为侯，曹植为平原侯、曹据为范阳侯、曹林为饶阳侯，每人食邑各五千户。

表面看，曹操让出了三个县两万户，三个儿子获封三个县一万五千户，相较于天子之前增封的两万户，曹操似乎少领了五千户。但实际上，平原、范阳、饶阳三县却远较武平周边的阳夏、柘、苦三县重要得多。

平原县（今山东平原县）既是平原郡的郡治所在，同时又位于青州与冀州的交界处，是冀州东面的门户；范阳县（今河北涞水县）隶属于幽州的涿郡，地处幽州与冀州的交界处，是冀州北面的门户；而隶属于冀州安平国的饶阳县则恰好处于平原和范阳的中间点，三个县正好构成了曹操大本营邺城的东北部屏障。正如曹操在《让县自明本志令》中所说，他这样做的目的，就是要"欲以为外援，为万安计"。

实际上，曹操不仅构筑了邺城的外围屏障，还进一步扩大了邺城所在郡的控制区域。建安十七年（公元212年）七月，曹操宣布从司隶州河内郡划出荡阴、朝歌、林虑等三县，从兖州东郡划出卫国、顿丘、东武阳、发干等四县，从冀州巨鹿郡划出瘿陶、曲周、南和等三县，从冀州广平郡划出任城县，从冀州赵国划出襄国、邯郸、易阳等三县，上述十四县全部划入魏郡。如此一来，魏郡俨然有了一州的规模。

然而，即使如此大举拓地，距离曹操所说的"为子孙计""为万安计"依旧有相当大的距离。为什么？因为曹操当时虽然任丞相兼冀州牧，但这些都是无法继承的，自己有生之年可以大权独揽，一旦撒手人寰，都要交还回去。因此，就算魏郡再大，也只是生前的自我安慰罢了。

当然，武平侯这一爵位是可以传给子孙的，但区区一个县侯，就算再加上曹植他们三兄弟所封的那几个县，也只是莽莽九州中的孤岛，一朝风云突变，它们很快就会被淹没掉。

如此看来，要想真正"万安"，还要寻找新的路径。

当年，曹操在荀彧、董昭等人的建议和帮助下，通过"奉天子以令不臣"取得了无人可及的政治优势，进而扫平了整个北方，算得上一次完美的"借壳上市"。如今，受困于天子和朝廷形成的政治枷锁，曹操又到了寻求破壳而出的时候。

所谓"桃李不言，下自成蹊"，眼见主公忧心忡忡，善解人意的董昭又来出主意了。

一上来，董昭先从赞扬曹操的功绩开始："自古以来，人臣匡世，未有今日之功。"从古到今，没有一个大臣取得了像您今天这样的功绩。

紧接着，董昭话锋一转，谈到了曹操面临的困局："有今日之功，未有久处人臣之势者也。"哪有取得大功还一直当臣子的？

随后，董昭大肆歌颂了曹操功成不居的美德："今明公耻有惭德而未尽善，乐保名节而无大责，德美过于伊、周，此至德之所极也。"您的操守、您的名节、您的美德，甚至超过了商朝的伊尹和周朝的周公，到了无以复加的地步。

紧接着，董昭话锋一转，提到了汉家君臣对曹操的猜疑："然太甲、成王未必可遭，今民难化，甚于殷、周，处大臣之势，使人以大事疑己，诚不可不重虑也。"然而，像商朝太甲、周朝成王这样的明君未必能够再遇到，如今百姓也不容易教化，难度甚至超过了殷商和姬周，处于大臣的地位，让人怀疑您要做更大的事情，这确实是不能不反复思虑斟酌的事情啊。

很明显，董昭夸耀曹操的正是曹操在《让县自明本志令》所自我标榜的，董昭忧虑的也正是曹操在《让县自明本志令》所忧心焦虑的，而通过董昭这样一起一伏、一跌一宕的撩拨，更是搞得曹操如坐针毡。

这还不算，董昭紧接着又来了一句："明公虽迈威德，明法术，而不定其基，为万世计，犹未至也。"明公您虽然有威德、明法治，但是如果不奠定根基，为千秋万代考虑，却是没有把事情做到底呀。

没奠定根基？我都已经位极人臣了，广立外援了，持续拓地了，怎么还叫"犹未至"呢？你倒说说什么叫"定其基"？

就这样，董昭提出了自己的建议："定基之本，在地与人，宜稍建立，以自藩卫。"就是说建立基业的根本，在于土地和人民，应该把这两方面都建立起来，这样才能用来保卫自身。

没错，这些我都知道，我让三子受封不就是"以自藩卫"吗？难道还有别的可建立吗？

有，当然有！

随之，董昭吐出了七个字："宜修古建封五等。"

只要恢复古代的公、侯、伯、子、男五等封爵制度就行了。别看只有短短七个字，董昭却提出了一个石破天惊的方案，不仅把汉朝订立的二十等爵制度推翻了，而且把秦国商鞅变法以来确立的军功爵制度也推翻了，以恢复春秋时的五等爵制度为名，对所有人的等级、地位、身份进行一次重新认定，进行一次官僚体制和社会阶层的再造，建立一个新的等级体系。

没错，这的确是一个系统性的解决方案，但面对如此牵一发而动全身的变革，曹操却犹豫了。原本要解决的是我曹操一个人的问题，现在却把所有人都包裹进来了，动静也太大了，缓缓吧。

后来，董昭提起的这件事，不是缓了，而是换了。

发现自己的建议存在牛刀杀鸡的不足后，董昭及时进行了修正调整，没多久就拿出了一把杀鸡刀：既然不恢复公、侯、伯、子、男五等爵，那就恢复"公"这一爵位吧。

这是一个让曹操眼前一亮的建议。"公"是一个自古就有的爵位,它既没有"王"那么引人注意,又可以拥有与王一样的权力和尊崇。公可以拥有自己的土地和臣民,可以建立独立的官僚体系,还可以被子孙继承,绵延后代,今后甚至可以如东周列国的诸公那样由"公"而"王"。至此,曹操终于找到了"以自藩卫"的现实路径,一个新的国家在汉帝国的母体内孕育成长,最终破壳而出。

建安十八年(公元213年)五月,天子派御史大夫郗虑专门持节,策命曹操为魏公,加九锡,以冀州十郡作为采邑建立公国,称"魏国"。在天子的策命诏书中,专门对魏国的建制进行了明确:"魏国置丞相已下群卿百寮,皆如汉初诸侯王之制。"那么,汉初的诸侯王又是怎样的一种规制呢?

据《史记·五宗世家》记载,"高祖时,诸侯皆赋,得自除内史以下,汉独为置丞相,……,拟于天子"。就是说,汉初的诸侯王不仅可以在王国内征收赋税,还可以辟署官员,在自己的王国内就跟天子差不多。按照《汉书·诸侯王表序》的说法,"藩国大者,跨州兼郡,连城数十,宫室百官,同制京师"。就是说,汉初诸侯王不仅地盘大,在宫室规模和百官建制上也与天子基本相同。

如此看来,别看只是一句"皆如汉初诸侯王之制",他赋予曹操的权力已经不是一个"公"了,而是一个"拟于天子""同制京师"的诸侯王了。实际上,仅仅过了三年,也就是建安二十一年(公元216年)五月,随着"天子进公爵为魏王",曹操就把"公"给抛掉了。

唯才是举

表面看,一旦曹操迈出了封公建国的步伐,一切都是那么轻松迅速,似乎走走程序、敲敲编钟就办成了。可实际上真正运作起来,事情繁复得令人眼花缭乱，不仅包括军事上的支撑，还包括礼仪上的铺垫，甚至包括思想上的引导。

首先，曹操的权力进阶之路是与一系列军事征伐密切联系在一起的，二者交替进行。

建安十六年（公元211年）九月，曹操大破马超，占领关中。十二月，曹操从关中返回；第二年正月，天子下诏曹操享有"赞拜不名，入朝不趋，剑履上殿，如萧何故事"的特权；同年七月，河内、东郡、巨鹿、广平、赵等郡国的十四个县被划拿出来"以益魏郡"。

建安十八年（公元213年）正月，曹操进军濡须口，攻破孙权江西大营。与此同时，天子下诏，将全国十四州部合并为《尚书·禹贡》中的九州，冀州的地域范围得以大幅扩展。同年五月，曹操晋爵魏公；七月，魏国建立社稷宗庙，祭祀曹姓祖先；十一月，魏国首次设置尚书、侍中、六卿等官职，形成了一套独立的、系统完整的行政机构；次年正月，曹操"始耕藉田"，行天子仪式；三月，天子下诏宣布"魏公位在诸侯王之上"。

建安十九年（公元214年）七月，曹操第三次东征孙权；十月，夏侯渊平定陇右；次年（公元215年）三月，曹操亲征张鲁，七月夺取汉中，十一月张鲁归降。九月，曹操"承制封拜诸侯守相"，直接掌握了任命地方官员的权力，不用再履行表奏程序；建安二十一年（公元216年）二月，曹操回到邺城，五月晋爵魏王。

建安二十一年（公元216年）十月，曹操第四次东征孙权；次年（公元217年）三月，曹操引军还；四月，天子下诏，魏王"设天子旌旗，出入称警跸"；十月，天子命曹操冕用十二旒，备天子乘舆。至此，曹操几乎拥有了等同于天子的全部权力和待遇。

军事搭台，政治唱戏，这就是曹操的行动逻辑。遵循这一逻辑，曹操的军事征伐总是适可而止，进军关中他没有将马超、韩遂赶尽杀绝；进军汉中，他没有乘势得陇望蜀；四征孙权他常常来也匆匆去也匆匆。军事成果虽然有限，但政治上曹操却拾级而上，距离最高权力仅一步之遥。

建安十三年后曹操的权力进阶之路

时间	政治进阶	军事征伐	人才招揽	其他
建安十五年（公元210年）	—	—	颁布《求贤令》	颁布《述志令》
建安十六年（公元211年）	—	亲征马超	—	以曹丕为五官中郎将；册封三个儿子为侯
建安十七年（公元212年）	"赞拜不名，入朝不趋，剑履上殿"	东征孙权	—	割河内等郡国十四县以益魏郡；荀彧自杀
建安十八年（公元213年）	晋爵魏公，建立魏国，设立宗庙	进军濡须口	颁布《取士勿偏废短令》	将全国十四州部合并为九州；天子聘曹操三个女儿为贵人
建安十九年（公元214年）	行天子仪式"始耕藉田"；"魏公位在诸侯王上"	东征孙权	—	—
建安二十年（公元215年）	"承制封拜诸侯守相"	亲征张鲁	—	—
建安二十一年（公元216年）	晋爵魏王	东征孙权	—	—
建安二十二年（公元217年）	设天子旌旗；冕用十二旒，备天子乘舆	—	《举贤勿拘品行令》	—

如果说，曹操军事和政治渐次推进的操作已经足够让人感到深奥和繁复了的话，那么，曹操发布的一系列求贤令就更让人觉得"情深深"了。

建安十五年（公元210年）春，曹操发布了《求贤令》。

一开头，《求贤令》阐发了求贤的重要性和目的："自古受命及中兴之君，曷尝不得贤人君子与之共治天下者乎？"就是说，自古以来，秉受天命和国家中道振兴的君主，哪一个不是得到了贤才并与之一起治理天下的？

那么，当代谁是"受命及中兴之君"？谁要与贤人君子"共治天下"？无疑是曹操。可是，要知道当时曹操还没有封公建国，名义上还只是汉王朝的高级官吏，其政治企图心在此却已显露无遗。

接下来，曹操进一步阐述了颁布《求贤令》的初衷："及其得贤也，曾不出闾巷，岂幸相遇哉？""今天下尚未定，此特求贤之急时也。"就是说，求贤不能被动而要主动，特别是在目前天下未定的时候。

随后，曹操通过三个历史事例，指出选人用人可能存在的盲区：

"若必廉士而后可用，则齐桓其何以霸世！"如果非要选用廉洁之士，那么齐桓公怎么会任用管仲，又如何成就霸业？

"今天下得无有被褐怀玉而钓于渭滨者乎？"如今天下有没有像姜子牙那样身着布衣却怀才不遇、默默垂钓于渭水河畔的人呢？

"又得无有盗嫂受金而未遇无知者乎？"如今天下有没有像陈平那样背负盗嫂受金的指责而一直不被赏识的人呢？

最后，曹操提出了求贤的原则和标准："二三子者其佐我明扬仄陋，唯才是举，吾得而用之。"各级官吏都要明察和举荐出身微贱的人，只要是有才能的人就要举荐和使用。

如果说，曹操在《求贤令》中树起了"唯才是举"的大旗，那么接下来的两个教令，则更有针对性地提出了求贤过程中应该避免的问题，以及需要重点发掘的人才。

建安十八年（公元213年）五月，已经晋爵魏公的曹操发出《取士勿偏废短令》，其中强调，"夫有行之士，未必进取，进取之士，未必能有行也"，德行和才能未必能够体现在一个人身上，"士有偏短，庸可废乎！"用人千万不要求全责备。

建安二十二年（公元217年）八月，已经晋爵魏王的曹操发出《举贤勿拘品行令》。其中，曹操重点举出容易被忽略的五类人才，第一类是出身卑贱的人（出于贱人），如帮助商汤灭亡夏朝的伊尹、推动商朝中兴的傅说；第二类是仇人（贼），如曾经与齐桓公对立、后来又帮助齐桓公成就霸业的管仲；第三类是没有名气的低级官吏（县吏），如曾经担任过县吏，后来成为开国元勋并担任丞相的萧何、曹参；第四类是被污辱和耻笑的人（负污辱之名，有见笑之耻），如受胯下之辱的韩信，有盗嫂受金之讽的陈平；第五类是因为贪婪而背弃道德的人（不仁不孝），如战国时为求拜将而杀妻散财，甚至母亲去世也不归家的吴起。总之，不能让"至德之人放在民间"，不能埋没了"不仁不孝而有治国用兵之术"的人才，为了把上述这些人才都发掘出来，各级官吏都要"各举所知，无有所遗"。

不仅颁令求贤，而且强调"勿偏废短""勿拘品行"，那么问题来了：曹操颁布一系列求贤令的目的何在？

按说，上面的问题并不成其问题，既然颁布的是求贤令，目的当然是选拔人才，而且是选拔方方面面的人才，尤其是有所偏短的进取之士。为什么如此？一则，曹操对扫平南方的孙权、刘备仍然抱有期待，对"高才异质"和"有治国用兵之术"的人才仍有需求；二则，魏国的建立使国家内部同时存在两套行政系统，人才需求必定增多；三则，从长远发展的角度，为了取得三方对峙的胜利，进行必要的人才储备也是必需的。

不过，曹操的目的恐怕还不止于此。实际上，曹操乃至曹丕时代的主要文武官员都是"求贤三令"颁布之前进入选用视野的。"求贤三令"颁布时人才队伍和人才结构都已基本定型，求贤令本身在发现人才特别是教令中期盼的"高才异质"方面的作用并不明显，对此曹操自然心知肚明。那么，曹操的目的又在何处呢？

实际上，曹操一直对汉末士人群体中存在的标榜道德却相互诋毁的风气深恶痛绝。曾几何时，重名重德与人物品鉴的风气盛行于汉末，为了求得许劭的一字之评，青年曹操甚至"卑辞厚礼，求为己目"。如今，大权在握的曹操发布求贤令，正是要打破士大夫安身立命的道德堡垒，扭转重德轻才、重名轻实的用人风气，确立一种"唯才是举"的用人导向。

占领冀州后，他就颁布教令，痛斥那些诸如原本没有哥哥却被污蔑与嫂子私通、迎娶孤女却被传言殴打岳父等种种"以白为黑，欺天罔君"行为，提出"整齐风俗"的主张。同时，曹操也多次表明"不官无功之臣，不赏不战之士"的实用主义态度，将一大批有才能的人聚集到自己身边。即使对于曾经背叛自己的魏种，曹操也以一句"唯其才也"将其释放并继续加以任用，而对于陈琳等人曹操更是不计前嫌，大胆用降。

其实，曹操用人并非不看重德行，从其任命"清忠高亮，雅识经远，推方直道，正色于朝"的崔琰和"雅亮公正，在官清恪"的毛玠来担任人才选拔的丞相东曹掾就可见一斑。而在实际用人过程中曹操也十分注重德行，比如：对于名儒之后郑浑，"太祖闻其笃行，召为掾，复迁下蔡长、邵陵令"；对于才能不足的杨训，"巨鹿杨训，虽才好不足，而清贞守道，太祖即礼辟之"。这样说来，曹操虽然标榜"唯才是举"，实际上则是"德才并举"。

事实上，曹操不仅重用贤德之人，而且还建立了相关制度机制。陈郡名士何夔在担任丞相东曹掾后，曾经针对地方上在选人用人方面"未详其本""各引其类，时忘道德"的弊端，从"慎德""兴功"的角度向曹操提出"自今所用，必先核之乡闾"的建议，也就是要建立健全乡举里选的制度。如果按照何夔的标准，"兴功"固然与"唯才是举"对应，但"慎德"却很可能会把一些"负污辱之名，有见笑之耻"的"进取之士"挡在门外。然而，曹操对于何夔这番建议的态度却是"称善"，并随即付诸实施。后来，陈群在魏文帝曹丕登基后，又在何夔的基础上把这一制度体系化，使其变成了影响整个魏晋南北朝时期的选官制度：九品中正制。

一方面提出"唯才是举"，另一方面又继续强化"以贤制爵"的选官制度，前者在树新风，后者在遵旧俗，曹操究竟意欲何为？

实际上，"唯才是举"还另有一层深意，那就是：借此为自己正名，为身边人解套。在重名重德的社会风气之下，出身阉宦之后、借天子以自重的曹操，无论从"名"上还是从"德"上都存在欠缺。随着自己逐渐突破制度框架而封公建国，各种道德非议只会增多不会减少，而追随自己的人们也不免心有彷徨。如何为自己和追随者的行为提供合法性？最好的方式就是在用人标准和用人导向上寻求突破，以"唯才是举"彰显才能的重要性，突破道德的窠臼。如此，才可能打一个翻身仗。

于是，伴随着对外征伐的军功和对内上升的爵位，我们看到了渐次颁布的求贤三令。

心不能平

颁布求贤三令，是为了转换标准、收揽人心，可对于那些难以收揽、拒绝转变的人，曹操又如何处理呢？

在众多需要争取的人中，曹操最看重的无疑是荀彧。"吾之子房也"，这是曹操初见荀彧时对他的评价；"睹胜败之机，略不世出也"，这是曹操对荀彧在官渡之战这一关键时刻卓越眼光的评价；"以亡为存，以祸致福"，这是曹操对荀彧在彻底消灭袁氏过程中所发挥作用的评价；"天下之定，彧之功也"，这是曹操对荀彧的总体评价。

实际上，不仅曹操盛赞荀彧，满朝文武也对荀彧充满敬仰。智谋无人能及，出身无人能及，德行无人能及，再加上推荐了那么多的俊杰良才，谁不心服口服呢。钟繇就认为颜回之后，能够具备《尚书》中所称"九德"的人，"唯荀彧然"；钟繇还认为，以曹操的聪明，遇到大事都请教荀彧，谁还敢不按荀彧的意见办。

一直以来，曹操都把与荀彧的关系放在了无比重要的位置。为此，曹操把自己的女儿嫁给了荀彧的长子荀恽，通过这种关系，两家似乎成了一家。建安八年（公元203年），曹操"录彧前后功，表封彧为万岁亭侯"。建安十二年（公元207年），曹操"复增彧邑千户，合二千户"。据说，曹操还准备表荐荀彧为三公，只是荀彧一再推辞，曹操才作罢。

然而，随着曹操权势日增，荀彧与他却渐行渐远。撇开建安九年（公元204年）荀彧阻止曹操"复古置九州"那次不谈，在曹操是否应该晋爵魏公这件事情上，荀彧就明确表示了反对意见。

建安十七年（公元212年）的一天，董昭私下里就曹操晋爵魏国公的事情来征求荀彧的意见，虽然来人不是曹操，但这肯定源自曹操的授意。

面对征询，荀彧委婉地表达了自己的意见："曹公兴兵的本意是匡扶朝廷、安定国家，虽然功勋卓著，也应怀忠贞的诚心，保持着谦让的品质（守退让之实）。真正的君子应该按照道德标准去帮助他人（爱人以德），所以不应该这样做。"说白了，您是来兴复汉室做好事的，怎么能趁火打劫呢？

听到这些话，曹操"心不能平"了。我怎么就不"爱人以德"了？难道封公建国就不"爱人以德"了，别忘了《六韬》中就曾经说过，"天下者非一人之天下，惟有道者处之"，正因为我有道所以才要居之呀！你尽心竭力地辅佐我只是让我"守退让之实"，这不是在利用我吗？要这样，你早说呀？！

我怎么没说！早在十六年前我就说了，您难道忘了吗？

那我们一起来回忆回忆吧。

建安元年（公元196年），曹操与荀彧就是否奉迎天子到许县进行了一场对话。荀彧的观点很明确，不仅要奉迎，而且要尽快奉迎。

为什么要奉迎？因为"乃心无不在王室，是将军匡天下之素志也"。

奉迎有什么效果？效果有三：其一，"奉主上以从民望，大顺也"；其二，"秉至公以服雄杰，大略也"；其三，"扶弘义以致英俊，大德也"。

你看，"乃心无不在王室""奉主上""秉至公""扶弘义"，哪一个荀彧没说？

实际上，曹操是否乃心王室不是荀彧所能左右的，但对自己的行为操守，荀彧却始终是有要求的。

传说，荀彧曾经找到了一种奇异的香料，用它来薰衣，到别人家做客，余香三日不散。后来"荀令香"成了奇香异芳的代名词。你看，对于一个外出访客也要留有余香的人，怎么可能让后世觉得自己是"篡汉者"的帮凶呢？

于是，荀彧被调离了尚书令之职，以劳军为名被派到了南方前线。没多久，荀彧因为内心忧郁，病死在了寿春。

不过，还有一种说法。说是在荀彧生病期间，收到了曹操馈赠的食物，可是打开盒子一看，空无一物（乃空器也），于是荀彧服毒自尽。

荀彧去世了。第二年七月，曹操晋爵魏公，魏国正式建立。同年十一月，魏国设立了尚书、侍中等各类官职，荀彧的侄子荀攸被任命为首任尚书令。

在众多谋臣中，曹操对荀攸有一个独特的评价："愚不可及"。曹操说，荀攸的聪明别人可以达到，但他外表的愚钝别人达不到，即使是春秋时的颜回、宁武子在这方面也不能超过他。

这里，曹操引用了《论语》中孔子对宁武子的一段评价，原文是这样的："宁武子，邦有道则知，邦无道则愚。其知可及也，其愚不可及也。"就是说，宁武子在"邦有道"的时候就聪明，在"邦无道"的时候就装傻。那么，荀攸此时的愚不可及是"邦有道"还是"邦无道"呢？

抛却了荀彧，紧接着曹操又遇到了一个比荀彧更高贵的敌人。

建安十九年（公元214年）十一月，魏公曹操终于获知了皇后伏寿那封密信的内容。旋即，曹操命人起草诏书，逼迫天子刘协废掉伏皇后，理由是"阴怀妒害，苞藏祸心"。很快，御史大夫郗虑和尚书令华歆带兵冲进皇宫，逮捕皇后伏寿。看到这一切，伏寿紧闭屋门，把生的希望寄托在了墙壁的夹层中。

此时，汉献帝已经请郗虑入座，把他稳住了。接下来，到了华歆展现自己忠诚与凶狠的时刻。只见他命人拆屋毁墙，生生地把伏寿从夹墙中拉了出来。

这时候的伏寿光着双脚，披头散发，完全没了人形，经过天子刘协身旁时，她泣不成声地说："不能复相活邪？"难道就不能救我一命吗？

刘协说："我亦不知命在何时！"我连自己都不知道能够活到什么时候！

随后，刘协又对郗虑说："郗公，天下宁有是邪？"郗公，天下难道真有这种事吗？

很快，伏寿被囚禁致死。之后，伏寿所生的两个皇子也被毒死，伏寿的兄弟及娘家人被杀的有一百多人，被流放的也有十九人。

铜雀台赋

就在曹操发布《让县自明本志令》的建安十五年（公元210年）冬，曹操心心念念的那座高台也在邺城的西北侧建好了。此台名为"铜雀台"。

关于铜雀台的命名，正史中没有任何记载，而罗贯中在《三国演义》中叙述得十分详细：话说曹操取得冀州后，夜宿邺城，半夜忽见一道金光从地而起，派人于金光处掘之，得铜雀一只。为此，荀攸认为："昔舜母梦见玉雀入怀而生舜。今得铜雀，亦吉祥之兆也。"曹操听后，大喜。于是，"即日破土断木，烧瓦磨砖，筑铜雀台于漳河之上"。

这段记述可信吗？

当然不可信。这显然是罗贯中为了美化铜雀台而编出来的故事。

那么，我们就真的无法知道"铜雀台"的由来了吗？

未必。

据东晋人陆翙在《邺中记》中记载："铜爵台高一十丈，有屋一百二十间。"与之呼应，北魏人郦道元在《水经注·浊漳水》中也有大致相同的记载："邺西三台……中曰铜雀台，高十丈，有屋百一间。"

如此高的台子，如此多的房间，是用来做什么的呢？

看看同期的其他坞堡高台，就不难发现答案。据《三国志·魏书·董卓传》记载，董卓"筑郿坞，高与长安城埒，积谷为三十年储。云事成，雄据天下，不成，守此足以毕老"。

同样，据《三国志·魏书·公孙瓒传》记载，公孙瓒"为围堑十重，于堑里筑京，皆高五六丈，为楼其上；中堑为京，特高十丈，自居焉，积谷三百万斛"。

无论是董卓筑的郿坞还是公孙瓒筑的京，他们都与曹操建的高台一样，既是军事防御设施，还是粮谷等战略物资的储备库。只不过，董卓和公孙瓒在城池之外单独营建，而曹操却让它与整个邺城融为了一体。

在一首诗中，曹丕专门提到了铜雀与粮谷的关系。

> 长安城西双员阙，上有一双铜雀。

> 一鸣五谷生，再鸣五谷熟。

据载，汉武帝曾经于太初元年（公元前104年）在长安城西建设了一座"周二十余里，千门万户"的建章宫，其中建章宫的北门有一对圆形的阙楼，而阙楼的顶端则立有一对铜雀。为什么立铜雀？因为"一鸣五谷生，再鸣五谷熟"，铜雀的鸣叫象征着五谷丰登。

如此一来，就大概知道曹操为什么将这座建于城西、具有储粮功能的高台命名为"铜雀台"了。

铜雀台建好了，当然不能仅仅用于储粮和防御，它的日常功能更要发挥。于是，第二年一开春，曹操就带着自己的儿子们登上了这座高台。随后，依照曹操"登高必赋"的习惯，他又"使各为赋"，每个儿子都要作赋一首。

史书没有记载到底是曹操的哪些儿子登临了铜雀台，但从"悉将诸子登台"一语来看，能带的恐怕都带上了。前前后后，曹操一共有二十五个儿子，除去早亡的、年幼的以及未出生的，估计至少也有十来个，相应地至少会产生十多篇铜雀台赋。

然而，这至少十几篇赋中，今天能读到的，只有曹植写的那篇。

曹植的这篇赋并不长，一共只有161个字，但却把登台的目的、高台的巍峨、建台的意义以及自己的祈愿表达得明白晓畅、明明赫赫、明参日月。

除了"登层台以娱情"，还能"观圣德之所营"，一览父亲在整个邺城的建设成就。

除了"临漳水之长流兮"，还能"望园果之滋荣"，这些安静祥和都是父亲所带来的。

既然"天云垣其既立兮"，那么"家愿得而获逞"，相信父亲的愿望必定能实现！

到那时，"扬仁化于宇内兮，尽肃恭于上京"，天下人都会对这里倍加恭敬。

到那时，"同天地之规量兮，齐日月之晖光"，父亲的事业与天地比寿，与日月同光。

如此溢美之词，谁听了不高兴？并且，就在登铜雀台前不久，曹操还对曹植的写作才能产生过怀疑，甚至问他："汝倩人邪？"你是找人代写的吗？

当时，曹植立刻跪下，正色答道："言出为论，下笔成章，顾当面试，奈何倩人？"我出口就能立论，下笔就成文章，不信您当场出题测试，请人代劳算什么？

这次，曹操让儿子们登台作赋，其中一个目的就是想检验一下曹植文学才华的真假。没想到，曹植不仅"援笔立成"，并且文采可观，曹操不由得"甚异之"。

作为曹操的长子，曹丕虽然在这次登台作赋中没有什么傲人表现，但他也有一篇《临高台》存世。由此想见，这次登台作赋之后，曹操父子没有少组织类似的活动。

实际上，早在铜雀台建成之前，一个以曹操父子为核心的文学群体就已初步形成。据日后曹丕在《典论·论文》中梳理，其中至少包括了孔融、陈琳、王粲、徐干、阮瑀、应玚、刘桢等人。

有别于汉代辞赋的华而不实，这群文人虽然博学多才，但他们并不一味追求辞藻的华丽，而是更加关注现实，更善于从社会生活中汲取养分，袒露心扉。

这方面，曹操无疑是开风气之先者。一首《薤露行》描绘了"贼臣持国柄，杀主灭宇京"的纷乱格局，一首《蒿里行》描绘了诸侯间"势利使人争，嗣还自相戕"的残酷竞争，一首《苦寒行》描绘了行军中"迷惑失故路，薄暮无宿栖"的艰难。正如后世所说，"曹公古直，颇有悲凉之句"。

曹操时常有感而发，身边的儿子同样是看到什么就写什么，走到哪儿就写到哪儿。

随同父亲出征，大军路过黄河，曹丕随手就来了首《黎阳作诗》，"奉辞罚罪遐征，晨过黎山巉峥"；陪父亲回老家谯县，曹丕看到庭院中自己种下的甘蔗"涉夏历秋，先盛后衰"，于是便有了《感物赋》。

曹丕随见随写，曹植更是信手拈来，《虾鳝篇》《浮萍篇》《斗鸡篇》《盘石篇》《种葛篇》《驱车篇》《苦热篇》，想写什么就写什么。

儿子们如此，文士们更如此。

跟随曹操讨伐张鲁，王粲感叹"拓地三千里，往返速若飞"；陪同曹操征东吴，王粲勉励自己"将秉先登羽，岂敢听金声"；征途之中，王粲不仅感叹队伍"连舫逾万艘，带甲千万人"的雄壮，而且赞扬曹操"筹策运帷幄，一由我圣君"的神武。

治乱变换之中，刘桢直言"永日行游戏，欢乐犹未央"，应场高歌"穆穆众君子，好合同欢康"，陈琳感慨"建功不及时，钟鼎何所铭"，徐干感叹"人生一世间，忽若暮春草"，阮瑀哀叹"民生受天命，漂若河中尘"。

后世，将这群直面社会现实、关心民生疾苦、怀有政治理想的文人，呈现出的那种慷慨悲凉、雄健深沉的写作风格称之为"建安风骨"。

随着文士们的吟唱，铜雀台两侧的高台也拔地而起。南面的金虎台建成于建安十八年（公元213年），"高八丈，台上有屋一百三十五间"；北面的冰井台建成于建安十九年（214年），"高八丈，有屋一百四十间"。

与此同时，曹操理想中的那座城市也蔚然成型。

一条从建春门到金明门的东西走向的大街，把整座城市分成了南北两大区域。

地势较高的北区又分成了三部分：中部是宫殿区，政事活动集中于此；西部是苑囿区，休闲娱乐集中于此；东部则是"戚里"，所谓"戚"就是皇亲国戚，顾名思义，这里是达官显贵们的居住区。

地势低洼的南区和北区的东南角大致分布着长寿、吉阳、永平、思忠这四里，大多数官员和大族巨富以及普通百姓都居住于此。

不同于过去"面朝后市"的布局，市场从以前位于宫城背后的犄角旮旯之地，一下子移到了宫殿区前面的宽广地带，镶嵌进了四里之中。无疑，这大大方便了居民的日常交易，也促进了整个城市的商业繁荣。

南区的正中间，一条南北向的主干道从永阳门出发直接通往北部宫殿的正南门止车门，在此，南北干道与东西向大街构成了一个"丁"字型交汇。

以这条大街为中轴，整个邺城呈现出东西对称的格局：南城墙上的广阳门和凤阳门对称地分布于中阳门东西两侧；东西城墙上的建春门和金明门以中轴线为基准，对称建设，遥遥相对；北城墙上的厩门和广德门也依中轴线对称布局。更精妙的是，中轴线还直线延伸到了宫城内，止车门、端门以及正殿文昌殿都在一条直线上。

在邺城城墙的四个角，分别建有一个碉楼，从视觉效果来看，它们无疑增加了整座城市的美感，同时就实际功能而言，它们又增强了邺城的防御功能。

整座城市的最高处位于西北部，铜雀、金虎、冰井这三个高台就坐落于此。三台之中储存了大量的粮食、盐和燃料等军事物资，三台之间以阁道相连，三台的西南方向则是城墙边的武库和马厩。如此，三台就变成了一个储备充足、彼此连通的军事坞堡群。

邺城的北面就是漳河，而漳河的北岸就是与三台遥遥相望的武城。武城之前就有，只不过曹操对它进行了加固，使其变成了一个护卫邺城的外围据点。

邺城的西面就是玄武池，这里不仅算是城内苑囿区的延伸，而且建有水师基地，与武城、三台构成了一个水陆一体的防御体系。

如今看来，所有这些设计规划都并不出奇，古长安城如此，古南京城如此，古北京城还是如此，甚至连日本的京都也是如此。然而，所有这些"如此"的"此"就是邺城。

五十多年后，一个叫左思的文学家用一首《魏都赋》描绘了邺城的巍峨与繁盛。

宫廷正殿规模宏大，气象万千："造文昌之广殿，极栋宇之弘规"。

整个宫殿区一片肃穆与祥和："左则中朝有翮，听政作寝""重闱洞出，锵锵济济。珍树猗猗，奇卉蔓蔓。蕙风如薰，甘露如醴"。

苑囿区如此静谧与灵动："右则疏圃曲池，下宛高堂。兰渚莓莓，石濑汤汤。弱葼系实，轻叶振芳。奔龟跃鱼，有祭吕梁"。

铜雀三台如此高峻而壮美："飞陛方辇而径西，三台列峙以峥嵘""增构璀璨，清尘影影"。

玄武池如此开阔和幽静："菀以玄武，陪以幽林。缭垣开囿，观宇相临。硕果灌丛，围木竦寻"。

居民区如此规整与繁华："内则街冲辐辏，朱阙结隅""壹八方而混同，极风采之异观。质剂平而交易，刀布贸而无筭。财以工化，贿以商通"。

总之，魏都邺城足以"娱四夷之君"，"睦八荒之俗"。

看着鳞次栉比的宫殿，新的问题又来了：这些宫殿上的匾额由谁来题写呢？

瞬间，一个不二人选浮现在曹操脑中。

梁鹄！

对，就是他。既然梁鹄"宜为大字"，这些匾额上动辄数尺的大字不正适合他"用笔尽势"吗？于是，"魏宫殿题署，皆（梁）鹄书也"。

在邺城，随着层楼叠榭的耸立和诗赋辞章的萦绕，古籍恢复也被提上了日程。大约就在曹操大军南下的建安十三年，曹操向北方的匈奴派出了一个使团。使团的目的只有一个：用黄金和璧玉换回一个名叫蔡琰的女子。

相较于女子"琰"这个名，"文姬"这个字恐怕更为后世所熟知。作为后汉大儒蔡邕的女儿，"博学有才辩，又妙于音律"的蔡文姬，可以说命运多舛，历经磨难。

蔡文姬先是嫁给了一个叫卫仲道的人，结果还没等二人生儿育女，卫仲道就去世了，于是她又回了父亲家。不久，"天下丧乱"，蔡文姬又不幸地被南匈奴左贤王的人马所掳掠，结果不仅在匈奴待了十二年，还生下了两个儿子。

统一北方后，"素与（蔡）邕善"的曹操，惋惜蔡邕没有嗣子，于是便派人把蔡文姬赎了回来，这就是后世所称的"文姬归汉"。

蔡文姬回来后，曹操不仅安排她重新嫁人，而且交给她一项特殊工作：回忆并整理蔡邕的藏书。

曹操问蔡文姬："闻夫人家先多坟籍，犹能忆识之不？"听说你家原来有很多古籍，现在还能记得起来吗？

蔡文姬回答："昔亡父赐书四千许卷，流离涂炭，罔有存者。今所诵忆，裁四百余篇耳。"当初父亲留给我的书籍有四千余卷，但因为战乱流离失所，基本都没有保存下来，现在我能记下的，只有四百余篇。

于是，一项非物质文化遗产传承工作就此展开。

一开始，曹操怕蔡文姬力有不逮，想派十个人去帮忙，但蔡文姬却认为"男女之别，礼不亲授"，坚持要独立完成。

后来，蔡文姬把自己记下的古籍呈送给曹操，结果"文无遗误"。

终始之变

除了根据父亲的安排一起在铜雀台作赋，曹丕、曹植等兄弟还经常结伴出游，而他们最经常去的地方就是城西的玄武池，兴之所至，兄弟们还会吟上几首诗。不信，你看曹丕的这首《于玄武陂作诗》：

> 兄弟共行游，驱车出西城。
>
> 野田广开辟，川渠互相经。
>
> 黍稷何郁郁，流波激悲声。
>
> 菱芡覆绿水，芙蓉发丹荣。
>
> 柳垂重荫绿，向我池边生。
>
> 乘渚望长洲，群鸟欢哗鸣。
>
> 萍藻泛滥浮，澹澹随风倾。
>
> 忘忧共容与，畅此千秋情。

开阔的田野、纵横的沟渠、葱郁的庄稼、繁盛的花草、欢快的群鸟、蓬发的浮萍……这是多么兴旺和谐的一幅画面啊，难怪会引发曹丕"忘忧共容与，畅此千秋情"的感慨了。

然而，百草真的如此各自竞发而不彼此争抢土壤和养分吗，兄弟真的如此和睦共容而不暗中较劲与争夺吗？

果真如此的话，那后世为什么还留下那首相传为曹植所作的《七步诗》呢？

> 煮豆持作羹，漉菽以为汁。
>
> 萁在釜下燃，豆在釜中泣。
>
> 本是同根生，相煎何太急？

从"兄弟共行游"到"豆在釜中泣"，从"忘忧共容与"到"相煎何太急"，曹氏家族内部到底经历了什么？

建安十三年，白发人送黑发人。悲痛欲绝的曹操细致地操办了儿子曹冲的后事，他不仅四处向碰巧死了女儿的人家提亲，让儿子在"阴间"有个伴，而且还给儿子找了个继子，让他在人间也有个后。

办完儿子的后事，曹操也开始认真地考虑自己身后的事情了。

虽说一共有十三个妻妾为曹操生下了二十五个儿子，但到了真正需要作抉择的时候，由于年龄、才智、出身等限制因素，曹操的可选择范围并不大，基本上局限在正妻卞氏所生的几个儿子之中，具体说，就是曹丕、曹彰、曹植和曹熊。

卞氏原本只是曹操的一个妾，甚至还是一个出身"倡家"的妾。二十岁那年，曹操在谯县纳了她，之后他就一直随曹操颠簸。

卞氏的机会出现在建安初年。建安二年（公元 197 年），曹操第一次征伐张绣，结果却遭遇到了张绣的先降后叛，以致损失了长子曹昂。曹昂虽然不是曹操的正妻丁氏所生，但因为生母刘氏早亡，他一直由丁氏抚养长大。曹昂离世后，丁氏把所有的怨恨都集中在了曹操身上，经常念叨说："将我儿杀之，都不复念！"愤怒之下，曹操将丁氏打发回了娘家，二人从此决裂。

曹昂一故，次子曹丕变成了长子；丁氏一走，侧室卞氏便成了正房。之后，成为正室的卞夫人，不仅悉心教养自己所生的儿子，而且把曹操那些因母亲早逝而无人照料的子女也都抚养起来，很是贤良淑德。

在卞氏为曹操生下的四个儿子之中，最早出局的是曹熊。

作为曹操与卞氏所生的最小的儿子，曹熊却是最先去世的。他的生卒时间，史书没有记载，多年后被追封为萧怀王的他，只留下了两个字："早薨"。

随后出局的是曹彰。

曹彰字子文，虽然字里有个"文"，名中嵌个"章"，但曹彰却对道德文章丝毫没有兴趣，"少善射御，膂力过人，手格猛兽，不避险阻"的他对领兵打仗却充满向往。私下里，曹彰曾对手下人说："大丈夫就该像卫青、霍去病那样统率十万骑兵去消灭戎狄，建立功勋获得封号，怎么能去做个只知道读书的傻博士呢？"

有一次，曹操曾经问几个儿子的兴趣爱好，让他们各言其志。

"好为将。"我喜欢当将军，曹彰答道。

"为将奈何？"当将军干什么？曹操追问。

"披坚执锐，临难不顾，为士卒先，赏必行，罚必信。"曹彰回答。

随之，曹操大笑。看来，这个儿子是真心喜欢打仗啊，枉费我给他起了个带"文""章"的名字。

一开始，曹操还试图校正一下曹彰的人生航向。他曾经对曹彰说："汝不念读书慕圣道，而好乘汗马击剑，此一夫之用，何足贵也！"你不想着读书仰慕圣人之道，只喜欢骑马击剑，这是一个武夫的本事，有什么值得看重的。

当然，曹操可不仅仅是说说而已，他还亲自督促曹彰读《诗经》《尚书》等经典，下了狠心要让曹彰改弦更张。可即使这样，曹彰依然我行我素，继续野蛮生长。

后来，曹操索性遂了曹彰的心愿，让他在北方的原野上自由奔跑。

建安二十三年（公元218年），面对代郡乌桓人的反叛，曹操任命曹彰为北中郎将并且代理骁骑将军，统兵讨伐。结果，这一仗曹彰不仅将乌桓人驱赶出了代郡（今河北西北部一带），而且乘胜追击，奔驰一天一夜连败敌人，斩首和俘虏数以千计。这场胜利不仅平定了乌桓人的叛乱，而且让一旁观战的鲜卑人也闻风丧胆，鲜卑首领轲比能二话不说，乖乖地前来归顺。

意想不到的胜利自然迎来意想不到的荣光，当曹彰回到曹操身边时，曹操摸着曹彰的黄胡须说："黄须儿竟大奇也。"这句话，一方面表达了曹操的惊奇和赞赏，另一方面恐怕也是对曹彰厌笔从戎的一种认可。

不过，曹操对曹彰军事业绩的认可，并不代表曹彰就拥有了继嗣的机会。建安二十四年（公元219年），曹操与刘备在汉中对峙时，看到刘备的干儿子刘封耀武扬威地前来挑战，一向不甘示弱的曹操不觉动了征召曹彰的念头，随口骂道："卖履舍儿，长使假子拒汝公乎！待呼我黄须来，令击之。"你这个卖鞋的家伙，竟然派干儿子来挑衅，看我怎么把我的黄须儿叫来收拾你！

可是，定军山下的这一仗曹彰终究没有赶上。等他披星戴月赶到长安时，曹操却早已从汉中撤军了。可是，既然来了，总不能白跑一趟。随后，曹操把曹彰留在了长安驻守。

一开始没想到曹彰，等想起曹彰了，又没给他表现的机会，这一切都暴露了曹彰在曹操心中的真实坐标。

曹熊的生命长度不够，曹彰的文章经济不足，剩下的只有曹丕和曹植了。

相较而言，曹植的才智与死去的曹冲颇有几分相似。"年十岁余，诵读诗、论及辞赋数十万言，善属文"，少年时的曹植不仅也是个神童，而且文章写得好，算是曹操心目中"念读书慕圣道"的好少年。

不仅文章写得好，曹植反应也敏捷。曹操"每进见难问"，曹植经常"应声而对"，由此曹植"特见宠爱"，曹操经常把他带在身边，悉心加以培养。

十四岁时，曹植跟随父亲斩袁谭，定冀州；十六岁时，跟随曹操出卢龙，平乌桓；十七岁时，跟随曹操临碣石，观沧海；二十岁时，跟随父亲渡黄河，败马超；二十一岁、二十二岁时，两度跟随曹操临长江，征孙权。可以说，曹植不仅是曹操的儿子，还是曹操的学生，更是曹操功业的见证者。

到了曹植二十三岁那年，即将南征孙权的曹操，没有继续把曹植带在身边，而是把留守大本营邺城的任务交到了曹植手中。临行之际，曹操略微动情地对曹植说："吾昔为顿丘令，年二十三。思此时之行，无悔于今。今汝年亦二十三矣，可不勉与！"就是说，我当顿丘县县令那一年，是二十三岁。回顾那时的所作所为，到今天也没有什么后悔的。如今，你也是二十三岁，难道不该自我勉励吗？

拿自己的二十三岁来激励二十三岁的儿子，这是怎样的一种心情？如果曹操不是从儿子身上看到了自己年轻时的影子，怎么会说出这样的话来？如果不是对这个儿子寄予厚望，又怎么会有如此谆谆教诲、殷殷期望？

实际上，曹操此时多少动了立曹植为太子的心思，并且已经开始悄悄征求群臣的意见了。一时之间，曹植上位的呼声一浪高过一浪，浪浪拍打在曹丕的身上。

面对曹操关于继嗣问题的问询，大臣们的意见表达实际上就成了选边站队。自觉不自觉地，群臣逐渐分成了两派：一派支持曹植，一派倾向曹丕，双方"各有党与，有夺宗之议"，彼此剑拔弩张，互不相让。

杨修和丁仪、丁廙兄弟是曹植的坚定支持者。

杨修是前太尉杨彪之子，"好学，有俊才"的他此时正担任丞相主簿。利用在工作上的便利，杨修不仅时常在曹操面前对曹植大加赞赏，而且经常为曹植出谋划策。

丁仪、丁廙是丁冲之子，而丁冲则是曹操的恩人。

当年，要不是丁冲及时向曹操发出"今其时矣"的信号，估计曹操没那么容易下定迎奉天子的决心。把天子迎到许县后，曹操为表感激，将丁冲从黄门侍郎升迁为了司隶校尉。后来，丁冲因饮酒过度而死，曹操还专门颁布了一个《丁幼阳令》，回忆二人早年的青葱岁月。

此时，丁仪正担任丞相府的西曹掾，丁廙则担任黄门侍郎，都是曹操身边的近臣。当曹操向丁廙表达自己属意曹植的意向时，丁廙当即认为这是"上应天命，下合人心，得之于须臾，垂之于万世"的英明之举。

除了他人的力挺，曹植自己也充分发挥自己的文学才能，有意无意地用诗赋来扩大自己的"朋友圈"，《赠徐干诗》《送应氏诗》《赠丁廙诗》《赠丁仪诗》《赠王粲诗》《赠丁仪王粲诗》，在曹植存世不多的诗赋中，这些"朋友"还是比较扎眼的。

力挺曹植者不少，帮助曹丕的人也挺多。

曹操颇为倚重的崔琰和毛玠，明确支持曹丕。面对曹操的秘密征询，崔琰直接用不封口的公文进行了答复："春秋之义，立子以长，加五官将仁孝聪明，宜承正统。琰以死守之。"而毛玠则以袁绍的教训劝谏曹操："近者袁绍以嫡庶不分，覆宗灭国。废立大事，非所宜闻。"

此外，曹丕身边还聚集了一个号曰"四友"的智囊团，他们分别是陈群、吴质、朱乐和司马懿。

四人之中，曹丕最倚赖的是吴质。可是，吴质却偏偏被外放到魏郡的朝歌县做了县长，朝歌距离邺城虽不算远，但吴质没事也不能总往邺城跑。思来想去，吴质坐进了一个大竹筐中，然后把大竹筐放到大车上，随着日常运送的物资进入了曹丕的府邸。此后，如法炮制，屡试不爽。

然而，这一神不知鬼不觉的做法却偏偏被支持曹植的杨修发现了，随即杨修报告给了曹操。不久，曹操就派人搜查了运进曹丕府邸的竹筐。

果不其然，竹筐中除了一些丝绢就是一些丝绢，连吴质的一根头发都没有。

没错，这是曹丕一方提前获知消息后的将计就计。经过这次斗法，失分的不是曹丕，而是曹植和杨修。

除了这次不动声色的反击，吴质还给曹丕支了不少扬长避短的好招数。比如，一次曹操率军出征，曹丕、曹植前往送行。这边，曹植口若悬河，盛赞曹操；那边，曹丕却怅然若失，默默流泪。两相比较，哪个更让曹操感动？

值得一提的是，当时同为一家的司马懿、司马孚兄弟却分列两个阵营，并且都颇受重视。作为曹丕身边的"四友"之一，司马懿"每与大谋，辄有奇策"，深为曹丕"所信重"。作为曹植身边的文学掾，司马孚经常对曹植"负才陵物"的举止进行"切谏"。一开始，曹植还挺不乐意，后来却主动向司马孚道歉。

虽然双方的拥趸们斗得不亦乐乎，但归根到底还是要落在曹丕和曹植的个人素质上。

最终，曹植"任性而行""不自彫励"和"饮酒不节"的性格，让他在这场原本势均力敌的争夺中，变得每况愈下。都城的司马门原本禁止大小官员通行，可曹植偏偏从司马门飞驰而出；曹仁被困樊城，曹操原本任命曹植为南中郎将并代理征虏将军前往救援，结果曹植却在曹操征召的时候酩酊大醉。反观此时的曹丕，却"深自砥砺"外加"御之以术，矫情自饰"。

应该说，曹操不是没给曹植机会，随军征战、留守邺城、救援曹仁，无一不是提携和信任。应该说，曹植也不是没有上位的资质，出口为论、下笔成章、应声而对，无一不是才华的体现。但曹植终究有一道越不过的槛。

表面看，这道坎叫作嫡长子继承制；深里探，这道坎叫作德才兼备。这里不妨问一句：如果曹丕的竞争对手换成曹冲，结果会怎样？

正如曹丕所说，"若使仓舒在，我亦无天下"，结果可能就完全不同了。

为什么曹冲比曹植可能性更大？

曹植生于初平三年（公元 192 年），曹冲生于建安元年（公元 196 年），二人年纪相仿；曹植文采飞扬，曹冲智力超群；曹操对曹植"特见宠爱"，"有意于植"，曹操对曹冲"有欲传后意"。应该说，曹植与曹冲在很多方面旗鼓相当，生生把曹丕甩出几百里。

可是，曹冲有的不只是智商还有情商，不只是智慧还有仁爱。这些，曹植不能说没有，但至少我们在史书上全然看不到。相反，曹丕也许心理阴暗，但至少他表现出了忠孝和仁爱。

曹操最担心的是什么？是"终始之变"，也就是他死之后的风云变幻。

交给"仁爱识达"的曹冲，自然晴空万里，云淡风轻。只可惜，这已经不可能了。

交给"任性而行"的曹植，多少有些不放心，再加上曹植身边"颇有才策"外加"袁氏之甥"的杨修，曹操就更不放心了。

交给年长诚孝的曹丕，曹操固然有些不放心，但看看曹丕身边的那些拥戴者，自己心里还是相对踏实一些。

殆不可忍

虽然曹操已经决定立曹丕为太子，但在正式公布之前，他还有一件事情要做，那就是：打掉双方的一些拥戴者。

最先被打掉的是崔琰。

建安二十一年（公元216年），曹操借着一件小事把崔琰罚为了徒隶，也就是劳改犯。后来，闻知崔琰在凌辱和徒刑面前依旧安之若素，坦然以待，并且前来探望的人竟门庭若市，索性便将他赐死了。

为什么会这样？

说来，相当大程度上还是与崔琰那份不封口的答复有关。

"盖闻春秋之义，立子以长，加五官将仁孝聪明，宜承正统。琰以死守之。"

别看只有寥寥27个字，无论内容还是形式，这封复函都让朝臣们惊讶不小。

从形式上看，别人都是暗箱操作，谁也不知道谁是什么态度，谁也不会影响到谁，可崔琰却偏偏把立场直接摊在了桌面上，其对"选情"的影响可想而知。

从内容上看，崔琰拥护曹丕并且"以死守之"，更是让人大跌眼镜。要知道曹植的妻子可是崔琰的侄女，曹植算是崔琰的侄女婿了，有这种关系还要公开力挺曹丕，真是让人感到意外。

也许，在崔琰看来，正是因为他与曹植的姻亲关系，他才要公开站出来。为什么？因为如果他与其他人一样密函回复，许多人就会认为他会站在曹植一边。为了消除大家的猜疑，他有必要亮明自己的真实观点。

崔琰的想法有错吗？自然没错。

但是，他却违反了曹操制定的游戏规则，进而把曹操逼到了一个无法选择的地步。连崔琰这样的人都站出来挺曹丕，曹植还有戏吗？要知道，曹操是让你提供决策参考，可不是让你帮忙做决策。

崔琰的死让很多人为他抱屈，这其中，也包括与他共事多年的毛玠。结果，没多久毛玠也被人告发了。至于原因嘛，则是因为毛玠在看到一个黥面之刑的谋反者时说了一句"使天不雨者盖此"，意思是说，老天迟迟不下雨大概就因为这个吧。

结果，在曹操下达的逮捕令中，除了上面那句牢骚话，又加上了一条"损君臣恩义，妄为死友怨叹，殆不可忍也"，就是说，毛玠只知道为崔琰鸣不平，却忘了君臣之间的恩义，这让人怎么忍受？看来，毛玠主要还是受了崔琰的牵连。

后来，在强烈的自我申诉和大臣的不断说情下，毛玠才总算是保住了性命。

赐死了崔琰，惩戒了毛玠，曹操在第二年（建安二十二年，公元217年）十月正式宣布，立五官中郎将、副丞相曹丕为魏太子。

就这样结束了吗？

当然没有。

建安二十四年（公元219年）秋，曹操诛杀了一个他最有心杀也最不忍心杀的人：杨修。

不忍杀，是因为杨修的才能。据载："修年二十五，以名公子有才能，为太祖所器。"就是说，杨修二十五岁那年因为出身名门加上很有才能，而被曹操器重并任用的。

杨修的出身自不必说，弘农杨氏是与汝南袁氏并驾齐驱的"四世三公"，而且杨家"四世三太尉"，绝对是百年来的头号世家大族。

论才能，杨修更是了得。作为丞相府的主簿，他"总知内外"，结果

"事皆称意"，甚至"自魏太子已下，并争与交好"。把一件事办好容易，把每件事都办好不容易。如此看来，杨修是一个政务处理的干才。

不过在杨修眼中，把事情办好还不算什么，把事情提前办好才叫本事。有时候，杨修在丞相府中待烦了，就忍不住出去开个小差。这时，他总是提前揣摩曹操可能关注的问题，并提前写出答案，到时让手下人转交。有些时候，杨修甚至会预见到曹操会提问几次，并按次序写出答案，分别予以应答。如此看来，杨修简直就是曹操肚子里的蛔虫。

当然，关于杨修还有很多神奇的记载。比如：曹操在一个新建的大门上写了个"活"字，杨修就立马让人把门拆了重建。为什么？因为"门"里加个"活"字，就是"阔"字，丞相是说这门建大了。

再比如，地方官给曹操送了一罐奶酪。曹操只吃了一口，就在盖子上写了一个"合"字交给众人。正当大家都疑惑不解的时候，杨修却接过去吃了一口，丞相让我们"一人一口"，还不赶快！

还比如，曹操和杨修一起路过一座为纪念孝女曹娥而建的石碑，石碑的背面写着"黄绢幼妇，外孙齑臼"八个字。结果，曹操走出三十里才琢磨出这实际上写的是"绝妙好辞"，因为黄绢，是有色的丝，色丝便是一个'绝'字；幼妇，是少女的意思，如此便是一个'妙'字；外孙，是女儿的儿子，女子便是一个'好'字；齑臼，是承受辛苦的意思，受辛便是一个'辞'（辤）字。而杨修刚看到就有了答案。

你看，杨修要干才有干才、要文才有文才，曹操怎么会忍心杀他呢？

然而，正是因为杨修太有才，曹操才动了杀心。

看到上面这些，是不是觉得杨修聪明过头了？没错，连我们都觉察到了，曹操能不知道？更令曹操讨厌的是，杨修甚至自作聪明到要影响立嗣这一重大问题上来。杨修不仅与曹植往来密切，而且还告发吴质秘密出入曹丕府第的事情，手是不是伸得太长了？

当然，除了有才，还有杨修的出身。

杨修系出名门不假，但这个名门是汉朝的名门，是汉家天下的最大受益者之一。对于魏公国、魏王国乃至魏帝国的人来说，他们怎么想？

当年，自己迎奉汉献帝时，杨彪就面露不悦之色，如今杨彪虽然早已被免去了侯爵和官职，但是杨家的影响力还在，杨彪的儿子杨修还在。更何况，杨修还是自己儿子们"争与交好"的大红人。据说，杨修曾经送给曹丕一把剑，结果曹丕一直把他带在身边。现在自己能够驾驭杨修，但百年之后呢？

一方面是跟随多年、才华横溢的丞相主簿，一方面又是多年嫌隙、聪明过头的高门子弟，杀了他谁陪自己解谜唱和，不杀他又怎保事后安稳？思虑之下，曹操把杨修用到了最后，也留到了最后。

曹操诛杀杨修的罪名是"前后漏泄言教，交关诸侯"，至于漏泄了哪些言教，交关了哪些诸侯，没有交代，也无需交代。也许早就预料到了自己的结局，临死前，杨修对友人说："我固自以死之晚也。"

杨修被处死后一百多天，曹操去世。

如此看来，在曹操身边做臣子还真是难，选对了要死，选错了也要死，那怎么才不会摊上麻烦呢？

在这方面，贾诩给大伙儿作了个示范。

关于接班人问题，曹操也单独征求了贾诩的意见。但贾诩却"嘿然不对"，一句话也不说。

这下，曹操有些奇怪了，忍不住问："我向你问话你却不回答，这是为何？"

只见贾诩略带歉意地回答："不巧我正在想一些事儿，所以没有马上应答。"

"想什么事儿？"曹操问。

"正在想袁绍、刘表父子的那些事儿。"贾诩答。

于是，曹操"大笑"。

很明显，贾诩是站在曹丕一边的。实际上，在此之前，曹丕就曾经派人向贾诩请教过"子固之术"。对此，贾诩的回答也十分简单："愿将军恢崇德度，躬素士之业，朝夕孜孜，不违子道。如此而已。"就是说，曹丕一要提升道德气度，二要践行修养准则，三要朝夕孜孜不倦，四要恪守为子之道，别的就没什么了。

表面看，贾诩的话全是老生常谈；实际上，贾诩却是告诉曹丕：只要在格局上立得住，在细节上不犯错，稳赢！此后，曹丕不疾不徐，"深自砥砺"。

这一次，面对曹操的征询，贾诩却并没有直接表明态度，而是从曹操的角度出发，以前车之鉴隐隐地指出其中的利弊得失。

相较于那些公开站出来的人，贾诩的做法无疑更有效也更安全。

就这样，在一些人的明帮暗助下，曹丕成了太子。据说，在曹丕得知自己被立为太子后，他一边搂着亲信辛毗的脖子，一边疯狂地叫唤："辛毗，你知道我现在有多高兴吗？"一向"深自砥砺""矫情自饰"的曹丕，终于露出了真实的一面。

曹丕被立为太子后，曹植及时调整了自己的行为做法。

不信？有诗为证：

> 白日曜青春，时雨静飞尘。
>
> 寒冰辟炎景，凉风飘我身。
>
> 清醴盈金觞，肴馔纵横陈。
>
> 齐人进奇乐，歌者出西秦。
>
> 翩翩我公子，机巧忽若神。

在这首《侍太子坐诗》中，别看曹植描写了白日、时雨、寒冰、凉风等体感，描绘了美酒、佳肴、奇乐、歌者等享受，最终真正要赞美的，还是那位"机巧忽若神"的"翩翩我公子"。

此后，轮到曹植"矫情自饰""深自砥砺"了。

畏天知命

该做的事情都做了，对于"本志有限"的曹操来说，似乎已经相当满足了。

按照曹操在《述志令》中的说法，之前他最大的欲望也就是"封侯作征西将军"，没想到如今却成了可以封他人为侯的魏王。

原本他因为"恐为海内人之所见凡愚"，因此想"建立名誉，使世士明知之"，没想到如今却"海内回心，望风而愿治，文武并用，英雄毕力"（王粲语）。

原本他青年时的盘算是"从此却去二十年，待天下清"，没想到二十多年后最有可能使"天下清"的却是他自己。

更幸运的是，那些对曹操"所见凡愚"的"海内人"，后来还几乎都见证了曹操的崛起。而对于那些明显不待见自己，甚至故意给自己过不去的人，曹操则有针对性地进行了"回馈"。

年轻时，曹操曾多次拜访南阳名士宗承，但宗承却十分鄙薄曹操的为人，根本不搭理他。一次，曹操看到宗承家宾客众多，一点也搭不上话，于是就趁宗承起身如厕之时跟上前去，抓住人家的手就套近乎，殷殷之情溢于言表。结果，还是碰了一鼻子灰。

将天子迎奉到许县后，总揽朝政的曹操，自信从容地问宗承："现在可以交往了吗？"得到的回答更从容："松柏之志犹存。"我之前的观点和想法如今仍像松柏一样还没有丝毫改变。

对于宗承的倔强和坚持，曹操无可奈何，只能以不加重用来进行"打击报复"，而对于曹丕兄弟以晚辈身份前去拜望并在宗承床前行礼的行为，曹操则没有进行阻止。政治上虽然冷落，礼节上还要热络，面子功夫不仅要做，而且还要做足。

曹操对宗承手下留情，而对另外一拨人，却穷追猛打。

据载，叫能因为"任侠放荡"的原因，曹操早年很被家乡沛国的国相袁忠和另一个叫桓邵的同乡瞧不起，袁忠甚至准备用律法来惩治他。曹操在中原逐渐做大后，袁忠和桓邵躲到了帝国版图最南端的交州，以此苟全性命。

结果，曹操向交趾太守士燮施加压力，让他将二人及家眷"尽族之"。据说，桓邵为了活命，还专门跑到中原向曹操拜谢请罪，可曹操依旧杀了他。

有仇报了仇，有怨报了怨，按理说，曹操应该忙乎得差不多了。可是，如果从快意恩仇的角度看，要想真正快意，还离不开有恩报恩这一条。

然而，不幸的是，当年那些欣赏曹操、提携曹操的人，如今却没几个在世了。

当年最欣赏曹操的，就数前太尉桥玄了。这位遍任三公之位的当世名臣，不仅不讨厌顽劣的曹操，反而独具慧眼地认为他是"命世之才"，也就是顺应天命而降世的人才。

有意思的是，桥玄还与这位小自己四十五岁的小友定下了一个百年之约：日后你经过我的坟头，如果不拿斗酒只鸡来祭奠我，小心肚子疼！与其说这是桥玄在索取回报，倒不如说这是对曹操的另一种激励，用心不可谓不良苦。

桥玄故于中平元年（公元184年）左右，此时曹操还只是个骑都尉。十八年后，功成名就、志得意满的曹操果真路过了恩人桥玄的墓地。

不过，曹操的祭品不是"斗酒只鸡"，而是最高规格的太牢，即牛、羊、豕三牲全备。这还不算，曹操还亲手写了一篇后世名为《祀故太尉桥玄文》的祭文。

祭文中，曹操深情回顾了桥玄的知遇之恩，当年桥玄从一位长者的角度，像"仲尼称不如颜渊，李生厚叹贾复"那样，既把自己比作是孔子七十二弟子之一的贤人颜回，又把自己看成是东汉云台二十八将之一的贾复，这是怎样的抬举和青睐呀！每每想起这些，都令人深受感动，久久不能忘怀。所以，曹操这次祭祀和这篇祭文算是一次报恩。

欣赏曹操的，不仅有当世名臣桥玄，还有当世名流何颙。见到少年曹操，何颙大为惊异，不由感叹："汉家将亡，安天下者必此人也。"

如果说桥玄、何颙是以言相赞，那么李瓒则是以家相托。作为东汉名士李膺的儿子，李瓒在曹操地位微贱时就认为他非同寻常。临终前，李瓒对儿子李宣等人说："时局将乱，天下间的英雄没有超过曹操的。张邈与我交好，袁绍是你们的姻亲，但是你们切勿依附这些人，一定要归附曹氏。"

既然李瓒是临终相托，曹操自然无法回馈于他，只能妥妥地把他的儿子们照顾好。而何颙，曹操更是无法报恩了，因为早在初平元年（公元190年），他就因为谋刺董卓失败，忧愤而死。

几位早年看好自己的人，都没有看到自己的成功，更没有得到自己的回馈。如今，魏王曹操只能把自己的成功和回馈，集中到一个人身上了。

建安二十一年（公元216年）五月，曹操刚晋爵魏王不久，就把年近七旬的司马防召到了邺城，二人一边欢饮一边聊起了四十二年前的一段往事。

"您觉得我现在再去做一名县尉，可不可以？"酒酣耳热之际，曹操半是认真半开玩笑地问。

大概率推测，曹操当时说这句话的目的是想通过司马防的回答获得更多心理上的满足感，毕竟那时他已经大权在握、予取予夺，别说当一个北部尉，就算当天子也是一念之间的事情。

然而，司马防的回答却颇值得玩味："昔举大王时，适可作尉耳。"当年我举荐大王时，您正合适担任县尉。

司马防的这一回答，既没有顺着曹操的话去恭维他，同时也没有逆着去顶撞他，而是用各说各话的方式，表达了"今是昔非"的观点。就是说，今天你贵为魏王，可以随心所欲，这没什么问题；但今天的你并不能否定昨天的你，说不定正是因为当初的北部尉，才有了如今的大魏王。借着这种回答，司马防也在提醒曹操，当初没有我推荐，也许你连北部尉都未必当得上。

对于司马防所要表达的意思，曹操了然于胸。司马防的话，即使稍显不恭，也无碍大局，毕竟他是自己的引荐人，毕竟他已是半截入土的人了，毕竟他的几个儿子都在为自己效力。此时，司马防的长子、四十六岁的司马朗已经成为独当一面的兖州刺史，而三十八岁的司马懿和三十七岁的司马孚则分别在曹丕和曹植身边服务。

因此，曹操放声大笑。

快意恩仇之后，心满意足又久病缠身的曹操，原本已经开始安排自己的后事了。建安二十三年（公元218年），曹操颁布了《终令》，对自己的墓地选址和建造规格等问题进行了交代。

然而，此时又有一种声音不断地向曹操涌来。

建安二十四年（公元219年），孙权先是派使者入贡，接着又把俘虏了五年的前庐江太守朱光放了归来，最令人意想不到的是，孙权不仅向曹操"上表称臣"，而且还向曹操"称说天命"。

什么是"称说天命"？说白了就是鼓动曹操顺应天命，代汉称帝。这可是件天大的事。

看完孙权的这封表章，曹操一边把它展示给众人，一边甩出一句话："是儿欲踞吾著炉火上邪！"这小子摆明了是想把我放到火上烤呀！

曹操之所以在众人观看的同时扔出这句话，或许是想避免大家被孙权带偏了方向。可没想到的是，群臣却借孙权上书之机，开启了一波劝进潮。

最积极的是侍中陈群和尚书桓阶。在他们的上书中，一开头就是"汉自安帝已（以）来，政去公室，国统数绝，至于今者，唯有名号，……"，汉安帝（公元106年至125年在位）是什么时候，那可是一百年以前，这么说汉朝早就不行了。

紧接着，陈群、桓阶举出了代汉的证据：其一，精通图谶的人都说"汉行气尽，黄家当兴"；其二，曹魏"十分天下而有其九"，地盘实力足够大；其三，连孙权都称臣入贡了，这绝对是"天人之应"。

总之，曹操应该"畏天知命，无所与让"，别再推辞了。

最干脆的是夏侯惇。他不仅告诉曹操"天下咸知汉祚已尽"，而且直言"自古已（以）来，能除民害为百姓所归者，即民主也"，因此曹操应该毫不犹豫地"应天顺民"，当万民的主人。

最跟风的是司马懿。什么"十分天下而有其九""天人之意""畏天知命"，等等，与陈群等人如出一辙。

在众人的劝进下，曹操的态度似乎发生了转变。最终，他说了这样一句话："若天命在吾，吾为周文王矣。"

这下就有意思了。在《让县自明本志令》中，曹操不是承认自己"性不信天命之事"吗，怎么现在反倒跟着众人说起天命来了？

所谓此一时彼一时。那时如果信了天命，是信天命在刘，还是信天命在曹？信哪个恐怕都不行！如今，从魏公到魏王，早已过了知天命之年的自己，距离天子只有一步之遥，再不讲"天命在吾"，难道眼睁睁地看着天命溜走不成？

可是既然天命在自己这儿，曹操为什么还要做功成不居的周文王？

原因大致有三：

其一，曹操是从大汉体制中成长和走来的人，君臣观念根深蒂固。早年，当王芬、许攸等人阴谋废掉汉灵帝而拉曹操入伙时，他就说了一句："废立之事，天子之至不祥也。"后来，不管是董卓搞废立，还是袁绍搞另立，乃至袁术搞自立，曹操都坚决反对。如今，让他代汉自立，或多或少心理上是有个坎的。

其二，既然已经把报汉而不篡汉的话讲过了无数遍，如今曹操已经不好自己否定自己了。《述志令》中，曹操把周公、齐桓公、晋文公、乐毅、蒙恬甚至自己的祖父、父亲、儿子以及妻妾都搬出来背书自己不篡汉；各类奏疏和表章中，曹操左一句"比荷殊宠"右一句"父子相誓终身"、前一句"灰躯尽命"后一句"报塞厚恩"，如今他能把这些说过的话变成空气吗？

其三，曹操不想让刘备、孙权等人既沾了光又有了口实。此时，天下的政治节奏还掌握在曹操手中，他做魏王刘备才敢称汉中王，他篡汉刘备才敢称帝。名义上讲，只要曹操不摘下大汉这块招牌，刘备、孙权还都是朝廷的臣子，"天下"还都掌握在曹操手中。孙权为什么要"称说天命"，说白了就是想自己顺杆爬捡个便宜。

基于以上考虑，才有了"吾为周文王"的定位。

当然，曹操的这句话不仅是表态，同时也是承诺：我绝不会改朝换代做天子，但这不会耽误诸位当开国元勋。我不做，我的儿子可以做嘛！

的确，曹操的承诺兑现得很快。建安二十五年（公元220年）正月，魏王曹操去世；十月，继任者曹丕代汉称帝，改元黄初，国号"魏"。

又过了不到半年，汉中王刘备也在成都称帝，改元章武，国号"汉"，火急火燎地把屁股放在了炉子之上。

更有意思的是，总向他人"称说天命"的孙权此时却不急不缓，先是遣使请求成为魏的藩属，接着又接受曹丕册封的吴王头衔，直到曹操去世九年后，才在武昌称帝，改元黄龙，国号"吴"。此时，刘备已作古六年，曹丕也已故去三年。

至此，建安十三年的那一粒粒种子，基本都有了结果。

后记　天下势与英雄气

八百载天下势分合，系此一年；

两千年英雄气长短，只在几念。

几十万字写下来，想说的还有很多，但为了避免招人烦、惹人厌，只好凝练成了上面这句。

"三国，不该被这样瞩目""事实上，这段历史并不重要"，这是易中天先生在一篇名为"何时忘却三国"的后记中告诉大家的。

没错，我必须承认，在浩荡五千年的中国历史长河中，一百年都不到的三国史的确没那么重要。拿起任何一部中国通史，三国史都是一个言简意赅甚至微不足道的存在，以至于有些作者都没有把它单列一章，而是直接并入了秦汉史或者魏晋南北朝史之中。

然而，如果真让人忘却三国，却并非那么容易。至少我，做不到。能够读到这里的你，我想同样做不到。

为什么?

因为,
无论治世、乱世、平世,天下势,一直在;
不管精英、草根、中产,英雄气,不可少。
势,审度之;气,风发之。

2021 年 8 月 28 日于北京

参考文献

古籍类

[三国] 曹操 著，中华书局编辑部 编：《曹操集》，中华书局，2012 年。

[三国] 诸葛亮 著，段熙仲，闻旭初 编校：《诸葛亮集》，2012 年。

[晋] 陈寿 撰，[宋] 裴松之 注：《三国志》，中华书局，2012 年。

[晋] 常璩 撰：《华阳国志》，国家图书馆出版社，2018 年。

[南朝·宋] 范晔 撰：《后汉书》，中华书局，1999 年。

[南朝·宋] 刘义庆 著，朱碧莲，沈海波 译：《世说新语》，中华书局，2014 年。

[南朝·梁] 萧统 编，[唐] 李善 注：《文选》，中华书局，1977 年。

[唐] 房玄龄等 撰：《晋书》中华书局，1974 年。

[唐] 许嵩 著，张忱石 点校：《建康实录》，中华书局，1986 年。

[宋] 李昉等 撰：《太平御览》，中华书局，1998 年。

[宋] 司马光 编撰，胡三省 音注：《资治通鉴》，中华书局，2011 年。

[清] 顾祖禹 著，舒士彦 点校：《读史方舆纪要》，中华书局，2013 年。

[清] 王夫之 著，舒士彦 点校：《读通鉴论》，中华书局，2013 年。

[清] 赵翼 著：《廿二史札记》，凤凰出版社，2008 年。

译著类

[英]崔瑞德，鲁惟一 编，杨品泉等 译：《剑桥中国秦汉史》，中国社会科学出版社，1992 年。

[日]金京文 著，何晓毅，梁蕾 译：《三国志的世界：后汉 三国时代》（讲谈社·中国的历史 04），广西师范大学出版社，2014 年。

[美]陆威仪 著：《早期中华帝国：秦与汉》（哈佛中国史 01），中信出版集团，2016 年。

[澳]张磊夫 著，方笑天 译：《国之枭雄：曹操传》，江苏人民出版社，2018 年。

著作类

白寿彝 总主编，何兹全 主编：《中国通史（第二版）》（第四卷、第五卷），上海人民出版社、江西教育出版社，2013 年第 2 版。

柏杨 著：《中国人史纲》，人民文学出版社，2011 年。

陈寅恪 著：《陈寅恪：魏晋南北朝史讲演录》，天津人民出版社，2018 年。

戴燕 著：《〈三国志〉讲义》，三联书店，2017 年。

方诗铭 著：《论三国人物》，北京出版集团公司、北京出版社，2015 年。

范文澜 著：《中国通史》（第二册），人民出版社，2008 年。

何兹全 著：《三国史》，人民出版社，2011 年。

何兹全 著：《魏晋南北朝史略》，北京出版社，2018 年。

何兹全，张国安 著：《魏晋南北朝史》，人民出版社，2013 年。

黄仁宇 著：《中国大历史》，三联书店，1997 年。

刘跃进 主编：《邺城考古与文化论集》，中国社会科学出版社，2021 年。

吕思勉 著：《三国史话》，中华书局，2009 年。

吕思勉 著：《秦汉史》，商务印书馆，2010 年。

马植杰 著：《三国史》，人民出版社，1993 年。

钱穆 著：《国史大纲》，商务印书馆，1996 年第 3 版。

仇鹿鸣 著：《魏晋之际的政治权力与家族网络（修订本）》，上海古籍出版，2020 年。

施蛰存，吴小如等 著·《魏晋南北朝文学名作欣赏》，北京人学出版社，2012 年。

宋杰 著：《三国并争要地与攻守战略研究》，中华书局，2019 年。

台湾三军大学 编著：《中国历代战争史》（第 4 册：三国），中信出版社，2013 年。

唐长孺 著：《魏晋南北朝史论丛》，商务印书馆，2010 年。

田余庆 著：《秦汉史》，中国大百科全书出版社，2011 年。

田余庆 著：《秦汉魏晋史探微（重订本）》，中华书局，1993 年。

谭其骧 主编：《中国历史地图集》（第二册、第三册），中国地图出版社，1982 年。

饶胜文 著：《大汉帝国在巴蜀：蜀汉天命的振扬与沉坠》，中国文史出版社，2016 年。

辛德勇，[日] 中村圭尔 著：《中日古代城市研究》，中国社会科学出版社，2004 年。

许宏 著：《大都无城：中国古都的动态解读》，三联书店，2016 年。

阎步克 著：《波峰与波谷：秦汉魏晋南北朝的政治文明（第二版）》，北京大学出版社，2017 年。

易中天 著：《品三国》，上海文艺出版社，2006 年。

易中天 著：《三国纪》，浙江出版联合集团、浙江文艺出版社，2014 年。

张大可 著：《三国史研究》，商务印书馆，2013 年。

张帆 著：《中国古代简史》，北京大学出版社，2001 年。

张作耀 著：《曹操传》，人民出版社，2015 年第二版。

张作耀 著：《刘备传》，人民出版社，2015 年第二版。

张作耀 著：《孙权传》，人民出版社，2007 年。

周健 著：《三国颍川郡纪年》，人民出版社，2013 年。

周一良 著：《魏晋南北朝史论集》，商务印书馆，2020 年。

周一良 著：《魏晋南北朝史札记》（补订本），中华书局，2015 年第 3 版。